我
· COGITO ·
思

Stephanie Dalley

（英）斯蒂芬妮·达利 编

美索不达米亚

的

遗 产

（英）斯蒂芬妮·达利 等 著

斯蒂芬妮·达利、马里昂·考克斯（Marion Cox）绘图

左连凯 译 王硕 校

广西师范大学出版社
GUANGXI NORMAL UNIVERSITY PRESS
·桂林·

美索不达米亚的遗产

MEISUOBUDAMIYA DE YICHAN

丛书策划：吴晓妮@我思工作室
责任编辑：赵黎君
装帧设计：何　萌
内文制作：王璐怡

The Legacy of Mesopotamia was originally published in English in 1998.
This translation is published by arrangement with Oxford University Press.
Guangxi Normal University Press Group CO., LTD. is solely responsible for
this translation from the original work and Oxford University Press shall
have no liability for any errors, omissions or inaccuracies or ambiguities
in such translation or for any losses caused by reliance thereon.

著作权合同登记号桂图登字：20-2021-232 号

图书在版编目（CIP）数据

美索不达米亚的遗产 /(英) 斯蒂芬妮·达利编；
(英) 斯蒂芬妮·达利等著；左连凯译. -- 桂林：广西
师范大学出版社，2022.8
　（新丝路艺丛）
　书名原文: The Legacy of Mesopotamia
　ISBN 978-7-5598-4200-8

　Ⅰ . ①美… Ⅱ . ①斯… ②左… Ⅲ . ①美索不达亚
－文化史 Ⅳ . ①K124.3

中国版本图书馆 CIP 数据核字（2021）第 172726 号

广西师范大学出版社出版发行

（广西桂林市五里店路 9 号　邮政编码：541004 ）
　网址：http://www.bbtpress.com

出版人：黄轩庄
全国新华书店经销
山东临沂新华印刷物流集团有限责任公司印刷
（临沂高新技术产业开发区新华路　邮政编码：276017 ）

开本：710 mm × 1 000 mm　1/16
印张：28.75　　　　　　字数：400 千
2022 年 8 月第 1 版　　2022 年 8 月第 1 次印刷
定价：89.80 元

如发现印装质量问题，影响阅读，请与出版社发行部门联系调换。

通过研读约两千卷本资料，我们收集了两万余个有价值的事实；少数资料由于内容深奥，从未有研究者能作出解释……有大量事实或为前人忽视，或发现于后来研究。当然，本书也有很多未及之处，由于我们肉体凡胎，且俗务缠身，只因兴趣所在，才在闲暇时探求一番。

——普林尼《博物志》前言

致谢及编者说明

斯蒂芬妮·达利

（Stephanie Dalley）

正是因为本书参与者在合作时表现出的极大耐心，才有了这部作品的面世。编者意在使本书晓畅统一，读者可以从头至尾通读；为达此目的，编者作出调整，消除重复内容并提出建议，包括使用特殊材料等，作者们对这些干预格外宽容；编者对他们不胜感激。

诸多人士为该书的问世慷慨贡献了时间、评论和知识。作者向以下人士致谢：琼·韦尔博士和克里斯托弗·达利博士，他们阅读了大量书稿并提出改进意见；约翰·戴博士，他帮助完成了第三章；约翰·博德曼爵士、弗格斯·米勒爵士、特雷弗·布赖斯爵士和马丁·维斯特爵士，这四位教授帮助完成了第四章和第五章；塞巴斯蒂安·布罗克博士帮助完成了第二章和第七章；海伦·怀特豪斯博士和理查德·詹金斯帮助完成了第九章；就具体观点上的建议，感谢巴里·弗勒德博士、杰里米·休斯博士、彼得·金斯利博士、埃莉诺·罗布森博士、迈克尔·罗夫教授、圣约翰·辛普森博士、埃米莉·萨维奇－史密斯博士、朱迪斯·奥尔佐维博士、格扎·韦尔迈什教授、纳达夫·那阿曼博士和大卫·霍金斯教授。我们感谢马里昂·考克斯所贡献的多幅绘画；其他画作由斯蒂芬妮·达利贡献；有几幅绘画，包括地图，由他们合作完成。我们深切感谢牛津的几所图书馆及其馆员提供的卓越便利和服务。第四章和第五章的初稿由雷耶斯博士完成，他收集了古典时期和其他时期的资料；然后，斯蒂芬妮·达利续补了更多的美索不达米亚资料，确定了终稿。

给出的古典作家姓名拼写主要依据保利－维索瓦的《大保利古典学百科全书》（斯图加特，1894—1980）。除了常用的《圣经》中的专名外，阿卡德语姓名的拼写依照通行的音译。为了避免因注释而篇幅过长，各章的参考书目作了筛选后在章末列出，但第四至六章作了充分的扩展注释。书中仍有的遗漏和不一致由编者负责。

最后，编者感谢希拉里·奥谢和牛津大学出版社的策划，还要感谢希拉里·奥谢自始至终的耐心。

斯蒂芬妮·达利，亚述学者，英国牛津大学萨莫维尔学院东方研究所高级研究员。她已整理发表了诸多出土于伊拉克与叙利亚的楔形文字文献。著作有《古巴比伦的两座城市：玛里与卡拉纳》（1984）、《起源于美索不达米亚的神话》（1989）。

亨里埃塔·麦考尔，曾为记者，后在牛津大学学习埃及学和阿卡德语。著有《美索不达米亚的神话》（1990），参与编写《神兽》（1995）一书中介绍斯芬克斯的一个章节。

大卫·平格里，罗得岛普罗维登斯市布朗大学数学史和古典学教授。他擅长多门语言，发表了许多与希腊、伊斯兰、早期伊斯兰和印度有关的专著，还与人合写了关于美索不达米亚天文学的多部作品。

A.T.雷耶斯，古典学学者，曾工作游历于中东多国。著有《古代塞浦路斯》（1994）。现于马萨诸塞州格罗顿学校讲授拉丁语和希腊语。

艾莉森·萨尔维森，牛津大学东方研究所学者，研究方向为叙利亚及早期基督教文学，讲授阿拉姆语和叙利亚语。著有《摩西五经中的辛马库斯》（1991）。

CONTENTS

目　录

缩写说明 / 001

年代表 1-3 / 002

语言文字表 / 005

引　言　斯蒂芬妮·达利 / 001

第一章　时机和机遇：波斯征服以前　斯蒂芬妮·达利 / 013

第二章　时机和机遇：波斯、希腊和帕提亚的霸主地位　斯蒂芬妮·达利 / 057

第三章　美索不达米亚对以色列和《圣经》的影响　斯蒂芬妮·达利 / 095

第四章　美索不达米亚与希腊世界的接触和影响：到波斯征服时

　　　　斯蒂芬妮·达利、A. T. 雷耶斯 / 147

第五章　美索不达米亚与希腊世界的接触和影响：波斯、亚历山大和罗马

　　　　斯蒂芬妮·达利、A. T. 雷耶斯 / 191

第六章　天文学和天象预兆方面的遗产　大卫·平格里 / 230

第七章　阿拉姆语资料中的巴比伦和尼尼微的遗产　艾莉森·萨尔维森 / 257

第八章　萨珊王朝时期和早期伊斯兰（约公元 224—651 年）　斯蒂芬妮·达利 / 301

第九章　重见天日与后世影响　亨里埃塔·麦考尔 / 339

译名对照及简释 / 395

图片目录

（本书线描图由斯蒂芬妮·达利、马里昂·考克斯绘制）

图1.1 泥土符号和来自美索不达米亚的古老泥板 014

图1.2 约公元前3300年来自苏萨的滚筒印章，以及滚筒印章上的压印图 017

图1.3 广口瓶上的滚筒印章压印图 019

图1.4 埃及的早期滚筒印章 019

图1.5 带壁龛的房屋门面：A和B属于美索不达米亚，C属于埃及 020

图1.6 出自哈图沙的三语对照标准职业清单 029

图1.7 学校练习写字板上的基础符号 030

图1.8 出自乌尔的贝壳镶饰，说明当时有动物寓言故事 031

图1.9 原始埃兰时期的印章，将动物描绘成书吏。图中有写字板、杆形笔或棍子、滚筒印章、计量容器、圆顶谷仓和芦草茅舍 031

图1.10 羊肝略图，标示了阿卡德语所命名的主要特征 034

图1.11 上有巴比伦语征兆的羊肝黏土模型，最长处有0.145米 034

图1.12 来自哈图沙的有阿卡德语和赫梯语铭文的羊肝黏土模型 035

图1.13 来自乌加里特的刻有阿卡德语和卢维语铭文的印章 036

图1.14 双翼日盘，从上至下依次属于赫梯人、新亚述人、阿拉姆人、乌拉尔图人和阿契美尼德时期的波斯人 038

图1.15 新亚述时期的皇室戳形印章与乌拉尔图狮子团花图样 041

图1.16 汉谟拉比时代庞大的陶制狮子在守护哈默尔山丘上的神庙 047

图1.17 约公元前700年辛那赫里布建造的石制雉堞和架在石拱上面的渡槽 047

图1.18 A.新亚述时期滚筒印章上的带放射光环（灵气）的女神；B.中亚柏孜柯里克石窟壁画上带光环的佛，发现于摩尼教徒早先用过的洞窟神庙 049

图2.1 巴比伦的狮子金币 066

图2.2 由多个戳形印章组成的带压印图案的陶土印章。塞琉古三世统治时期 067

图2.3 位于尼尼微的辛那赫里布王宫里的帕提亚门上横楣 070

图2.4 来自特略的刻有阿拉姆语和希腊语

"阿达德-纳丁-阿亥"的烧制砖，约公元 1
世纪　073

图 2.5　授权封爵情景，代表国王权力的
环，刻在埃利迈斯的唐-伊·萨瓦克的岩
石上　074

图 2.6　出自贵霜王国的正反面有纳奈像的
硬币，公元 2 世纪　075

图 2.7　说明苏美尔语和阿卡德语动词语法
范式的两段文字，出自公元前两千纪中期
的尼普尔。"我们，你们，他们"这个顺
序的用法与英语的正式语法相同　077

图 2.8　巴比伦自然神学注疏的一部分（图
中黑色的标记说明摘引和解说之间的分
隔）　078

图 2.9　位于巴尔米拉的贝尔神庙的腰线，
显示贝尔在战车上射杀迪亚马特，巴比伦
《创世史诗》中的一个场景，公元 1 世纪
或 2 世纪　084

图 2.10　为阿帕米亚的贝尔落成的祭坛，
发现于法国的韦松，有希腊语和拉丁语铭
文　087

图 3.1　刻有阿卡德语征兆的羊肝黏土模型，
来自幼发拉底河上的玛里，约公元前 1800
年　099

图 3.2　刻有阿卡德语征兆的羊肝黏土模型，
来自夏琐，公元前两千纪中期　099

图 3.3　来自美吉多的无铭刻羊肝黏土模型，
青铜器时代末期　100

图 3.4　写在黏土棱柱上的三语对照词语片
断，来自乌弗山丘（特拉维夫附近），上
有用苏美尔语、阿卡德语和迦南语表示水
和酒的词语（虚线处似乎平平坦一些，黑色
标记是连接处的分隔符）　100

图 3.5　A. 出自尼尼微的象牙棱柱，上有根
据季节计算白昼长度的表格；B. 在阿淑尔

神和阿达德神面前投掷的黏土阄，记录了
公元前 833 年以其名称命名地方名的政要
的任命仪式　108

图 3.6　公元前 2 世纪的撒玛利亚硬币，左
侧两个有用楔形文字写的城市名的第一个音
节，右下侧的模仿亚述皇室戳形印章　108

图 3.7　可能是阿淑尔-贝尔-卡拉（公元前
11 世纪）的亚述雕像，它在视觉上对应《创
世记》9 章 13 节："我把虹放在云彩中，
这就可作我与地立约的记号了。"高 0.40
米　113

图 4.1　出自阿淑尔一座古墓的带"肚脐"
的青铜平底锅，长 0.52 米。特洛阿德也有
类似的平底锅　150

图 4.2　A. 出自库尔特佩（kültepe）的古亚
述楔形文字阿卡德语泥板；B. 来自克诺索
斯的线形文字 B 迈锡尼希腊语泥板　152

图 4.3　A. 在乌卢布伦沉船处发现的带象牙
铰链的黄杨木文字板，公元前 14 世纪；B.
约同一时期出自哈图沙的铜杆笔　154

图 4.4　在叙利亚东北部的布拉克山丘发现
的米诺斯风格印章　154

图 4.5　A. 士麦那（伊兹密尔）附近的岩石
雕塑，上有赫梯风格的米拉国王图像和卢
维语象形文字的遗迹，公元前 13 世纪；B.
同一国王印章的银浮雕，上有阿卡德语楔
形文字和卢维语象形文字铭文　156

图 4.6　出土于莱夫坎迪的金项链　160

图 4.7　出土于莱夫坎迪的金珠宝，在设计
和技术上有美索不达米亚元素　160

图 4.8　优卑亚半岛绘有悬垂半圆形图案的
杯子，在尼尼微的纳布神庙、提尔和加利
利都发现了这种陶器　161

图 4.9　A. 石碑上，亚述国王沙姆希-阿达
德五世的手指指向远方，石碑高 2.18 米；

B. 在土耳其发现的萨穆—拉玛特的石碑，高
1.40 米　165

图 4.10　A. 来自萨摩斯的青铜姆舒休龙，
高 0.105 米；B. 来自亚述的帕祖祖小人像，
公元前 7 世纪，高 0.146 米；C. 贝斯的埃
及塑像；D. 乌加里特滚筒印章上的贝斯，
青铜器时代末期　168

图 4.11　荷花和花蕾图案：A. 图库尔蒂—尼
努尔塔一世王宫的壁画；B. 辛那赫里布的
门槛板上的花纹图案，约公元前 700 年；C.
科林斯式花瓶上的绘画装饰，约公元前 700
年；D. 乌拉尔图青铜上的切割装饰　170

图 4.12　迈大步奔跑的吼狮：A. 巴比伦的
陶制牌，公元前两千纪初期；B. 科林斯
式盛芳香油的圆形花瓶上的绘画装饰，约
公元前 700 年；C. 如阿淑尔巴尼帕雕像
所示，位于尼尼微的辛那赫里布王宫里的
柱基座　170

图 4.13　A. 滚筒印章上表现的是，吉尔伽
美什和恩奇都在杀害洪巴巴；B. 利马山丘
上一座神庙里，青铜器时代中期洪巴巴的
石制头像；C. 来自奥林匹亚的盾牌上的装
饰性青铜标记；D. 位于西西里的塞利农特
地区的雕像，珀耳修斯和蛇发女怪，公元
前 575—前 550 年　173

图 5.1　献给迪迪玛地区的阿波罗的青铜指
骨，发现于苏萨。高 0.23 米，重约 90 千
克　192

图 5.2 希腊印章上的美索不达米亚主题　193

图 5.3　两边刻有希腊语铭文的黏土泥板，
上有楔形文字文本的语音标注　199

图 5.4　写有巴比伦人诅咒妖魔咒语的希
腊语—巴比伦语泥板，上有希腊语语音标
注　200

图 5.5　来自比雷埃夫斯的希腊语和阿拉姆

语铭文（更长版本），由亚坦—贝尔祭司献
给涅格尔　203

图 5.6　A. 来自意大利皮亚琴察的羊肝青铜
模型，标有伊特鲁里亚语；B. 罗马附近发
现的羊肝陶制模型　204

图 5.7　用阿拉姆语和希腊语题献给塔德木
尔（巴尔米拉）的贝尔的祭坛，发现于科斯
岛　205

图 5.8　迈安德河畔的阿佛洛狄西亚斯廊柱
大厅里的塞弥拉弥斯雕像和尼诺斯雕像，
公元 3 世纪后半期。高 0.98 米。　210

图 5.9　以石雕为原型画出来的半人半鱼的亚
述先贤，该石雕从 9 世纪起就矗立在位于尼
姆鲁德的尼努尔塔神庙里面的门道处（苏维
托尼乌斯知道这一传说）。高 2.4 米　212

图 5.10　来自杜拉—欧罗普斯的弹七弦琴的
纳布小雕像，高 0.33 米　213

图 5.12　来自杜拉—欧罗普斯的阿达德浮雕
像。0.45 米 ×0.24 米　213

图 5.11　来自提尔—巴尔西普的叙利亚暴风
雨神阿达德，约公元前 900 年与其他几个
类似纪念像一起建成。（按修复后的规格）
高 3.03 米　214

图 5.13　来自杜拉—欧罗普斯的阿弗拉德神的
石圈，公元 54 年。0.51 米 ×0.31 米　215

图 5.14　来自阿勒颇以北的基利兹的玄武岩
祭坛，祭司在向贝尔献祭，公元 1—3 世纪。
0.60 米 ×0.75 米　216

图 5.15　撒缦以色三世（公元前 9 世纪）的
巴拉瓦特大门上的亚述祭司　217

图 5.16　位于杜拉—欧罗普斯的贝尔神庙里
的壁画上的迦勒底祭司，帽子和长袍是白
色的　217

图 7.1　来自叙利亚东北部费赫叶山丘的一
座当地统治者雕像，上面有阿卡德语和阿

拉姆语双语铭文　260

图 7.2 提格拉-帕拉萨的书吏。左侧书吏用阿卡德语在泥板上书写,右侧书吏用阿拉姆语在纸莎草纸上书写。公元前 8 世纪　261

图 7.3 如公元前 7 世纪中期的一座阿淑尔巴尼帕雕像所示,一名书吏用阿卡德语将战利品记录在可以折叠的写字板上,另一名用阿拉姆语记录在卷轴上　261

图 7.4 土耳其南部桑索托斯的祭坛,上面用阿拉姆语、希腊语和吕基亚语铭刻着三语对照铭文　262

图 7.5 来自土耳其西部萨迪斯的大理石花状平纹,刻有吕底亚语和阿拉姆语铭文,公元前 394 年。高 0.80 米　263

图 7.6 来自印度恒河沿岸贝那拉斯附近萨尔纳特(鹿野苑)的柱头,该设计的要素在日期上早于亚历山大大帝时期。公元前 3 世纪,阿育王用阿拉姆语、希腊语和古印度语给这类柱子刻上了诏书　263

图 7.7 三个浅口陶钵,钵内雕有咒语,两个用阿拉姆语,一个用古叙利亚语。类似的钵还有用曼达语、巴拉维语和阿拉伯语的。经常用来祈求巴比伦神的保佑。萨珊王朝时期到伊斯兰教初期。直径 0.15 米到 0.17 米　265

图 7.8 肯尼科特《圣经》图版中的手握观象仪的巴兰。绘制于西班牙西北部的科伦纳,公元 1476 年　276

图 7.9 来自哈特拉第五神庙的神像,大概是太阳神沙玛什-贝尔。高约 1.05 米　278

图 7.10 哈特拉的纳奈雕像,上有阿拉姆语铭文,公元 2 至 3 世纪。高 0.90 米　279

图 7.11 阿淑尔的帕特亚神庙平面图。神庙用于庆贺新年佳节　280

图 7.12 保存在哈兰地区的倭马亚清真寺东入口处的那波尼德石碑　284

图 7.13 迦勒底人离开亚述教堂后,在阿勒颇用新亚述风格建造的教堂　290

图 7.14 来自叙利亚北部尼拉伯的书吏,公元前 6 世纪。他的折叠写字板适合写阿卡德语楔形文字和阿拉姆语　291

图 8.1 萨珊王朝时期银钵上所示的波斯神话中能思考会说话的巨鸟。狮子的头和耳朵长在鸟身上,表明这只鸟是神话中的美索不达米亚安组鸟　320

图 8.2 用于占卜的楔形文字泥板。塞琉古时期　322

图 8.3 黏土上的世界地图,标有阿卡德语楔形文字,补充了新发现的一段"巨墙"。复制自约公元前 700 年的原件　329

图 8.4 世界地图,依据塞维利亚的伊西多尔　330

图 8.5 公元 4 至 5 世纪的两枚玉髓印章,显示长翅膀的人面牛　331

图 9.1 约翰·马丁的版画印刷品,描绘巴比伦的陷落,1819 年　352

图 9.2 约翰·马丁的版画印刷品,表现尼尼微的陷落,1828 年　352

图 9.3 约 1850 年为莱亚德绘制的尼尼微复原图　360

图 9.4 尼尼微的辛那赫里布王宫里的亚述翼牛,约公元前 700 年。这种塑像往往高四米多　364

图 9.5 坎福德学校的尼尼微门廊里的亚述式铁门　369

图 9.6 重现亚述风格的珠宝,黄金制品,19 世纪中期,灵感来自收藏在大英博物馆里的源自尼尼微的雕刻　372

图 9.7 悲剧《亚述国王萨达那帕拉》中的宁录殿堂,公主剧院,1853 年　375

图 9.8 古斯塔夫·多雷为《圣经》插图《约拿向尼尼微人说教》而作的版画印刷品，1856 年　377

图 9.9 亚述式白色细瓷塑像，1851 年　378

图 9.10 1903 年 5 月在阿代尔夫人假面舞会上装扮成塞弥拉弥斯的华威伯爵夫人　382

图 9.11 电影《党同伐异》的两个场景，将巴比伦人表现为有教养的人　386

图 9.12 从电影《党同伐异》得到启发，从而在 1917 年流行的美国时尚服饰　388

图 9.13 纽约的皮提亚式建筑上的亚述图案，建筑师托马斯·兰姆 1926 年设计建造　390

地图目录

地图 1. 远古早期美索不达米亚及邻近地区示意图　006

地图 2. 远古早期美索不达米亚主要城市和区域示意图　015

地图 3. 远古晚期美索不达米亚及邻近地区示意图　058

地图 4. 远古晚期美索不达米亚主要城市和区域示意图　061

地图 5. 美索不达米亚和叙利亚—巴勒斯坦地区示意图　096

ACT   O. Neugebauer, *Astronomical Cuneiform Texts,* 3 vols.(London, 1955)

AfO   *Archiv für Orientforschung*

AJArch. *American Journal of Archaeology*

ANET   *J. B. Pritchard, Ancient Near Eastern Texts Relating to the Old Testament,* 3rd edn.
(Princeton, 1969)

ANRW *Aufstieg und Niedergang der römischen Welts*

BPO   E. Reiner and D. Pingree, *Babylonian Planetary Omens i: The Venus Tablet of
Ammisaduqa* (Malibu, 1975) ; ii: *Enūma Anu Enlil Tablets 50-51*(Malibu,1981)

CAH²   *Cambridge Ancient History*, 2nd edn.(Cambridge, 1969-)

CESS   D. Pingree, *Census of the Exact Sciences in Sanskrit*, Series A, vols.1-5 (Philadelphia,
1970-94)

CJ   *Classical Journal*

CQ   *Classical Quarterly*

EAT   O. Neugebauer and R. A. Parker, *Egyptian Astronomical Texts*, iii (London, 1969)

FGrH   F. Jacoby (ed.) , *Fragmente der griechische Historiker* (Berlin, 1923-58)

HAMA O. Neugebauer, *History of Ancient Mathematical Astronomy* (NewYork, 1975)

JCS   *Journal of Cuneiform Studies*

JHS   *Journal of Hellenic Studies*

JNES   *Journal of Near Eastern Studies*

LIM C *Lexicon Iconographicum Mythologiae Classicae* (Zurich, 1981-)

MARI *Mari Annales de Recherches Interdisciplinaires*

MH   *Museum Helveticum*

NABU *Notes Assyriologiques Brèves et Utilitaires*

RE   *Paulys Realencyclopädie der classischen Altertumswissenschaft* (Stuttgart and
Munich, 1894-1980)

SAOC *Studies in Ancient Oriental Civilization*

TAPA *Transactions of the American Philosophical Association*

ZAW   *Zeitschrift für alttestamentliche Wissenschaft*

ZPE   *Zeitschrift für Papyrologie und Epigraphik*

年代表 1：公元前 3000 年—公元前 1000 年

公元前	希腊和克里特	安纳托利亚	埃及	叙利亚和黎凡特	美索不达米亚		印度
					南	北	
3000			早期王朝金字塔		青铜器时代早期 乌鲁克和苏萨		
				埃博拉（档案）	阿加得王朝（萨尔贡和纳拉姆-辛）		哈拉帕
				亚摩利人	乌尔第三王朝（舒尔吉）	早期亚述王们	
2000	克诺索斯的米诺斯人	亚述商业殖民地	埃及第十二王朝	玛里（档案）	青铜器时代中期 巴比伦亚摩利王朝（汉谟拉比）	埃什嫩那的纳拉姆-辛	
		旧赫梯王国		迦南人	青铜器时代晚期		摩亨佐-达罗
	迈锡尼人	赫梯帝国	阿玛尔纳法老们 出埃及记？	乌加里特（档案）	巴比伦加喜特王朝	米坦尼帝国	
		海洋民族 新赫梯人		腓尼基人 新赫梯人	尼布甲尼撒一世 铁器时代	中期亚述王们	
1000							

年代表2：公元前1000年—公元前200年

公元前	希腊和罗马	埃及	安纳托利亚	以色列、约旦和叙利亚	巴比伦	亚述	印度
1000				大卫和所罗门两个王国			
900						阿淑尔巴尼帕二世	
800			弗里吉亚的弥达斯	大马士革陷落 萨尔贡攻占撒玛利亚	米罗达-巴拉丹	萨尔贡二世	
700	东方化时期	亚述征服	吕底亚的盖吉兹	玛拿西	辛那赫里布攻占巴比伦	阿淑尔巴尼帕二世 尼尼微陷落	
600	罗马共和国	冈比西斯占领埃及		尼布甲尼撒二世攻占耶路撒冷和泰尔 犹太人入流亡	那波尼德 居鲁士攻占巴比伦	哈兰重建	
500	波斯战争 雅典的伯里克利			阿契美尼德王朝 第二圣殿			释迦牟尼
400	柏拉图			亚历山大大帝征服			
300	第欧根尼在罗马	托勒密第一王朝 亚历山大城建成	帕加马国王们	塞琉古一世 贝罗索斯 斯多葛学派			犍陀罗
200							贵霜国王

年代表 3：公元前 200 年—公元 1000 年

	罗马和希腊	埃及	以色列	叙利亚和阿拉伯	美索不达米亚	印度
公元前 200					塞琉古统治结束 帕提亚人统治结束	
100	奥古斯都	克利奥帕特拉 埃及被罗马征服	库姆兰《死海古卷》			
公元纪年			耶稣	巴尔米拉的贝尔神庙被重建	最后的楔形文字泥板	
100				阿帕米亚的贝尔神谕声名远扬	图拉真在巴比伦 巴比伦的拉比们 S. 塞维鲁在巴比伦	
200	贝尔神在罗马 戴克里先禁摩尼教		《密什那》完成	希拉的国王们 芝诺比阿战败	主要城市仍有贝尔崇拜 萨珊王朝统治开始 哈特拉和亚述终结 摩尼去世	
300	叛教者尤利安	艾赫米姆的佐西默斯				
400			巴勒斯坦人《塔木德》完成	尤利安在哈兰	埃尔比勒最后的异教祭司 圣奥古斯丁皈依基督教	笈多王朝
500	查士丁尼废除雅典学园				巴比伦语《塔木德》完成 达马希乌斯到此	
600				穆罕默德		伐罗诃密希罗

语言文字表

符号使用	语系		
	闪米特语系	印欧语系	其他
象形图（象形文字）	↑	卢维语（新赫梯语）	埃及语 ↑
意音文字+音节	阿卡德语（巴比伦语+亚述语）↓	赫梯语 古波斯语	苏美尔语 埃兰语 胡里安语 乌拉尔图语
音节文字	乌加里特语	希腊迈锡尼（线形文字B）	
字母文字	希伯来语 阿拉姆语 腓尼基语 古叙利亚语 阿拉伯语	古希腊语 拉丁语	亚美尼亚语

（阴影部分为楔形文字书写系统）

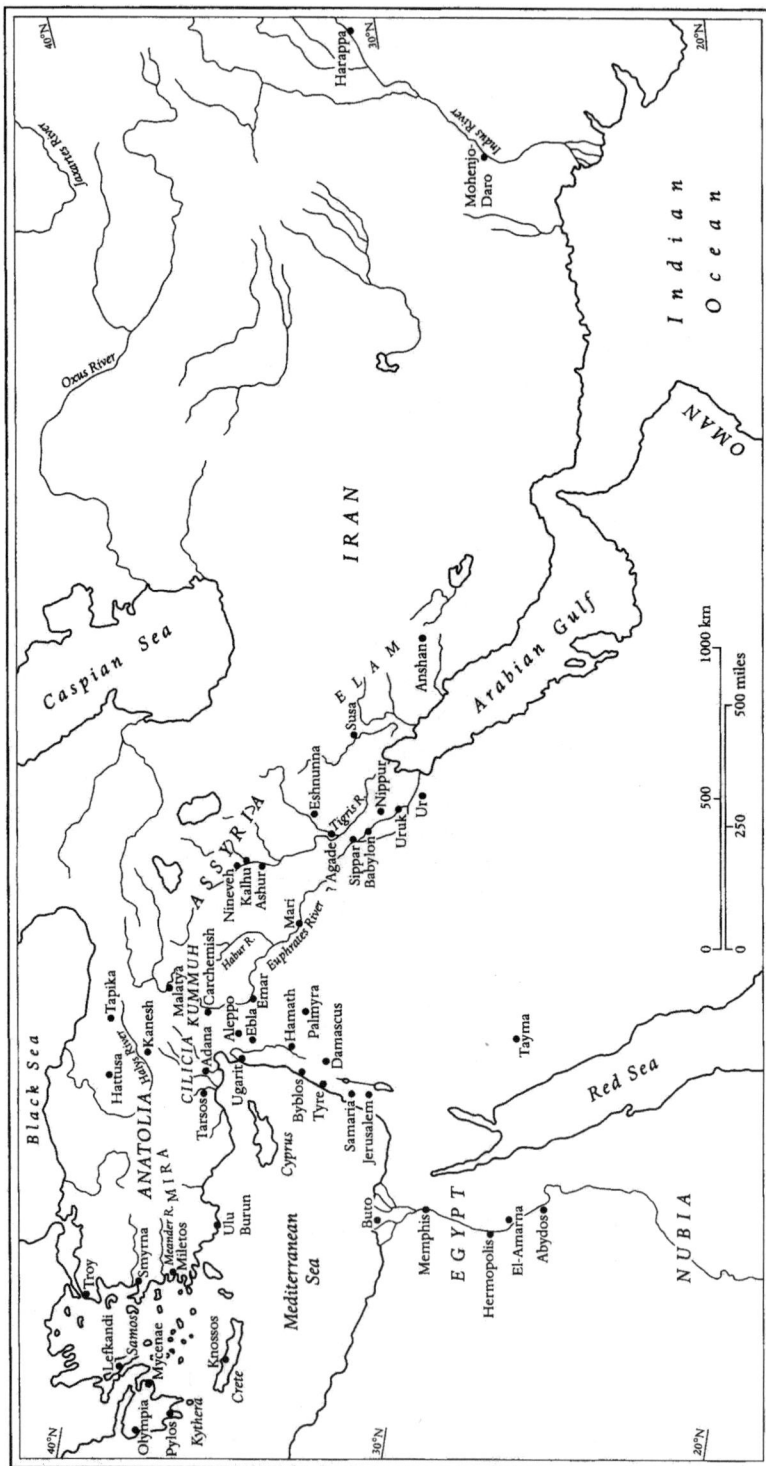

地图 1 远古早期美索不达米亚及邻近地区示意图

地图 1 地名检索

Abydos　阿比多斯

Adana　阿达纳

Agade　阿加德

Anatolia　安纳托利亚

Anshan　安善

Arabian Gulf　阿拉伯湾

Ashur　阿淑尔

Babylon　巴比伦

Black sea　黑海

Buto　布托

Carchemish　卡赫美士

Caspian Sea　里海

Cilicia　西里西亚

Crete　克里特岛

Cyprus　塞浦路斯

Damascus　大马士革

Ebla　埃博拉

Egypt　埃及

Elam　埃兰

El-Amarna　阿玛尔纳

Emar　埃马尔

Eshnunna　埃什嫩那

Euphrates River　幼发拉底河

Habur R.　哈布尔河

Halys River　哈里斯河

Hamath　哈马

Harappa　哈拉帕

Hattusa　哈图沙

Hermopolis　赫尔莫波利斯

Indian Ocean　印度洋

Indus River　印度河

Iran　伊朗

Kalhu　卡尔胡

Kanesh　卡尼什

Knossos　克诺索斯

Kummuh　库姆

Kythera　基西拉岛

Lefkandi　莱夫坎迪

Malatya　马拉蒂亚

Mari　玛里

Meander R.　迈安德河

Mediterranean sea　地中海

Memphis　孟斐斯

Miletos　米利都

Mira　米拉

Mohenho-Daro　摩亨佐-达罗

Mycenae　迈锡尼岛

Nineveh　尼尼微

Nippur　尼普尔

Nubia　努比亚

Olympia　奥林匹亚

Oman　阿曼

Palmyra　巴尔米拉

Pylos　皮洛斯

Red Sea　红海

Samos　萨摩斯岛

Sippar　西帕尔

Smyrna　士麦那

Susa　苏萨

Tapika　塔皮卡

Tayma　泰玛

Tigris R.　底格里斯河

Troy　特洛伊

Ulu Burun　乌卢布伦

Ur　乌尔

Uruk　乌鲁克

引　言

斯蒂芬妮·达利

（Stephanie Dalley）

底格里斯河和幼发拉底河冲积形成的地带叫美索不达米亚平原。这里崛起了世界上很早的一种文明，砖结构城市和文字是其区别性标志，这些城市的古称即使今天在世界各地仍可以听到：迦勒底的乌尔、巴比伦和尼尼微。对最早生活在美索不达米亚平原南部的苏美尔人来说，乌鲁克（《圣经》中的以力）是古代君主统治的中心，也是早期叙事文学的中心。对取代苏美尔人的巴比伦人来说，巴比伦是世界的中心。对亚述人来说，阿淑尔（Ashur）是他们最古老的首都，尼尼微是他们最光荣的皇家住地，哈兰（Harran）是他们最后的皇室中心。所有这些民族都用几百个楔形符号在黏土上书写文字，起初用苏美尔语，后来用阿卡德语，现在我们把巴比伦人和亚述人的书面语言叫阿卡德语。

这些民族与其他早期文明有什么关系？这个问题在 20 世纪前后曾被以几种不同方式回答过，但有些答案与其他答案相抵触。随着更确凿证据的发现，一些不成熟的结论被取代了；各种宗教团体、政治团体和文化团体势均力敌地赞成或反对美索不达米亚文明的影响。

古代近东研究在学术上取得了巨大的进展，但挑战依然存在。本书要迎接这个挑战，因为现在有了更多的证据，且比以前有了更深刻的认识。

把不同类型的证据，例如不同时代不同地点的年代证据、文本证据和考古证据结合起来，可以解决大量的证据问题。

19世纪，西欧的探险家重新发现了尼尼微和巴比伦的遗迹，开始了断断续续的发掘。研究巴比伦文化和亚述文化的亚述学就源于这些早期的发掘。最早揭示并研究美索不达米亚文明残留遗迹的先驱清楚地认识到了它对世界其他地区的影响，虽然这种认识还比较笼统。"东方之光"和"文明的摇篮"这两个引人瞩目的称号令欧洲和美国的有识之士激动不已。他们认为，如此之高的文化成就，比古希腊的成就早这么多年，必定有城市文明和文字文明的基础。

但是，还有一些不同的看法。埃及好像与美索不达米亚几乎在同一时期发展出城市文化和文字文化。不过，没有科学的纪年法，在埃及还是美索不达米亚哪一个夺得先声的问题上很难得出定论。印度在印度河谷建立了多个城市，有自己的梵语文学，也认为自己应夺得先声。这些争论很难评说，不仅因为考古遗迹的比较纪年法还处在萌芽状态，还因为只能从后来的遗存中猜测文字所记录的古代事物。最终，印度和中国的文化起源时间得以推断，在这两个国家，城市和文字的发展似乎晚于近东。

研究古代美索不达米亚文化的学者享有很大的优势：美索不达米亚的文字是铭刻在黏土上的，这种材料不会像其他书写材料那样腐坏消失。不过，黏土表面易被水损坏，不耐敲打，而且黏土上的文字极为复杂，只有经过不懈的努力才能慢慢地正确理解重要文本。

自文艺复兴以来，我们对文化演变的知识基础不曾动摇，直到亚述学提出这个新挑战。过去人们设想，我们的文化起源于这两个早期文明：以雅典为主要基础的古希腊文化和《圣经》中以耶路撒冷为中心的犹太—基督教传统。这个文化进程始于大约公元前8世纪。虽然人们推测古典时代晚期的一些秘文和神谕文字中体现了迦勒底人的智慧，但是多数学者认为，它们是罗马帝国时代创造的新作品，只不过看上去好像古老得多。

诚然，在更早的时候，古埃及人就有刻在尼罗河谷陵墓上和神庙里的象形文字；而且不可否认的是，他们在建筑和雕塑上的惊人成就在光亮的石头上仍然清晰可见。伊拉克的泥砖碎石成堆裸露，不像埃及或希腊及爱奥尼亚的花岗岩和大理石那样熠熠生辉。但是，埃及的文学形式，虽然比希腊文学和希伯来文学早，却似乎没有在希腊文化和犹太文化里留下任何痕迹。对朱鹮、猫和河马的崇拜都属于非洲人类学的世界，与奥林匹斯山诸神或以色列人的一神教没有任何联系。毕竟，埃及、希腊，还有《圣经》似乎都能做到文化自治而免于消亡。

当然，我们可以从希腊作家笔下和《圣经》中了解古代美索不达米亚的国王、女王和城市的鼎鼎大名。传说中的有塞弥拉弥斯（Semiramis）、萨达那帕拉（Sardanapalos）、尼诺斯（Ninos）和尼布甲尼撒。但它们被涂上了令人厌恶的野蛮色彩：贪婪的征服者胡吃海喝，沉湎于酒色；阉割男孩；高利贷商敲诈勒索，把被压迫者碾为尘土；毁灭成性的帝国缔造者对邻国文化视若无睹。这些说法虽有些夸张，近似咒骂，就算现在仍不乏其例，时有所闻，但不能否认的是，这就是公众对远古权势外族的普遍看法。

亚述学的早期研究认为，杰出非凡的伟人能改变历史进程。与此相对立的是，人们越来越相信，个人不可控制的经济力量能改变历史进程；也更加相信，与语言谱系紧密相连的民族性格能改变历史进程。依此看来，天赋非凡的人只是不可抗拒的命运的工具，但一些民族在智慧上胜过其他民族。考古学家忙于测量脑颅量和比例，把骨相学和颅骨学这些"科学"应用到很久之前逝去的人的骨骼上。把"闪米特民族心理"和"印欧民族性情"这两个概念既应用于现代人又应用于古代人。用这种办法把不同民族的成就联系起来是不明智的。无论尼尼微和孟斐斯，还是耶路撒冷和雅典，其民族和语言都迥然不同。在语言学这个新领域，印欧语系由于词形变化丰富而被认为比其他语系的结构更复杂，得到了广泛的研究。这似乎可以用这一事实来证实：美索不达米亚文学的早期翻译停滞不前，只能译出字面意思，因而巴比伦文化易被斥为死水，封闭在很小的深奥费解的文字世界里。原来，楔形文字的部分过人之处在于巧妙地运用符号，因此其书面文献的一些重要细节无法译为用字母书写的语言。嘲笑巴比伦文字不易准确地翻译未免失于草率，这就如同早期基督教异端的反对者嘲笑这些异端使用异教的文字一样。闪米特语言总是被贬到学术研究的边缘，让位于更有声望的处于中心的印欧语研究。语言与民族有着不可分割的联系，这个假设很少有人质疑。

早先，人们努力证明一种文化依赖于另一种文化。这种努力起源于这一不合理的假设：不同的语言代表着不同的带有鲜明种族特点的民族团体，闪米特语和印欧语尤其如此。人们认为，与语言和遗传群体相比，环境的影响要小得多，前两者被当作自足的和静态的。这些假设应用得最不恰当的一个案例是第一次世界大战前以 A. 耶雷米亚斯（Jeremias）和 F. 德利奇（Delitzsch）为首的"泛巴比伦"学派。他们着手证明耶和华原来是巴比伦的神，犹太教只是美索不达米亚闪米特人异教的一个分支。尽管这种尝试不久遭到怀疑，但其影响一直持续到现代，以致后来要证明美索不达米亚文化如何影响以色列时，引起了对某种复辟的恐惧。一时间，用任何清晰连贯的方式描述文化影响都无法被接受，因为总有种族歧视之嫌。因此，通行的意见认为类比不能证明影响的存在，因为大部分相似点都可以来自独立的发展。

学术研究和大众心理很容易产生这样的假设和强迫，有时候它们以新的伪装重新出现。东方的蓄奴社会这个概念根深蒂固，有助于把古代史写得五彩缤纷，富有戏剧色彩。马克思主义学者把蓄奴社会倒推到非常远古的时期，例如，苏联的亚述学家伊戈尔·季亚科诺夫（Igor Dyakonov）把乌尔的第三王朝（约公元前 2112—前 2095 年）描绘为"人类有史以来最具压迫性的政权之一"，模糊不清的证据使他可以按照自己的理解进行解释。另一方面，在丹麦人索尔基德·雅各布森（Thorkild Jacobson）的想象里，在堕落和压迫开始以前，苏美尔早期社会是原始民主的黄金时代，两性的交往田园牧歌似的不受约束。基督教传统无法摆脱《圣经》和古典文学中的偏见，因而，在威廉·布莱克的笔下，尼布甲尼撒半人半兽，精神错乱，在荒漠上游荡；《伯沙撒的盛宴》用音乐和美术描绘了巴比伦腐败衰落的宫廷，他们洗劫耶路撒冷，压迫犹太人，最后自食其果。

两次世界大战之间，在新月形沃土地带，随着考古证据的进一步发现，人们再次尝试证明基督教与美索不达米亚文化的联系和依存。需要特别指出的是，学者们试图把《圣经》中的古代故事与在幼发拉底河中游的玛里发掘出来的档案联系起来，这些档案的年代约在公元前 10 世纪所罗门时期的 8 个世纪以前；然后把这些古代故事与在叙利亚阿勒颇附近的埃博拉发掘出来的档案联系起来，它们可以追溯到所罗门时期的 14 个世纪以前。所多玛和蛾摩拉、亚伯拉罕和大卫这些名字终于来到当代案卷的聚光灯下。可是，当学者们推敲楔形文字读物中变幻莫测的故事时，所谓的联系在逐渐消失。因为有充裕的时间进行更周密的研究，早先在美索不达米亚档案与《圣经》中的人物和城市之间匆忙建立起来的联系被解开了，恢复了本来面貌，这就有利于历史独立地演化。青铜器时代的线形文字 B 是希腊的早期文字，这个观点在 1953 年得到证实；这一解读表明，希腊文明仍然是希腊大陆的本土产物，这就承认了腓尼基字母是从西亚的闪米特世界游离出来进入希腊的。在巴勒斯坦，考古学家起初热衷于把物质遗存与《圣经》记载紧密地联系起来，但很快就出现了对这种联系和好像能证明这种联系的偏见的质疑。扩散说再次日渐式微。

新证据不断地从远古山冈的沟壑和博物馆的收藏中出现。为了填补古代文化的缺口，考古学家进行了更深入的田野调查，找到了更多的证据，可以证明：在远古时代的意想不到的地方，如安纳托利亚中部，保加利亚、阿曼，还有中亚，就有文明定居点。在新大坝的低地、机场或新公路的施工场地上进行的抢救性发掘都带来了很多惊喜。间歇性的政治动乱和战争迫使发掘人员把注意力转移到新的地区。如今，更多大型考察队开始勘察和挖掘，更多大学和博物馆的考古部门，以及更多得益于便宜的旅行和电子通信的学者携带着新的信息纷至沓来。依据自己应有的权利，考古学成了受人尊敬的研究学科，不再像传统上那样仅与特定的文化和语言相联系。许多新检查、新技术和新方法的出现，使早期由冒险家和收藏家组成的形象换了新颜。特别有趣的是，遗传学这门现代科学的应用表明，基因组与语言组未必有相同的模式。

但是，挫折感和幻灭感依然存在。大量的新信息不但没有清楚地解决旧问题，反而带来了新问题。楔形文字学家慢腾腾地解释这些信息的零碎来源，外人似乎无法理解他们的解释；要么就是他们变来变去，并为之争论不休。他们钻进晦涩的学问，似乎越来越不能与语言学以外的人清楚地交流。人们希望考古学能独立地证明《圣经》的真实性或清楚地回答人们就它提出的问题，却注定要经常失望，所以人类学和纯理论被应用于考古学中，却很少顾及其间联系是否真实或实际上是否正确。特别是古代美索不达米亚，我们对它的理解错在不加鉴别地把奥斯曼宫廷和政府作为理解新亚述社会的直接模型。甚至经过百年的研究，发掘出来的文本和其他考古发现都没有澄清《圣经》作者和希腊作家笔下的巴比伦习俗。无论是《创世记》中的基大老玛（Kedor-laomer）、贝罗索斯（Berossos）所说的先贤奥安尼斯（Oannes）、希罗多德所说的亚述女神米利塔（Mylitta），还是巴比伦空中花园的所在位置，亚述学家都无法找到。

发掘人员和金石学家的研究不可避免地使得所讨论的时间跨度越来越大。要让只接受过关于几个世纪的历史教育的人理解几千年前的有文字记载的远古史，就像理解地质年代或天文距离尺度一样困难。本书虽然以约公元前 3000 年的文字为起点，但是包罗万象、精巧非凡的史前文化比它还早至少 3000 年。

评估文化影响的本质，追踪从美索不达米亚扩散到邻近地区的渠道，都绝非易事。时间跨度很大，时机和机遇良多。要去除偶然的相似，我们必须首先说明有影响的接触是何时何地又如何产生的，而且这些接触在时间和空间上远比通常估计的规模大得多。《圣经》学者在寻找影响范围时往往只注意公元前 8—前 6 世纪亚述人和巴比伦人占领巴勒斯坦，而古希腊学者只注意公元前 8—前 7 世纪的东方化时期，但实际上，可能的影响远不止这些。本书头两章的目的是用文字史料和考古史料使人们注意到多种多样的方法和手段。

本研究提出了支持美索不达米亚影响的证据，也就难免忽视了另一个方向，即邻近地区对美索不达米亚的影响。这不在本书的范围之内。但应该强调指出的是，美索不达米亚地区也乐于接受邻近地区的文化；他们吸收外族观念、外族人口，接受外族统治。即使在他们的商业最发达、政治最开明、军事最强大的时期，他们的统治也是灵活的。他们的国家在不同时期曾被东西南北的外族人入侵或渗透并统治。

我们也不应低估美索不达米亚的思想被外族接受后所做的创造性改变。邻近地区不只是简单地接受和使用外来的文化，而是把外来事物记在心里，彻底地吸收变成自己的成果，实现外来文化的转化。有时，改变了的文化又会反过来影响美索不达米亚。由于这些因素，逐项评估文化影响就很复杂，而且经常产生谁影响谁的问题。本书以下主要举了大多数学者过去取得一致意见的例子，而不是为有争议的零碎证据做出有利的证明。虽然这个决定不可避免地遗漏了一些美妙的可能性，但是本书的初衷在于希望书中提出的大部分材料随着时间的流逝会被证明是可靠的。然而，对于某些以前根本没有涉及过的领域，并没有可用的可靠研究。古典时代晚期和伊斯兰早期尤其如此，关于它们的影响之前并未有所期待，也就不去找它；所以，第二章、第五章和第八章中的某些部分用了很久以前就有的证据来开辟新的研究领域。即使看起来确凿的证据和解释也会变化，因为在新月形沃土地带每年都有新发掘和新文本；要把这方面的研究现状推进一步一定会涉足危险水域，该水域激荡在当今和遥远的过去之间，而为此所做的努力也会帮助后来的研究者们。

　　楔形文字消失以后留下了什么？亚当与夏娃、阿喀琉斯、奥德修斯和特洛伊城的海伦的故事仍然在现代流传着。吉尔伽美什和洪巴巴（Humbaba）的名声以多种语言包括闪米特语和印欧语在整个上古世界传播，他们后来怎么样了？为什么古典时代晚期文本和中世纪文本中的迦勒底智慧的每个特质都被贬斥为荒谬、邪恶、迷信甚或根本就是假冒？楔形文字何时消失的？学问如此之深的文字怎么会轻易从地球上消失？本书首次回答了这些问题。回答这些问题时，我们跨越了通常互不相干的几个学术领域。对这些问题的回答讲述了一个异乎寻常的故事，这个故事以前没有人讲过。

　　不难理解，迷惘的观察者可能纳闷，非常远古的材料是否十分模糊，以至于根据研究人员的兴趣在任何地方都可以找到影响和联系；是否只需要虚构一个框架，然后选择适当的材料去填充它，就能令人信服？但他可以放心，最近，在澄清美索不达米亚文明研究的不确定领域已取得真正的进展。我们现在可以理解学者们在过去一个世纪所承担的任务是多么艰巨。我们在融会贯通地理解复杂资料时的难处，部分在于低估了这份工作所需的时间和努力。过去的错误可能反映出发现的速度太慢以及研究对象过于庞大，并不能表明研究人员无能为力，或者为了政治或种族目的而故意歪曲。

为了让本引言全面完整，我们应向普通读者解释学者们如何仅凭微小的零碎证据就能可靠地理解接触和影响。根据一个半世纪的考古发掘，我们知道不同的文化起初在旧大陆不同的地区崛起。它们已存在了五千多年。对我们而言，幸运的是它们的踪迹还遗留在城市的遗址上，新建筑在原建筑的废墟上一层层地拔高，每个废墟里都有特异的牢不可破的陶片。同样幸运的是，最早的文字常铭刻在泥板上，它们不会腐烂，而纸和羊皮纸总要腐烂。渐渐地，考古学家根据建筑物、陵墓和陶器中的这些宝贵遗存和文字推演出合理的解释，进而说明各个独立的文化是怎样演化的。

更进一步地，本研究比较了不同文化，以确定它们的时间顺序、接触和影响。有什么办法来跟踪研究如此远古的不同民族和文化之间的互动和影响呢？

重要的是建立年代框架。美索不达米亚人记录了天象，包括用以计算精确日期的天文事件：这些天象支撑起了年代框架。这些精确日期虽然不多，且彼此间隔很长，但是远古的王表中所提供的统治时期可以填补这些间隔。我们用这种方法，可以精确约公元前1000年的时间。约公元前1000年至前1500年之间的时间有几年的误差。但是，约公元前1500年以前，有四种纪年选择，每一种相差56年。因为对于这一时期的年代，碳14仍然不能精确地测定。本书采用最长的纪年，按此纪年汉谟拉比从公元前1848年到前1806年统治巴比伦。美索不达米亚以外的文化没有现存的如此之早的相似文字记录，所以，对于其他文化，约公元前600年前的确切时间都无法确定。

有些文化已有明确的朝代顺序，如有名的埃及王朝、以色列王朝和赫梯王朝。有时候，可以用历史年表对照法把它们与美索不达米亚历史年表联系起来，如某文本说某巴比伦国王或亚述国王与某外国国王有交往接触。这就意味着两个政权在时间上有重叠，但每个国王的确切在位时间仍不能确定。

我们还可以用相对年代学方法获得进一步认识，这种方法可以证明，发生在不同国家的事件是同时发生的还是在完全不同时期发生的。可以用几种办法进行时间上的比较。考古发现中的进口货这种物证特别有用。通常，考古不能把货物进口的年代精确到某位国王的执政时期，但进口货的出现可以说明，它在发掘顺序上不会比商品的制造时间早很多。尤其有用的是样式变化很快的各种陶片，如米诺斯时期的克里特岛或希腊阿提卡的彩陶。因为它们破损了就没有内在价值，所以马上淘汰了。但是，在其他地方，陶瓷风格数十年也不变。

有些器物上有关于知名国王的铭刻，如各种乳白色器皿和官员的印章。有人以为，这些器物能充分说明美索不达米亚对其他地区的影响，因为即使这些器物上没有铭刻，永不磨灭的石头上也有样式时常变化的雕刻。但不幸的是，它们的内在价值表明，它们或是当作传家宝由几代人传下来的，或是作为礼物送给别人，或是作为古董收藏起来，或是因缘际会出现在某地。这一切都说明，它们消失的时间段与制造它们的时间段很不相同。所以，个别的发现不是确定年代的可靠依据，但积累起来的证据可以提供更坚实的年代框架。

其他贵重器物如使用特殊设计技术的雕像和珠宝也在美索不达米亚以外的地区被视为"外来物"。但是，即使我们清楚地知道发掘地点，如陵墓、寺庙或宫殿（如果不是偶然从河中捞出的话），也分不清宝物是直接地还是间接地得到的，是作为商品还是作为外国公主的嫁妆得到的。只有把几种不同线索综合起来才能再次得到可靠信息。

我们通过这些物质遗存确立了相对年代时序，随着发掘的证据越来越多，误差越来越少。因为这些东西很少牵涉某个确切日期，所以习惯上根据某时期的主导金属工艺来表示时间，如"青铜器时代中期"。当然，用这种方法为一个国家命名的时期只大致相当于为另一国家命名的同一时期。但是，既然金属工艺在旧大陆中的发展阶段在各个文化内部是大致平行的，并且与已发现的进口货有关，我们可以有些把握地举例说，用来制造标准大小砖块或用楔形文字书写的技术是从一个地方传播到另一个地方的，而不是以相反的方向传播。后来，证据越来越多，也越来越有力；从公元前8世纪末起，联系比以前紧密得多。

还有一种很不相同的证据是语言和文字符号。有些语言可以按照结构和声音的共同特点划分为同一语系。同一语系下不同语言中的词语互相对应，这种词语叫同源词；在印欧语系里，英语的 city（城市）与拉丁语的 civitas 和西班牙语的 ciudad 同源，但与希腊语的 polis 不同源。

一个语系的语言借用了另一语系的词语时，可以从形状上看出是外来词。我们可以看出 bungalow（平房）、jujitsu（柔道）、assassin（刺客）、jamboree（庆祝大会）是英语中的外来词。但是，我们即使说不上这个词究竟来源于哪种语言，也常知道它所在的语系。例如，古希腊语的 siglos（"shekel"，银币）是闪米特语的词，可能源自阿卡德语（东闪米特语）的 shiqlu 或希伯来语（西闪米特语）的 sheqel。常有的情况是，外来词吸收了接收语的规范，如希腊语 siglos 把外来的喉音 q 变成 g，然后附上希腊语名词后缀-os。如果这种变化不止一处，就很难认出某个词是外来词。名字和绰号常常是这样：John、Ian、Siobhan 和 Johannes 都是同源词。词的形状有时可以区别语言：我们可以看出，fortissimo（最强音）是意大利语，Schadenfreude（幸灾乐祸）是德语，无论我们是否知道它们的意思。历史比较语言学的研究就是要找到语言变化的规则，因为巧合容易误导：除了拼写一样，法语中的 car（因为）与英语中的 car（汽车）毫无关系。过去的研究常常张冠李戴。

人名对追踪文化接触尤其有用。人名都有字面意义，有时它们在古典时代被翻译出来，失去了其源语言中的读音。比如，英语中 Peter（彼得）的发音来自希腊语中的 Petros（岩石），可是按照圣约翰的福音书，彼得应读为 Cephas，阿拉姆语意为"岩石"。有时，几种变化共同作用：在日本，Superman（超人）成了 Ultraman，读作 Urataraman。

文字符号在不同语系中完全不同。闪米特语族中的腓尼基语使用的字母表与印欧语系的希腊人使用的相同，但后者增加了完整的元音系统。闪米特语族中的阿拉伯语使用的字母表与其他语言不同，但被印欧语系的波斯语和阿尔泰语系的土耳其语接收并同化了。有些语言从左到右或从上到下书写，有些使用相同文字符号的语言从右到左书写。这些特征都可以用来追踪文化影响。

字母表创设以前，文字体系更复杂。有些文字主要是音节文字，所以，ab、eb、ib、ub、ba、be、bi、bu 可能是八个完全不同的音节符号，而不是 b、a、e、i、u 这五个字母的组合。有些文字主要是象形文字或表意文字，这种文字的一个符号就是一个词或一系列意思；如英语的"%"意思是"百分数"，"£"表示"英镑"，"="表示"等于"。这些符号还可以按照书写材料用其他方法分类。埃及的象形文字和用字母组成的阿拉姆语一般用墨汁涂画在莎草纸的平坦面、木材或灰泥墙上，而阿卡德语、苏美尔语、赫梯语和其他语系的几种语言使用的楔形文字是用尖笔形物体凹刻到湿泥板的表面上。通过考虑这几个特点并考察它们的时间关系，我们可以确定，印欧语系的赫梯语文字是从闪米特语族的阿卡德语文字派生出来的。希罗多德认为希腊人习得了腓尼基人的字母，这个观点是正确的。

最复杂的莫过于从文学主题和宗教习俗方面比较不同的文化。从表面上看，我们可以设想，有些故事或特殊的崇拜形式可能碰巧在不同的时间、不同的地点发生。人们常常孤立地看这些相似之处，忽视支持文化接触和影响的各种证据。我们通常想当然地认为，文学存在于某些易识记的体裁：诗歌、寓言、书信、童话故事和小说。但是，世界上有些地区，如欧洲人到达以前的澳大利亚、南部非洲或加拿大，这些体裁还没有出现。在古代近东和附近地区，这些体裁连同适合每个体裁的主题以及表达这些主题的精确形式已有长期的发展。这种渐进式的多元发展在美索不达米亚也可以找到，那里的学术研究三千年来一直绵延不绝。资助这些研究的有寺庙和朝廷。它们以刻在黏土和石头上的注有日期的数十万个楔形文字文献记录下来。这些文献讲述了教育、法律和伦理、宗教、魔法以及科学中的概念，很多文献与崇拜形式、宫廷礼仪有密切关系。自然灾害和外族征服时常发生，但是，无论世代多么黑暗，学术活动从未中断。如果相邻的文化在体裁、主题和思想方面有相似之处，我们就可以用刚刚描述的这类完全不同的证据来排除巧合。

远古时期的美索不达米亚最引人注目的是其学术研究传统，它一直延续到罗马帝国时期，从未因政治变革和语言变化而中断。根据我们发现的证据，在把文化影响从美索不达米亚传播到邻近地区的诸多因素中，如果我们只能选一个突出因素的话，那就是学术研究传统。巴比伦和尼尼微的学者到各地旅行，用翻译技巧把文学训练带到外国宫廷。这个传统灵活多变，适应性强，早在拼音文字出现以前很久就开始了，而且持续了很长时间。

延伸阅读

Cavalli–Sforza, L. L., Menozzi, P., and Piazza, A., *The History and Geography of Human Genes* (Princeton, 1994), esp. 16–24 and 242–5.

Cooper, J. S.,'Posing the Sumerian Question: Race and Scholarship in the Early History of Assyriology', *Aula Orientalis* 9, in honour of M. Civil (1991), 47–66.

Dawkins, R., *The Selfish Gene* (rev. edn.; Oxford, 1989), ch. II.

Gruen, E., 'Cultural Fictions and Cultural Identity', *TAPA* 123 (1993), 1–14.

Jauss, H. R., *Toward an Aesthetic of Reception* (Harvester Press, 1982).

Moorey, P. R. S., *A Century of Biblical Archaeology* (Cambridge,1991).

Stolper, M. W., 'On Why and How', *Culture and History: The Construction of the Ancient Near East ii* (Copenhagen, 1992), 13–22.

Wells, P. S., *Culture Contact and Culture Change: Early Iron Age Europe and the Mediterranean World* (Cambridge, 1980).

第一章

时机和机遇

波斯征服以前

斯蒂芬妮·达利

（Stephanie Dalley）

原史时代（约公元前 3500—前 3000 年）

远在最早的书写形式开始的时候，在美索不达米亚平原南部的两条大河沿岸，就已经有了城市的扩张。这里，文字似乎是从记账系统演变而来的。我们的最初证据限于几何状的陶筹，有时它们被封在泥封套里。封套用石头制成的刻有纹饰的滚筒在其外表面上滚动后密封。有时候，泥封套上还压印有图案，其形状和数量与装在封套里的陶筹相同。这样，印章与文字就以千丝万缕的联系，成为一体了，这种联系直到今天依然存在。压印在泥板上的某些早期符号和这些陶筹很像。它们还不是某种特定的语言，因为像国际道路标识一样，这些图案作为符号可以被说任何语言的人理解，在国外使用。滚筒印章虽然只是该地区的发明，但它比邻近地区使用的戳形印章在艺术设计上产生了更深远的影响。

这些简单的符号似乎很快演变为一个由数百个符号组成的复杂系统，但很多符号并不是象形文字。这种发展在美索不达米亚南部几个为数不多的大城市里也出现了，那里已经有了用符号表示的记账系统。在近邻伊朗

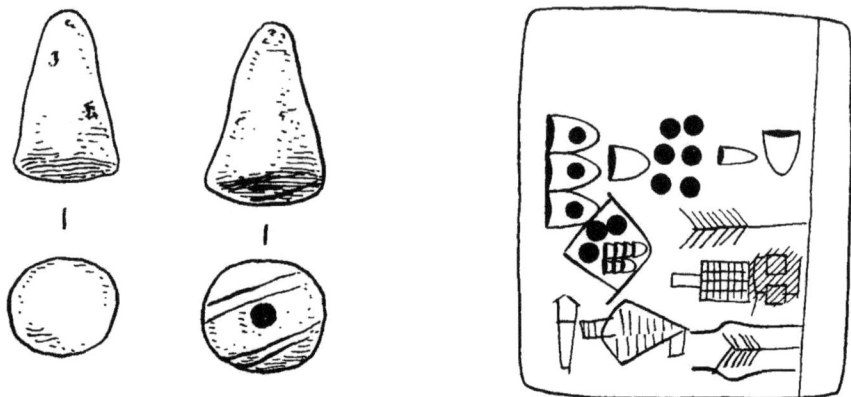

图 1.1　泥土符号和来自美索不达米亚的古老泥板

的苏萨城周围，这个符号系统很快被接受并被当地人采用。显然，用这个符号系统所做的记录被保存在很大的档案馆里，用于控制供给大型组织的农牧产品。发明这种符号系统的需求一定是很大的：这些早期的城市如乌鲁克、吉尔苏、基什和苏萨的占地面积如此之大，人口众多，有诸多神灵需要祭祀，因此，必须要有严密的控制制度和管理精英来满足祭祀牺牲的供应和粮食储存的需要。

　　与复杂的现代社会一样，腐败、欺诈和盗窃总是引诱本国人和外国人，带来大规模资源枯竭的危险。为了打击盗贼，封套、复制和密封等安全措施发展很快。为了防御坏人或捕食动物的袭击，建筑物和城市加修了防护墙。可以举一个极端的例子来说明当时的建筑物和城市的规模：早期王朝时期（公元前 3000—前 2350 年）的乌鲁克城墙为 9 千米长，城里有几座庞大的建筑物，面积为 80 × 50 平方米。如果美索不达米亚人没有砖模这种精妙的发明，就不可能创造出如此巨大的建筑工程。砖模可以用标准尺寸批量生产砖块，因为这一地区没有石头和好的木材，只有用秸秆来使冲击形成的黏土经久长存。在砖上压印造砖人名字的铭文以后，砖就和早期的文字结合在一起了。砖和文字对于城市的发展都是必要的，从一些大滚筒印章上的图案可以清楚地看出先民的自豪感；印章上雕刻的符号后来被释读为大城市的名字：拉尔萨、乌尔、乌鲁克、扎巴拉（Zabala）等。啤酒的发

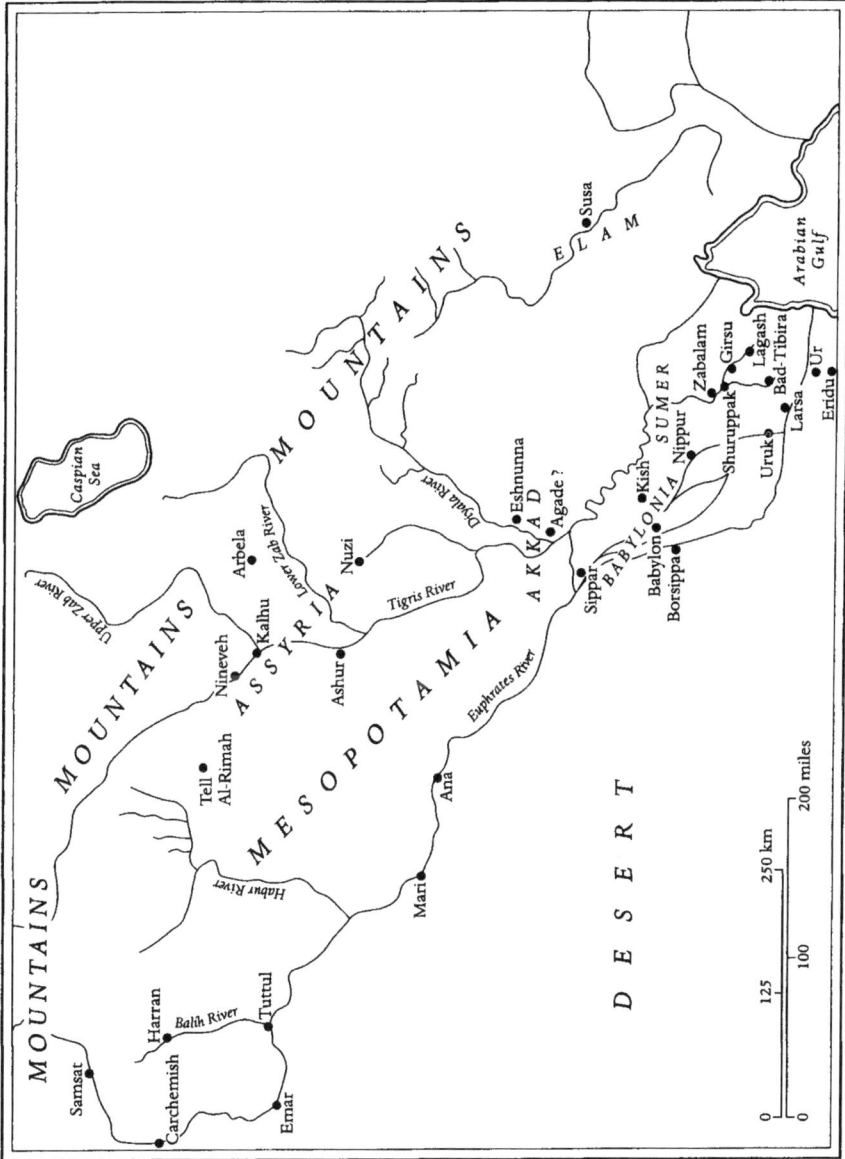

地图 2　远古早期美索不达米亚主要城市和区域示意图

地图 2 地名检索

Agade　阿加德

Arabian Gulf　阿拉伯湾

Arbela　埃尔比勒

Ashur　阿淑尔

Assyria　亚述

Babylon　巴比伦

Babylonia　巴比伦尼亚

Bad-Tibira　巴德-提比拉

Balih River　拜利赫河

Borsippa　博尔西帕

Carchemish　卡赫美士

Caspian Sea　里海

Diyala River　迪亚拉河

Elam　埃兰

Emar　埃马尔

Eridu　埃利都

Eshnunna　埃什嫩那

Euphrates River　幼发拉底河

Girsu　吉尔苏

Habour River　哈布尔河

Harran　哈兰

Kalhu　卡尔胡

Kish　基什

Lagash　拉格什

Larsa　拉尔萨

Lower Zab River　扎卜河下游

Mari　玛里

Mesopotamia　美索不达米亚

Nineveh　尼尼微

Nippur　尼普尔

Nuzi　努济

Samsat　萨姆萨特

Shuruppak　舒鲁帕克

Sippar　西帕尔

Sumer　苏美尔

Susa　苏萨

Tell Al-Rimah　利马山丘

Tigris River　底格里斯河

Tuttul　图图尔

Upper Zab River　扎卜河上游

Ur　乌尔

Uruk　乌鲁克

Zabalam　扎巴拉

明有助于缓解持续不断的劳动负担。酿造的守护女神伊什塔尔的庙里存放着神圣的发酵坛。以上这些发明如标准砖、啤酒、大城市、用书面语进行公共事务管理等，即使在今天我们仍在使用。

早在这时的建筑就显示出一些独特而易识别的特征。泥砖混砌的墙上装饰有各种陶制圆锥或陶钉，它们被插到砖结构里，使得墙面看上去像一幅装饰性的镶嵌画。这些人工制品和滚筒印章在黏土上留下的印记都是美索不达米亚特有的产物，使我们可以追溯美索不达米亚与外界的接触及其对外界的影响；它们说明了美索不达米亚的影响远比几十年前人们所料想的更为广泛。现在，在叙利亚北部和土耳其东南部，尤其是在幼发拉底河上游沿岸居民区的许多考古遗址上，已经出土了陶制圆锥和滚筒印章的印记。在埃及也发现了它们的踪迹：尼罗河三角洲西部的布陀发现了圆锥体，在阿比多斯发现了滚筒印章的压印。这以后的3000年里，印章和印记以其小尺寸把艺术图案携带到遥远的地方。

我们仍无法确定，美索不达米亚的哪种影响传到了埃及，在如此之早的时期又持续了多长时间，也没有办法揭示一个考古发掘地层、建筑物或艺术风格曾经在多长时间里发挥作用：就美索不达米亚来说至少一个世纪或比这长得多。其影响传播的一个路线是从地中海东部沿岸诸国和岛屿经过大海到达埃及。埃及的建筑形式，尤其是带壁龛的房屋正墙和雕刻在调色石板上的图案，与美索不达米亚的非常相似，由此可以追踪美索不达米亚对埃及的影响。这些踪迹出现在约公元前3500年，埃及最早产生国王的

图1.2　约公元前3300年来自苏萨的滚筒印章，以及滚筒印章上的压印图

时期。此时先于埃及第一王朝，埃及的尼罗河谷也还未迎来首次统一。这些踪迹持续到埃及进入早期王朝时期（约公元前2920—前2575年），不久后便消失殆尽，但留下了两个长久的标志。首先是一个表示"印章"和"出纳"的埃及象形文字，表现形式是一枚系在带子上的滚筒印章。即使密封用的是圣甲虫印章而不是滚筒印章，表示的也是同样的意思。第二个标志是，埃及的文字系统与早期美索不达米亚的书面语言苏美尔语楔形文字和阿卡德语楔形文字有一些相同的特征。它混合了表意符号（一个符号表示一个词）和音节符号。它使用限定词，即不发音但表示相邻符号所属种类的符号，如表示木质或石质的东西。有人认为，埃及的语言系统甚至与闪米特语言系统有亲缘关系，很久以前就是它的一个分支。

因为文字刚从陶筹的标记系统演变出来，还不能组成句子、叙事或对话，不同民族的人可以将这种文字应用到各自的语言中。埃及典型的象形文字出现得很突然，与美索不达米亚的文字体系很像，但是反映了埃及自己的语言；伊朗西南部的原始埃兰人用的楔形符号也展示出自己的个性。因此，促使文字出现的因素虽然是共有的，却激发而不是掩盖了本土文化，并只在文化高度发展的地方才出现创造性反应。

伊朗东部也发现了该符号系统，接着发现了刻有象形图的泥板，这种象形图很快演变为楔形符号。这些发现说明美索不达米亚的影响向东和西两个方向传播。阿拉伯湾沿岸四千年前的定居点遗迹也发现了这些踪迹，说明此后很久才在印度河谷出现的文字和印章——与大型的砖结构城市同时出现——与美索不达米亚文化也有某些联系。正如我们不了解其他接触的本质一样，我们也不了解这种接触的本质。

我们可以猜想，发明文字的人对叙利亚、安纳托利亚、埃及和伊朗的影响或控制在本质上可以由刻在早期滚筒印章上的画像来补充说明，这些图像在黏土印章（bullae）上留下了清晰的压印。印章由黏土制成，用来标记装陶筹的黏土信封，有时用绳子拴在袋口和坛子口上、小皮袋上和门栓上。我们发现了囚犯的档案，他们被绑着，赤身裸体；被驯服的人排成一列一列的长队把无尽的物产带到神庙；男人被剥掉衣服，接受体罚：这些场面意味着当地民众被严厉地控制，也可能说明此地曾用武力征服海外。在伊

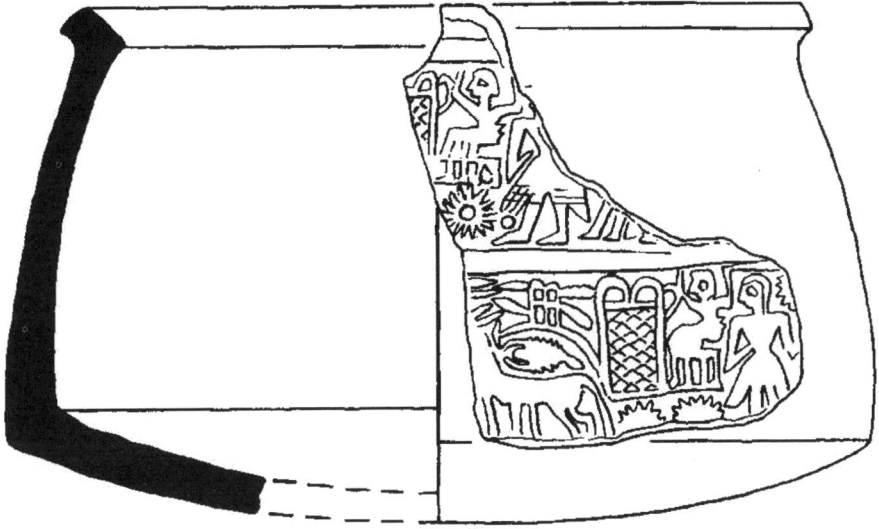

图1.3 广口瓶上的滚筒印章压印图

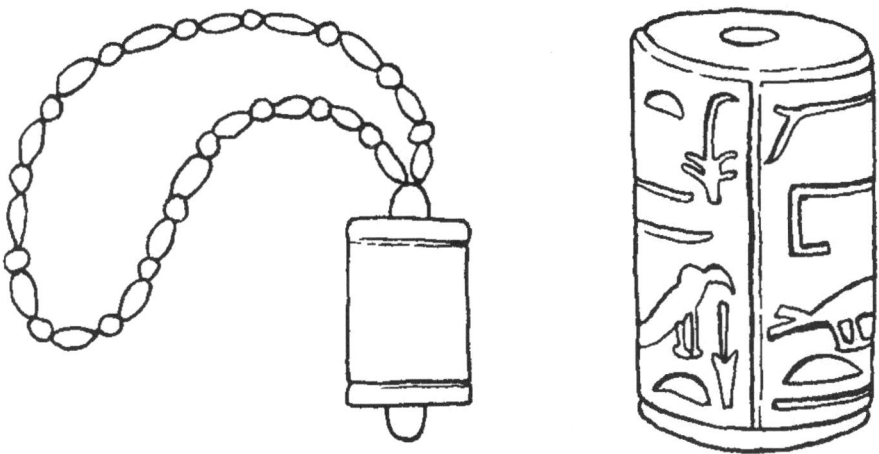

图1.4 埃及的早期滚筒印章

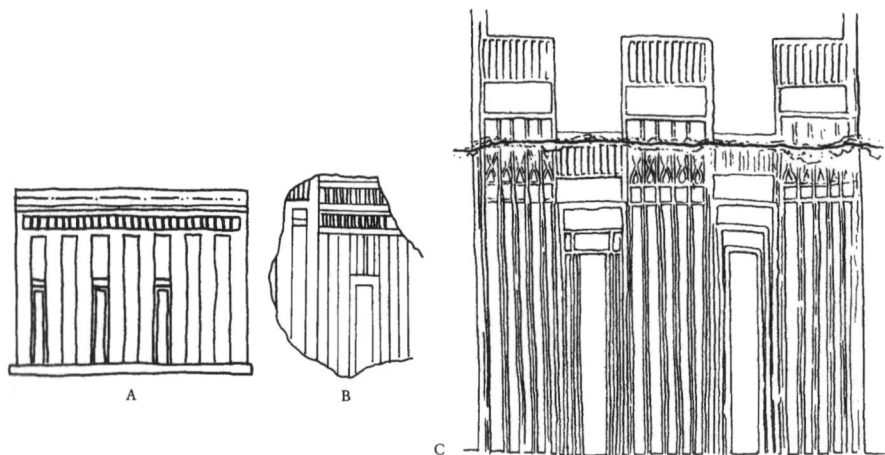

图 1.5　带壁龛的房屋门面：A 和 B 属于美索不达米亚，C 属于埃及

朗西部的苏萨周围发现的印章压印展现了一幅洗劫设防城市的情景，洗劫方式很像两千多年后亚述人的征服。

与城市文明和文字的崛起相关的城市扩张，意义深远，让人浮想联翩。我们的物证虽然只有形状和大小各异的泥板，但是，现在发现的早期联系可以解释近东不同地区之间在建筑、文学类型、某些宗教习俗和皇室事务方面的总体相似性。每个地区很快形成了自己的风格，做出了独特的贡献。要理解这些地区之间的联系，我们必须考察世界上其他地区的文化，认识到不是每个早期文明都有砖结构城市，其国王并不都掌握实权；不是所有宗教的神都有人身肉体，像人一样吃喝，领受唱给他们的颂歌；不是所有文化都以父子对话或师徒对话的形式传递智慧和哲学。

但是，这些证据在本质上表明，学者们还无法找到个人影响社会的方式，也无法提供顺序准确的大事年表。人名、外来语或文学上的反映都无法追溯到这样远古的时代。保存下来的书面证据间隔时间都比较长。尽管如此，现在可以毫无疑问地说，公元前四千纪晚期，美索不达米亚已经成为城市文明的中心地区，其影响也远播海外。

安纳托利亚的商人和印符（约公元前2300—前1700年）

通常，封印和陶锥装饰的发现与早期的城市扩张中产生的第一批公共建筑有关。在它们的指引下，考古学家找到了沿幼发拉底河上游穿过托罗斯山脉深入到安纳托利亚的一条小径，它形成于约公元前3500年，明显地改变了当地人的定居性质。这次，我们还是无法了解接触的实际情况，只能从后来的更清晰的证据往前追溯，推断商人络绎不绝地从美索不达米亚南部和伊朗西南部的大城市出发来到遥远的异域他乡，在城镇上一个分隔的区域做生意，偶尔在需要军事援助时向故乡求救。

证据显示，在安纳托利亚中部的开塞利附近的卡尼什，有一个从底格里斯河中游的阿淑尔母城分离出来的亚述商人的殖民地，与母城之间步行约需六周。这个证据包括用颇为有限的楔形符号所做的营业记录。它们的时间约在公元前2000年至前1700年，发现于两个年代接续的居住层的房屋中。显然，这些居室是私人的而不是公共的，在它们之前还有两个更早的居住层，建在同一垂直线上，但没有发现泥板和印章。它们可能说明亚述商人曾在此定居，这个猜想可以从美索不达米亚两位知名的国王阿加德[1]的萨尔贡和纳拉姆-辛（Naram-Sin）的非凡故事中得到一些支持：传说他们在公元前2300年左右对安纳托利亚发动了军事进攻，来支持被围困的商人。这些故事的发生地点不是美索不达米亚，而是位于安纳托利亚中心的赫梯人的都城哈图沙（Hattusa）。这些故事的发现既说明印欧语系的赫梯人喜爱它们，又证明它们不只是当地人对上述闪米特统治者英雄事迹的宣传。

虽然只有亚述商人在卡尼什的殖民可以用文献证明，但文中还提到安纳托利亚其他城市的同类殖民，就像有关阿加德国王们的零星残缺的传说一样。在托罗斯山脚下的平原上的布拉克山冈（Tell Brak）处，还发现了盖有纳拉姆-辛铭文戳记的砖，这个物证充分证明美索不达米亚的影响是沿哪条路线进入安纳托利亚的。所以，有充分的证据表明，美索不达米亚人于公元前2000年左右在安纳托利亚建立了异域飞地，住在那里做生意。

总之，公元前 1700 年左右，赫梯人在哈图沙建立第一王朝时没有将纯粹的印欧文化带到未开化的野蛮地区。他们的许多社会制度和宗教组织是以已存在 1500 年的美索不达米亚高等文化为模型的，虽然他们直到更晚期征服了叙利亚的城市以后，才从与外来商人和阿加德士兵的零星接触中，间接了解到这种高等文化。无论公元前四千纪晚期以后，长期接触是连续的还是间歇的，这个背景都解释了赫梯人为什么接受了楔形文字，赫梯人为何在公元前 2000 年中期的神话和条约中把巴比伦的几个显赫神灵表现得令人高山仰止，说到尼普尔城时心生敬意，他们的法典何以在格式和题材上都酷似亚述人和巴比伦人的法典。因为赫梯人的象形文字更古老，更像埃及的象形文字，所以我们不能断言只有美索不达米亚影响了他们的文化发展，我们只能说美索不达米亚做出了贡献；但是埃及的神、地名和人名并未在赫梯的文本中出现，只在与其他地区的通信中有。

影响的方向是清楚的。在卡尼什的第二考古文化层（约公元前 1700 年）发现的一个信封上有滚筒印章的压印，显示的是美索不达米亚特有的图形符号。巴比伦文学中没有赫梯的神话和神。即使赫梯国王穆尔西里（Mursili）在公元前 1651 年左右对巴比伦终于发起了闪电式袭击，也没有留下任何影响的痕迹，无论是文化影响还是政治影响。哈图沙的书吏常有巴比伦人的名字，但巴比伦的书吏绝没有过赫梯人的名字。

一般来说，美索不达米亚的影响主要是通过贸易和商业活动而不是直接统治来传播，当时社会的重大动态，即投资和保险等金融业务有助于说明这一点。远古的巴比伦人和亚述人住在富饶的冲积沃土上，却没有矿产资源，他们通过贸易用一堆一堆的金、银、铜和铅铸造货币，以资助新企业。大部分生意是由私人用神庙和宫廷的资金借贷来进行的。他们的商业活动依赖于国家储备的越来越多的银，几乎所有的交易都是以银为货币进行的，尽管银本身并没有易手；像法语的"argent"（银）一样，银这个词慢慢变为表示普遍意义的"钱"。在他们自己的社会里，他们发展了可流通转让的票据或俸禄，换句话说，投资者个人像企业家一样不劳动但拿固定的利润，用利润扩大商业活动。这种制度在眼界上比邻近的其他民族的制度先进，在后者看来，货物只能间接交换，通过复杂的易货贸易来实现。

东方的宝石和印度河谷的城市

青金石和光玉髓是最贵重的宝石，这些宝贵的奢侈品被早期美索不达米亚的苏美尔人和巴比伦人用来显示财富。这些宝石只能从遥远的地方获得：青金石在阿富汗东北部的大山里开采，光玉髓主要从印度次大陆古吉拉特的岩石中提取。获取宝石的贸易投机行为体现在公元前四千纪晚期的古墓装饰中的珠子和镶饰上，它们在美索不达米亚及其近邻伊朗西部的城市，甚至在埃及和沿幼发拉底河上游的叙利亚和土耳其城镇居民区都有。通过这些途径，无论是陆路还是海路，美索不达米亚文化特别是文字、印章和巨大的砖结构建筑的名气远播到巴基斯坦西部的人口稠密地区，似乎影响了城市文明在印度河谷的崛起；在这里，公元前 2000 年左右的考古遗址中出现了文字。其中的两个城市哈拉帕和摩亨佐-达罗是在此前几个世纪用标准尺寸的砖建造的，每个城市占地 200 多公顷。像其他地区一样，大城市的崛起伴随着印章和砖的广泛使用，文字继之。阿曼的炼铜技术介于两个同样需要铜矿的青铜器文化之间，这使美索不达米亚与印度河产生接触。

在美索不达米亚发现的因货物而产生的接触有以下形式：蚀刻的光玉髓珠子、戳记和滚筒印章，上面有大象和典型的印度牛。没有发现用印度河滚筒印章压印出来的黏土印章，也没有陶锥镶嵌画；两个地区之间的接触似乎在时间上更晚，在类型上与可追溯到埃及和幼发拉底河上游的接触好像不同。看起来，这种接触直到印度河的城市经过大约 700 年的辉煌后，在公元前 2500 年左右被毁灭后才开始，美索不达米亚南部城市的文字证据尤其表明，纺织品和食品是向东输出的。

像早先时期一样，美索不达米亚社会的一些思想和技术在有很高文化成就的地区生根开花，但此后的发展与其他地区的形式大相径庭。外来的文字符号（尚未破译）和长方形戳印（而不是滚筒印章）是印度河的城市所特有的。其他地区如阿拉伯和中亚的史前遗迹的发掘尚在初期，但它们的城市文化可能拉大了这些差别。过了这一时期，联系也越少越间接；表示印度河地区的词 Meluhha（梅卢哈）后来指代遥远的传说中的地方，有时指埃塞俄比亚，犹如罗马人心目中的"印度"，既指南亚次大陆又指非洲大陆的东北海岸。其后的一千年直到亚历山大大帝时代前后，印度河谷既舍弃了城市传统又放弃了文字。但是，晚近时期印度有名的神名密特拉（Mitra）、因陀罗（Indra）、伐楼拿（Varuna）和那沙提耶（Nasatya），在公元前14世纪的楔形文字文本里也可以找到，因为亚述的米坦尼人（Mittanian，印度雅利安人）的最高统治者崇拜他们。所以，哈拉帕文化与希腊文化之间的证据缺失仍然难以计数。

苏美尔王表的意义

公元前2100年左右，在美索不达米亚，有人编写了一份王表，用简约的名单介绍了各个城市的早期王朝，可以隐约看出前后朝代是相继接续的而不是同时代的。名单用相同的格式给出了大洪水之前的国王和大洪水之后的国王，不同的是，大洪水之前的国王在位的年数长得惊人。

虽然这份名单是用苏美尔语写的，但它涉及的范围远不止美索不达米亚南部的城市；换句话说，它认为早期的城市文明不限于一个民族或语系，也不限于美索不达米亚南部的冲积沃土地区。大洪水前的五个城市——埃利都（Eridu）、巴德提比拉（Badtibira）、西帕尔（Sippar）、拉拉克（Larak）和舒鲁帕克（shuruppak），的确是在美索不达米亚中部的城市；但是大洪水后，基什王朝、乌鲁克王朝和乌尔王朝以后，我们发现了遥远的名为阿旺（Awan）、哈玛兹（Hamazi）和玛里的城市。

虽然我们既不了解阿旺也不了解哈玛兹，但我们知道两者都在伊朗，从其他文本了解到阿旺在传统上是埃兰人的政治中心，埃兰语既不属于闪米特语也不属于印度-伊朗语系，与苏美尔语没有任何关系。哈玛兹的位置应在底格里斯河以东，但具体位置尚不明确，可能离扎格罗斯山脉或远或近。苏美尔王表没有提到埃兰人的大型中心城市苏萨和安善（Anshan），但是，因为这份王表的一个抄本是在苏萨出土的，我们可以确定它是公元前1800年左右收藏在那里的书吏课程或库存文本的一部分。所以，它不只是一件本地宣传品。安善在埃兰初期比苏萨大五倍，其名声主要来自：它被公元前三千纪晚期的美索不达米亚统治者"击败"了；它在乌尔第三王朝的使者文本中频繁出现，这些文本记录了乌尔人是怎样用银子酬谢异域特使的。第三王朝的大国王舒尔吉（Shulgi）派了一个女儿与伊朗中部或东部的一个非常强大的国家马哈什（Marhashi）的统治者结婚。公主们的这种外交上的通婚和她们的混血后代在向海外传播美索不达米亚文化中所起的作用虽然难以定义，却非常重要。如果认为安善就是波斯波利斯附近的马尔彦山丘（Tell-i Malyan），马哈什在向东更远的地方，那么，在一定程度可以认为伊朗西部地区的文化与美索不达米亚文化一千多年来是一样的。建立在苏萨和安善的埃兰王朝虽然有自己的语言和神，却用巴比伦语记录了许多事情，只偶尔使用相同的符号用埃兰语写作。巴比伦英雄吉尔伽美什在埃兰非常有名，所以他的名字在埃兰语里用作人名；相反，美索不达米亚的人名中却没有埃兰英雄或伊朗英雄。赫梯王、埃兰王和西闪米特王的头衔与生活在巴比伦上古城市的同时代国王的头衔非常相似，好像也属于苏美尔王表所记录的声名显赫的地区。

位于幼发拉底河中游的玛里是苏美尔王表中最西边的城市。它位于苏美尔正宗中心地带的外侧，其早期国王的名字看上去像闪米特语，可能是西闪米特人的名字。在玛里发现的楔形文字与在其以西的埃博拉发现的同时代楔形文字相似，埃博拉的早期文字现在被认为是以基什为中心的文学传统的一个分支。这些文字说明，叙利亚的内陆城市（包括从埃博拉发现的文本中经常提到的地名卡赫美士[Carchemish]、阿勒颇和哈马[Hamath]）在公元前 2300 年左右的美索不达米亚文化中具有多么牢固的地位。虽然黎凡特的沿海城市不在苏美尔王表的范围以内，但应特别指出的是，在公元前三千纪晚期，乌尔就向毕布鲁斯（Byblos）的女神纳贡，还在毕布鲁斯发现了这一时期的楔形文字词典。

在美索不达米亚以北，哈布尔（Habur）河上游的山麓丘陵里的雷兰山丘（Tell Leilan）有一份苏美尔王表，可大致追溯到巴比伦时期的（公元前1848—前1806年）汉谟拉比时代。此处在阿淑尔以北 200 公里以远的地方，主要居民是胡里安人。我们又一次看到，美索不达米亚怎样以一组楔形文字在文化上决定性地影响了一个多民族多语言的地区。美索不达米亚周围国家的统治阶级用过滚筒印章，更说明这种影响何其深远。如扎格罗斯山里的城邦伊塔帕尔哈姆（Itapalhum）的一个官员，由于与埃兰的紧密联系而有一方有三百年历史的、用巴比伦的楔形文字重新刻上自己名字和官衔的滚筒印章。

贤哲（Sage）的高雅文化

七贤哲的故事是美索不达米亚文明史中文字和艺术起源的核心。这个故事曾由贝罗索斯为了报答朝廷的恩宠在希腊化时期简述过，在晚近的楔形文字简要典故中提到过并得到确认，它对了解远古人心目中的巴比伦起源至关重要。

根据传说，为了教会人们文明时代的一切技术，如城市修筑、君主统治、音乐、冶金和农业，伟大的伊阿神（Ea）在大洪水发生以前很久就派七贤哲来到人世。每位贤哲都使人想起一个早期城市里传说中的国王，如伊阿统治下最早的君主制城市埃利都、太阳神沙玛什（Shamash，其早期国王恩美杜兰基［Enmeduranki］与《圣经》里的以诺有关）之城西帕尔、吉尔伽美什之城乌鲁克、国王名字像闪米特语而不像苏美尔语的君主制城市基什。这些国王都在苏美尔王表上。

这些贤哲被描绘为神圣的鲤鱼，从阿普苏（Apsu）的甜水中一跃而起。阿普苏是伊阿在位于南方的埃利都城里曾经住过的地方。但是，他们因其卑劣的行径触怒了神而被驱逐回去。除了原有的七贤哲外，大洪水后又出现了其他贤哲，他们属于以前国王的朝臣，只在部分意义上是神，如巴比伦时期的汉谟拉比的大圣阿萨鲁赫-曼苏姆（Asalluhi-mansum）。

像苏美尔王表一样，这个传说与大洪水密切相关。在传说中找不到任何外来因素，也没有理由怀疑它不是本土的。

埃及也有贤哲，但他们都是历史上隶属知名法老宫廷的文人。最早的贤哲是伊姆霍特普（Imhotep），他是约公元前 2650 年①乔瑟尔（Djoser）

---

① 英文原著索引中标注的年份为公元前 2630—前 2611 年，此处疑有误。编注。

的建筑师兼国王秘书，在美索不达米亚传说中的前大洪水时代很久之后。像他的后来者一样，他生来就是凡人。他不是从天而降的神仙，而是由于取得的成就被尊奉为神。所以，埃及的传统不像美索不达米亚的那样宣称神的久远或神圣使命。

叙利亚也有关于贤哲的传说。它的传说像美索不达米亚的而不像埃及的。根据传说，腓尼基人桑楚尼亚松（Sanchuniathon）写了一部《特洛伊战争之前》，毕布鲁斯的斐洛（Philo）认为它流传于约公元100年；斐洛的作品又由优西比乌斯（Eusebios）以摘抄本形式流传于公元260至340年。这个传说列举了大约14代超人，他们发明了文明人生活所必需的技能，特别是工艺技术。近来，学者们往往认为，大部分传说，无论是关于毕布鲁斯的斐洛的还是贝罗索斯的，都不是真实的。但是，在乌加里特（Ugarit）城发现了青铜器晚期的迦南神话，证实了斐洛的一些细节，塞琉古（Seleucid）王国的乌鲁克遗址中出现了支持贤哲的楔形文字证据，这时，人们才认为斐洛和贝罗索斯真正地见证了这些传说，尽管文本上的传说掺杂了别的东西。认为上述各个领域很早就有接触的考古证据支持这个已有推断，即贤哲带来的重要概念和文明是从美索不达米亚传播出去的。

用楔形文字教学的课程

到了公元前三千纪晚期，写作已相当标准化，传授学问的学堂都讲授并练习写作。舒尔吉统治乌尔时（公元前2150—前2103年），大部分有象形文字和拼音文字意义的符号被程度不同地简化为大约600个标准符号。这些符号发展了叙事能力，逐渐演变成不同的体裁，来表现神话、人生哲学、大事记、战争纪事、公函和私信。这些文学作品仍然很短，只是偶尔汇集起来的一组或系列作品，就像把日报汇集成月报和年报一样。即使汇集起来也没有形成连贯的框架，写得简短且含混，不像完整的讲话稿。

舒尔吉把国家治理得很好，他在一个颇具盛名的学术机构里受过教育，享有当时最受尊敬的学者的地位。用他自己的话翻译过来就是：

七贤哲带我走出埃利都。

在这个智慧之屋，汇集了这一地区的知识，

我舒尔吉，苏美尔之王，忠实地传授知识。

我的手准确地控制着纯净的苇管（写作和测量工具），

我能唱异域之歌，

我能巧妙地调竖琴。

以便好人能用这青秆测量土地，

获致大丰收，

用最好的蔬菜和粮食满足食欲，

我能娴熟地用镐，码砖……设计建筑图纸，打地基。

把楔形文字铭刻在雕像座上，

解释青石板上的文字，

算账，规划土地，

我，有才智的人，完全掌握了他们的学问，

我把我说过的善意之言留存在泥板上，

巨大的泥板［传递着］我的祝福，

通过文字……我学会了这一切，

用权威实施正义。

公元前 2000 年前，除了美索不达米亚使用楔形文字外，叙利亚的埃博拉、毕布鲁斯和埃兰的苏萨等地区也使用楔形文字。那里的书吏接受过严格的美索不达米亚式训练。所学的中心课程有符号手册研究和词汇表研究，词汇表把词按范畴分类，如木器、动物和职业。到 20 世纪末，我们有很多证据表明，这些词汇表已在更多的语言区使用。例如，"职业清单"可以作为最充分的例证之一，说明这个传统的起源和发展。公元前 3200 年左右，该清单首先在乌鲁克和舒鲁帕克这两个城市出现；此后不久，苏萨也有了职业清单。公元前 1800 年左右，可以补缀出由 846 行或条目组成的完整文本。到公元前 1400 年，地中海地区的乌加里特、伊朗的苏萨和安纳托利亚中心地区的哈图沙都使用职业清单。八百年后，亚述的大多数城市和叙利亚的

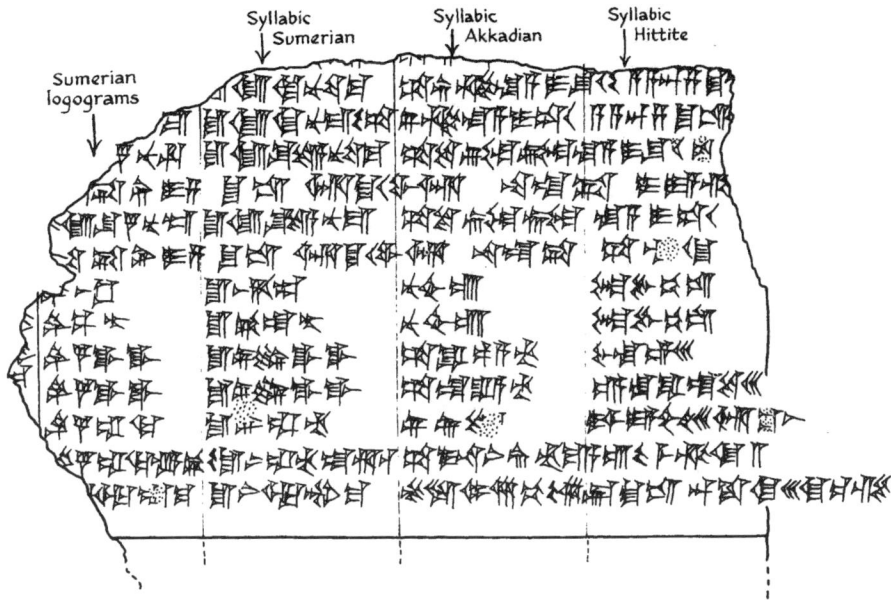

图 1.6　出自哈图沙的三语对照标准职业清单

北部仍在使用该清单，哈兰附近的胡姿瑞那（Huzirina）学校里的书吏还必须学习并抄写它。书吏借以学习复杂的速记符号的清单在青铜器晚期也使用得十分广泛，所以引人注目。像职业清单一样，从埃及的阿玛尔纳（El-Amarna）到乌加里特和哈图沙，人们都知道这份清单。

词典的列表基于苏美尔语，附加了阿卡德语翻译。有些列表在国外使用时变成三国语言对照。在乌加里特，可能附加了胡里安文和属于迦南语的乌加里特语楔形文字字母；在安纳托利亚，附加了赫梯语；在不说闪米特语的加喜特（Kassite）王朝统治下的巴比伦，附加了加喜特语的对应词。有个词表提供了阿卡德语的常用词，随附罕见的、方言的或外语的对应词。美索不达米亚的书面文化就这样传播到了国外。在早期的词汇表中，苏美尔语的短语和阿卡德语的短语是对照排列的，必须进行翻译和语法比较；尽管两种语言在结构上很不相同，另设一个词或短语栏目来加上另一种非闪米特语的语言并不难。公元前两千纪初期，由于需要把苏美尔短语译成自己的阿卡德语，巴比伦人深入分析了语法和句法。这可以从动词的专门

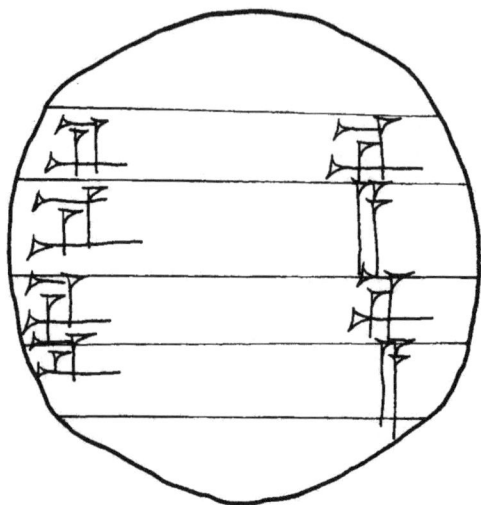

图 1.7　学校练习写字板上的基础符号

术语和词形变化得到证明，我们还无法理解它们中的大部分。时代大约在印度学者波你尼（Panini）所生活时代（公元前 4 世纪）的 1500 年以前，他是印度主要的梵语语法研究专家，曾被公认为世界上最早的语法学家。

由于需要组织人力和物力来挖掘运河、造砖、筑墙、种植大面积的大麦，学校教育的另一要素是实用数学，还发展了解决这些问题的方法，发现了几百个简便计算表。从多份信函可以看出，学校还培训书吏用书信体写富有文学色彩的信。

在青铜器时代中期的玛里地区，有些案卷用两种不同的风格写就，所以许多复本一方面大量使用基于苏美尔语的语标文字，另一方面使用日趋现代的拼音文字来表达阿卡德语。在青铜器时代晚期的埃马尔（Emar），有两种不同风格的案卷，每一种都有独特的形状和布局，每一种都使用略微不同的音节表。在赫梯，有时用刻有卢维语象形文字的印章来核准写在泥板上的用赫梯语楔形文字达成的交易；所以，一份文件上的官员姓名可能用两种不同的符号和两种不同的语言书写。换句话说，多个世纪以来，常见的是用双语书写，这也是词汇表和严格的书吏培训的结果。凡是用楔形文字写泥板的地方，除了美索不达米亚，有巴比伦人名字（无论出生时起的还是出于职业的需要）的书吏很普遍。他们能专业地使用多种语言和

图1.8 出自乌尔的贝壳镶饰，说明当时有动物寓言故事

图1.9 原始埃兰时期的印章，将动物描绘成书吏。图中有写字板、
杆形笔或棍子、滚筒印章、计量容器、圆顶谷仓和芦草茅舍

文字。文献资料就这样在不同地区和语言中流动，通过书吏培训轻松地适应新环境。埃及人设置了培训书吏的课程，它们与美索不达米亚人的该类课程有很多相似之处，尤其在物品、动物和职业等的使用以及算术和土地测量文本的编写上；但埃及人的文本发现得很晚，最早发现的可以追溯到中期王朝时期。

从美索不达米亚各城市输往外国的不只是文献和书吏培训。例如，在音乐领域，书吏在接受培训时，如果培训的文本是描述竖琴或里拉琴（lyre）的调音技能，那么他们就自动地学会了这种音律体系，即后来所谓的"毕氏调律"。这至少可以追溯到巴比伦王国的青铜器时代中期，比希腊人毕达哥拉斯生活的时代早一千多年。在学习工程估算课程并努力解决数学计算的模型问题时，书吏使用圆周率 π 的近似值，还弄懂了后人所称的毕达哥拉斯定理。他们用位值来记数，既用十进制又用六十进制，把圆分为360 度。

从巴比伦人爱好收集标本、列表和分类的热情可以看出，以写有楔形文字的陶筹、密封信封和早期行政简册为代表的记事系统扩大了。《汉谟拉比法典》借鉴了可以追溯到至少公元前 2300 年前的传统，几乎完整无损地保存在一块大石碑上。石碑刻有大约 292 条法律，记载了一系列过去和同时代的法律实践范例；前言用诗的语言写成，后记有很高的文学造诣。这些作品在所有使用楔形文字的地方都是书吏的核心课程。"河神"判定有罪或无罪，手按在圣物上向神宣誓，这些做法都是《汉谟拉比法典》中提到的法律制度的一部分，在美索不达米亚以外的地区如伊朗、叙利亚和安纳托利亚曾广泛使用。

公元前两千纪初的舒尔吉时代不久以后的泥板，虽然其残缺不全令人扼腕，我们仍然可以从中辨认出一些更长的文章，很多文章是用阿卡德语写的。《吉尔伽美什》史诗包含了关于乌鲁克英雄国王的一些古老的苏美尔人故事，在形式上最早成为合格的史诗。在美索不达米亚发现的（至少从公元前 1800 年起）从学校写字板上的谚语汇集起来的动物寓言比在埃及或伊朗发现的早得多。

所以，不仅商业、法律和行政管理如普遍公认的那样从东地中海向伊朗中部、从安纳托利亚向埃及传播，而且来自不同地区的文献消除了民族和语言上的差别。在公元前两千纪中期，安纳托利亚中部说印欧语的赫梯人和高加索地区亚美尼亚的胡里安人都有译为各自语言的《吉尔伽美什》史诗。他们用稍加修饰的楔形文字写作，以体现自己的语言，用某些纯图像符号来表达一个他们愿意在自己的语言中"读到"的概念。例如，风暴神有不同的名字，依其所在位置有不同的特性。用来写"风暴神"的同一个字符 IM 在苏美尔读作 Ishkur，在亚述读作 Adad，在大马士革读作 Hadad，赫梯人把它读作 Tarhu，亚美尼亚高原的胡里安人读作 Teshub。这种体系便于书面翻译，很可能与口头传说的演变并行，所以无法探寻源头。

公元前两千纪中期，以楔形文字核心课程闻名的城市分布很广。它们包括埃及的阿玛尔纳、巴勒斯坦的美吉多（Megiddo）和夏琐（Hazor）、外约旦的佩拉（Pella）、叙利亚的乌加里特和埃马尔、安纳托利亚中部的哈图沙和塔皮卡（Tapika）、伊朗的苏萨和安善。你会想，当埃及人或赫梯人在该地区的政治上轮流大权在握时，书吏要么用埃及语要么用赫梯语写作，但他们没有这样做。苏美尔和巴比伦楔形文字的文化威力足以使其作为传统坚持下来，无论它们在政治上是强势还是弱势。

作为书吏的占卜僧侣和医生

大城市学院里的书吏负责维护和更新培训用的教材。公元前两千纪晚期的某个时期，他们给一些话语文本赋予当时的新说法，方法是额外增加最新说法的栏目或词条，就像在解释已经不用的说法。至少从公元前 17 世纪起，他们还注解文学作品，以解释过时或含义深刻的词句。他们还负责收藏图书，有些书收藏在神庙和宫殿里，有些收藏在书吏的办公室里，且一一记录在案。从这个证据和给出文学作品标题页信息的版本记录，我们现在可以知道，许多书吏还是占卜僧侣，即研究和推敲如何事先知道命运的规则并用仪式逃避命运的预言家。占卜僧侣负责各式各样的文字记载，包括话语文本、天文概要、神话、史诗和医学专著。他们构成受过良好教育的主要精英群体。

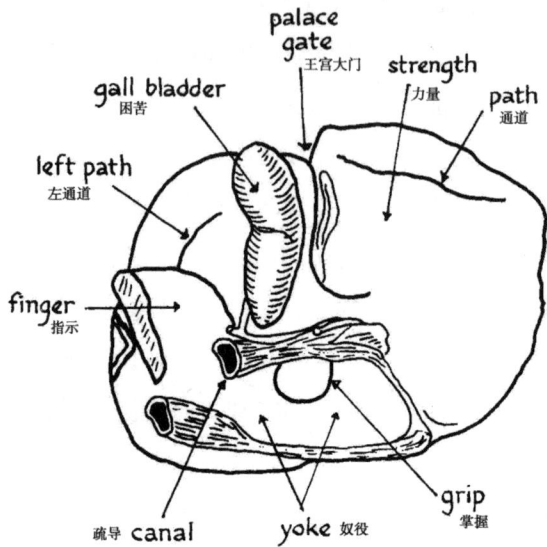

图 1.10 羊肝略图，标示了阿卡德语所命名的主要特征

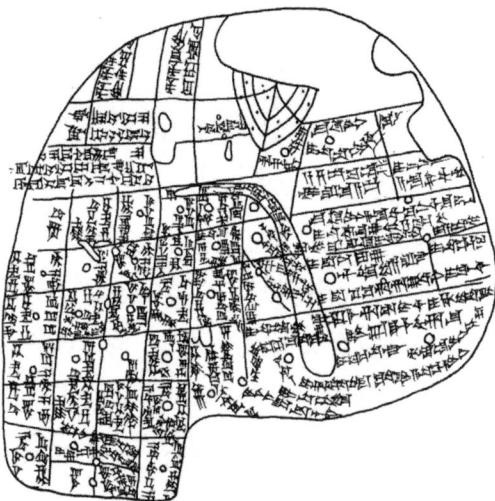

图 1.11 上有巴比伦语征兆的羊肝黏土模型，最长处有 0.145 米

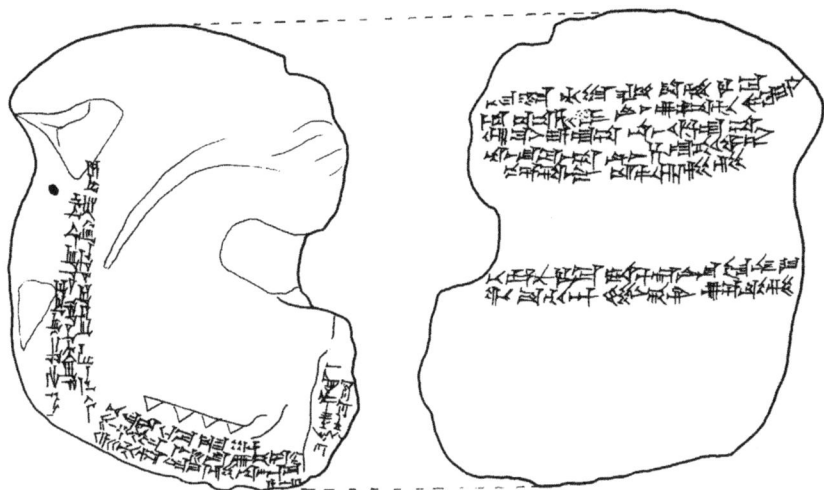

图 1.12 来自哈图沙的有阿卡德语和赫梯语铭文的羊肝黏土模型

　　神用预兆把圣旨告诉人类，最常见的预兆可以从羊肝中体会出来，如羊肝被比喻为"众神的泥板"（the tablet of the gods）。神灵本着民主和法律协商的精神作出决策。所以，他们的圣旨可以用人的适当行动、仪式和咒语来改变或规避。问题不在于欺骗神灵，而在于为神灵提供可以接受的选择或替代品。系统地解释预兆的一套规则是精细的学术训练框架，它部分依赖于左右、上下、直线曲线等对立面的应用，部分取决于三个一组的系列如上中下，部分取决于词的双重语义（这时，表示肝脏各个部分的专业用语至为重要），部分（但在程度上比以前认为的小得多）取决于以前的经验，如某个预兆和失败相关，那么在快要失败时，这个预兆也会再次发生。这些规则也适用于其他预兆，如鸟的飞行或行星运动。

　　使用楔形文字的赫梯人也使用这套规则。不仅如此，这套规则还远播他方，希腊人和伊特鲁里亚人实际上也在译文中使用这套术语。如前所述，一种文字如果使用不属于任何一种语言的图标或符号，翻译它就特别容易。关于预兆的文本在很大程度上常用语标符号写成。这就不难看出，公元前两千纪，在博学的占卜僧侣的指导下，占卜术和占卜用语是怎样跨越语言和地理障碍用楔形文字传播的。

许多书吏虽是很有名气且经久使用的巴比伦楔形文字作品的署名作者，却也是念咒祭司（masmassu）或哀悼祭司（kalu）。比如，辛-莱格-乌尼尼（Sin-leqe-unninni）被公认为标准版《吉尔伽美什》史诗的作者，实际却是一位念咒祭司；几个世纪以后，身为哀悼祭司的其他作者认为他们与他属于同一血统。他们唱用以镇定安抚愤怒之神的歌，歌词常含有关于伊什塔尔和杜穆兹（Dumuzi）的神话，这两人定期下到冥界后死去，又随季节复活。有个叫阿达德-萨姆-乌苏乌尔（Adad-sum-usur）的人是亚述的伟大国王阿萨尔哈东（Esarhaddon）的首席书吏，他又是"驱魔人"（exorcist），在英文中这个词暗含这种职业需要广泛学识之意。

占卜者、念咒祭司和唱哀歌者之类的专业人员不仅必须接受严格的培训，而且要通过一些途径被接纳，然后才能给他们传授技术秘诀；他们承认自己不仅是过去一直掌管文字技巧的神纳布（Nabu）和女神尼撒巴（Nisaba）的仆人，而且是冥界女神埃列什基伽勒（Ereshkigal）的仆人。书吏兼为占卜者或念咒祭司的最明显证据来自埃马尔，在那里他们的名字在词典中可以找到，说明读写楔形文字的教育制度与占卜、魔法和医学存在固有的联系。在赫梯，占卜祭司与医生的标识符是可以互换的。

可以从古代的文字材料中清楚地了解这些个体的声望以及他们在外国的名气。阿玛尔纳的信件表明，乌加里特、赫梯和塞浦路斯的国王都在不同时期把这些人从埃及和巴比伦等地的宫廷召回来。《圣经》里讲述了摩

图 1.13　来自乌加里特的刻有阿卡德语和卢维语铭文的印章

押（Moab）的国王怎样派人从毗夺（Pethor）去请一位叫巴兰（Balaam）[2]的预言家。毗夺即今卡赫美士以南的幼发拉底河上的皮特鲁（Pitru），使用楔形文字的阿卡德语是这里的常用语言。这个神圣的预言家往返于两地之间，受过文学、科学和宗教的培训，在公元前两千纪是个权威人物。他的声望主要在于他掌握了楔形文字的书写体系，还在于他最早知道把守得十分严密的楔形文字文本的秘密。为了传授这种文字技能，学校在皇室的赞助下在美索不达米亚的多个城市繁荣起来，无论当时的国王来自本地还是外国。汉谟拉比的西闪米特王朝和加喜特人的非闪米特王朝促进了古代传统的延续和不曾中断，连他们自己都成了被同化的巴比伦人。

青铜器时代末期（约公元前 1500—前 1000 年）

青铜器时代中期，巴比伦人就把外族人当作雇佣兵使用。他们还在战斗中俘虏外族人并带回美索不达米亚。最后这些人可能会回家，不管是因为退休还是被赎回。他们把在外地看到学到的奇物异事也带了回去。有些奇物异事很实在，如神庙的带柱墙面、砖制拱顶和其他工艺技术；有些是知识性的，如竖琴的调音原理或天文学基础。

根据在玛里发现的大量自巴比伦的汉谟拉比时代以来的泥板记载，各系半游牧的西闪米特人，也就是统称的亚摩利人，是幼发拉底河中游上的主要战斗力量。巴比伦人有关汉谟拉比时期的记载表明，伊朗的埃兰人和加喜特人曾被用作专业的战斗部队，分别是弓箭手和骑兵。一群一群的加喜特人在美索不达米亚的城市和幼发拉底河中游定居下来，最终接管了巴比伦的君主统治。他们作为统治者把传统习俗一直延续到青铜器时代末期。

至少早在公元前 14 世纪，大规模地放逐被征服民族就开始了。[3] 图库尔蒂-尼努尔塔（Tukulti-Ninurta）一世把 28 800 名赫梯人从"幼发拉底河以外"的地区带到亚述，在巴比伦的加喜特王朝倾覆之后很久，他才把加喜特士兵安顿在底格里斯河沿岸的亚述北方城市卡尔胡（Kalku）。这种大规模的放逐政策持续到公元前一千纪，造成的影响是多个世纪里不同字母系统的不同语言开始挑战楔形文字的霸主地位时，人们仍有共同的文化背景。

图 1.14　双翼日盘，从上至下依次属于赫梯人、新亚述人、阿拉姆人、乌拉尔图人和阿契美尼德时期的波斯人

在乌加里特，由于埃及人的影响，由三十个字母组成的字母表是用非常简单的楔形文字写在泥板上的，它可能从乌加里特以南很远的地区发明的更早的线形字母表得到启发，用字母（而不是音节或词语）来表达意思。楔形文字的拼音字母与用于行政管理和皇室通信的阿卡德语楔形文字并行使用。文学作品与此不同：迦南人只用拼音字母楔形文字写神话，巴比伦人却只用传统方式写文章。铁器时代初产生了一种将沿用许多世纪的新习俗：用两三种语言铭刻重要的公共信息，每种语言都有不同的文字体系，包括传统的巴比伦楔形文字、赫梯象形文字和新的字母文字。一个早期例证是，在公元前 8 世纪的叙利亚北部，哈达德-伊势（Hadad-yish'i）特别受人崇拜，他的雕像上铭刻的是阿拉姆语和巴比伦楔形文字。约公元前 1200 年，在埃马尔可以看到语言之间的轻松转换，那里发现的两份都用巴比伦语楔形文字记录的法律案卷提供了证据。例如，案卷中有个人名用两种不同语言来写：Tattašše（胡里安语）和 Ra'indu（巴比伦语），虽语言不同，但都有"喜爱"的意思。在上美索不达米亚及其以远的王国，翻译或解释很常见。

在通过贸易、外交礼品、王子交换以及公主与外国通婚而产生的接触中，在埃及的阿玛尔纳发现的阿卡德语信函提供了许多令人振奋的细节，因为这些信函都是当时的大统治者之间的通信，包括赫梯与米坦尼、巴比伦与亚述、塞浦路斯与提尔（Tyrian）的统治者之间的通信。正像在乌加里特一样，阿玛尔纳的大臣官署用各种语言为皇室信函提供专业的翻译服务。在位于阿玛尔纳的阿梅诺菲斯（Amenophis）三世和四世的宫廷里，书吏忙着用词汇表和史诗来学习巴比伦语的楔形文字。米坦尼国王和安纳托利亚东北部以远说胡里安语的印度-雅利安人君主用巴比伦语写信，但开场白是用当地语言（胡里安语）写的，根据写信目的这种语言也用楔形文字书写。

当时主要大国的皇室的意识形态及其图符有许多共同之处。有翼托盘这个符号是国王的标志，也象征着太阳神。法老、乌加里特的国王、塞浦路斯的统治者、赫梯国王和亚述的统治者都用过它。

美索不达米亚人的膜拜习俗像埃及人的一样都有一个核心观念，就是相信可以用物质材料造一座神像，然后用魔法和净化仪式让神灵贯注进塑像，这样，造出来的东西就有了神性。该仪式由两部分组成，即"漱口"和"张口"，楔形文字文献有详细记载。在安纳托利亚的赫梯都城中发现的泥板上也记载了这样的仪式，这些文书实际上是对巴比伦语文本的翻译或转述。

一段时期的动荡及其带来的严重破坏把青铜器时代末期与铁器时代分隔开来。这在安纳托利亚中部尤其明显，城市被抢劫、焚毁、废弃。大规模迁徙有时把绝望的人逼去了海上，去当海盗，企图争夺沿海的土地。这些事件虽然在某些地区是灾难性的，但并没有对文化传统造成彻底的破坏；实际上，它们的一个作用是，忍饥挨饿的铁匠被迫迁徙，把铁器知识从安纳托利亚东北部传播到了新月形沃地。虽然赫梯帝国崩塌了，但赫梯王国用卢维语象形文字记载的作品在安纳托利亚中南部的许多地区保留下来：从幼发拉底河上游的马拉蒂亚（Malatya）到西里西亚的卡拉泰佩（Karatepe）、叙利亚南部奥龙特斯河上的哈马和幼发拉底河中游的卡赫美士。在卡拉泰佩，楔形文字失去了根基，因为那里的双语铭文是用卢维语象形文字和腓尼基语拼音文字写的。但是在铁器时代，马拉蒂亚、卡赫美士和哈马在某些特殊场合一直使用楔形文字。巴比伦和亚述从来没有中断过建筑和文字传统上的延续。安纳托利亚中部和东地中海沿岸的浩劫几乎没有直接影响过美索不达米亚。

亚美尼亚的乌拉尔图（Urartian）王国（约公元前 1275—前 590 年）

至少早在公元前 2300 年，安纳托利亚东部的胡里安人就把自己的小王国和城邦扩张到亚述的边境地区。他们是接受了楔形文字，把自己的语言写在泥板上的高加索人，主要崇拜风暴神特舒卜（Teshub）及其配偶赫帕特（Hepat）以及女神沙乌什喀（Shawushka，相当于亚述的伊什塔尔）；在尼尼微更早时期，胡里安人对沙乌什喀的崇拜和亚述人是一样的。公元前两千纪中叶，印度-雅利安人的一支米坦尼人从未知地方新近来到这里，并统治胡里安民族的居住区，他们崇拜的神与这里的完全两样。数世纪以来，米坦尼人从亚述人手中抢占土地，特别是底格里斯河的东部；但是，在他们的统治下，巴比伦的仪式、文学、泥板文字记录和滚筒印章与以前一样

图 1.15　新亚述时期的皇室戳形印章与乌拉尔图狮子团花图样

继续使用。到后来，形势变了，像赫梯帝国一样，米坦尼毁于饥荒，遭受灭顶之灾。我们不知道他们后来怎样，但在铁器时代初，继续待在安纳托利亚东部的胡里安民族在政治上重新现身为乌拉尔图王国，再次与亚述争夺伊拉克北部和叙利亚两地的富饶丘陵和古城。

　　尽管乌拉尔图人在成为大国之前发生过大动乱，但公元前两千纪末出现的乌拉尔图王国与以前有不容否认的联系。乌拉尔图人用楔形文字将自己的与胡里安语同源的语言铭刻在纪念碑上，但在他们一直控制到公元前8世纪末的乌尔米耶湖（Urmia）的西南地区，他们用两种语言雕刻铭文，所以他们也可以读阿卡德语。他们的很多装饰艺术图案都基于亚述图形，如有翼人首的公牛。他们使用圆筒印章①盖印（不再是以滚动的方式），在这方面赫梯传统与美索不达米亚传统结合起来了，但他们的图案是可以识别的美索不达米亚图案。

　　古典时代晚期，科林的穆夫希斯（Moses of Khorene）所著的编年史是现存的记录亚美尼亚远古史的最早尝试。他讲的塞弥拉弥斯（Semiramis）——曾经仅仅被当作传说中的亚述女王而遭忽视——的故事，

———————

① cylinder 在本书中有滚筒印章和圆筒印章两种译法。编注。

声称塞弥拉弥斯跑到亚美尼亚，爱上其统治者阿拉（Ara），后来，阿拉在亚述与亚美尼亚之间的战争中惨遭杀害，塞弥拉弥斯柔肠寸断，决定在那里安享余年，就修了一座绝妙的城市。穆夫希斯因这个故事而遭嘲笑。虽然这个故事无疑含有虚构的成分，但最近在安纳托利亚发现了一块亚述碑刻。它与同时期的文字记录一起证明，在历史上，约在公元前800年，塞弥拉弥斯是亚述君主的妻子和母亲，她本人确实去过安纳托利亚。这就说明这个故事有几分真实（见第四章图4.9B）。它进一步强化了亚述文明与乌拉尔图文明之间的明显联系，说明美索不达米亚的影响主要向北方扩散。

乌拉尔图后来成为窝藏美索不达米亚流亡者的地方。公元前681年，亚述王辛那赫里布（Sennacherib）的两个儿子杀死其父后，向北逃到亚美尼亚高原。公元前522年，大流士一世想方设法牢牢统治巴比伦时，两名乔装打扮者从乌拉尔图来到这里，声称他们是那波尼德（Nabonidus）的儿子，想起义，不久后失败。因此，约公元前521年，亚美尼亚落入波斯人之手时，它完全接受了巴比伦和亚述的文化传统，有时就把它归为亚述。

新亚述帝国（约公元前1000—前612年）

公元前两千纪晚期到公元前一千纪初期的亚述人民接受了大量外国影响。他们的宗教和文学成就基本上属于巴比伦，他们的大型图书馆中收藏的文献是从巴比伦城市里的神庙图书馆中复制来的。他们在自己的神庙里为很多其他地区的神塑像，并定期礼拜。比如伊朗的密特拉神和阿胡拉-马兹达神（Ahura-Mazda）[4]、乌拉尔图的特舒卜神和赫帕特神、巴比伦的马尔杜克神（Marduk）。他们奇妙的宫殿雕塑是以他们在域外，如赫梯、叙利亚北部和安纳托利亚南部的卢维（新赫梯）城邦里见到的雕塑为模板来完成的，他们向东部地区的米底（Media）人学会了骑马术，向西部地区的撒玛利亚（Samaria）人学会了驾驶马车，而且他们把这些完全不同的方面结合为一个从不静止、不断变化、不断改进的新的整体。他们的社会富有活力，不为复制、模仿和剽窃所困扰。他们在建成庞大帝国的同时，成为世界上最富裕的人，结果，他们自身的各种成就模式反过来被每个小王国里雄心勃勃又赶时髦的宫廷所模仿。战争、囚犯、流放者、进贡和贸易与帝国俱来，把影响传播到塞浦路斯的王子、亚美尼亚的乌拉尔图人、阿拉伯西北部泰玛（Tayma）的阿拉伯人和约公元前700年征服大部分下埃及的努比亚（Nubia）的爱马狂国王那里。

如果强大的外国势力不妥协，亚述君主就把人民放逐到美索不达米亚本土或帝国的边远地区：把阿拉伯人放逐到撒玛利亚，把以色列人放逐到叙利亚北部的哈布尔河，把库姆（Kummuh）[5]人放逐到巴比伦。这些流放者中有社会精英如王室成员、牧师、先知、熟练工匠和职业战士。来的人并不都是流放者，有些心甘情愿当雇佣兵，乐意为知名的富有统治者服务，他们对在尼尼微和卡尔胡遇到的美妙景象和新思想饶有兴趣。安纳托利亚南部国家的统治者帕纳姆（Panammu）的雕像铭文中记载着他自豪地参加了保卫提格拉-帕拉萨三世的战斗：

> 这座巴-拉卡布（Bar-rakkab）雕像是为父亲帕纳姆塑造的……他紧握他的主人——伟大的亚述王的衣边，他的主人亚述王赋予他比国王还大的权力……他鞍前马后跟随他的主人提格拉-帕拉萨东征西战，足迹遍及世界四方。后来我父亲帕纳姆追随他的主人亚述王提格拉-帕拉萨作战时阵亡……他的主人亚述王的全体将士为他哭泣，亚述王就在旅途中为他塑了一座像，把我父亲从大马士革带到亚述。

来者还有外交官，卡尔胡的葡萄酒定量供应的文献列出了在公元前9世纪和公元前8世纪帝王宫廷里喝酒的许多外国使节的名单。皇室里的低资历成员作为人质来到亚述，阿拉伯公主塔布阿（Tabua）在辛那赫里布的宫廷里养大后被阿萨尔哈东立为阿拉伯女王，居鲁士一世的儿子阿鲁库（Arukku）在尼尼微的阿淑尔巴尼帕（Ashurbanipal）的宫廷里生活了一段时间。

我们习惯于以最后审订《旧约》的编辑的眼光看亚述的征服、统治和放逐，但他们或许不经意地给我们留下的印象是：以色列人民是被苛刻对待的特殊对象。事实上，楔形文字记载及其描写的同一时期事件表明，来自撒玛利亚的驾驶战车的以色列人乐意为萨尔贡二世效劳，许多追求名利的年轻人以职业雇佣兵的身份从努比亚、巴勒斯坦、爱奥尼亚、乌拉尔图和埃兰来到这里，回去的时候声名显赫。

亚述的文字记载还表明，背井离乡来这里人数最多的是巴比伦人，包括乌鲁克、巴比伦和乌尔的公民。土著巴比伦人的这次大出走和散居国外，对加强整个近东地区已有的文化接触一定产生了重大影响。

人们常常假设，到公元前8世纪末，新亚述时期的帝王开创最后也是最伟大的扩张时期时，除了在美索不达米亚的中心地带，阿拉姆语及其文字以其简洁性或许已经取代了楔形文字。实际上，有不多但宝贵的迹象表明，情况并非如此。

在离哈兰不远的小镇胡姿瑞那，发掘出一所书吏学校，里面发现了楔形文字泥板，显示出即使亚述帝国日趋衰落，小学生仍然忙着抄写巴比伦文学的伟大作品。至少从公元前8世纪起，萨尔贡二世给哈兰及其他古亚述和巴比伦城市赋予特权后，哈兰对西北部的亚述人来说是最重要的中心；米底人、辛梅里安人（Cimmerian）和巴比伦人联合起来对尼尼微和卡尔胡构成无法预料的威胁时，宫廷就搬到哈兰这座城市。哈兰的月亮神神谕曾预测亚述在阿萨尔哈东的领导下成功入侵埃及。哈兰人按照当地的方式代表月亮神辛及其配偶尼卡勒（Nikkal / Ningal）庆祝新年。

哈兰以南阿勒颇附近的尼拉伯（Neirab），是崇拜月亮神的另一重要中心，对叙利亚的亚述人来说也是另一重要驻防城市。那里出土的一系列法律案卷可以追溯到早期阿契美尼德国王统治的时期，表明楔形文字传统一直延续到巴比伦被攻陷以后，尽管那里的公共石碑早已刻有阿拉姆语。出自塔索斯（Tarsos）的楔形文字记录片段可以追溯到亚述末期，说明楔形文字传统不限于哈兰周围的地区。哈马在公元前一千纪初期曾是叙利亚的大都会。在那里，人们崇拜包括耶和华在内的神，公共场所矗立着巨大的卢维语象形文字石碑。公元前8世纪末，哈马与短暂抵抗过亚述进攻的撒玛利亚结盟。丹麦人在20世纪30年代的发掘中发现了楔形文字泥板，上面有书信和关于医学、魔法、占星术的文献，说明亚述文化的存在。有一块泥板上刻有向伊阿、沙玛什和阿萨鲁赫[6]吟诵的咒语，目的是使神的雕像富有活力，尼尼微和西帕尔有该文献的复制品。萨尔贡在公元前720年攻破哈马后，把6300多名亚述人以及米底人的头目戴乌库（Daiukku / Deioces）遣返到哈马。他还把巴比伦人和其他民族放逐到撒玛利亚，这里也发现了楔形文字文献的片段。萨尔贡的滚筒印章清楚而公开地说明了他给外族人灌输亚述文化的政策：

> 在我的主人阿淑尔的指挥下，凭我权杖的力量，我俘获了说陌生语言且不和我保持一致的世界四方的人以及山区和乡村的居民；我迫使他们只说一种语言；[7]让熟练掌握各种知识的土著亚述人与他们住在一起，指派监督人员和官员教他们同化（？）并尊重神和王。

三代人以后，萨尔贡提倡的政策依然被阿淑尔巴尼帕执行，他特地把巴比伦人、乌鲁克人和苏萨人放逐到西部地区。阿萨尔哈东在公元前671年攻陷了孟斐斯，俘虏了埃及王室成员。公元前668年，从巴比伦东部与埃兰接壤的祁尔彼图（Qirbitu）的一次大型放逐使美索不达米亚人来到尼罗河谷。孟斐斯、赫尔莫波利斯（Hermopolis）和塞伊尼（Syene，现在的阿斯旺）的美索不达米亚神庙用以供奉伊阿、纳布、贝尔和内尔伽勒（Nergal），有阿契美尼德波斯时期的莎草纸上的阿拉姆语为证；这些神庙可能印证了亚述人在埃及的多种活动。二十年沉浮变迁，亚述人一直统治着尼罗河下游地区，直到普萨美提克（Psammetichos）一世在希腊人和卡里亚雇佣军的帮助下把他们赶出去为止。

到古典时代晚期，很难把亚述人和迦勒底人的智慧与埃及人的智慧区别开来。这种融合的开始时间可以从涉及亚述末期国王的文化影响的证据中推测出部分答案，因为阿萨尔哈东的皇室碑文说明，亚述人征服以后有非常多的高级官员在埃及住过，还有些高级官员由于提格拉-帕拉萨三世与萨尔贡二世签署的贸易协议，先前就常住那里。

在埃及全境，我任命新的君主、地方长官、政要、市场官员、
神庙管理人员和指挥官。我征收税款，规定要永远定期地向阿淑
尔和伟大的神即我的君主进贡。

由于这种深层次渗透，有关亚述国王——阿萨尔哈东和阿希家（Ahiqar），
阿淑尔巴尼帕及其叛乱的弟弟沙玛什-舒姆-乌金（Shamash-shum-
ukin）——的故事在埃及以阿拉姆语流传开来。

我们还可以把阿拉伯西北部的泰马看作一个受美索不达米亚影响特别
大的城市，因为我们在那里发现了亚述风格石浮雕片段，可以证明从提格拉-
帕拉萨三世（公元前744—前727）征服以来的记载。它似乎表明亚述人控
制并美化了这座城市。两块巨大的雕刻石碑在时间上可能在此后的一个世
纪左右，其上有用阿拉姆语写的信息丰富的铭文，说明泰玛崇拜美索不达
米亚的神萨尔姆（Salmu）和桑吉拉亚（Sangilaya，即马尔杜克），以及
哈马的庇护神阿什玛（Ashima）。新近的发现表明，来自泰玛和阿拉伯南
部赛伯邑（Saba）的商队在公元前8世纪到过幼发拉底河中游。

一千年以前，亚述商人住在域外城市，偶尔和来自家乡的远征军中的
补给人员做交易，这种习俗持续了几个世纪。新亚述时期的很多铭文似乎
可以证明同样的习俗，因为提格拉-帕拉萨三世和萨尔贡二世都说他们在埃
及边界上开辟过市场（karum）。在黎凡特，他们同样在西顿（Sido）、泰
尔（Tyre）和阿瓦德（Arvad）建立了买卖站（bit karani）。在巴勒斯坦南
部发掘的亚述公共建筑即"宫殿"或许支持这种商业活动。

约公元前614年，亚述国王及其朝廷放弃尼尼微，向西搬到哈兰，哈
兰就做了几年都城。公元前612年，尼尼微陷落于米底人及其同盟后，民
众必然从亚述散居到更远的地方。背井离乡的亚述人把悠久的学术传统随
身带到国外，用保守的教学大纲授课，把文学作品和科技论文收藏到图书
馆里，写笺注，编类目。但是，尼尼微和苏萨都没有像传说中夸张的记载
那样被彻底摧毁，公元前612年后，位于苏萨的一个晚期埃兰王朝曾给继
续留在尼尼微的管理部门写信。

图 1.16　汉谟拉比时代庞大的陶制狮子在守护哈默尔山丘上的神庙

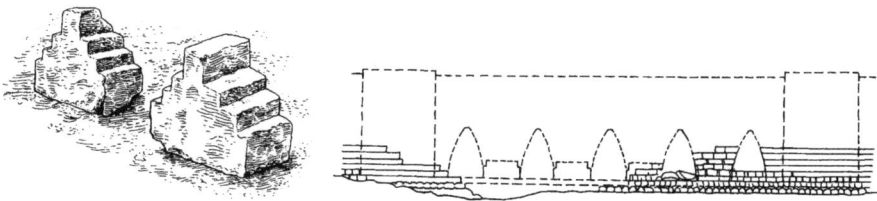

图 1.17　约公元前 700 年辛那赫里布建造的石制雉堞和架在石拱上面的渡槽

建筑、工程与装饰艺术

亚述图案的各种标记传播到国外。不是所有的标记都起源于美索不达米亚，但这些标记一旦被美索不达米亚的建筑和美术吸纳，就被视为亚述文化的一部分。

虽然用日光晒干的砖修起来的建筑通常没有矮墙那样持久，但有些图纸和雕塑清楚地说明，从公元前两千纪晚期起，宫殿、神庙和城墙经常使用阶梯状的城齿或锯齿状垛口。对于那些抵抗围攻的防御性城市来说，这种设计在火药的发明使其过时以前一直是最好的；在近东的各个地区，防御性城市都是这样设计的。相似的设计还有在正式的入口处设置巨大的石狮或金属狮、石牛或金属牛以及其他大型动物，好像在保护他们不受攻击，这种设计也许已从亚述和巴比伦传播到文明世界的其他地区。巴比伦附近的哈默尔山丘（Tell Harmal）就发现了汉谟拉比时期前后这种设计的早期陶俑版本。

在美索不达米亚发现的多种拱顶和穹顶设计比其他地方的早得多。至少从公元前2000年起，在神庙和坟墓发掘中发现了略尖的和几乎扁平的砖拱、斜砖拱顶、辐向砖拱顶和架在穹隅上的辐向砖拱顶。模仿树丛的正面有壁柱的神庙早在公元前三千纪就出现了，它们是用特制砖建造的。到了约公元前1500年，它们吸收了在柱干之间放置神像的功能。这些建筑特点在美索不达米亚许多大神庙中都有体现，无论南北。后来，古希腊和希腊化时期的神庙也有这些特点的影响。

辛那赫里布对阿基米德螺旋式水泵的发明做出了贡献，他还用切割精细的石头尖拱修建高架渠。在埃尔比勒（Arbela），他建造坎儿井（qanat）从地下引水，在那里刻写铭文记载他的成就。他的同代人——巴比伦的迦勒底国王米罗达-巴拉丹（Merodach-Baladan）二世修建了已知的第一个植物园，在园中把植物按类栽培，例如，将几种不同品种的薄荷种在一起。

亚述人使用非常小而薄的玻璃饰板，呈正方形，沿垂直轴曲线展开，

图 1.18 A. 新亚述时期滚筒印章上的带放射光环（灵气）的女神；B. 中亚柏孜柯里克石窟壁画上带光环的佛，发现于摩尼教徒早先用过的洞窟神庙

用金箔着色装饰，用途不明。它们是伊斯兰着色镀金玻璃器皿的先驱。在墙面石膏上镶嵌成形的石块和珠母形成的图案和场景，在早期王朝时期的公共建筑中很常见，在阿拔斯（Abbasid）王朝时期萨马拉的伊斯兰宫殿房间中也有发现。亚述时期已经使用了许多精细的珠宝制造工艺，在尼尼微发现的岩石水晶透镜（可以将观看对象放大多倍）表明，只用肉眼视力不一定能完成最好的工艺。

新时期的亚述人完善了釉面砖和釉面瓦的艺术，修建了带装饰图案的大墙板，开创了今天在中东的民居和清真寺建筑中仍很流行的传统。

苏美尔神话和巴比伦神话有时提到神为了保护他们而穿着的发光斗篷，从神保护的人身上发出强有力的光束。在新亚述帝国时期，时兴的是把这些光束画成绕着神的形象上身转的火焰似的投影。这种时尚是从约公元前 1700 年初的叙利亚雕刻艺术中的一个时尚演变来的，当时大部分神圣的雕像都覆有金箔，可能是这种贵金属的光泽催生了这个概念。这种肖像手法非常成功地突出了神的存在，在包含各种各样人形的场景中尤其如此，所以，到了晚近时期，佛教、基督教和伊斯兰艺术都接受了这种肖像手法。

新巴比伦帝国（公元前 612—前 539 年）

尼尼微于公元前 612 年陷落时，亚述的宫廷已搬到哈兰。巴比伦很快掌握了主动权，来自南方的早期部落新贵迦勒底国王赢得了亚述以前控制的帝国的大部分地区。伟大国王尼布甲尼撒的名字逐渐象征世界大国和巨大财富。众所周知，他在公元前 587 年占领了耶路撒冷，将统治家族及其他重要人物放逐到巴比伦，这不仅在《旧约》中有记载，在巴比伦发现的关于指定约雅斤（Jehoiachin）接受定量俸禄的楔形文字里也有大量记载。我们再次看到，作为放逐的直接结果，信息交换和紧密的文化接触可以在社会的最高层进行。众所周知，以西结（Ezekiel）在巴比伦生活期间看到了神的战车，几乎可以肯定地说，他用他在流放期间目击的大神庙及其仪式里的形象来想象神的战车。他在美索不达米亚南部的陵墓依然是各种信仰的人的朝圣地。

尼布甲尼撒的宫廷因由全世界的人组成而闻名于世。腓尼基人、叙利亚人、埃兰人和埃及人、爱奥尼亚人、以色列人频繁交往，一起参加宴会，用阿拉姆语交谈。受过良好教育的贵族成员和去过很多地方的职业雇佣兵交流经验和想法。许多亚述人离开破烂不堪的城市和废弃不用的宫廷来到南方，进入巴比伦这个世界强国的中心。

人们可能会猜想，此时的政治变化和民族融合会使旧传统和楔形文字消失，但事实上传统的力量仍然十分强大，几乎看不到传统的消失。亚述王朝的末代国王那波尼德（Nabonidus）致力于古文物研究，他研究旧碑文、上古礼仪，很喜欢他生活时期前后乌尔和巴比伦的古文物博物馆。这些博物馆大量收藏了古代名人的雕像和铭刻，常常是在修理建筑工程和加固垮塌的神庙时发现的。和供参观的有意识的古文物收藏不同的是，市区的建筑工地上也经常发现古老的雕塑和圆筒印章；进出美索不达米亚的游客都在山隘上看到许多岩石浮雕，因为在这些山隘很高的岩面上，以前的国王用楔形文字留下了表现自己和记录其事迹的雕刻作品。

不是所有的流放者都待在朝廷，甚至有人也不在巴比伦。很多人在经常依附其他城市的外国人的飞地里重新谋生。这些商人可以利用与故乡的联系，由此形成有价值的接触。尼布甲尼撒最后成功地攻占提尔时，提尔的流放者在尼普尔的郊区聚集起来，充分利用新的商业机会。有一群埃及人在西帕尔的神庙里献身教会工作。这些人不仅把自己的文化传统注入不断纳新的美索不达米亚文化，还给接纳他们的国家带来了新的能量和财富。

一个非常重要的文化接触事件是，那波尼德在担任巴比伦的末代本土国王七年左右的时间里，一直住在阿拉伯的绿洲小镇泰马。如前所述，几乎可以肯定地说，住在该镇里的人既有亚述人，又有上世纪从哈马来的叙利亚人，但现在一部分巴比伦宫廷官员包括君主，在该镇的宫殿里住了大约十年。据楔形文字记载，他在那里接受巴比伦王国的定期补给和公告。这一定对阿拉伯当地社会产生了相当大的影响。按照从死海发现的几世纪后写的卷轴片段上保存的传说，一位犹太医生在那里治好了那波尼德的病。那波尼德为了在泰马建立牢固的基地必须征服的那些绿洲小镇，正是一千年后穆罕默德在麦地那附近开始建立伊斯兰政权时犹太人居住的地方。

尼尼微陷落后，亚述末代国王阿淑尔-乌巴里特（Ashur-uballit）二世的朝廷所在的地方哈兰与皇室的联系一直延续到新巴比伦时期，因为那波尼德的母亲从阿淑尔巴尼帕在尼尼微执政到她自己的儿子在巴比伦执政期间，一直担任月亮神女祭司这一崇高职位，所以，她象征着乱世中的连续性，关于她的死有用巴比伦楔形文字写的纪念铭文记载，这段铭文把亚述国王与迦勒底国王归到一个王朝系列里。这个观点误导了后来的远古史家，他们常常把亚述帝国与巴比伦帝国混为一谈。月亮神在哈兰的神谕成功地预言阿萨尔哈东将征服埃及，这个神谕可能是用阿卡德语预言的。在遥远的外约旦摩押发现了一块楔形文字泥板，上面记载了大流士统治时期在哈兰签订的一份法律协议，它可以证明，哈兰把楔形文字的传统至少又传递了一个世纪，远到阿契美尼德统治时期。巴比伦被外国统治以后很久，那波尼德的官方石刻铭文在哈兰备受重视，它们最终被收藏在哈里发马尔万

（Marwan）二世在巴比伦建都后修建的清真寺里。

亚述人离开安纳托利亚后，巴比伦一定仍然影响着他们。那波帕拉萨尔（Nabopolassar）在萨姆萨特（Samsat）待了很长时间来建立和加强幼发拉底河上游的防卫，他的儿子尼布甲尼撒经常在叙利亚和巴勒斯坦作战，攻下了埃及，但占领埃及的时间很短。

通过贸易、文字、征服和放逐，美索不达米亚人利用并保持了先占优势赋予他们的主动。他们仓廪充实，有精美的建筑和专业熟练的劳动力，所以能制订邻国所没有的财务和记账制度。其美丽城市带来的自豪感激励他们参与竞争，去争夺；外国人的时常涌入，也带来了新能量。

注　释

1. 阿加德（Agade）城位于底格里斯河与迪亚拉河的交汇处。

2. 巴兰，参见第七章第 275—277 页。

3. 对驱逐出境的描写，参见第三章第 105—109 页。

4. 假如亚述的神灵名单里确有阿萨拉-马扎斯。

5. 位于安纳托利亚境内的幼发拉底河上游，后世称科马基尼。

6. 阿萨鲁赫是美索不达米亚南部包治百病、主管念咒的神，相当于马尔杜克。

7. "a single voice"，其确切含义尚无定论，推断是 "one command"（统一指挥）和 "one language"（统一语言）。——此处译者译为 "说一种语言"。译者注。

延伸阅读

1.Proto-Historic Times, c. 3500–3000 BC

Aurenche, O., *La Maison orientale: L'architecture du Proche Orient ancien des origines au milieu du quatrième millénaire* (Paris, 1981).

Biggs, R., 'Ancient Mesopotamia and the Scholarly Traditions of the Third Millennim', *Sumer* 42 (1984), 32–3.

Dreyer, G., 'Ein Siegel der frühzeitlichen Königsnekropole von Abydos', *Mitteilungen der Deutsche Archäologische Institute, Abteilung Kairo* 43 (1987), 33–43.

Moorey, P. R. S., *From Gulf to Delta and Beyond* (Beer–Sheva, 1995).

Nissen, H. J., *The Early History of the Ancient Near East 9000–2000 BC* (Chicago, 1988).

Nissen, H. J., Damerow, P., and Englund, R. K., *Archaic Bookkeeping* (Chicago, 1993).

Postgate, J. N., *Early Mesopotamia: Society and Economy at the Dawn of History* (London, 1992).

Schmandt-Besserat, D., *Before Writing: From Counting to Cuneiform* (Univ. Texas Press, Austin, 1992).

Teissier, B., 'Glyptic Evidence for a Connection between Iran, Syro-Palestine and Egypt in the Fourth and Third Millennia', *Iran* 25 (1987), 27–53.

Thacker, T. W., *The Relationship of the Semitic and Egyptian Verbal Systems* (Oxford, 1954).

2. Merchants and Sealings in Anatolia, c. 2300–1700 BC

Larsen, M. T., T*he Old Assyrian City State and its Colonies* (Copenhagen, 1976).

Van De Mieroop, M., *Economy and Social Organization in OB Ur* (Leuven, 1992).

Yakar, J., *The Later Prehistory of Anatolia, British Archaeological Reports* (Oxford, 1985).

3. Gemstones from the East and the Cities of the Indus Valley

Allchin, B. and R., *The Rise of Civilization in India and Pakistan* (Cambridge, 1982).

Herrmann, G., 'Lapis Lazuli: The Early Phases of its Trade', *Iraq* 30 (1968), 21–57.

Jarrige, J. F., *Les Cités oubliees de l'Indus* (Paris, 1988).

Potts, D., *The Arabian Gulf in Antiquity, i: From Prehistory to the Fall of the Achaemenid Empire* (Oxford, 1990).

4. Implications of the Sumerian King-List

Carter, E., and Stolper, M., *Elam: Surveys of Political History and Archaeology* (Chicago, 1984).

Charpin, D., 'Tablettes présargoniques de Mari', *MARI* 5 (1987), 65–126.

Edzard, D.-O., 'Amarna und die Archive seiner Korrespondenten zwischen Ugarit und Gaza', in J. Amitai, (ed.) *Biblical Archaeology Today*, Proceedings of the International Congress on Biblical Archaeology, Jerusalem, April 1984, (Jerusalem, 1985), 248–59.

Eidem, J., and Moller, E., 'A Royal Seal from the Ancient Zagros'. *MARI* 6 (1990), 635–9.

Kupper, J-R., 'Mari', *RLA* vii (1987–90), 382–90.

Sigrist, M., *Messenger Texts from the British Museum* (Potomac, 1990).

Vincente, C., 'Tell Leilan Recension of the Sumerian King List', *NABU* no. II I (1990), 8–9.

Wilcke, C., 'Genealogical and Geographical Thought in the Sumerian King List', in *DUMU-E2-DUB-BA-A, Studies in Honor of Åke W. Sjöberg* (Philadelphia, 1989), 557–71.

5. High Culture from the Sages

Attridge, H. W., and Oden, R. A., *The Syrian Goddess* (Scholars Press, Missoula, Mont., 1976).

Burstein S., *The Babyloniaca of Berossus*, Sources and Monographs: sources from the ancient near east I: 5 (Malibu, 1978).

Finkel, I., 'Adad-apla-iddina, Esagil-kin-apli and the series SA.GIG', in *A Scientific Humanist, Studies in Honor of Abraham Sachs* (Philadelphia, 1988), 143–60.

Foster, B. R., 'Wisdom and the Gods in Ancient Mesopotamia', *Orientalia* 43 (1974), 344–54.

Vanderkam, J. C., *Enoch and the Growth of an Apocalyptic Tradition*, Catholic Biblical Quarterly Monograph, series 16 (Washington, DC, 1984).

6. The School Curriculum in Cuneiform

Biggs, R. D., 'Ancient Mesopotamia and the Scholarly Traditions of the Third Millennium', *Sumer* 42 (1984), 32–3.

Black, J., *Sumerian Grammar in Babylonian Theory* (Rome, 1991).

Cavigneaux, A., 'Lexikalische Listen', *RLA* vi (1980–3).

Civil, M., 'Bilingualism in Logographically Written Languages, Sumerian in Ebla', in L. Cagni (ed.) *Il bilinguismo a Ebla* (Naples, 1984).

Durand, J. -M., 'La Situation historique des Šakkanakku', *MARI* 4 (1985), esp. p. 162.

Gurney, O. R., 'Babylonian Music Again', *Iraq* 56 (1994), l01–6.

Hawkins, J. D., 'Writing in Western Asia', in P. R. S. Moorey (ed.), *The Origins of Civilization* (Oxford, 1979).

Krecher, J., 'Kommentare', *RLA* vi (1980–3), 188–91.

'Schreiberschulung in Ugarit. Die Tradition von Listen und sumerischenTexten', *Ugarit Forschungen* 1 (1969), 131–58.

Landsberger, B., Reiner, E., and Civil, M., *Materials for the Sumerian Lexicon* XII Pontifical Biblical Institute (Rome, 1969).

Sollberger, E., 'Byblos sous les rois d'Ur', *AfO* 19 (1959–60), 120–2.

Westbrook, R., *Studies in Biblical and Cuneiform Law* (Paris, 1988).

Williams, R. J., 'Scribal Training in Ancient Egypt', *Journal of the American Oriental Society* 92 (1972), 214–21.

7. Divination Priests and Doctors as Scribes

Arnaud, D., *Recherches au pays d'Ashtata, Emar* vi: 4 (Paris, 1987), esp. no. 604.

Beckman, G., 'Mesopotamians and Mesopotamian Learning at Hattusha', *JCS* 35 (1983), 97–114.

Bottéro, J., *Mesopotamia: Writing, Reasoning, and the Gods* (Chicago, 1992).

Burkert, W., *The Orientalizing Revolution: Near Eastern Influence on Greek Culture in the Early Archaic Age* (Harvard, 1992), 41–87.

Fleming, D., 'The Voice of the Ugaritic Incantation Priest', *Ugarit Forschungen* 23 (1991), 141–54.

Korošec, V., 'Die hethitischen Gesetze in ihren Wechselbeziehungen zu den Nachbarvölkern', in H.

Nissen and J. Renger (eds.), *Mesopotamien und seine Nachbarn* (Berlin, 1982) , 295–310.

Parpola, S., *Letters from Assyrian Scholars to the Kings Esarhaddon and Assurbanipal*, Alte Orient und Altes Testament 5/1, (Neukirchen-Vluyn, 1970), commentary vol. 5: 2 (1983).

8. The Late Bronze Age

Abou Assaf, A., Bordreuil, R, and Millard, A., *La Statue de Tell Fekherye et son inscription bilingue assyro-araméenne* (Paris, 1982) with redating by H. Sader, *Les États araméens* (Beirut, 1987) and A. Spycket, 'La Statue bilingue de Tell Fekheriyé', *Revue d'Assyriologie* 79 (1985), 67–8.

Harris, R., *Ancient Sippar* (Istanbul, 1975).

Laroche, E., 'Luwier, Luwisch, Lu(w)iya', *RLA* vii (1988).

Moran, W., *The Amarna Letters* (Baltimore and London, 1992).

Naveh, J., *The Early History of the Alphabet* (Jerusalem, 1987).

Sasson, M., T*he Military Establishments at Mari* (Rome, 1969).

Weidner, E., 'Studien zur Zeitgeschichte Tukulti-Ninurtas I', *AfO* 13 (1939–41), 122.

9. The Urartian Kingdom in Armenia

Barnett, R. D., 'Urartu', in *CAH*² iii: 1 (1982), 314–71.

Donbaz, V., 'Two Neo-Assyrian Stelae in the Antakya and Kahramanmaras Museums', *Annual Review of the Royal Inscriptions of Mesopotamia Project* 8 (1990), 5–15.

König, F. W., *Die chaldischen Inschriften*, AfO Beiheft (Graz, 1955–7).

Thomson, R. W., *Moses Khorenats'i, History of the Armenians* (Harvard, 1978).

Wilhelm, G., *The Hurrians* (Warminster, 198).

10. The Neo-Assyrian Empire

Al-Rawi, F. N. H., and George, A. R., 'Tablets from the Sippar Library V', *Iraq* 57 (1995), 225.

Cavigneaux, A., and Ismail, B. K., 'Die Stadthalter von Suhu und Mari', text no.2 *Baghdader Mitteilungen* 21 (1990).

Dalley, S., 'Foreign Chariotry and Cavalry in the Armies of Tiglath-Pileser III and Sargon II', *Iraq* 47 (1985), 31–48.

Elat, M., 'The Political Status of the Kingdom of Judah within the Assyrian Empire in the 7th c. BCE', in *Lachish* v (Tel Aviv, 1975), 61–70.

Gibson, J. C. L., *Syrian Semitic Inscriptions*, ii: *Aramaic Inscriptions* (Oxford, 1975).

Grayson, A. K., Assyr*ian Royal Inscriptions*, i–ii (Wiesbaden, 1976).

Livingstone, A., 'Taimā': Recent Soundings and New Inscribed Material', *Atlal* 7 (1983), 108–11.

Oded, B., *Mass Deportations and Deportees in the Neo-Assyrian Empire* (Wiesbaden, 1979).

Potts, D., 'Tayma and the Assyrian Empire', *Arab.arch.epig.*2 (1991), l0–23.

Riis, P. J., *Hama. Fouilles et recherches de la Fondation Carlsberg 1931–38*, ii: 2 (Copenhagen,

1990), 257.

Röllig, W., 'Misir', *RLA* viii (1994).

11. Architecture, Engineering and Decorative Arts

Dalley, S., 'Nineveh, Babylon and the Hanging Gardens', *Iraq* 56 (1994), 45–58 (for the Archimedes screw).

Fales, F. M., and Postgate, J. N., *Imperial Administrative Records*, Part I, 'State Archives of Assyria VII' (Helsinki, 1992), esp. fig 20 (photograph of the rock crystal lens from Nineveh).

Garbini, G., 'The Stepped Pinnacle in the Ancient Near East', *East and West* 9 (Rome, 1958), 85–9I.

Jacobsen, T., and Lloyd, S., *Sennacherib's Aqueduct at Jerwan* (Chicago, 1935).

Laessøe, J., 'Reflexions on Modern and Ancient Oriental Water Works', *JCS* 7 (1953) 5–26.

Lamm, C. J., *Das Glas von Samarra* (Berlin, 1928), esp. pl. XI

Layard, A. H., *Nineveh and Babylon* (London, 1853), 197 (for rock–crystal lens).

Oates, D., 'Innovations in Mud-Brick: Decorative and Structural Techniques in Ancient Mesopotamia', *World Archaeology* 21: 3 (1990), 388–406.

Orchard, J. J., 'Glass Plaques from Fort Shalmaneser, Nimrud', *Iraq* 40 (1978), 1–22.

Rawson, J., *Chinese Ornament: The Lotus and the Dragon* (London, 1984).

Reade, J., 'A Glazed Brick Panel from Nimrud', *Iraq* 25 (1963), 38–47.

Safar, F., and Basmachi, A., 'Sennacherib's Qanat at Arbela', *Sumer* 3 (1947), Arabic section.

12. The Neo-Babylonian Empire

Bawden, G., Edens, C., and Miller, R., 'Preliminary Archaeological Investigations at Tayma', *Atlal* 4 (1980), 69–106.

Bongenaar, A. C. V. M., and Haring, B. J. J., 'Egyptians in Neo-Babylonian Sippar', *JCS* 46 (1994), 59–72.

Dandamaev, M., 'Neo-Babylonian Society and Economy', in *CAH*[2] iii: 2, 2nd edn. (1991), 252–75.

Dhorme, P., 'Les Tablettes de Neirab', *Revue d'Assyriologie* 25 (1928), with some redating by F. M. Fales, *Oriens Antiquus* 12 (1973), and I. Ephal, *Orientalia* 47 (1978).

Gadd, C. J., 'The Harran Stelae of Nabonidus', *Anatolian Studies* 8 (1958), 35–92.

Koldewey, R., *Das wiedererstehende Babylon*, 4th rev. edn., ed. B. Hrouda (Munich, 1990).

Talbot Rice, D., *Illustrated London News* (Sept. 1957), 466 ff.

第二章

时机和机遇

波斯、希腊和帕提亚的霸主地位

斯蒂芬妮·达利

（Stephanie Dalley）

波斯阿契美尼德王朝（公元前 538—前 331 年）

公元前 539 年征服巴比伦后，居鲁士二世结束了有着巴比伦姓名的国王的统治。但是，他在接受"巴比伦王"的称号后也支持了当地习俗，过巴比伦人的新年，节日这天他"执贝尔-马尔杜克之手"，听创世史诗《埃努玛·埃利什》的吟诵。居鲁士甚至在攻克巴比伦之前就被巴比伦人赞颂为被马尔杜克选中的好君主。对巴比伦人来说，由外族人统治并不新鲜。汉谟拉比的亚摩利王朝早先来自西方，加喜特的统治者起源于伊朗西部，更近期的迦勒底人是在美索不达米亚南部定居不久的部落民族。

居鲁士来自一个伊朗部落，该部落几个世纪以来一直从高加索或中亚地区向南迁徙。迁徙进行得很缓慢，许多移民在进入伊朗北部和西部的过程中被乌拉尔图人、胡里安人和埃兰人及其习俗同化了。他们没有自己的语言文字，而是采用了被他们征服的民族的文字。所以，尽管居鲁士是伊朗人而不是闪米特人，而且必然要成为一个篡位者，用古老的方式贬低被废黜的巴比伦国王，但他还是接受了巴比伦与埃兰的楔形文字和阿拉姆语字母。

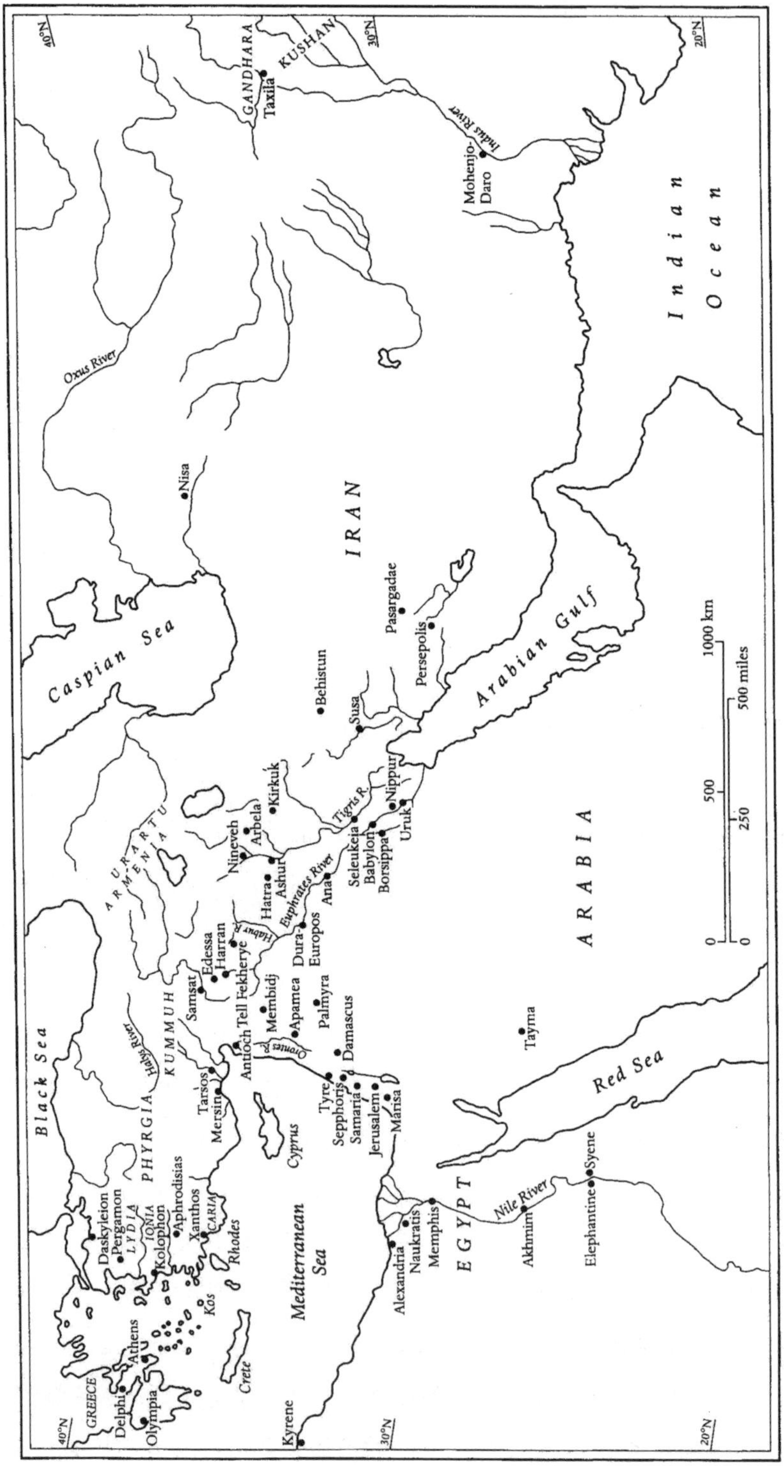

地图 3 远古晚期美索不达米亚及邻近地区示意图

地图 3 地名检索

Akhmim　艾赫米姆

Alexandria　亚历山大城

Ana　阿那

Antioch　安条克

Apamea　阿帕米亚

Aphrodisias　阿佛洛狄西亚

Arabia　阿拉伯半岛

Arabian Gulf　阿拉伯湾

Arbela　埃尔比勒

Armenia　亚美尼亚

Ashur　阿淑尔

Athens　雅典

Babylon　巴比伦

Behistun　贝希斯敦

Black Sea　黑海

Borsippa　博尔西帕

Caria　卡里亚

Caspian Sea　里海

Crete　克里特岛

Cyprus　塞浦路斯

Damascus　大马士革

Daskyleion　达斯基勒昂

Delphi　德尔斐

Dura-Europos　杜拉-欧罗普斯

Edessa　埃德萨

Egypt　埃及

Elephantine　伊里芬丁岛

Euphrates River　幼发拉底河

Gandhara　犍陀罗

Greece　希腊

Habour R.　哈布尔河

Halys River　哈里斯河

Harran　哈兰

Hatra　哈特拉

Indian Ocean　印度洋

Indus River　印度河

Ionia　爱奥尼亚

Iran　伊朗

Jerusalem　耶路撒冷

Kirkuk　基尔库克

Kolophon　科洛丰

Kos　科斯

Kummuh　库姆

Kushan　贵霜

Kyrene　昔勒尼

Lydia　吕底亚

Marisa　马里萨

Mediterranean Sea　地中海

Membidj　曼比季

Memphis　孟斐斯

Mersin　梅尔辛

Mohenjo-Daro　摩亨佐-达罗

Naukratis　瑙克拉提斯

Nile River　尼罗河

Nineveh　尼尼微

Nippur　尼普尔

Nisa　尼萨

Olympia　奥林匹亚

Orontes R.　奥龙特斯河

Oxus River　奥克苏斯河

Palmyra　巴尔米拉

Pasargadae　帕萨尔加德

Pergamon　帕加马

Persepolis　波斯波利斯

Phrygia　弗里吉亚

Red Sea　红海

Rhodes　罗德岛

Samaria　撒玛利亚

Samsat　萨姆萨特

Seleukeia　塞琉西亚

Sepphoris　西弗里斯

Susa　苏萨

Syene　塞伊尼

Tarsos　塔尔苏斯

Taxila　塔克西拉

Tayma　泰玛

Tell Fekherye　费赫叶山丘

Tigris R.　底格里斯河

Tyre　泰尔

Urartu　乌拉尔图

Uruk　乌鲁克

Xanthos　克桑托斯

无论在美索不达米亚，还是在许多高层管理要职都是由美索不达米亚人或西闪米特人担任的波斯波利斯，大部分官方铭文和日常记录都不是用波斯语写的。只有少数伊朗族裔担任需要识文断字的职务。大流士一世为古波斯语发明了一种简化的楔形文字符号，但不是很成功，很快就放弃了。他那高耸在贝希斯敦（Behistun）山隘的有名的岩石碑刻是先用巴比伦语和埃兰语写的，古波斯语版本是后来补刻上去的。

阿契美尼德人认为，阿胡拉-马兹达是他们的主神，先知琐罗亚斯德（Zoroaster）的生活年代可能比居鲁士早几个世纪，但很久以后他成了波斯宗教中的关键人物。阿契美尼德王朝以后，我们再也没有听说过琐罗亚斯德的生平和言论，还是无法确知伊朗后来的思想是否在此时形成。但是，约公元前700年的一份文字材料似乎表明亚述人承认阿胡拉-马兹达，把他与其他外来神一起供奉在神庙里。

阿契美尼德国王都不抵制巴比伦的影响。他们按照巴比伦的阴历月份过美索不达米亚人的节日，设置闰月以与阳历年同步；他们经常用巴比伦语和埃兰语的月份名称记录事件，因为月份名体现了当地的节日。他们并不设法用伊朗国民取代大神庙里的本地神职人员和管理人员，而是允许异教崇拜和文化在巴比伦帝国继续存在，不受干扰。做生意仍然不用货币，而是用金银的重量计价，必要时可以分析测定。但是，当达里克金币（daric）用作波斯王朝的货币时，它用的是巴比伦的度量衡，一块硬币相当于六十分之一迈纳（mina）。至少在巴比伦帝国，旧时的法律继续有效，古代《汉谟拉比法典》仍在被研究和抄写。那些在巴比伦帝国生活的波斯人和米底人常给他们的孩子起巴比伦名字。恰如他们的亚述和巴比伦前辈，他们使用带传统图案的圆筒印章和封印。

阿契美尼德在巴比伦的统治持续了两个多世纪，这一时期，商业和学术在大城市照常进行，大部分使用楔形文字。直到最近，人们仍然认为，阿契美尼德的国王都无视神殿和城市，并把它们彻底破坏；不再用楔形文字修地方志，或者只是在例外情况下才允许使用楔形文字。形成这种观点很大程度是因为人们过度解释了希罗多德记载的一个事件："然而，薛西斯把它（一个附属的马尔杜克金雕像）搬走了，并杀死了设法阻止这一渎

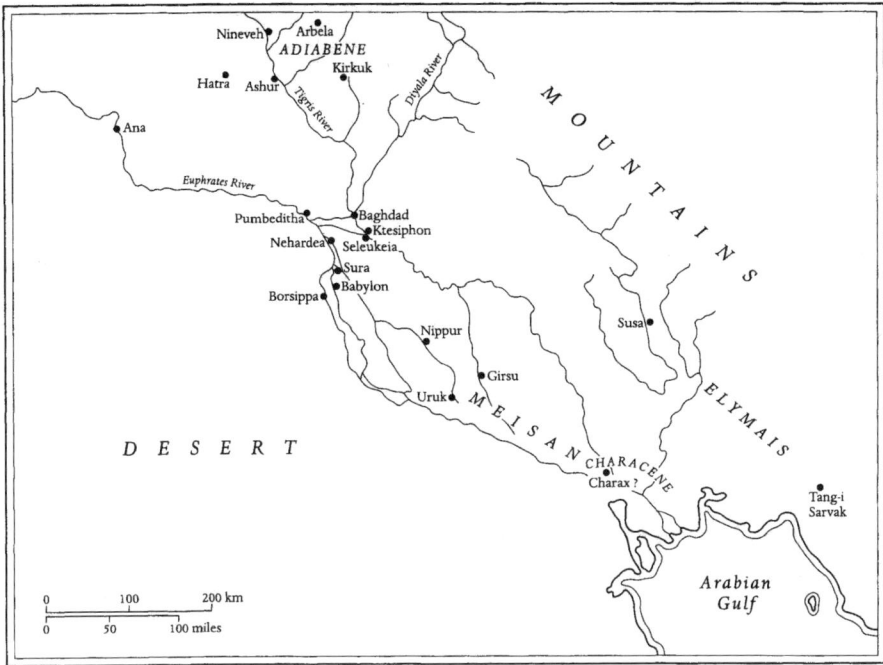

地图4 远古晚期美索不达米亚主要城市和区域示意图

地图4 地名检索

Adiabene　阿迪亚波纳

Ana　阿那

Arabian Gulf　阿拉伯湾

Arbela　埃尔比勒

Ashur　阿淑尔

Babylon　巴比伦

Baghdad　巴格达

Borsippa　博尔西帕

Characene　查拉西尼

Charax　查拉克斯

Elymais　埃利迈斯

Euphrates River　幼发拉底河

Girsu　吉尔苏

Hatra　哈特拉

Kirkuk　基尔库克

Ktesiphon　泰西封

Meisan　梅桑

Nehardea　内哈迪亚

Nineveh　尼尼微

Nippur　尼普尔

Pumbeditha　蓬贝迪塔

Seleukeia　塞琉西亚

Sura　苏拉

Susa　苏萨

Tang-i Sarvak　唐-伊·萨瓦克

Tigris River　底格里斯河

Uruk　乌鲁克

圣行为的祭司。"但最近的研究表明，这个事件并没有以大规模破坏或态度上发生转变而结束；同时也说明，必须重新评估波斯人统治巴比伦的方式以及波斯人是如何允许宗教、学术和商业活动得以继续并繁荣发展的。

居鲁士及其继任者都没有修改过城市的名字，也没有在美索不达米亚修建过一座新城。苏萨被翻新后用作皇城，雇用巴比伦的能工巧匠砌砖；像尼布甲尼撒在巴比伦所做的一样，大部分砖都是釉面砖。那里的人非常崇拜巴比伦女神纳奈（Nanay），收藏楔形文字作品的图书馆仍然保留着。埃尔比勒也很重要，因为它通过向北延伸到亚美尼亚的皇家公路与苏萨建立了直接的联系，大流士以它为重要城市之一，反叛未遂的国王的遗体就在这里展示。埃尔比勒保持威名四扬的一个原因或许在于在当时就很古老的伊什塔尔大神庙及其有名的神谕，该城在帕提亚时代成了阿迪亚波纳（Adiabene）省的首府。后来有传说认为，帕提亚的国王都埋在了那里。神谕长盛不衰，直到公元4世纪时一位侍奉"夏贝尔"（Sharbel）[1]的神职人员转而皈依了基督教。

巴比伦和亚述为阿契美尼德人形成君主政体提供了模型，王座和脚凳、皇冠和权杖、头衔和称号、军事职务和礼仪职责都与他们的美索不达米亚前辈的风格一致；有翼的托盘是使人联想起民族神灵的王权象征，他们也把它用作自己的王权象征。在行政管理方面，他们还采用了巴比伦和亚述的公路体系和信使制度，给服兵役者分配土地以资奖励。阿契美尼德的艺术与王权和朝廷有紧密的联系，而与宗教机构相去甚远，在创造过程中吸收了巴比伦人、亚述人、爱奥尼亚人和其他民族的元素，产生一种新的但实际上是兼容并包的艺术形式。人们几乎看不出波斯成为世界强国之前的任何波斯元素。居鲁士在帕萨尔加德（Pasargadae）修建新的皇家住宅时用近似辛那赫里布在尼尼微的浮雕来装饰宫殿，他曾亲自到访辛那赫里布的宫殿，虽然它被包围而毁于公元前612年。他的继任者在波斯波利斯也这样做了。只有花园设计，尤其是在帕萨尔加德的花园设计，好像有明显的伊朗元素。在先前的巴比伦和埃兰风格基础上，逐渐形成了阿契美尼德的雕刻艺术风格，连引入的火坛（常被视为纯波斯习俗的象征）都好像有取自扎格罗斯地区很早期的图案。

波斯人通过《旧约》作者的偏爱成功获得了比亚述人更好的公众形象，但实际上，他们自己的铭文表明，他们曾用大致相同的方法折磨并杀害反叛者，放逐被征服土地上的人民，尽管他们鼓励前朝的流放者回到原籍：尼尼微人回到尼尼微，提尔人回到提尔，犹太人回到耶路撒冷。那些回去的人带着有关美索不达米亚风俗、思想和技术的知识，但很多人选择留下来，在流放的十年中牢牢地扎下了根。美索不达米亚本身比以前更国际化，因为不仅波斯的宫廷官员时常到访并对当地的行政管理做出贡献，而且国外的士兵和雇佣兵在那里服兵役。被征服领土上的反波斯情绪制造出谩骂性的谣言，如有故事说，薛西斯在巴比伦捣毁了马尔杜克神的雕像。后来证明这个故事是捏造的：被崇拜的雕像仍完好无损，这也表明在后来的几个世纪里神像仍然存在于完整无损的神庙中，所以，不必怀疑希罗多德对马尔杜克的金雕像在阿尔塔薛西斯（Artaxerxe）一世（公元前464—前424）时代的描述。这期间以及后来的文字记录都充分证明了神灵崇拜和建筑风格都得以延续。

　　在埃及，有大量的外国人涌入并留了下来。一名叫奥德贾霍尔斯内（Oudjahorresne）的高官抱怨说，冈比西斯到达埃及时，"从每个异地他乡来的外国人都和他在一起。他占领全部埃及时，他们在那里安家落户"。在这一时期，有清楚的证据表明，一群一群的美索不达米亚人仍然在埃及长期生活，除了不再使用楔形文字外，他们保持了自己的宗教文化传统。在孟斐斯，一家国际造船公司和负责整个埃及管辖地的财政部门带来了用阿拉姆语作书面记录的外国人，还给敬奉巴比伦神纳布的神庙提供支持。在伊里芬丁岛（Elephantine）和与努比亚紧邻的塞伊尼（Syene），当时的军事哨所配置有来自西亚如希伯来、叙利亚和巴比伦的士兵，他们有自己的文学，现在用的是阿拉姆语，作品中喜欢回顾亚述国王鼎盛时期。他们阅读阿萨尔哈东的贤哲阿希家的故事以及阿淑尔巴尼帕和沙玛什-舒姆-乌金弟兄俩的故事，他们俩分别统治过亚述和巴比伦，却成了不共戴天的敌人。他们在供奉美索不达米亚神的神庙里祭拜纳布、贝尔、沙玛什和内尔伽勒。从这一时期起，通俗的莎草纸文学中常提起生活在埃及的亚述人，例如，公元前528年或前529年，15个亚述人参加了由阿玛西斯（Amasis）法老率领的一场努比亚战役。

这个信息的重要之处在于它表明，亚述和巴比伦文化在埃及的一些城市还在继续繁荣，但埃及文化在美索不达米亚不被接受，连在苏萨也不被接受，尽管流亡的法老被迫住在那里，还有被冈比西斯流放到那里的 6000 名埃及人。

佛陀是尼泊尔南部一个王国的继承人，出生在约公元前 5 世纪中期；这时印度河流域可能已经在波斯人的统治范围之内。据后来的《贝尔拉姆与约瑟伐特》（*Barlacem and Ioasaph*）传奇，也就是基督教版本的佛陀生平传说记载，佛陀父亲的宫廷里有"五十五人在迦勒底学过星宿学"。故事中佛陀的管家名叫扎尔丹（Zardan），这个词可能属于阿卡德语。按照这个故事的希腊语版本，佛陀的智者教师贝尔拉姆来自巴比伦尼亚的塞纳尔（Senaar）。这个背景虽然只是传说，但符合这一明确的事实：佛陀非常了解用阿卡德语写的征兆和天象手册——《泥板征兆集》（*šumma ālu*）和《埃努玛·安努·恩里勒》（*Enūma Anu Enlil*，亚述-巴比伦占星征兆集），把它们中的素材用在宗教演说里，这些文本得以流传下来。[2] 这是我们现有的最佳证据，能证明这一时期有远涉重洋到国外朝廷当专家和老师的迦勒底学者，以佐证更早的预言家贝尔拉姆的故事。

支持伊朗在文化上影响美索不达米亚的证据少之又少。乌鲁克的一个半圆形神庙经历了不同时期的修建，可能用于供奉密特拉神，但供奉的神祇和准确年代都还不确定。在巴比伦发现了一个波斯样式的有柱厅堂。波斯国王没有尝试把巴比伦古城改造成像帕萨尔加德和波斯波利斯一样的"伊朗"城市。总之，伊朗征服者本身显然被他们在美索不达米亚发现的更高级文化征服了，正像一千多年前加喜特人的情形一样。希罗多德写道："没有一个民族像波斯人这样乐于接受外来习俗。"巴比伦语词"Chaldaean"（迦勒底）实际上变成了波斯语词"Magi"（魔法师）的同义词，意思都是有智慧、懂魔法的人。

亚历山大大帝和他的塞琉古继业者（公元前330—约前128年）

亚历山大在公元前330年征服了巴比伦城，他极其尊重这座城市。他批准翻修城中神祠的计划，像他的一些波斯先行者一样过新年。他去世前不久，从美索不达米亚北部行军来到巴比伦，接见从世界各地来向他致礼的使节。他们中有凯尔特人、埃塞俄比亚人和伊比利亚人，他们亲自接触了美索不达米亚的神庙和宫殿、装饰性饰物和美术，带着对它们的崇敬之情回到祖国。

亚历山大在巴比伦去世以后，其东部帝国被塞琉古家族继承，他们统治巴比伦尼亚将近200年，直到帕提亚人攻占了它。围绕着亚历山大的英雄形象产生了一部叫《亚历山大传奇》（*Alexander Romance*）的浪漫传说，该传奇的希腊语版本错误地把卡利斯提尼（Kallisthenes）奉为作者。虽然很多其他语言的版本中的一些情节都以希腊语版本为基础，但有一个希伯来语版本显然与希腊语版本无关，而且几乎所有的版本都是按照《吉尔伽美什》史诗的顺序来建构情节的，所以《亚历山大传奇》的最早版本不是希腊语。《吉尔伽美什》和《亚历山大传奇》都按照凡人对神的理解来探索神的本质。[3]亚历山大和他的继业者的形象有时出现在硬币上或雕像上，头上有兽角，这是美索不达米亚人按照自己的理解去显示神性的传统方式。这种方式的例证是公元前2250年左右阿卡德国王纳拉姆-辛，他的巨大岩石浮雕被刻在山隘上的显著位置，时至亚历山大时期仍然清晰可见。

亚历山大请人把巴比伦语作品译成希腊语。很久以后的一篇对亚里士多德作品的评论宣称，他的学生卡利斯提尼曾把巴比伦陷落前1903年以来的迦勒底天文观测送回国内。甚至在亚历山大去世前，亚里士多德同时代的欧德莫斯（Eudemos）在雅典记述了巴比伦尼亚人关于创世的想法。虽然欧德莫斯的记述没有流传到现在，但约800年后，雅典的柏拉图学园的负责人、哲学家达马希乌斯简述巴比伦人关于宇宙演化思想时仍然使用它。这个证据模糊地反映在亚美尼亚人科林的穆夫希斯[4]所作的记述中，他记述说亚历山大请人把尼尼微的书译成希腊语。欧德莫斯的作品包括《天文学史》，它有助于用巴比伦的天文知识缩小美索不达米亚与希腊世界的差距。

图 2.1　巴比伦的狮子金币

据公元 9 世纪初拜占庭编年史家乔治·辛克洛斯（George Syncellus）介绍，在亚历山大的直接继承人统治时期，迦勒底的作品连同埃及的作品在托勒密二世费拉德尔甫斯（Philadelphos，公元前 285—前 246）的赞助下在埃及译成希腊语。从那时起，希腊人经常无法区别埃及人与迦勒底人的作品，虽然地理学家兼天文学家托勒密（约公元 100—178）在其《占星四书》中明确区分了他们的占星方法。

塞琉古王朝虽然名义上属于希腊，但没有沿用希腊人的方式改造古城。它在巴比伦建了一座希腊式露天剧场，但该城基本上沿袭了尼布甲尼撒时代的城市方案。总体上说，从美索不达米亚的公共建筑和街道看不出希腊风格，它们既没有重建过也没有改过名。这与新城如底格里斯河上的塞琉西亚城相反，塞琉西亚城当然是按照希腊惯例修建的，有带柱廊的大街、市集广场等典型的希腊公共建筑。公元前 236 年，在塞琉古二世执政时期，在巴比伦，贝尔神庙的巴比伦集会收到过一封关于土地所有权的楔形文字公函；公元前 229 年的一块泥板上描绘了马尔杜克神坛，还命令其读者保密。

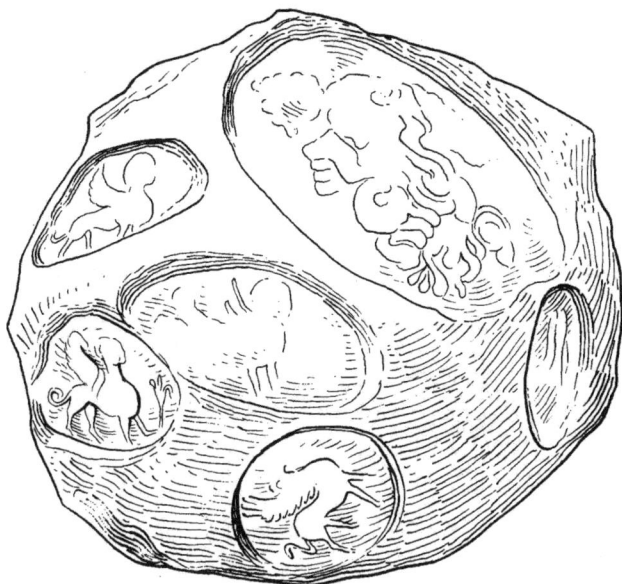

图 2.2 由多个戳形印章组成的带压印图案的陶土印章。塞琉古三世统治时期

这两份文件说明，那里的主要宗教体系仍很兴旺。巴比伦铸造过自己的神庙钱币和银狮钱币，但帕提亚人统治该城后就不再铸造了。

一些地方官员不仅有自己的巴比伦名字，还一定要有希腊名字，以表示他们对希腊的崇敬。但是，从波斯统治向希腊统治的转变对巴比伦的重大制度没有影响，楔形文字图书馆继续存在和更新。这一时期，人们常常以为柏拉图以前的所有希腊哲学家的学问都是从东方学来的，所以迦勒底的学问备受尊崇。在官方场合使用几种语言，希腊语在这一地区没有取代巴比伦语和阿拉姆语。所以，安条克一世用巴比伦语写纪念博尔西帕（Borsippa）的埃兹达（Ezida）神庙重建的碑文时模仿了尼布甲尼撒写的类似碑文。天文日记用楔形文字简要地记述了同一时期的事件，描述了公元前 187 年，安条克三世身着尼布甲尼撒穿过的紫色华袍，完全按照其前任塞琉古一世那样在巴比伦和博尔西帕举行典礼。"那天他移步向前俯伏拜倒在以撒基尔（Esangil）的面前。那天他走进庆新年的神庙……他向贝尔、贝尔提亚（Beltiya）和伟大的诸神［祭献了］牛羊。"这个事件说明皇家仍然忠心地支持神祠及其传统礼仪。

塞琉古王朝在最后几十年里从内到外都动荡不安，由于在继位顺序上认识不一，纷争不断，最终导致了内乱。与此同时，在安纳托利亚的部分地区、亚美尼亚、马加比（Maccabean）的犹大王国和美索不达米亚南部地区，独立的统治者崛起并建立了地方王国。罗马人的势力正在向黎凡特和小亚细亚地区扩张，而阿萨息斯（Arsacid）王朝的帕提亚人——来自东方的波斯部落——约在公元前142年就把塞琉古人赶出了伊朗。接下来，塞琉古人和帕提亚人开始争夺美索不达米亚地区本部，双方获得的好处和遭受的损失都只是短暂的。约公元前141年到前126年的这段时期被公认为持久混乱和冲突的时期。

虽然如此动荡不安，但楔形文字的写作形式和学术活动仍在继续，已知的最近的阿卡德语文本可以追溯到公元75年。近来，从零散地收藏在几个博物馆里的泥板中汇集起了一批非同凡响的泥板，每块泥板的一边都有巴比伦的楔形文字，另一边有希腊字母的抄本以提供近似的读音。这些泥板不像通常那样从上到下、从正面向背面翻转，而是像书一样从一边翻到另一边。所有文本好像都是楔形文字的教学课程，尽是词汇表、音节文字表和文学作品，没有日常事务记录和合同。上面没有日期，只能推想它们属于塞琉古王朝甚至帕提亚时期，可能说明希腊人用注音法努力学习迦勒底语文本，或者巴比伦人尝试用希腊字母写自己的语言。

这一时期持续繁荣兴旺的城市不只是巴比伦。从塞琉古王朝一直到帕提亚时代，乌鲁克古城在宗教和文学上都取得了很高的成就。古代文学、编撰中的编年史和天文观测的新成果源源不断地补充到大图书馆里。该城的几任市长修复更新了一个名为 bīt rēš 的大型神庙建筑群。根据公元前244年安努-乌巴利特·尼卡科斯（Anu-uballit Nikarchos）的碑文，神庙内的密室由安努及其配偶安图（Antu）使用；外部建筑上有意义深远的符号特征："三个向外开的城门，和大院周围住着掌管各种命运之神的七个宫殿。"这座新神庙在尼散月（Nisan）的第八天奉献给神，也是巴比伦人庆祝新年之时。神庙的布局 5 似乎体现了当时构想的宇宙布置：敬神的人在觐见给每年写下命运的尊荣神之前要穿过七道天或宫殿。乌鲁克的统治者既有巴比伦人名字又有希腊名字：安努-乌巴利特按照安条克二世（公元前 261—前 246）的敕令又叫尼卡科斯；另一个安努-乌巴利特在安条克三世（公元前 223—前 187）执政时期也叫科法隆（Kephalon）。他们被看作实际上独立的统治者。近来的研究表明，这些伟人用金花环葬在乌鲁克外面的大墓里。同时，城里的伊什塔尔和纳奈的神庙得以修葺，伊什塔尔的神像也得到修复；因为在提斯利月（Teshrit）要庆祝新年，所以在城墙外按高基准修建了庆新年的神庙。该城衰落时的境况尚不清楚，也不知道宗教等精神生活停止的原因；最新证据表明，安努-乌巴利特·科法隆后裔的活动可以追溯到公元前 132 年。

博尔西帕的圣坛是专门供奉纳布的，库萨（Kutha）的圣坛是专门供奉内尔伽勒的，两个城市在巴比伦附近都很繁荣。博尔西帕仍然有一所重要的天文学校，斯特拉博（Strabo）写道："迦勒底的天文学家有多个派别，例如，有的是奥车尼（Orcheni），有的是博尔西帕尼（Borsippeni）。"[6]

苏萨也有一个楔形文字图书馆。支持这个观点的证据很少但很牢靠：在乌鲁克找到的公元前 292 年到前 281 年的泥板题记表明，乌鲁克的一位学者去过埃兰（或许是苏萨城），抄写了一块由那波帕拉萨尔（Nabopolassar）300 年前带去的泥板，"这块泥板依据的是海地（Sealand）国王那波帕拉萨尔从乌鲁克抢来的泥板，乌鲁克的基迪纳努（Kidinānu）现在在埃兰见到了这些泥板，在塞琉古和安条克执政时期，基迪纳努把它们抄写下来，把抄件带到乌鲁克"。

不是每个城市都很繁荣。西帕尔几近成了废弃的空城，晚期的天文文献曾被认为来自西帕尔，现在看来应属于巴比伦。乌尔可能由于离海越来越近，淤泥堆积，海岸线发生了变化而开始衰落；其地位被新城查拉克斯·西帕尔西努（Charax Spasinou）取代，此城是亚历山大为安置马其顿的残疾军人而创建的，希腊的中坚力量因此进入该国的南部地区。

帕提亚时期（约公元前 141—公元 226 年）

帕提亚人在取代旧秩序之时，塞琉古王朝后期的国王德米特里（Demetrios）二世（公元前 145—前 141 年和前 129—前 125 年在位）按照传统批准了一份用楔形文字写的新王表，这份名单上最末一位国王是他自己。新的研究表明，这一时期绝非堕落衰退，而是仍然延续古城、创造新城。在帕提亚人的统治下，各种形式的宗教生活都得以繁荣发展。这可以从犹太大拉比拉夫（Rav）的话中得到最清楚的证明，他来自美索不达米亚南部，约在公元219年开始教学和写作：他把巴比伦的贝尔神庙和博尔西帕的纳布神庙称为他那个时代固定的神祇崇拜的主要中心。他平实的记叙可以让我们重新评价普林尼在公元1世纪中期所做的误导性评论：

> 巴比伦的主神朱庇特贝卢斯（Belus）神庙屹立着……但是，在其他各个方面，该神庙又被遗弃，由于接近塞琉西亚，人们离神庙而去。美索不达米亚还有以下城镇：喜帕瑞尼（Hippareni），它与巴比伦一样也属于迦勒底学派；……还有奥车尼（乌鲁克）。第三个迦勒底学派中心在向南方向的同一相邻地区。[7]

这种变化可能被普林尼夸大了，因为巴比伦坐落在幼发拉底河旁，虽然在底格里斯河上建了塞琉西亚城，但巴比伦的经济几乎没受影响，因为每个流域的经济结构各不相同。在巴比伦，希腊式露天剧场（或附近的体育馆）仍被用于体育竞技，因为公元前109年仍用希腊语写的一块铭文记载了颁发给参与这一年举办的各项赛事的两类运动员的奖项。这座剧场在罗马时期似乎重建过，考古遗址说明，巴比伦城的阿姆兰区（Amran）很富有。有很多个人财产的巴尔米拉商人在公元初年仍住在巴比伦，捐钱重

图2.3 位于尼尼微的辛那赫里布王宫里的帕提亚门上横楣

建巴尔米拉城的贝尔神庙。在亚述北方不远处的哈特拉（Hatra），阿拉伯国王们都按照巴比伦的马尔杜克神庙把他们的主神庙命名为埃萨吉拉，把其太阳神沙玛什叫作"贝尔"。

在乌鲁克，图书馆及其学者一直存在：《吉尔伽美什》被重新抄写，包含编年史条目的天文记录在该时期初仍然定期保存，尽管我们不知道这些习惯何时何因结束。这里，在定期举行的仪式和节日上依然使用安努和安图的神庙以及伊什塔尔神庙。在尼普尔，伊南娜（Inanna）神庙好像被重建过。[8] 在尼尼微，距这一时期 700 年的辛那赫里布的一部分古老宫殿用装饰过的新过梁翻修一新。

帕提亚人对其广袤的领土管理得松散且灵活。他们没有建都巴比伦，好像也不干涉其生活方式。人们对他们的制度知之甚少，因为关于他们国王的记录几乎没有流传下来，但他们似乎对地方统治者的独立性极为宽容，哈特拉和巴尔米拉的这两位君主即是突出的例子。

独立王国

从公元 20 年到 35 年，在美索不达米亚的偏远腹地得以短期独立的一个地区是内哈迪亚（Nehardea）的犹太王国。它离古老的西帕尔（现为废墟）不远，位于幼发拉底河的左岸。根据传说，它是约雅斤用从耶路撒冷带来的泥土和石头建立起来的。长期以来，犹太人被葬在位于幼发拉底河右岸的墓地；这些墓地被认为是以色列境内的土地，因为后期希伯来语传说表明，巴比伦的犹太人错误地认为是巴勒斯坦的降雨供应了幼发拉底河的河水。虽然犹太王国的独立很短暂，但内哈迪亚在公元 259 年被洗劫以前始终是一个重要中心。公元 259 年，附近的蓬贝迪塔（Pumbeditha）取代了内哈迪亚的地位，逐渐成为犹太教正统的中心和研究学术的地方。公元 117 年，图拉真平息了巴勒斯坦的叛乱以后，又一批犹太人涌入美索不达米亚，与已经住在美索不达米亚的许多犹太人汇合。卡巴拉（Kabbalistic）神秘主义和后期希伯来的犹太教都不仅在巴勒斯坦而且在美索不达米亚发展起来，因而两个地区有了密切接触。约公元 200 年到 217 年，拉比犹大（Rabbi

Judah）在拿撒勒（Nazareth）附近的西弗里斯城（Sepphoris）最后写完《密什那》（*Mishnah*，巴比伦人和巴勒斯坦人的《塔木德》所依据的文献）。后来，异教在该城蓬勃发展，但犹太公议会（Sanhedrin，犹太人制订法律的中心议会）还是从耶路撒冷搬到了这里。犹太贤哲从巴比伦尼亚去那里与伟大的拉比交谈，以至在西弗里斯城修建了"属于巴比伦人"的犹太教堂。

大约在帕提亚人一开始主宰美索不达米亚时，一个非正统的犹太共同体就在巴勒斯坦的库姆兰（Qumran）地区兴旺起来。美索不达米亚的确切影响在库姆兰社群所使用的《以诺书》中得到承认。其中的一章叫"守望者书"，里面有关于吉尔伽美什及其怪兽对手洪巴巴的故事。尽管它只以零星碎片的形式为人所知，人们辨认得出其中的大洪水情节，该章后来的一个版本在中亚被发现了，记载着大洪水中的幸存者不叫挪亚（Noah），而叫阿塔姆必什（Atambish），是乌特-纳比西丁（Ut-napishtim）的名字的一种形式。所以，人们接受的不是《圣经》里说的而是巴比伦人说的大洪水故事。更晚一些时候，从库姆兰发现的碎片拼凑出另一个情节，说吉尔伽美什梦见树木参天的天国花园里坐落着神的审判庭。释梦的人是以诺，他扮演了恩奇都（Enkidu）在阿卡德语的《吉尔伽美什》中的角色。

《以诺书》和《以西结书》都在犹太神秘主义中发挥了重要作用，尤其是在有赫哈洛特（Hekhalot）"宫殿"文学和默卡巴（Merkabah）"战车"文学之称的卡巴拉神秘主义中发挥了重要作用。神有凡人的身躯，一个巨人坐在王位上，王位的周围有同心墙，墙上开着大门，人必须冒极大的危险通过大门才能接近神，许多细节比如水晶和蓝宝石，比如小天使和六翼天使，比如神乘坐的神圣战车，都可以在巴比伦人的崇拜和神话中找到对应。以西结在流放巴比伦时应该看到或听说过这些情节，在后来的几个世纪里，巴比伦的犹太人也熟悉了这些情节。按照各种贵重材料描绘神的身躯的神秘文本《神身的尺寸与名称》（*Shi'ur Qomah*）已被学者与设在尼尼微的阿淑尔巴尼帕图书馆里的类似文献做了比较。[9]

公元前 2 世纪后期的长期动荡，可能是美索不达米亚南部的查拉西尼（Characene）王国和伊朗的苏萨以南的埃利迈斯（Elymais）王国获得独立的原因。两个王国都有证据表明，巴比伦文化以新活力在重新崛起。

图 2.4　来自特略的刻有阿拉姆语和希腊语"阿达德-纳丁-阿亥"的烧制砖，约公元 1 世纪

　　这一时期的一个意外而迷人的不朽功绩是一座新宫殿，它建在古老的吉尔苏城的山冈上。这座城虽被长久遗弃，却在很早的时期就是美索不达米亚南部最重要的城市之一，因为约在公元前 2100 年，有个名叫古地亚（Gudea）的苏美尔统治者在这里修建了一座雄伟壮丽的新神庙，且将苏美尔语提高到标准语言的新高度。古地亚的塑像精雕细刻，用黑色闪长岩雕成，被收藏在世界上几个大博物馆里。这座新宫殿由有着标准巴比伦名字的阿达德-纳丁-阿亥（Adad-nadin-ahe）修建，他把自己的名字用阿拉姆语和希腊语刻在砖上。

　　不仅如此，这个巴比伦人在打地基时，挖出了已经有两千多年历史的古地亚的几座雕像，用它们装饰他所修的宫殿院落；后来，法国考古学家在这里发现了这些雕像。

　　阿达德-纳丁-阿亥可能是以查拉克斯城为中心的查拉西尼独立王国创始人的父亲，并且参与了与巴尔米拉城和印度的兴隆的贸易往来。查拉西尼王国的硬币说明，内尔伽勒·赫拉克勒斯（Nergal Herakles）是这个国家的庇护神。有些统治者用波斯人的名字，有些沿用巴比伦的习惯起阿比-涅格罗斯（Abi-Nerglos）和阿塔姆贝罗斯（Attambelos）之类的名字。因为没有一个人沿用先前的有名国王的名字（没有一个人名叫尼布甲尼撒！），我们可以推测，查拉西尼的许多人当然沿用巴比伦人的名字。

　　在公元前的最后几年里，查拉克斯城出了一位历史学家和地理学家，他被称作查拉克斯城的伊西多尔（Isidore）。他留传下来的残存作品中有一部叫《帕提亚人的驻地》（*Parthian Stations*），它是用希腊语写的，描述了从黎凡特通往印度西部边境的主要路线。该旅行日程和路线朴素而重复的风格非常像公元前两千纪初以来用阿卡德语楔形文字写的旅行日程。

埃兰（Elam）这个名称加上希腊语后缀，再把元音稍加变动，就成了塞琉古时代的埃利迈斯（Elymais）。大约在查拉西尼的地方统治者形成独立王朝的同一时期，另一个独立王朝在离苏萨不远的地方崛起了。其国王与查拉西尼国王一样认识到他们受益于光辉的过去，因为他们在获得皇家头衔卡姆纳斯基雷斯（kamnaskires）的同时复活了埃兰的头衔"财政大臣"（kapniškir），该头衔是阿契美尼德时代苏萨总督使用的；当时，苏萨是全帝国最大的皇家金库之一。甚至在这一时期，埃利迈斯的神庙一定镇守着相当多的财富，因为安条克三世和四世都曾试图查抄埃利迈斯的贝尔神庙和纳奈神庙，以补充他们的资金；但两人都为此殒命。主神贝尔的称号意味着当地某个版本的《创世史诗》是年度纪念活动的一部分。

一组写有阿拉姆语铭文的岩石浮雕表现了在伊朗西南部的唐-伊·萨瓦克（Tang-i Sarvak）露天圣殿举行的奥罗德斯（Orodes，三世或四世）授权仪式，仪式上，贝尔按照两千年前的美索不达米亚惯例把王位指环递给

图 2.5 授权封爵情景，代表国王权力的环，刻在埃利迈斯的唐-伊·萨瓦克的岩石上

图 2.6 　出自贵霜王国的正反面有纳奈像的硬币，公元 2 世纪

新国王。

公元前 2000 年，纳奈在乌鲁克发表过神谕，她是一位早就有名的女神；在她的指导和帮助下，我们可以把美索不达米亚的影响由查拉西尼和埃利迈斯追踪到遥远的地方。首先，她是智慧女神。在埃尔比勒，从亚述时期末起，她享有与伊什塔尔同等的地位。喀布尔和白沙瓦附近的贵霜王国在公元初的三个世纪里将疆域扩展到恒河地区，在该王国铸造的硬币上，有她和她的巴比伦语名字，名字用希腊字母写就，显得很突兀。她的头上有新月形月牙。在帕提亚的都城尼萨，她的一座神庙已被发掘。在亚美尼亚，直到她的神庙在 4 世纪被启蒙者圣格列高利摧毁以前，她一直是受崇拜的神。在尼普尔发现的符咒钵上提到过她，上面有她的阿拉姆语名字。在早期的阿拉伯人中，她的名字在阿拉伯语里有时表示金星。亚历山大城和法尤姆（Fayum）都有纳奈的神庙。在希腊，人们按照比雷埃夫斯港的希腊语铭文祭拜她，在这里她像在苏萨、巴尔米拉和杜拉-欧罗普斯（Dura-Europos）一样享有与月神阿尔忒弥斯同等的地位。哈特拉人和撒马尔罕人都很尊敬她。

塞琉古和帕提亚时期巴比伦的学术研究

在巴比伦，希腊语成为哲学和文学的主要语言。巴比伦学者用它来发展其地方传统，并使之适应变化的世界。

贝罗索斯在巴比伦是马尔杜克的牧师，他给安条克一世（公元前281—前261）进献了一份希腊语的关于巴比伦传统的报告。其作品《巴比伦尼亚志》（*Babyloniaka*）因后世作家短小而精选的摘录而为人所知，有些作家借用了亚历山大·波里希斯托（Alexander Polyhistor）的不实杜撰。尽管如此，遗存的篇章说明，苏美尔的王表、苏美尔语的大洪水故事和辛那赫里布的皇室铭文都出自他的笔下。据说他住在爱琴海的科斯岛上，与哲学家为伍，女儿是预言家。他好像有个同事叫克里特德摩斯（Kritodemos），很显然，后者曾帮助他把巴比伦的星象学文献翻译为希腊语。这可能说明，在安条克一世执政时期，将巴比伦语的楔形文字译成希腊语的翻译活动仍在继续。与早他两代人的欧德莫斯一样，贝罗索斯用阿卡德语的名字指称《创世史诗》里出现的远古神祇。

在巴比伦，有国际地位并大力传播其文化的知名学者首推斯多葛派的哲学家第欧根尼。我们不知道他的上一辈是希腊人还是巴比伦人。他出生于公元前240年左右。斯特拉博模棱两可地说，他被称作巴比伦人，因为"如果一个人来自塞琉西亚，我们不叫他塞琉西亚人"。如果他生于巴比伦，按照乌鲁克的两个地方长官的惯例，他除了巴比伦名字外，还会使用希腊名字。

第欧根尼在美索不达米亚生活的年代可能比贝罗索斯晚两代。他后来在雅典成为盛行的斯多葛派的首领。据普鲁塔克记载，在雅典，他有许多有影响的学生，如塔尔苏斯的阿奇德莫斯（Archidemos of Tarsos），后者后来在巴比伦创建了斯多葛派。作为德高望重的学者，第欧根尼在85岁左右的年纪与雅典的柏拉图学园首领卡涅阿德斯（Carneades）一起在公元前156年或前155年率领一众斯多葛派学者从雅典出访罗马。他给罗马留下了很深的印象，以至西塞罗在两个多世纪后写作时还称他为"了不起的重要的斯多葛派哲学家"。他是到罗马四处讲学的第一位斯多葛派哲学家。

图2.7 说明苏美尔语和阿卡德语动词语法范式的两段文字，出自公元前两千纪中期的尼普尔。"我们，你们，他们"这个顺序的用法与英语的正式语法相同

其最高成就之一是语法，许多现代学者认为，传统语法始于斯多葛派哲学运动，第欧根尼的论著《说话的艺术》为后来的语法手册编撰提供了信息来源。这样，他延续了从公元前1800年左右以来由苏美尔语和巴比伦语语法的楔形文字研究而产生的传统；这个背景有助于解释为什么从总体上讲斯多葛派哲学家对语法研究非常感兴趣。大约在同一时期，出生在印度西北部的语法学家波你尼（Pānini）写出了梵语语法著作。像有些楔形文字词汇表把词划分为词类一样，该语法的附录按词类排列词汇。与斯多葛派语法学家一样，波你尼的语法试图说明语言的恰当使用，用分析法确定怎么

表达是正确的。

斯多葛派哲学的早期传统鲜为人知，因为那时的哲学文稿遗失殆尽。该学派由芝诺（Zeno）在雅典创建，他来自塞浦路斯，不是希腊人，而且早先的几个带头人都不是希腊大陆人。它的部分最著名学者来自巴比伦、塞琉西亚、塔尔苏斯和奥龙特斯河边的阿帕米亚城，在这些地方，巴比伦的贝尔崇拜和神谕在罗马时期一度兴盛。尤其值得注意的是，在"巴比伦"或塞琉西亚出现任何有名的哲学流派以前，第欧根尼和其"来自底格里斯河"的门徒阿波罗多洛斯（Apollodoros）突然在这两个地方冒出来；是他们的继承人阿奇德莫斯在巴比伦创建了斯多葛派哲学。如果把贝罗索斯的《巴比伦尼亚志》与该学派的先驱联系起来是正确的，那么，我们似乎有了一条并行的途径，即贝尔的牧师在奥龙特斯河边的阿帕米亚当伊壁鸠鲁派哲学带头人，如此一来就证实了巴比伦的学问渗透到了显然属于希腊的哲学

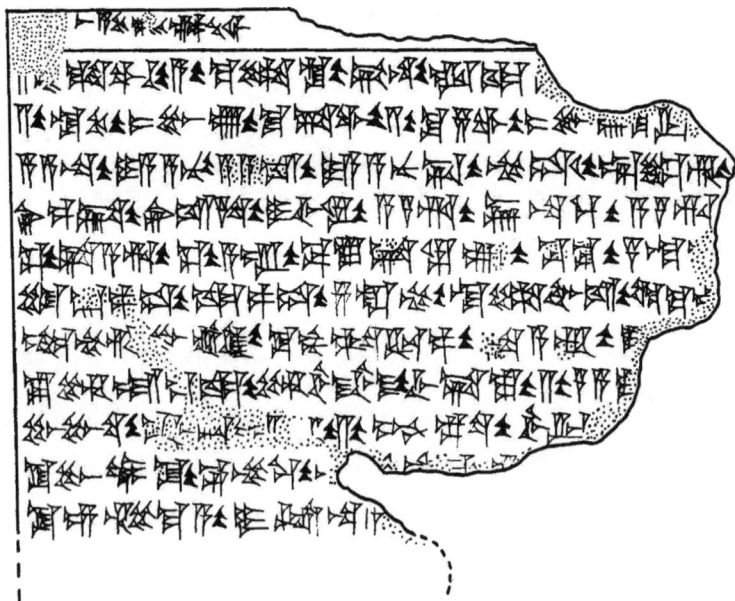

图 2.8　巴比伦自然神学注疏的一部分（图中黑色的标记说明摘引和解说之间的分隔）

传统里。[10]

罗马和埃及的教育实践沿用了远古美索不达米亚很久以前就建立起来的模式。学生用的是字母表而不是复杂的楔形文字，先学字母，用巴比伦人的方法练习竖行书写，接着像学楔形文字所要求的那样写 ba be bē bi bo bu bō（用不需要连字弧线的大写字母）之类的音节。这样，尽管有了字母表，巴比伦原有的 tu-ta-ti 写法仍然保留了下来。教员写在用尺子画出来的线上的两三行练习，由学生抄在同一块写字板或平板上，就像两千多年来在美索不达米亚一直做的那样。学生继续遵守楔形文字词汇表的传统，练习并学会按词类排列的词汇表——鱼、树、鸟等，末页标记在内容和形式上完全一样，不同之处仅在于语言和书写系统。学术研究的高级境界是研究或得出有见解的笺注，如用现代的词解释古代用词或提示词源。这些笺注自新亚述时期以来就一直用楔形文字写作。巴比伦人如第欧根尼很容易与雅典和罗马有学养的人沟通，因为他们所受的教育非常相似。

斯多葛派一种用于研究神与世俗事务、大宇宙和小宇宙之间关系的方法认为，无论哪种语言，事物的名称都包含着意义深远的证据，有了它们就可以提取出事物的重要本质。该方法在词源上做文章，很像现代的填字猜词游戏，如女神雅典娜（Athena）被等同于"空气"（aither），因为这两个词都包括字母 ATHE。这种方法在巴比伦人的《创世史诗》中也可以见到，马尔杜克的称号被切分为多个音节和语符成分，各有其独立意义。例如，Marduk 可以被理解为 mar（儿子）和 duku（圣山）。埃德萨的巴戴桑（Bardaisan of Edessa，154—222）[11]也认为，词的构成可以和自然界的主要物质的构成相类比。很久之后，非凡的学者迈克尔·司各特（Michael Scot）仍然使用这个方法；公元 1224 年，他曾侍奉西西里的腓特烈二世。例如，他在托莱多（Toledo）读过书，可能在这里读过塞维利亚的伊西多尔（Isidore of Seville）在公元 7 世纪所著的百科全书式的作品《词源》（Etymologies），该书在中世纪广泛流行，表现出了经过简化的此类方法。

第欧根尼与巴比伦学者苏狄涅斯（Sudines）是同时代人，据普林尼记载，后者尤以研究石头的魔法特性而享誉天下。把石头与神的影响方式联系起来的尝试至少从亚述末期以来就在楔形文字里广为人知，且持续到普林尼也提到的撒迦利亚统治下的帕提亚时期。石头被赋予各种不同的力量，通过配伍组合可以治疗疾病或预防即将发生的危害。把石头按一定的数目和顺序串起来可以当护身符，石头或串珠间打的结表示祈祷或诅咒，结的顺序随事先规定而变化。苏狄涅斯到访过帕加马（Pergamon）国王阿塔罗斯（Attalos）一世（公元前241—前197）的宫廷，帕加马的图书馆享誉天下，堪与亚历山大城的图书馆匹敌。从来自埃及的希腊莎草纸片段上可以知道苏狄涅斯的名字，也确认了他的名声。

第欧根尼的学生之一是底格里斯河边塞琉西亚的阿波罗多洛斯，后者与其老师一样也是斯多葛派哲学家。他因为写过伦理学和物理学的论文而为人所知。大约在同一时期的还有克里特德摩斯，维提乌斯·瓦伦斯（Vettius Valens）的作品里有现存的关于其工作的介绍。瓦伦斯的作品详述了这位学者的游学活动，他像艾赫米姆的佐西默斯（Zosimos of Akhmim）那样钻研深奥知识。[12]

"巴比伦人塞琉古"（Seleukos the Babylonian）与希腊天文学家喜帕恰斯（Hipparchos）是同时代人，奥龙特斯河边的阿帕米亚城的斯多葛派哲学家波希多尼（Posidonios）称赞塞琉古提出太阳是宇宙的中心的假说。波希多尼试图证明这个假说，还要证明潮汐与月亮运行之间的关系。

普林尼、斯特拉博、维提乌斯·瓦伦斯和喜帕恰斯都认为尼普尔的基第纳斯（Kidenas，巴比伦语基丁努［Kidinnu］）是享誉天下的学者，喜帕恰斯还采用过他的作品。基丁努的名气来自同时代的楔形文字天文泥板，他可能发明过现代学者叫作体系B（System B）的算术方法，旨在表示与太阳、月亮和行星运动的离均差。纳布利阿诺斯（Naburiannos）是一位巴比伦天文学家，在古典作家中也享有很高的知名度。[13]

人们可能以为，帕提亚人控制巴比伦以后，巴比伦及其周围的学术活动会停止。但事实并不是这样。有清楚的证据表明，这一地区仍然产生了世界一流的学者，有些人用的是希腊名字，有些不是。

"巴比伦的"图克罗斯（Teukros）生活在公元1世纪，他登记了上升到每个黄道十二宫南北的恒星。据信，他的研究影响了阿拉伯和中世纪欧洲的占星学。他在1世纪初发现的研究片段能把黄道十二宫与世界上大多数国家的方位对齐。这个传统体现在以巴比伦为背景的《圣经·但以理书》里，本书第八章里的世界主要政治大国被描绘为黄道十二宫里的动物。[14]

"巴比伦人"赫罗狄科斯（Herodikos）生活在公元 2 世纪，他写了一本书，在书中粗俗地嘲笑柏拉图和苏格拉底，明显地偏爱荷马。这似乎是流传下来的比较和评判柏拉图和荷马作品的第一部作品。萨姆萨特的琉善（Lucian，因家在幼发拉底河畔而被视为美索不达米亚人）很久以后也写过这样的作品。赫罗狄科斯遗存下来的一首有名的讽刺诗如下：

> 离开希腊吧，你们这些阿里斯塔克斯学者，
> 在大海宽广的背上逃走，
> 比褐羚羊还胆怯，
> 你们这些在角落里嗡嗡叫，用单音节说话的人，
> 你们的营生就是 sphin，sphoin，min，nin
> 让这些事成为你们的营生吧，你们这些心烦意乱的人，
> 但愿希腊和神圣的巴比伦为了赫罗狄科斯永存。

赫罗狄科斯还编了一本参考书，列举了希腊喜剧中提及的希腊人——这不是一般希腊作家的写作风格；在这本参考书中你或许可以看到巴比伦早期学院的列举传统。

大约在同一时期，"巴比伦的"撒迦利亚写书，描述宝石能影响穿戴者的命运和运程。我们感谢普林尼提供以上简要信息，他告诉我们他的赞助人是米特里达梯（Mithridates，本都四世［IV of Pontus］？公元前128—公元前47）[①]。信息虽然不足，却足以使我们把他与 3 世纪前也对这一领域感兴趣的苏狄涅斯联系起来，使我们推测撒迦利亚在改写一本叫《石头的本质》（Abnu Šikinšu）的关于宝石的性质和用处的楔形文字旧手册，这也可以从亚述和苏丹特佩（Sultantepe）的亚述图书馆里得到证明。

有一首叫《利什卡》（Lithika）的希腊诗，中世纪时认为作者是俄

---

① 此处年代信息与英文原著索引不一致。编注。

耳甫斯（Orpheus），讲了宝石的迷人魅力和巴比伦人心目中神的力量与不同宝石之间的相互关系。另外还有一部叫《利什卡传道辞》（*Lithika Kerygmata*）的类似作品，大体来说属于所谓的赫尔墨斯主义文献，有其隐秘性和阅读限制，一般认为这类作品的源头是赫尔墨斯·特利斯墨吉斯忒斯（Hermes Trismegistros）。[15] 一些特征表明，在希腊化产品的最终形态下，其核心是更古老的美索不达米亚原料。苏美尔—阿卡德神话《卢加尔》（*Lugal-e*）仍然在亚述末期的宫廷里被阅读，它叙述了尼努尔塔神摧毁宝石，然后按照其自然性质祝福或诅咒它们，以祝福名单中的水晶石开始。这两部希腊作品也都以神话为背景，宝石分类名单以水晶开始，神常像对人一样对宝石说道：

> 主转向水晶，对着玉髓、光玉髓和青金石讲话："你们将最先来到我的作坊，做好需要你们的一切准备。"（《卢加尔》）

可以和下文做比较：

> 我知道你们最有效的药水可以避邪，
>
> 啊，奇妙的宝石，人类为你欢呼。（《利什卡》）

被称为《利普苏的连祷文》（*Lipšur Litanies*）的一系列巴比伦咒符也是以水晶开始的。《卢加尔》和《利什卡传道辞》都赋予（一种形式的）水晶男性和女性的特性。《利什卡传道辞》几乎没有讲石头的产地，只例外地明确指出，"za（m）pila（m）pis"来自幼发拉底河，"巴比伦石"——可能指光玉髓，按照《利什卡传道辞》的记载，主要由宫廷里的达官贵人佩戴。据信，这两部希腊著作产生于公元4世纪，它们与泰奥弗拉斯托斯（Theophrastos）关于宝石的论述很不相同。

阿比德诺斯（Abydenos）可能是巴比伦人，虽然名字带希腊语后缀，写过《迦勒底史》，但这部作品除了几处引用和转述外，没有流传下来。该书可能写于公元2世纪，似乎包含着一些肯定不是出自希罗多德或克特西亚斯（Ktesias）的历史信息。

人们可能会问，这些有着希腊名字的巴比伦学者为什么研究希腊文献，而不研究我们通过考古检索出来的更早的美索不达米亚作品。部分答案可以在毕布鲁斯的斐洛的话里找到，这个腓尼基人在希腊化时期从事写作。

> 希腊人在天赋的聪智上超过所有的人，他们最早挪用这些故
> 事中的绝大部分。他们用各种方法把它们戏剧化，加上文学修饰，
> 目的在于以神话的愉悦来消遣，用各种方法润色这些故事。

从这个表述可以了解到受过良好教育的闪米特人对此的理解：希腊人接受并发展了闪米特的、近东的传统，所以，巴比伦学者认为，通过研究荷马和柏拉图，他们在用一种逐渐取代了他们自己语言的语言，研究他们自己作品的进化了的现代版本。

巴尔米拉和杜拉-欧罗普斯城的巴比伦神

巴比伦的宗教和学术不仅在美索不达米亚南部的大学术中心繁荣兴旺，而且扩散到楔形文字早就消失了的城市。巴尔米拉城在这方面尤其重要，因为它早在骆驼被驯化为运输工具之前的远古时期就与巴比伦建立了联系。它在闪米特语里叫泰德穆尔（Tadmor），早在公元前 2000 年就是古亚述商人的贸易驿站。在帕提亚时期，世界上最大的神庙之一就用于祭祀贝尔，它建在已经很古老的城堡山冈的最高点上。

公元前 44 年的一篇铭文提到贝尔的神职人员，说明巴尔米拉城当时已经被确立为贝尔的崇拜中心。到公元 24 年，神庙的修建或重建（遗憾的是，重建把早前的文化地层取代了）至少部分地由"巴比伦城"来的巴尔米拉商人资助。神庙上装饰着 5 米多长的雕塑，显示贝尔在战车里拉弓射向迪亚马特（Tiamat），即"海"，周围是手握棕榈叶的胜利女神。现在，连这个细节都可以与用楔形文字描绘的庆祝仪式联系起来，因为根据近来才发现的亚基突节（akitu-festival）的最新仪式，在巴比伦棕榈叶是献给贝尔的。

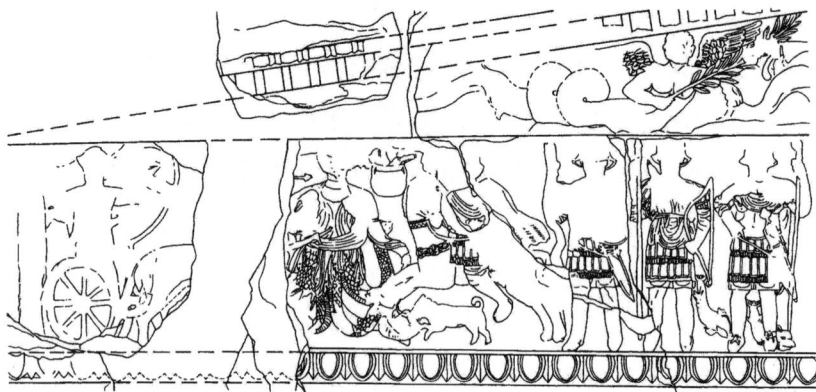

图 2.9 位于巴尔米拉的贝尔神庙的腰线，显示贝尔在战车上射杀迪亚马特，巴比伦《创世史诗》中的一个场景，公元 1 世纪或 2 世纪

> 在基色娄（Kislev）月（犹太历三月）的第四天……歌手为
> 贝尔神唱《创世史诗》。"为了乌苏姆（Usmu），是他为传递胜
> 利消息而给你带来礼物。"在朗诵这一行时，神父高举棕榈叶然
> 后将它放在贝尔神对面的银砖上。

贝尔神庙里发现了许多陶制入场券，它们被认为是节日期间参加宴会的入场券。按照巴比伦的传统仪式，宴会由宴会总管主持，他不仅供酒，而且负责占卜，以确定来年的运程。这里发现的大部分铭文是巴尔米拉的阿拉姆语和希腊语双语，前者的内容更全面。奥勒留（Aurelian）在公元273 年征服芝诺比阿（Zenobia）女王以后，在罗马推崇巴尔米拉的贝尔神崇拜。按照记载，从那时起，巴尔米拉一直崇拜贝尔神，直到公元 380 年。据记载，狄奥多西（Theodosios）在那时结束了那里的异教崇拜。虽然希腊人有时称贝尔为宙斯，称纳布为阿波罗，但巴尔米拉的铭文十分清楚地说明，闪米特人的神仍然是崇拜的中心。在希腊语里，贝尔的音标写法与腓尼基语的巴尔（Bacal）和名字以波尔（Bol）结尾的本地神区别开来。

贝尔不是在巴尔米拉受民众崇拜的唯一巴比伦神，当地还出土了一座很大的纳布神庙，以及把一个部落称为"纳布的祭司之子"的铭文。巴尔米拉公民使用的许多人名都由贝尔和纳布的名字组成。这里还崇拜巴比伦女神纳奈和女神赫塔（Herta，阿卡德语里的"新娘"）。相反，阿契美尼德统治的两个世纪对巴尔米拉的宗教生活几乎没有肉眼可见的影响。

巴尔米拉是芝诺比阿支持下的学术中心。一个叫朗吉努斯（Longinos）的人（很可能不是那个写《论崇高》讲述文学风格的同名人）在罗马世界的学术圈里很有名，人称他是"活的图书馆和会走路的大学"。巴尔米拉的朗吉努斯的一位朋友叫埃米利乌斯（Aemilius），在芝诺比阿的支持下在邻近的奥龙特斯河边的阿帕米亚创建了一所很大的哲学与宗教思想学院。

幼发拉底河边的杜拉-欧罗普斯也崇拜巴比伦的神。那里的出土文物中发现了一份于公元前两千纪中期写在楔形文字泥板上、用哈纳（Hana）国王的印章密封的土地买卖契约。它说明，至少约从公元前1500年起那里就有一个叫达马拉（Damara）的小镇，保持了用楔形文字记事的传统，所以，尚未发掘的城堡山丘下可能有更早的城镇遗迹。所以，这座希腊城市不是新建的，而是用原名达马拉、现在叫作杜拉的一座古城改造过来的。其保佑神可能是纳奈（在约旦的杰拉什［Jerash］城也是这样），巨大的纳奈神庙是按照巴比伦样式设计建造的。虽然从这个遗址发掘的有些希腊语铭文称她为阿尔忒弥斯月神，但其他铭文仍称她为纳奈，用希腊字母拼写。按照巴比伦传统还愿的陶制战车可能是奉献给她的。杜拉发现的铭文中有各种各样的巴比伦人名字，其中之一是贝尔的祭司科农（Konon）的女儿的名字；从贝尔神庙里的壁画上可以看出她穿着华丽的服饰，出于方便称她为比思-纳奈（Bith-Nanay）。其兄弟的名字完全用希腊语。

在杜拉修建或重建于公元54年的一座神庙里尊奉着一位亚述神阿普拉达德（Apladad），"阿达德之子"（Son of Adad），他站在雕刻的石头上，身着罗马军人制服。他是离下游不远的阿那（Ana）镇的保佑神，是阿娜特（Anat）女神的配偶；像亚述和雅典一样，阿娜特的名字既属于神又属于这个小镇。近来才发现的公元前8世纪的文献表明，阿普拉达德也以神谕闻名于世，与他的父亲一起在当地的亚基突节日里扮演英雄-神（hero-god）的角色。[16]

巴尔米拉崇拜的贝尔，连同两个巴尔米拉的当地神即泉水之神亚希波尔（Yarhibol）[17]和阿戈黎波（Aglibol）或马拉克贝尔（Malakbel），在杜拉的边缘地区有一座神庙，其中有篇铭文把贝尔叫作亚希波尔。据信，内殿里的神像后面的壁画片段把贝尔表现为一个巨人，身旁可能还有一匹马和一辆战车，旁边站着两名武士，上方有头顶皇冠的胜利女神。日期约在公元1世纪末，主题可能是贝尔战胜迪亚马特的场景，从表现巴尔米拉的贝尔神庙的另一类似情节的雕塑来看尤其如此。另一个神庙供奉着最伟大的神宙斯。杜拉的一间私人寓所里的一幅壁画表现的狩猎场景"好像是从亚述末期的浅浮雕中截取的"，它用典型的亚述艺术而不是古希腊雕塑描绘一匹"飞奔"的马。

奥龙特斯河边阿帕米亚的贝尔崇拜

美索不达米亚以外的贝尔崇拜不限于巴尔米拉和杜拉，在阿帕米亚也很兴旺，这座非常古老的城市是由塞琉古国王重新建立并改名的。作为预言家和魔法师聚集的中心，它的显著地位始于约公元前140—前135年，当时一个名叫尤努斯（Eunous）的奴隶是阿帕米亚的先知和魔法师，在西西里领导了一场叛乱。他取得了短暂而非凡的成功，部分原因在于贝尔的神谕预言说尤努斯即将成王。罗马历史学家卡西乌斯·狄奥（Cassius Dio）认为，该神谕获得了其他地区的认可。

> 人们很重视有贝洛斯（Belos）之称的宙斯的话，他是叙利亚境内阿帕米亚尊奉的神，因为多年前当塞维鲁（Severus）还是平民时，这位神曾对他这样说："眼睛和头长得像喜欢雷声的宙斯的；他的腰苗条得像阿瑞斯的；他的胸像波塞冬的。"后来，当他成了皇帝再次请教该神谕时，神这样回答他："你的房子将在血海中完全消亡。"

以上描写说明这里的贝尔是风暴神阿达德。[18]

图 2.10 为阿帕米亚的贝尔落成的祭坛，发现于法国的韦松，有希腊语和拉丁语铭文

阿帕米亚还因哲学家而闻名。埃米利乌斯在芝诺比阿时期（约公元270年）在那里创建了柏拉图学园，距此很久以前，该城是斯多葛派思想家的国际中心，非常著名的人物有波希多尼（约公元前135—前50）；虽然很遗憾他的书面作品不曾留存，但很多人认为他是其中的关键人物。他写作的时代可能在阿奇德莫斯在巴比伦所创建的新斯多葛派正坚忍不拔地挺过政治动荡的时期。像巴比伦的学者一样，他对宝石研究尤其感兴趣。按照塞涅卡（Seneca）的解释，波希多尼认为原始人类社会之所以秩序井然，人类之所以懂得冶金之类的工艺技术，应归功于圣人先哲，这个解释似乎反映了美索不达米亚人的看法而不是"叙利亚人"如毕布鲁斯的斐洛对技术起源的描写。

一个新的宗派及其发起人厄勒克塞（Elchesai）所著的经文在阿帕米亚风靡起来。厄勒克塞本人并不有名，后来，基督教作家认为他是异教徒。众所周知，他为了免除罪恶而提倡洗礼，阿帕米亚的阿尔基比阿德斯（Alkibiades）宣传并提倡他的教义，大概在公元116年或117年图拉真执政期间把《厄勒克塞书》带到罗马。[19]

公元 2 世纪初，阿帕米亚的新柏拉图主义者努美纽斯（Numenios）是第一位谈到"迦勒底神谕"的作家，该神谕现在只有几个被引用的选段，但在古典时代晚期却很有声望。[20] 他认为，人在肉体上死后，灵魂在不同的身体上继续存在，这沿袭的是毕达哥拉斯最早提出的理论。一些人则认为，按照《吉尔伽美什》的描写，伊什塔尔的情人们的变形意味着近东在比这早很多的时期就有这一看法。还有证据表明，贝尔的神父发起了一个伊壁鸠鲁学派；在阿帕米亚出土的、年代在公元 2 世纪上半叶的一篇铭文写道："……在最伟大的圣神贝尔的统率（？）下，阿帕米亚的伊壁鸠鲁主义的神父和继承者奥勒留·贝里奥斯·腓力普斯（Aurelius Belios Philippos），阿帕米亚的祭司和伊壁鸠鲁主义的继承者。"这个证据把贝尔崇拜与哲学直接联系起来，从一个方面说明巴比伦的宗教和智慧传统能够影响希腊哲学的发展。在法国南部发现了一篇献给阿帕米亚的贝尔的双语铭文，认为贝尔是"主宰命运的官员"，这说明贝尔声名远播。

4 世纪的杨布里科斯（Iamblichos）常驻阿帕米亚，他是新柏拉图主义运动中的关键人物。由于对神的怀疑，他通过作品《论埃及人、迦勒底人和亚述人的奥秘》极力证明占卜和前兆是正确的。迟至基督教时代，阿帕米亚仍然坚持异教传统：生于公元 314 年的安条克的利巴尼乌斯（Libanios of Antioch）写道："阿帕米亚……崇拜宙斯，即使因敬神而受到惩罚时，也会继续敬爱宙斯。"从崇拜仪式延续不断这一背景来看，把一系列神谕称作"迦勒底的"再合适不过，尽管大部分神谕是在楔形文字消失后写出来的。

以"西比尔"神谕著称的多种传统可能与塞琉古王朝时期的巴比伦有某些联系。传统上不仅将巴比伦的女预言家叫作珊百得（Sambathe，使人想起萨比图［Sabitu］这位《吉尔伽美什》中的睿智的"麦酒夫人"［ale-wife］），还认为这位女预言家是贝罗索斯的一个女儿，叫萨布（Sabbe），可能是同一个名字的不同形式。在罗马，至少从安条克三世于公元前 218 年或前 217 年在巴比伦称王时起，人们就请教西比尔神谕。这些神谕的表达方式与阿卡德人各种各样的预测方式是一样的：如塞琉古王朝末期仍然用楔形文字书写的王朝预言、古老得多的肝脏占卜文字、鸟预兆和天文预兆，"如果某个条件成立，某个事件就会发生"，第一个从句与第二个从句相关联的这种"科学"因袭着公元前两千年初就已非常发达的某些具体规则。

正如亚述及其以后的国王在尼尼微和巴比伦动荡时期查阅宏大的星象学手册《泥板天象征兆集》一样，罗马首领请教西比尔神谕。正如亚述国王在公元前 7 世纪请教埃尔比勒的伊什塔尔和哈兰的辛神的神谕一样，塞琉古的国王在安条克附近的达佛涅（Daphne）请教阿波罗的神谕，罗马皇帝塞维鲁在阿帕米亚请教贝尔的神谕。公元前 7 世纪，埃尔比勒的伊什塔尔的单条神谕被汇集到大泥板上。正如预言书在此前一千年到过玛里一样，预言性的神谕和迦勒底的神谕似乎也到过玛里。"迦勒底的"神谕集有时被指斥为完全假冒，时间约在叛教者尤利安（Julian the Apostate）执政时期（361—363），但更可能的是，为了按照先例增强其可信性，这个神谕集结合了在阿帕米亚、哈兰和埃尔比勒仍然存在的更古老的材料。

巴比伦文化和亚述文化没有随着楔形文字的消失而消失。学术研究在美索不达米亚中部坚持下来了，但用的是希腊语。用相关文献（可能是用阿拉姆语写的）记载的巴比伦的崇拜在巴比伦、博尔西帕、乌鲁克、巴尔米拉和阿帕米亚延续下来并传入罗马，亚述的崇拜在亚述、哈兰和埃尔比勒持续进行并传入哈特拉。

注　释

1. 该处是伊什塔尔神（亚述伊萨尔）的讹误。

2. 见第六章第 238 页。

3. 详见第八章第 314—316 页。

4. 传统上，他可以追溯到公元 5 世纪，但大多数学者认为他的生活年代至少在两个世纪以后。

5. 像巴比伦的记述一样，该文本表现的理想情况与发掘出来的建筑物不同。

6. 奥车尼的意思是乌鲁克人。

7. 当初，人们认为喜帕瑞尼就是西帕尔，但现在被确认为尼普尔的发音。

8. 关于当时的哈特拉和阿淑尔的具体情况，参见第七章第277—281页。

9. 另见第三章第132页。

10. 见本章下文第85、86页。

11. 见第七章第285页。

12. 见第八章第323页。

13. 见第六章第243页。

14. 见第八章第323页。

15. 见第八章第307页。

16. 见第五章第218页。

17. yarhu 意思是"泉"或"池塘"，该词被亚述人长期使用。

18. 另见第五章第218页和图5.11。

19. 关于巴比伦的浸洗礼的先例和摩尼教背景里厄勒克塞的重要性，见第八章第303页。

20. 见第五章第218页。

延伸阅读

1.Achaemenid Persian Rule

Bechert, H. (ed.), *The Dating of the Historical Buddha* (Göttingen, 1992).

Cool Root, M., *The King and Kingship in Achaemenid Art*, Acta Iranica, 3rd. ser., Textes et mémoires 9 (Leiden, 1979).

Dalley. S., 'Nineveh after 612 BC', *Altorientalische Forschungen* 20 (1993), 134–47.

Dandamaev, M. A., and Lukonin, V. G., *The Culture and Social Institutions of Ancient Iran* (Cambridge, 1989).

Gibson, J. C. L., *Syrian Semitic Inscriptions* (Oxford, 1975), 125–43.

Giron, N. A., 'Fragments de papyrus araméens provenant de Memphis', *Journal Asiatique* 18 (1921), 56–64.

Kingsley, P., 'The Greek Origin of the Sixth-Century Dating of Zoroaster', *Bulletin of the School of Oriental and African Studies* 53 (London, 1990), 245–65.

Kuhrt, A., and Sherwin–White, S. M., 'Xerxes' Destruction of Babylonian Temples', in H. Sancisi–Weerdenburg and A. Kuhrt (eds). *Achaemenid History, ii: The Greek Sources* (Leiden, 1987).

Pingree, D., 'Mesopotamsan omens in Sanskrit', in D. Charpin and F. Joannès (eds.), *La Circulation des biens, des personnes et des idées* (Paris, 1992), 375–9.

Posener, G., *La Premiére domination perse en Egypte* (Cairo, 1936).

Sancisi-Weerdenburg, M., Kuhrt, A., and Cool Root, M., *Continuity and Change, Achaemenid History* viii (Leiden, 1994).

Stolper, M., 'Late Achaemenid Legal Texts from Uruk and Larsa', *Baghdader Mitteilungen* 21 (1990), 559–624.

'The neo-Babylonian text from the Persepolis Fortification Tablets', *JNES* 43 (1984), 305.

Woodward, G. R., Mattingley, H., and Lang, D. M., [St John Damascene] *Barla am and Ioasaph*, Loeb Classical Library (Harvard, 1983).

Zauzich, K. T., 'Ein Zugnach Nubienunter Amasis', in J. H. Johnson (ed.), *Life in a Multi-Cultura l Society*, SAOC 51 (Chicago, 1992), 361–4.

2. Alexander the Great and his Seleucid Successors

Arrian, *Life of Alexander* 7. 15. 4.

Brinkman, J. A., 'The Akkadian words for "Ionia" and "Ionian" ', in R. F. Sutton (ed.), *Daidalikon, Studies in memory of R. V. Schroder* (Illinois, 1989), 53–71.

Clay, A. T., *Miscellaneous Inscriptions in the Yale Babylonian Collection*, no. 52, Yale Oriental Series 1 (New Haven, 1915).

Doty, L. T., 'Nikarchos and Kephalon', in E. Leichty, M. de J. Ellis, and P. Gerardi (eds.), *A Scientific Humanist, Studies in Memory of A. Sachs* (Philadelphia, 1988), 95–118.

Downey, S., *Mesopotamian Religious Architecture* (Princeton, 1988).

Hopfner, T., *Orient und griechische Philosophie*, Beiheft zum alten Orient 4 (Leipzig, 1925), esp. 1–8.

Hunger, H., *Babylonische und assyrische Kolophone*, Alte Orient und Altes Testament 2 (Neukirchen-Vluyn, 1968).

Mayer, W. R., 'Seleukidische Rituale aus Warka mit Emesal-Gebeten', *Orientalia* NS 47 (1978), 431–58.

Newell, E. T., *The Coinage of the Eastern Seleucid Mints* (New York, 1938).

Pedde, F., 'Frehat en–Nufegi: Two Seleucid Tumuli near Uruk', in A. Invernizzi and J.-F Salles (eds.), *Arabia Antiqua, Hellenistic centres around Arabia* (Rome, 1993), 205–221.

Sherwin–White, S., 'Seleucid Babylonia: A Case–Study for the Installation and Development of Greek Rule', in A. Kuhrt and S. Sherwin–White (eds.), *Hellenism in the East* (London, 1987).

——and Kuhrt, A., *From Samarkhand to Sardis* (London, 1993).

Thureau–Dangin, F., *Rituels accadiens* (Osnabruck, 1921; repr. I975).

Tigay, J., 'An Early Technique of Aggadic Exegesis', in H. Tadmor and M. Weinfeld (eds.), *History, Historiography and Interpretation* (Jerusalem, 1983), 169–89.

Wehrli, F., *Eudemos von Rhodos; Die Schule des Aristoteles VIII* (Basle, 1955).

3. The Parthian Period c. 14I BC—AD 226

Aggoula, B., *Inscriptions et graffites araméens d'Assour* (Naples, 1985).

——*Inventaire des inscriptions hatréennes*(Paris, 1991).

Babylonian Talmud, Abodah Zarah 11b, ed. L. Goldschmidt, vol. vii (Haag, 1933).

Boehmer, R. M., 'Uruk 1980–1990: A Progress Report', *Antiquity* 65 (1991), 465–78.

Dalley, S., 'Nineveh after 612 BC', *Altorientalische Forschungen* 20 (1993), 134–47.

Finkbeiner, U., 'Keramik der seleukidischen und parthischen Zeit aus den Grabungen in Uruk–Warka', *Baghader Mitteilungen* 22 (1991), 537–637.

Grayson, A. K., 'Königslisten und Chroniken', *RLA* vi (1980–3), 86–135.

Haussoullier, B., 'Inscriptions grecques de Babylone', *Klio* 9 (1909), 352–63.

Invernizzi, A., 'Hellenism in Mesopotamia: A View from Seleucia on the Tigris', *Al-Rāfidān* 15 (1994), 1–24.

Lieu, S. N. C., *Manichaeism in Mesopotamia and the Roman East* (Leiden, 1994).

Mathieson, H. E., *Sculpture in the Parthian Empire* (Aarhus, 1992).

Meyers, E. M., Netzer, E. and Meyers, C. L., *Sepphoris* (Eisenbraun, 1992).

Wetzel, F., Schmidt, E., and Mallwitz, A., *Babylon der Spätzeit* (Berlin, 1957).

4. Independent Kingdoms

Azarpay, G., 'Nana, the Sumero-Akkadian goddess of Transoxiana', *Journal of the American Oriental Society* 96 (1976), 536–42.

Baumgarten, J. M., 'The Book of Elkesai and Merkabah Mysticism', *Journal for the Study of Judaism* 17 (1986), 212–23.

Beyer, K., *Die aramäische Texte vom Toten Meer, Ergänzungsband* (Göttingen, 1994), 119–21.

Cumont, F., *Fouilles de Dura Europos* (Paris, 1926), 195 ff.

Henning, W., 'The Monuments and Inscriptions of Tang-i Sarvak', *Asia Major* 2 (1952), 151–78.

Ingholt, H., *Parthian sculptures from Hatra* (New Haven, 1954).

Kingsley, P., 'Ezekiel by the Grand Canal between Jewish and Babylonian Tradition', *Journal of the Royal Asiatic Society* 3 (1992), 339.

Le Rider, G., *Suse sous les Seleucides et les Parthes*, Mémoire de la Mission Archéologique en Iran 38 (Paris, 1965).

2 Maccabees 1: 13–15.

Neusner, J., *Judaism, Christianity and Zoroastrianism in Talmudic Babylonia* (Atlanta, 1990).

Parrot, A., *Tello. Vingt Campagnes de Fouilles (1877—1933)* (Paris, 1948).

Schoff, W. H., *Parthian Stations, by Isidore of Charax* (Philadelphia, 1914).

Weidner, E., 'Assyrische Itinerare', *AfO* 21 (1966), 42–6.

5. Scholarship in Seleucid and Parthian Babylonia

Arnim, J. von, *Stoicorum Veterum Fragmenta*, iii (Teubner, 1923), 210–12, 259–61.

Barb, A. A., 'The Survival of Magic Arts' in A. Momigliano (ed.) *The Conflict between Paganism and Christianity in the 4th Century* (Oxford, 1963).

Bidez, J., 'Les Écoles chaldéennes sous Alexandre et les Seleucides', *Annuaire de l'institut de philologie et d'histoire orientales*, volume offert à Jean Capart, iii (1935), 41–89.

Bonner, S. F., *Education in Ancient Rome* (Berkeley, 1977).

Bréhaut, E., *An Encyclopaedist of the Dark Ages: Isidore of Seville* (New York, 1912).

Caquot, A., 'Sur les quatre bêtes de Daniel VII', *Semitica* 5 (1955), 5–13, with critique of J. Day, *God's Conflict with the Dragon and the Sea* (Cambridge, 1985), 154–5.

During, I., *Herodicus the Cratetean* (Stockholm, 1941).

Frede, M., 'The Origins of Traditional Grammar', in *Essays in Ancient Philosophy* (Oxford, 1987).

Halleux, R., and Schamp, J., *Les Lapidaires grecs* (Paris, 1985).

Horowitz, W., 'Two abnu šikinšu Fragments and Related Matters', *Zeitschrift für Assyriologie* 82 (1992), 112–22.

Krecher, J., 'Kommentare', *RLA* vi (1980–3), 188–91.

Maul, S., *Zukunftsbewältigung* (Mainz, 1994), 107–10, 375–6.

Obbink, D., and Van Der Waerdt, P. A., 'Diogenes of Babylon', *Greek, Roman and Byzantine Studies* 32 (1991), 355–96.

Oelsner, J., *Materialen zur babylonischen Gesellschaft und Kultur in hellenistischer Zeit* (Budapest, 1986), 239–44 (on the Graeco-Babylonian tablets).

Pliny, *Natural History* 9. 115, 37. 169.

RE s.v. Zachalias and Teuker.

Sandbach, F. H., *The Stoics*, 2nd edn. (Cambridge, 1989).

Shafts, B., *Grammatical method in Pānini* (New Haven, 1961).

Strabo, *Geography*.

Tassier, E., 'Greek and Demotic school-exercises', in J. H. Johnson (ed.), *Life in a Multi-Cultural Society*, SAOC 51 (Chicago, 1992), 311–15.

Wendel, C., *Die griechisch-römische Buchbeschreibung verglichen mit der des vorderen Orients* (Halle, 1949).

Wetzel, F., and Weissbach, F. H., *Das Haupttheiligtum des Marduk in Babylon, Esagila und Etemenanki*, Wissenschaftliche Veröffentlichungen der Deutschen Orient-Gesellschaft 59 (Berlin, 1938), 49–56.

6. Babylonian Gods at Palmyra and Dura-Europos

Bounni, A., 'Nabu palmyrénien', *Orientalia* NS 45 (1976), 46–52.

Cantineau, J., *Inscriptions de Palmyre* ix (Beirut, 1933).

Cagirgan, G., and Lambert, W. G., 'The Late Babylonian kislimu Ritual for Esagila', *JCS* 43–5 (1994), 89–106.

Cavigneaux, A., and Ismail, B. K., 'Die Staathalter von Mari und Suhu', *Baghdader Mitteilungen* 21 (1990), 343–57.

Cumont, F., *Fouilles de Doura Europos* (1922–3) (Paris, 1926).

Dalley, S., 'Bel at Palmyra and in the Parthian period', *ARAM* (conference 1995, forthcoming).

Du Mesnil du Buisson, R., 'Le Bas-Relief du combat de Bel contre Tiamat dans le temple de Bel à Palmyre', *Annales Archéologiques Arabes de la Syrie* 26 (1976), 83–100.

Gawlikowski, M., 'Les Dieux de Palmyre', *ANRW* ii: 18/4 (Berlin and New York, 1990), 2605–58, esp. 2614.

Hajjar, Y., 'Divinités oraculaires et rites divinatoires en Syrie et en Phénicie à l'époque gréco-romaine', *ANRW*, ii: 18/4 (1990), 2253–57.

Hitti, R., *History of Syria* (London, 1951).

Rostovtzeff, M. I., *Dura Europos and its Art* (Oxford, 1938).

—— *Parthian Art and the Motive of the Flying Gallop* (Cambridge, Mass., 1937).

Seyrig, H., 'Les Tesséres palmyréniennes et le banquet rituel', *Memorial Lagrange* (Paris, 1940), 51–8.

Stephens, F. J., 'A Cuneiform Tablet from Dura-Europos', *Revue d'Assyriologie* 34 (1937), 183–90.

7. The Cult of Bel at Apamea-on-Orontes

Baumgarten, J. M., 'The Book of Elkesai and Merkabah Mysticism', *Journal for the Study of Judaism* 17 (1986), 212–23.

Dio Cassius, 79. 8.5.

Diodorus Siculus, 34. 2. 5–22.

Grayson, A. K., *Babylonian Historical-Literary Texts* (Toronto, 1975), 17–18 (for the likely Babylonian origin of Sibylline Prophecy iii. 381–7).

Libanius, *Autobiography and Selected Letters* ed. A. F. Norman vol. ii, no. 104 (Harvard, 1992,).

Lieberman, S. J., 'A Mesopotamian Background for the So-Called Aggadic"Measures" of biblical Hermeneutics?', *Hebrew Union College Annual* 58 (1987), 157–225.

Lieu, S. N. C., *Manichaeism in the Later Roman Empire and Mediaeval China* (Tubingen 1992), 40–2.

Majercik, R., T*he Chaldaean Oracles* (Leiden, 1989).

Rey-Coquais, J-P., 'Inscriptions grecques d'Apamée', *Annales Archéologiques Arabes de la Syrie* 23 (1973), 66–8.

Schürer, E., *et al.*, *The History of the Jewish People in the Age of Jesus Christ*, iii: I, rev. edn. (Edinburgh, 1986), 617–54.

Seneca, *Epistolae Morales* 90.

Taylor, T., *Iamblichus on the Mysteries* (London, 1895).

Thomson, R. W., Moses Khorenats'i, *History of the Armenians* (Harvard, 1978).

Weippert, M., 'Assyrische Propheteien', in F. M. Fales (ed.), *Assyrian Royal Inscriptions: New Horizons* (Rome, 1981), 71–116.

第三章

美索不达米亚对以色列和《圣经》的影响

斯蒂芬妮·达利

（Stephanie Dalley）

历史背景

　　希伯来部落在青铜器时代晚期的末尾挑选他们的第一位国王之前，与其他许多民族如土著迦南人、外来的埃及人、赫梯人、胡里安人和非利士人一起居住在巴勒斯坦的土地上。从远古时代起，希伯来人就与闪米特族的亚摩利人在血统上建立了联系，有些部族的亚摩利人还在美索不达米亚建立了王朝。君主政权建立以后，犹大王国和以色列王国定居在盛产绵羊、橄榄油、葡萄酒和特定珍宝的小面积国土上，并且不乏专业技能，所以，他们周围的庞大帝国总是觊觎它们。在非利士人逐渐控制巴勒斯坦的南部海岸，腓尼基人逐渐控制其北部海岸，亚扪（Ammon）、摩押和以东（Edom）控制约旦以东的土地时，犹大国和以色列国的天然良港使用权受到限制，所以它们通过建立通往南北的陆路联系聚集财富。这样，巴勒斯坦的希伯来部落和王国就生存在埃及、安纳托利亚的赫梯、亚述、巴比伦和伊朗这几个依次崛起的帝国的夹缝中，并受这些大国的盛衰兴亡影响。

　　把早期的巴勒斯坦与美索不达米亚文化非常紧密地联系起来的是读写

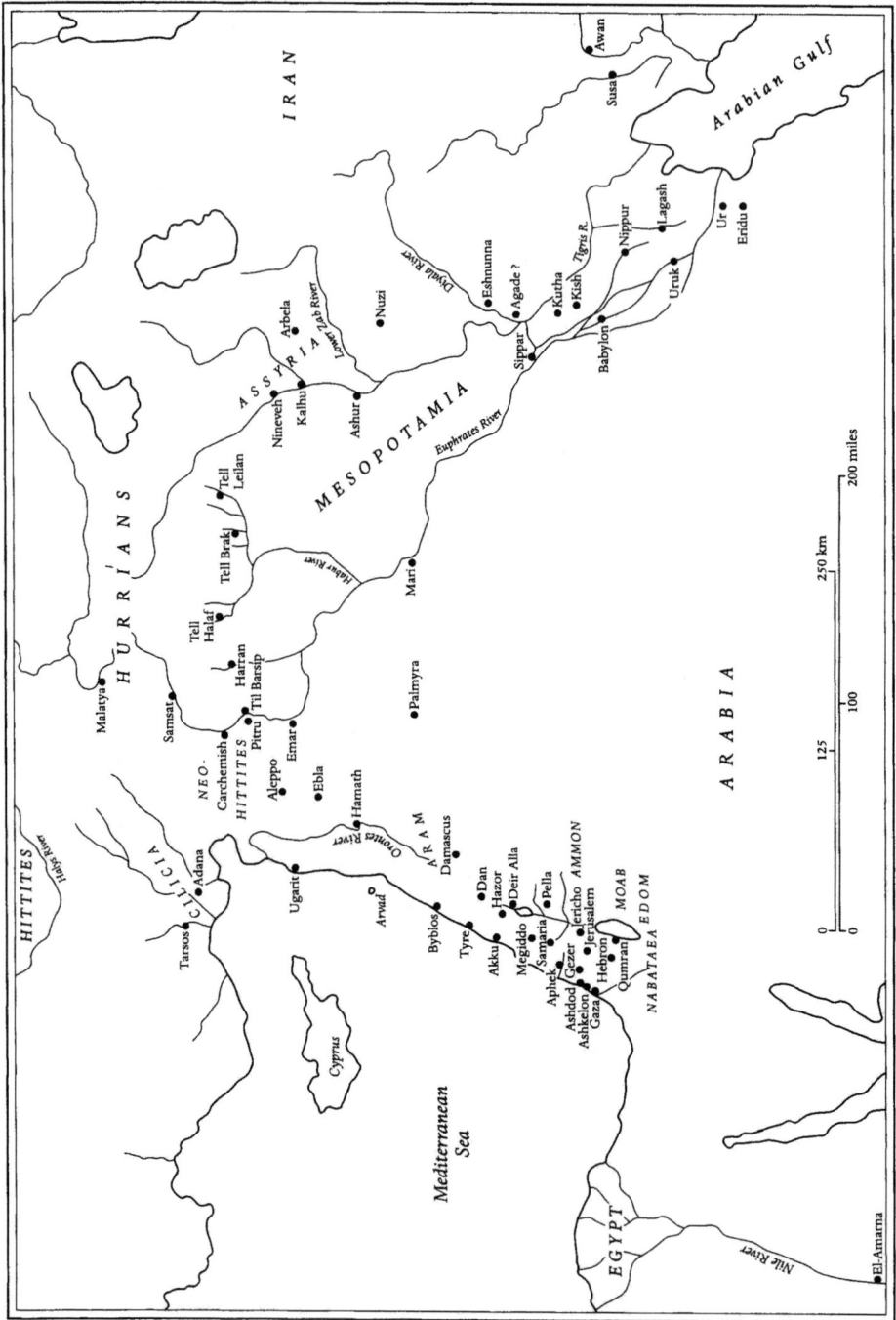

地图 5　美索不达米亚和叙利亚-巴勒斯坦地区示意图

地图 5 地名检索

Adana　阿达纳

Agade　阿加德

Akku　阿库

Aleppo　阿勒颇

Ammon　亚扪

Aphek　亚弗山丘

Arabia　阿拉伯半岛

Arabian Gulf　阿拉伯湾

Aram　阿拉姆

Arbela　埃尔比勒

Arvad　阿瓦德

Ashdod　亚实突

Ashkelon　阿什凯隆

Ashur　阿淑尔

Assyria　亚述

Awan　阿旺

Babylon　巴比伦

Byblos　毕布鲁斯

Cilicia　西里西亚

Cyprus　塞浦路斯

Damascus　大马士革

Dan　但（山丘）

Deir Alla　代尔阿拉

Diyala River　迪亚拉河

Ebla　埃博拉

Edom　以东

Egypt　埃及

El-Amarna　阿玛尔纳

Emar　埃马尔

Eridu　埃利都

Eshnunna　埃什嫩那

Euphrates River　幼发拉底河

Gaza　加沙

Gezer　基色

Habur River　哈布尔河

Halys River　哈里斯河

Hamath　哈马

Harran　哈兰

Hazor　夏琐

Hebron　希伯仑

Hittites　赫梯

Hurrians　胡里安

Iran　伊朗

Jericho　杰里科

Jerusalem　耶路撒冷

Kalhu　卡尔胡

Kish　基什

Kutha　库萨

Lagash　拉格什

Lower Zab River　扎卜河下游

Mari　玛里

Mediterranean Sea　地中海

Megiddo　美吉多

Moab　摩押

Nabataea　纳巴泰

Neo-Carchemish　新卡赫美士

Nile River　尼罗河

Nineveh　尼尼微

Nippur　尼普尔

Nuzi　努济

Orontes River　奥龙特斯河

Palmyra　巴尔米拉

Pella　佩拉

Pitru　皮特鲁

Qumran　库姆兰

Samaria　撒玛利亚

Sippar　西帕尔

Susa　苏萨

Tarsos　塔尔苏斯

Tell Brak　布拉克山丘

Tell Halaf　哈拉夫山丘

Tell Leilan　雷兰山丘

Tigris R.　底格里斯河

Til Barsip　提尔·巴尔西普

Tyre　泰尔

Ugarit　乌加里特

Ur　乌尔

能力。约从公元前 2500 年起，在苏美尔人和阿卡德人的城市里，用楔形文字写在泥板和石头上的许多不同体裁的文字记载和文献在学术研究机构里得到发展。这种读写能力随着上面刻有皇室和宗教内容的圆筒印章和封印，传播到叙利亚特别是其境内的埃博拉，然后传播到赫梯人的安纳托利亚。

公元前 19 世纪，巴比伦的汉谟拉比（约公元前 1848—前 1806）征服了叙利亚东部的部分地区，包括幼发拉底河中游的重要城邦玛里。虽然他是亚摩利人的后裔，但完全接受了美索不达米亚的传统。玛里很久以来就使用楔形文字，几乎可以肯定地说它与夏琐城建立了直接联系，夏琐后来成为"所有这些王国的都城"（《约书亚记》11：10）；它也与因拥有青铜器工匠而闻名的拉亿（又叫但）建立了直接联系。

考古学家在巴勒斯坦找到了可以追溯到后五个世纪的零散的楔形文字文本：来自希伯仑（Hebron）的羊只记载，来自美吉多（Megiddo）的《吉尔伽美什》史诗片段，来自夏琐的有关词汇、法律和占卜的文本，来自约旦河以东的塔阿纳克（Ta'annach）、示剑（Shechem）、杰里科（Jericho）和佩拉的公函和清单，以及来自特拉维夫附近的亚弗（Aphek）山丘上刻着三种语言词汇的陶土棱柱片断和用阿卡德语铭刻的其他片断。有些羊肝黏土模型上刻有楔形文字，用于记录前兆和指导学徒；在夏琐和美吉多发现了这样的模型。巴勒斯坦遗址里如此广泛多样的阿卡德语楔形文字泥板说明了巴比伦人抄写习惯的渗透，也表示当地的书吏接受了美索不达米亚学术传统的实践和文字作品方面的培训。这种影响与军事控制或政治控制显然没有关系。

从公元前 17 世纪初起，赫梯人从安纳托利亚的中部地区向南扩张到叙利亚，首先是哈图西里（Hattusili）一世的征服，他在叙利亚攻占城市，特别是阿勒颇和埃博拉，现在认为这给赫梯人带来了他们当时就接受了的楔形文字雅文学（belles lettres）。《创世记》第 23 章将亚伯拉罕与赫梯人联系起来，按照《创世记》26：34 和 36：1—3，以扫娶了赫梯妇女。这些联系说明牧首时代[1]比赫梯扩张的第一阶段晚。那时的胡里安人，可能是牧首故事中的何利人（Horites），早已成为叙利亚人的重要一员。与赫梯人竞争的是米坦尼的胡里安王国，来自乌加里特、哈图沙和阿玛尔纳的胡

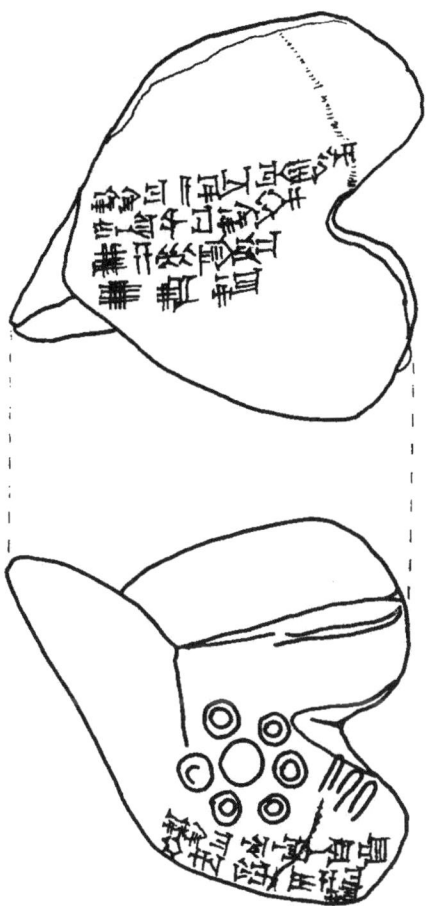

图 3.1　刻有阿卡德语征兆的羊肝黏土模型，来自幼发拉底河上的玛里，约公元前 1800 年

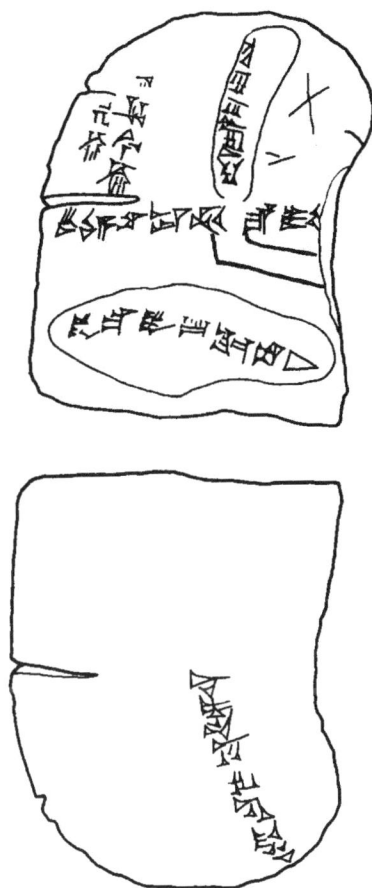

图 3.2　刻有阿卡德语征兆的羊肝黏土模型，来自夏琐，公元前两千纪中期

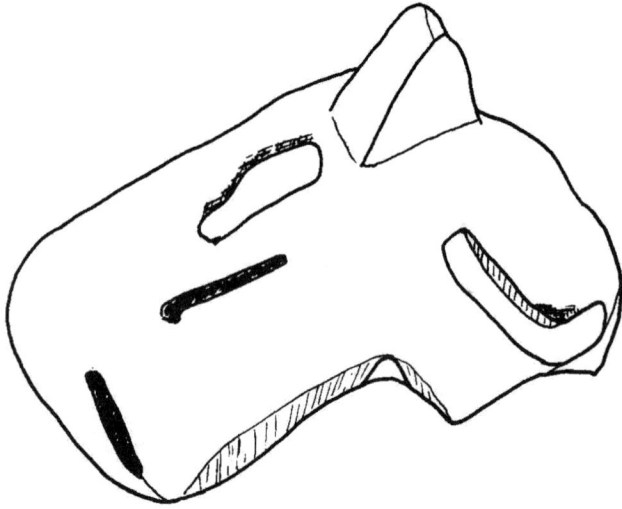

图 3.3　来自美吉多的无铭刻羊肝黏土模型，青铜器时代末期

图 3.4　写在黏土棱柱上的三语对照词语片断，来自亚弗山丘（特拉维夫附近），上有用苏美尔语、阿卡德语和迦南语表示水和酒的词语（虚线处似乎平坦一些，黑色标记是连接处的分隔符）

里安语楔形文字文本说明胡里安人在西方的影响是多么广泛。所以，公元前一千纪的后五百年，美索不达米亚通过与赫梯和胡里安接触，可能间接地影响了巴勒斯坦。

这一时期崛起了几个帝国。进入公元前 15 世纪—前 14 世纪，扩张中的埃及帝国、赫梯帝国和胡里安帝国控制了叙利亚和巴勒斯坦的大部分地区。巴比伦虽然当时不是主要的大帝国，仍继续产生强大的文化影响，因为其语言文字被更广泛地用作古代近东的交际语（lingua franca）。甚至埃及人虽然有自己悠久的文字历史，也使用巴比伦的语言和楔形文字，来与其他大帝国和附庸国如耶路撒冷沟通。这种可以追溯到公元前 14 世纪的第二个 25 年的通信方式，也在阿玛尔纳地区发现。乌加里特有多种多样的文本。巴比伦的楔形文字既用于外交也是编写培训书吏的词典（词汇表）的基础，用巴比伦语写的智慧书和大洪水的故事片段都基于巴比伦的楔形文字。胡里安人的楔形文字用于某些礼仪文献，迦南人的神话是用新发明的楔形文字字母写的。一种早期线形的原始迦南字母在埃及的影响下在南部发展起来，好像仅用于姓名和标识。但是，经过一段时间以后，写在莎草纸、羊皮纸和陶瓷碎片上的线形拼音字母大行其道，把楔形文字赶出了黎凡特地区，当地不再使用，但更远古的培训方法和雅文学继续使用楔形文字。

用线形拼音文字书写的希伯来语发展于约公元前 1200 年，很快有了自己的文学传统。他们的邻近民族大马士革的阿拉姆人和摩押人也用阿拉姆语和希伯来语的一种方言发展了自己的文学传统。可能与希伯来人于大致同一时期在巴勒斯坦定居下来的非利士人中还包括从塞浦路斯来的迈锡尼人。他们很久之前就放弃了线形 B 文字，最终接受了线形拼音文字和他们的新邻居的西闪米特语。

还没有直接证据帮助确定出埃及的日期以及以色列部落后来在巴勒斯坦定居的时间。一项勉强达成的共识认为出埃及的时间是在公元前 13 世纪拉美西斯二世（公元前 1279—前 1213）执政期间，这样的话在公元前 1000 年左右王朝建立以前，就有约 200 年时间让以色列人定居下来。

虽然赫梯政权在公元前 12 世纪突然结束了，但他们以幼发拉底河上游和西里西亚为中心的南部王国经受住了黑暗时代 [①]，产生了叙利亚这个新赫梯国家，王朝统治没有间断过。但是，这些新赫梯人像迦南人一样放弃了楔形文字；此后，这些新王国既用传统的象形文字卢维语，又用新的拼音文字阿拉姆语或腓尼基语书写。这些新王国中最南端的是哈马王国，后来在其末代统治者被萨尔贡二世杀害之前一直是撒玛利亚的亲密盟友；撒玛利亚人崇拜耶和华。所以，在公元前一千纪初，新赫梯文化由于融合了迦南文化、胡里安文化和腓尼基文化的元素，与希伯来文化十分接近。虽然这些民族都没有使用楔形文字，但阿卡德语及其古代文学和学术训练在幼发拉底河中游延续下来了。近来在埃马尔发现的文献说明，美索不达米亚商人像公元前 19 世纪一样在公元前 12 世纪一直穿行在巴尔米拉，埃马尔崇拜阿库（Akku，又作 Acre，即阿克里）女神，提格拉-帕拉萨一世（公元前 1115—前 1077）从亚述行军穿过卡赫美士进入腓尼基，到达地中海上的阿瓦德（Arvad）岛。

赫梯帝国崩溃，乌加里特毁灭后，巴勒斯坦的政权逐渐从更古老的迦南城邦转向了部落族群。公元前 11 世纪，一些部落联合起来建立了希伯来君主政权，该政权由扫罗（Saul）领导，后来吸收了南方部落后由大卫领导，约在公元前 1000 年处于鼎盛时期。这个部落联盟显然很脆弱，因为大卫的接班人所罗门命终以后，南北部落分裂，从而形成了分立的希伯来城邦——接受撒玛利亚统治的北方以色列王国和大卫的接班人在耶路撒冷统治的南方犹大王国。希伯来语表示"宫廷"和"王位"的词是从美索不达米亚的语言中借来的，说明以色列人的君主政权模式受美索不达米亚的影响。

在美索不达米亚内部，亚述作为一个大国崛起，开始向西扩张。以色列可能变成了撒缦以色（Shalmaneser）三世（公元前859—前824）的诸侯国，所以必须派特使到亚述，每年向其进贡。亚述国王在叙利亚和巴勒斯坦作战时，指望西部诸侯国王亲自给他们进贡，这就有了社会最高层的直接接触。

---

① 指的是公元前 1200 年后的一段时间，地中海东部的青铜器文明经历了大陷落，宫殿和城市被毁灭丢弃。编注。

来自但（Tell Dan），由大马士革的哈薛（Hazael）王约在公元前842年写成的阿拉姆语铭文，以及用与《圣经》希伯来语同属一个语支的摩押语写于公元前830年左右的石刻，都记述了同时代的事件。后者的叙事风格与《列王纪下》第三章非常相似，但它从另一视角记录了同样的一系列事件；民族之神基抹（Chemosh）的行为几乎与耶和华一模一样，都在愤怒时抛弃子民，后来动怜悯之心把他们从敌人手里引渡回来。这个文献证明西闪米特人的历史记载已十分完备，采用了源于美索不达米亚的写作形式。[2]

这些文化独立的表现，在大马士革、摩押、以色列和犹大王国于公元前8世纪末和公元前7世纪屈服于亚述直接统治前就显示出来了。在巴勒斯坦发现的可以追溯到亚述帝国时期的几块数量有限的楔形文字泥板，属于亚述占领者的行政机构，而非当地的独立统治者及其书吏的作品，这与此前时期大不相同。

美索不达米亚的先知巴兰说明了另一种接触。在《民数记》第22到24章中，摩押的国王把他从遥远的毗夺（Pethor）雇来诅咒以色列。按照亚历山大的斐洛的说法，"当时，美索不达米亚住着一个以占卜闻名的人，有人给他传授了各种形式的占卜"。在约旦河外的代尔阿拉（Deir 'Alla'）发掘出了用某种形式的阿拉姆语写在灰泥墙上的铭文，记录了巴兰的一些与《圣经》文献不同的圣言。也许，它可以追溯到公元前8世纪末，即一般认定的巴兰生活时期再往后的几个世纪。铭文上的文字用神的启示回答了以美索不达米亚方式设想的前兆，"回答"这个词在阿拉姆语里是专门术语，相当于在同样的专门语境下使用的阿卡德语词。人们认为巴兰的故乡毗夺就是皮特鲁（Pitru），按照亚述文字记载位于幼发拉底河畔。巴兰是以巴比伦的方法培训出来的先知中最有名的例子，他到国外旅行，服务于外国统治者，传播美索不达米亚式的礼仪和文献，它们也因此转换成了用拼音字母书写的语言。[3]

来自公元前两千纪早期的楔形文字文献说明，按照美索不达米亚国王的公开铭文记载，他们把战争视为神圣的行动。他们开始作战前恳求神偏爱他们；行军途中，交战期间，他们的神和他们在一起战斗；失败意味着没有得到神的首肯，胜利归功于神的支持。在以色列也是这样，君主政权建立之前和之后，神圣战争的概念中都充满了历史故事：耶和华在恳求声中批准了侵略行为，帮助其子民取得胜利。比较以下短文就可见一斑：

> 我，阿萨尔哈东，向神亚述、辛、沙玛什、贝尔、纳布和内尔伽勒、尼尼微的伊什塔尔和埃尔比勒的伊什塔尔举手，他们听到了我的话。他们热心地同意了，给我反复讲神的启示："去吧！不要踌躇！我们会站在你们一边，杀死敌人！"……对我的主伟大的神的敬畏打败了他们……伊什塔尔这位主管战争和冲突的女神爱我的牧师，站在我这一边，折断他们的大弓，驱散了他们的战斗队形。

> （阿萨尔哈东，公元前 680—前 669）

> 大卫求问耶和华说："我可以上去攻打非利士人吗？你将他们交在我手里吗？"耶和华说："你可以上去，我必将非利士人交在你手里。"
>
> 大卫来到巴力-毗拉心，在那里击杀非利士人。

> （《撒母耳记下》5：19—20。译文引自和合本）

> 万军之耶和华如此说："我必折断埃兰人的弓，就是他们为首的权力。我要使四风从天的四方刮来，临到埃兰人，将他们分散四方。"

> （《耶利米书》49：35—36。译文引自和合本）[4]

在公元前 9 世纪和公元前 8 世纪，每当以色列国王和犹大国王需要向亚述进贡时，他们的名字在亚述铭文中就会断断续续地出现。但是，在提格拉-帕拉萨三世执政时期（公元前 745—前 727），他们之间的关系更加密切：犹大王国和以前侥幸逃过亚述关注的南部其他国家现在成了诸侯国。公元前 733 年—前 732 年，提格拉-帕拉萨平息了以色列的比加（Pekah）

参与其中的一场叛乱。按照同一时期的亚述经文记载，比加在战争中失去了生命，被以色列的末代国王何细亚（Hoshea）取代，后者亲自赴巴比伦进贡。以色列的一部分领土被亚述吞并。提格拉-帕拉萨在公元前 727 年去世时，何细亚抓住机会停止进贡。随后，撒玛利亚被包围了三年，最终被攻占。就在这时，以色列成了亚述帝国的一个省，不再是独立的国家。按照亚述的惯常做法，一部分民众被放逐到帝国的边远地区，之后被从其他被占领土来的被驱逐者取代；按照萨尔贡二世（公元前 722—前 705）的记载，27 290[5] 名以色列人被赶走。

按照亚述人提供的信息，撒玛利亚成了亚述的一个省会，被驱逐出境的阿拉伯人被迁移到这里；《列王纪下》第 17 章讲了"亚述王从巴比伦、库塔（Cuthah）、亚瓦（Avva）、哈马和西法瓦音（Sepharvaim）迁移人来，安置在撒玛利亚的城邑，代替以色列人"。最终，亚述王让一个从撒玛利亚掳来的祭司回到伯特利（Bethel），以当地敬神的规矩教导移民，但是这导致了宗教活动的失败，因为"巴比伦人造疏割-比讷（Sukkoth-benoth）像；库塔人造内尔伽勒像；哈马人造亚示玛像；亚瓦人造匿哈（Nibhaz）和他珥他（Tartak）像；西法瓦音人用火焚烧儿女，献给西法瓦音的神亚得米勒（Adrammelech）和亚拿米勒（Anammelech）"。在这些异域及其诸神中，巴比伦和库塔是美索不达米亚的中心城市；按照楔形文字文献的记载，被亚述人流放最多的是巴比伦人。后来，撒玛利亚教派的成员被犹太史学家约瑟夫斯（Josephos）和《密什那》称作"卡西姆"（Cuthim）。哈马和西法瓦音可能是叙利亚的城市，亚瓦即现在伊朗西部的阿旺，其神在楔形文字中叫伊布纳哈札（Ibnahaza）和达克达德拉（Dakdadra）。[6] 据说，撒缦以色五世（公元前 726—前 722）把人从撒玛利亚流放到哈腊（Halah，尼尼微东北部）和叙利亚北部的哈布尔河地区。在远古的古扎纳（Guzana）发现的楔形文字铭文提供的当时以色列人的名字确认了这一点。很久以后，犹太人的传说用了这一情节：伪经《托比特书》即约瑟夫·本·葛里安（Joseph ben Gorion）的《历史》和希伯来语版的《亚历山大传奇》都把流放归因于撒缦以色。

放逐意味着高级别人员特别是王室成员、军人和能工巧匠的流动，把家庭和地方性社群凝聚在一起，有时要给他们在国外分配土地，提供就业。流放中的王室成员住在亚述宫廷里并适应其生活方式。提格拉-帕拉萨三世声称他已经驱逐了来自撒玛利亚的所有王室成员，撒缦以色五世在撒玛利亚陷落前将何细亚带到亚述（《列王纪下》17：4）。虽然被放逐者必须一直待在国外，但未被奴役。在卡尔胡发现的有行政管理内容的楔形文字泥板表明，从撒玛利亚来的最高级的马兵很快以专业人员的身份在只有亚述皇室成员的团体里供职，与亚述的本地官员享有同等地位。各种国籍的其他流亡者主要被分配到有较少排外性的团体。萨尔贡二世的铭文还说，允许熟练的流亡者继续从事能发挥他们专长的工作。亚述人在辛那赫里布执政时期（公元前705—前681）入侵犹大王国时，亚述的首席侍臣没有威胁民众当奴隶，而是对着耶路撒冷的墙壁高喊，向耶路撒冷人许诺："等我来领你们到一个地方与你们本地一样，就是有五谷和新酒之地，有粮食和葡萄园之地，有橄榄树和蜂蜜之地。"（《列王纪下》18：32）

犹大国在撒玛利亚陷落后仍然存在了一个多世纪，尽管提格拉-帕拉萨和萨尔贡都率领军队穿过巴勒斯坦到达犹大国，赶走了亚实突（Ashdod）的居民，而亚实突是有自己统治者的独立的非利士城邦。萨尔贡为了更替当地民众，让"从东方来的人"在那里定居。巴勒斯坦南部城镇里的亚述公共建筑可能是为当时的外国政府官员修建的，提格拉-帕拉萨和萨尔贡都在与埃及接界的地方和腓尼基人的城里建立了贸易场所。希西家（Hezekiah）将拉吉城（Lachish）输给亚述的围攻者之后，从他向辛那赫里布进贡时起，犹大王国里的亚述人就相当多，亚述人巩固了自己的利益并做好了入侵埃及的准备。

希西家的接班人玛拿西（Manasseh，公元前694—前640）在阿萨尔哈东时代被流放到"巴比伦"（可能指尼尼微），但他最后还是被允许以国王的身份回到自己的故乡（《历代志下》33：11—13），当时他在权力中心受到了亚述的影响，时间可能在阿淑尔巴尼帕（公元前668—前627）执政时期。阿淑尔巴尼帕在腓尼基的阿库港镇压某次叛乱时，把被他赦免的人驱逐到亚述，在这里很多被赦免者被收编到亚述军队里。当亚述帝国终于开始缩小，尼尼微在公元前612年陷落时，犹大国王约西亚（Josiah，公元前 639—前 609）重申了犹大王国的独立地位，但他在试图阻止埃及军队帮助残余的亚述军队的战斗中阵亡了。

犹大王国最后几年的主要事件是与巴比伦帝国和埃及帝国的冲突。尼布甲尼撒二世（公元前 604—前 562）在卡赫美士取得了战胜埃及的决定性胜利，因而可以有效地控制叙利亚和巴勒斯坦。公元前 598 年，犹大国王约雅敬死后不久，尼布甲尼撒二世包围并夺取了耶路撒冷。约雅敬的直接接班人约雅斤执政仅三个月就被废黜，由西底家取代；后在公元前 587 年，他反抗尼布甲尼撒，又一次夺取了耶路撒冷。犹大王国成了巴比伦帝国的一个省，随之而来的是居民向巴比伦的大规模流放。五年后，在巴比伦发现的可断定年代的记载显示，约雅斤及其五个儿子，加上非利士人的阿什凯隆城（Ashkelon）的国王的儿子和其他外来贵族在巴比伦宫廷里可以享受大量的橄榄油供应；在巴比伦生活了 37 年之后，约雅斤被《圣经》里所记载的以未–米罗达（Evil-Merodach）即阿米尔–马尔杜克（Amil-Marduk）释放。《耶利米书》52：28—30 列举了流放的三个不同阶段。

与亚述人不同的是，巴比伦人显然没有设法把大批人赶到帝国的边远地区。被流放的犹太人的数量较少（根据《耶利米书》52：30 记载，为 4600 人），可能主要是统治阶级和上流人士，包括祭司和书吏，因为若让他们留下来，他们可能会成为以后叛乱的核心力量。虽然如此，后来的犹太传统中提到的"流亡"（the Exile）正是指以色列历史上的这个事件。流放到巴比伦的人包括《圣经》作家以西结等。楔形文字的记载说明，以西结住在"迦巴鲁（Chebar）河"附近，因为连着巴比伦和尼普尔，可以据此确定迦巴鲁河的位置。可能流放到那里的还有佚名的"《申命记》（Deuteronomy）编者"，他们编纂了《圣经》里的许多经卷，包括历史卷如《申命记》《列王纪》和《耶利米书》；他们可能还编纂了《摩西五经》的早期版本和其他预言书。流放到巴比伦的很多犹太人保留了自己的文化和宗教个性，巴比伦成了犹太文化的重要中心。波斯王居鲁士二世（公元前 539—前 530）征服巴比伦并允许被流放的犹太人回到犹大王国以后，情况一直是这样。许多人没有作出回国的选择，或不想立即回国；没有回到犹大王国的家庭这时已在国外生活了很久，就在巴比伦经商，因为那里的商人社会地位很高，而此前被亚述流

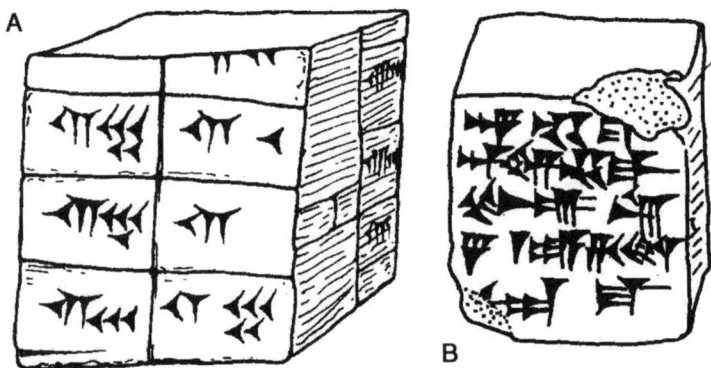

图 3.5　A. 出自尼尼微的象牙棱柱，上有根据季节计算白昼长度的表格；B. 在阿淑尔神和阿达德神面前投掷的黏土阄，记录了公元前 833 年以其名称命名地方名的政要的任命仪式

图 3.6　公元前 2 世纪的撒玛利亚硬币，左侧两个有用楔形文字写的城市名的第一个音节，右侧的模仿亚述皇室戳形印章

放的人已在美索不达米亚生活了五代。

耶路撒冷的神庙在波斯的统治下得以重建，巴勒斯坦的犹太文化和宗教在波斯的政治统治下被重新确立。在后流亡时期，犹太文化更加与众不同，而不是消失。也许因为失去政治独立后，对于保持民族身份来说，宗教传统愈加重要。然而，犹太人在流放期间接受了巴比伦的历法，把月份命名为塔穆兹（Tammuz，苏美尔神杜穆兹的名字）月、提市黎（Tishri）月（犹太国历元月）等。《以斯帖记》虽然表面上是阿契美尼德时期的宫廷故事[7]，但可能传播了有关伊什塔尔（以斯帖）与马尔杜克（末底改）的神话，它有助于解释犹太人在3月1日举行的普林（Purim）节的盛宴，它在阿卡德语里的意思是抽签决定财产和官位的分配。直到公元前4世纪，撒玛利亚城才发行用楔形文字符号刻有该城名称缩写的硬币。这些都清楚地表明，虽然身处流放地，但巴比伦人的传统对于犹太人而言，并非完全不可接受；没有证据表明巴比伦人、波斯人或塞琉古人对犹太人进行过宗教迫害。

以上简要地介绍了美索不达米亚与巴勒斯坦在很长时期里的接触，这些接触表明可能从文化上影响以色列人习俗和《圣经》文献的关系种类之多、变化之大。这些影响可以概述如下：直接接触包括识字精英对人们进行教育，亚述和后来的巴比伦总督放逐并管理以色列人和犹太人，以及雇用占卜者；间接地看，通过贸易，与西闪米特族的亚摩利人共同传递血脉，通过紧靠北部的赫梯人和胡里安人的过滤，又反过来吸收了美索不达米亚文化生活的很多方面。在这个历史背景下可以进行以下比较。

《创世记》和《出埃及记》中的巴比伦传统

不同的理论竞相解释《创世记》和《出埃及记》是怎样写成的，但大部分学者认为，它们的材料构造不同，通常认为有 JE 材料（耶和华［Yahwistic］和埃洛希姆［Elohistic］材料）和 P 材料（牧师［Priestly］材料）。在大部分学者看来，J 材料和 E 材料形成于以色列人被流放到巴比伦之前，而牧师材料形成于流放期间或之后，但可能包括了更早的材料。

这三种材料在怎样给神命名上看法大相径庭：J 材料认为，神的名字从以挪士（Enosh）以来就沿用下来了（《创世记》4：26），而 E 材料（《出埃及记》3：14—15）和 P 材料（《出埃及记》6：2—3）认为，摩西最早得知神的名字。摩西对神名的不同用法符合这些理论：J 材料用耶和华这个名字，而 E 材料和 P 材料主要用埃洛希姆来称呼，它在语法上是复数，字面意思是"神"。这个称呼是"陛下的复数"，其阿卡德语的对应词在楔形文字文献里偶尔指法老和内尔伽勒神。J 材料、E 材料与 P 材料在语言、风格和神学上也有差别。

《创世记》的作者描述了人类怎样在伊甸园里诞生，怎样在底格里斯河和幼发拉底河一带逐水而居（《创世记》2：8—14），人类的历史怎样在大洪水后重新开始。大洪水后，挪亚的后裔经过巴比伦时，试图修建通天塔而激怒了耶和华，在此之前，世界上只有一种语言。于是，耶和华驱散了子民，使语言各不相同。以色列之父亚伯拉罕被认为经由美索不达米亚北部的哈兰从乌尔移居到迦南，而以撒和雅各从哈兰迎娶了妻子。

鉴于美索不达米亚在创世故事中发挥的重要作用，美索不达米亚的传说与《创世记》有相似之处就不足为奇。巴比伦的创世史诗《埃努玛·埃利什》写于公元前第二个千禧年期间，与《创世记》第 1 章（根据 P 材料）有很多相似之处。这两个故事总体上的相似之处包括神创造了宇宙，宇宙初开，大地一片汪洋。但是，按照美索不达米亚的记载，海洋和淡水深渊是原始母本，他们在造物主神出生之前就生了几对神灵，而在《创世记》中，从混沌初开就只有造物主神。可以与《迦勒底人的宇宙起源论》（*Chaldaean Cosmogony*）作更深入的比较，该书在介绍创建埃利都城之前的时期时描述了这样一个世界："所有陆地都曾是海洋。"这个宇宙起源论不只局限于埃利都城，因为巴比伦的四分之一都被称作埃利都。巴比伦语的 tiāmat（迪亚马特）这个词在这两种文献中都指大海，与《创世记》1 章 2 节中的"tehōm"（深渊）这个词同源。在《埃努玛·埃利什》中，马尔杜克神打败了迪亚马特这个海怪，按照她的遗骸外形创造了天地。太阳、月亮等天体被创造出来用以记时（比较《创世记》1：14）。创造了宇宙以后马尔杜克稍事休息，随后伊阿神按照马尔杜克的"巧妙计划"造出人类；同样，按照《圣经》的一种说法（J材料，《创世记》2：7），上帝先创造了宇宙，只在稍事休息后才创造人类。美索不达米亚的故事说，创造人类是为了供神役使，从而将神从劳役中解放出来，而《创世记》第1章说，造人是为了治理地球，统治其上的动植物。所以，两个故事虽然有些相似，但有很多差别。《创世记》第1章只提到一个上帝，尽管在第1章第26节中，他说话的口气似乎是给天庭里的其他神明讲话，类似于《埃努玛·埃利什》里的马尔杜克给众神讲话："神说：我们要照着我们的形象，按着我们的样式造人。"《诗篇》中也类似地暗示诸神的聚会："神站在有权力者的会中，在诸神中行审判。"（《诗篇》82：1）。

由于《埃努玛·埃利什》与《创世记》第1章的差别，我们无法知道《圣经》作者是否熟知巴比伦的记载，两个故事是否仅借鉴了传说中的想法和故事的共同背景。从玛里发现的一封阿卡德语信件（约公元前1800年），提到阿勒颇的风暴神打败了大海女神迪亚马特；众所周知，巴比伦的英雄—神马尔杜克夺取了以前属于美索不达米亚中部地区的尼普尔英雄—神尼努尔塔的功绩，还获得了坐落在底格里斯河以东的埃什嫩那城的庇护神提什帕克（Tishpak）的一些属性。应该指出的是，《创世记》第1章不是《圣经》讲创世故事的唯一地方，按照J材料的理论，《创世记》第二章也讲了创世故事；苏美尔人与巴比伦人有很多关于人类起源的记载，他们对原始神及其谱系的组合各不相同。

很难评价《埃努玛·埃利什》与《创世记》第1章之间的联系，但巴比伦的史诗《阿特拉-哈西斯》（Atra-hasis）与《创世记》的前几章有紧密的联系。约公元前1700年写成的这篇史诗，从宇宙中只有神时开始讲述世界历史。神创造人是为了让自己不需要为食物而劳作，但对人类的数量未予监查，人越来越多，吵闹不休，以至故事里的主神伊利勒（Ellil）无法入眠。试过了各种各样的人口控制方法如瘟疫和旱灾，都失败了，神最终决定发洪水。但是，阿特拉-哈西斯及其家人采纳了智慧神恩基（Enki）的忠告，造了一条船逃走。最后，恩基提出了限制人口的各种措施，以求将人口数量控制在可以容忍的范围。

《阿特拉-哈西斯》里的大洪水故事与《创世记》里的大洪水故事（有

两个来源：P材料和J材料）很相似，两者都把创世与大洪水联系起来。乌特-纳比西丁（别名阿特拉-哈西斯）在标准版本的《吉尔伽美什》中讲的保存得更完整的一个大洪水故事可以提供一些细节。在这个大洪水故事里，神决定用一场大洪水毁灭人类。与《阿特拉-哈西斯》史诗不同的是，故事没有说明神这样做的原因；在这篇史诗里，神想让嘈杂的人类安静下来；在《圣经》故事里，神惩罚那些邪恶或违法乱纪的人。由于乌特-纳比西丁是伊阿（《阿特拉-哈西斯》史诗中的恩基）的信徒，他的良师事先警告他并详细地指导他造船，以拯救自己和家人以及各种动物的生命。七天后大洪水开始了，发了七天的大洪水后，船搁浅在尼姆什（Nimush）山上。乌特-纳比西丁放鸽子出去，却回来了，然后放燕子出去，也回来了，最后放乌鸦出去，就没有回来。他看到大洪水已退去，便向尼姆什山献祭；神毁灭人类的同时破坏了食物供应，正饥饿难耐，像苍蝇一样聚集在祭品周围。伊利勒开头对乌特-纳比西丁的逃脱很生气，但却遭到伊阿指责，伊阿抱怨说，把无辜的人和有罪的人一起毁灭是不公正的（比较《创世记》第18章中亚伯拉罕向耶和华说情），他建议实行小灾政策，而不是用大洪水淹没天下。乌特-纳比西丁及其妻子得到保佑，获得永生。这个故事与《创世记》中的大洪水故事（或多个故事）极其类似，其中必定有某种联系。次要的差别有诸如时间上的细节（按照J材料的说法，《圣经》里的洪水发了四十天；P材料说，一年零十天）、船或方舟的精确尺寸、船上载的动物等，但巴比伦有关大洪水故事的所有重要元素在《圣经》里都有。歌斐木（kōpher）这个词在《圣经》里表示造方舟的材料（《创世记》6：14），在希伯来《圣经》的其他地方没有出现，但其阿卡德语的同源词kupru出现在巴比伦人的故事里。美索不达米亚天然地生长歌斐木，但巴勒斯坦没有。蔓延且毁灭性的洪水在美索不达米亚的平坦河谷平原很常见，但在巴勒斯坦的丘陵地区不曾发生。《吉尔伽美什》中大洪水发生以后，一条蛇在使这位英雄不能恢复活力方面发挥了关键作用；这个意象在《创世记》第三章（J材料）中也有——一条蛇在大洪水之前使亚当不能永生。

古实（Cush）之子在《创世记》10：8—12里叫作宁录：

图 3.7　可能是阿淑尔-贝尔-卡拉（公元前 11 世纪）的亚述雕像，它在视觉上对应《创世记》9 章 13 节："我把虹放在云彩中，这就可作我与地立约的记号了。"高 0.40 米

古实又生宁录，他为世上英雄之首。他在耶和华面前是个英勇的猎户。他国的起头是巴别、以力（乌鲁克）、亚甲（Akkad），都在示拿（Shinar）地。他从那地出来往亚述去，建造尼尼微、利河伯（Rehoboth-Ir）、迦拉（Calah），和尼尼微、迦拉中间的利鲜（Resen），这就是那大城。（译文引自和合本）

宁录（Nimrod）是苏美尔的神尼努尔塔（Ninurta）名字的变体，他是狩猎者的保佑人，因为在《安组史诗》（*Epic of Anzu*）中描写的辉煌事迹而看管"命运泥板"（the Tablet of Destinies），因此而"获得全部领土"。他的角色在这个方面被巴比伦的神马尔杜克和亚述的神阿淑尔取代。他是亚述皇城卡尔胡——又称尼姆鲁德（Nimrud）的庇护神。《圣经》关于其帝国的记载指向亚述国王图库尔蒂-尼努尔塔一世（公元前1244—前1208），他是征服巴比伦的第一人，只是《圣经》用的名字可能是缩写。示拿好像只在青铜器时代末期才被用来称呼巴比伦。亚述的主神阿淑尔大概是以自己名字命名的阿淑尔城的创建者。在美索不达米亚，人们普遍认为，神创造性地修建了伟大的城市，这个看法也适用于《埃塔纳传说》（*Legend of Etana*）中的基什城和公元前2000年初的铭文中的玛里城。这个传说列举的第一个城市是尼尼微，从公元前8世纪末以来便是亚述的皇家都城，其次是卡尔胡（迦拉）城，从公元前10世纪起是皇家都城。

《创世记》第10和22章族谱中的宗族名称如米底人和迦勒底人（基薛［Chesed］）与铁器时代的历史有关，而与族长时代毫无关系。《创世记》第14章用从东部来的有名字的国王如"示拿的暗拉非（Amraphel）王，以拉撒（Ellasar）的亚略（Ariok）王，埃兰（Elam）的基大老玛王和戈印（Goiim）的提达（Tidal）王"，为一个真实事件提供了旁证，这些国王结成联盟攻打所多玛和蛾摩拉，这两个王国的历史和地理存在没有任何其他远古记载能够证实。这为理解增加了困难，无法建立确切的联系。可悲的是，我们对这一时期的政治军事事件的了解非常欠缺。但是，如果基大老玛这个名字融合了埃兰已知统治者的名字的元素，如果提达是几世图特哈里（Tudhaliya）中的一世（赫梯王室中至少有四位国王名叫图特哈里），如果示拿是加喜特人只在当时称呼巴比伦的名字，那么，《圣经》中的这段话可能呼应了青铜器时代末的事件。有几块楔形文字泥板即所谓的基大老玛文本与这个情节有关，但这些泥板残缺不全，对它们的比较有许多可疑之处，目前还不能把两者进一步联系起来。[8]

美索不达米亚的一个早期传说似乎与《创世记》第 11 章中的巴别塔故事有关。根据苏美尔故事《恩美卡与阿拉塔之王》（*Enmerkar and the Lord of Aratta*），所有的人起初用一种语言崇拜伊利勒，后来恩基（伊阿）像耶和华一样变乱口音，使他们的语言彼此不同。根据《创世记》第 11 章，大洪水后，人类在示拿地遇见一片平原，就住在那里，开始建造一座城和一座塔，塔顶通天。《圣经》作家（J 材料）描绘了塔的奇怪造法：拿砖当石头，又拿石漆当灰泥，看上去很像美索不达米亚的古庙塔。因为石头是巴比伦淤积平原上的稀有物品，所以大部分建筑是砖结构的。在 J 材料的故事里，耶和华似乎认为巴别塔会威胁自己的安全，插手变乱建塔者的语言，以使他们停止建塔，散居到全球各地。后来，该塔被称为"巴别"（Babel），可以通过希伯来语表示"混乱"的词 balal 一语双关来解释含义。

美索不达米亚的传统与《创世记》之间的其他联系也可以通过比较楔形文字的王表，特别是苏美尔的王表与《创世记》第 5 和 11 章（两者都源自 P 材料）中的世系作比较来发现。这些由名字组成的王表给生活在大洪水之前的国王或始祖都赋予超越凡人的寿命，并减少了生活在大洪水后的始祖的寿命。王表以大洪水为中心来进行顺序排列。朱苏德拉（Ziusudra，苏美尔人称其为阿特拉-哈西斯）在地位上相当于希伯来语《创世记》第五章中的挪亚。《创世记》第 4 和 5 章似乎包括一个王表的不同版本。《创世记》第四章里的亚当表示"人"，和以挪士是一样的，在第五章里也指"人"。与苏美尔王表有不同的变体一样，《圣经》这两个版本的王表的长度各不相同。此外，西帕尔的国王恩美杜兰基是苏美尔王表的某些版本中的第七位国王，对应亚当后第七代的以诺，其他记载似乎表明他们作为人升上天并得到神的启示。

被归于以诺的启示作品声称讲述了他在最终转化之前的升天过程中看到的图景。这位以诺是《创世记》第 5 章第 18—24 节中雅列（Jared）的儿子。

在《创世记》第四章里的同名人是该隐的儿子。根据《创世记》第 4 章第 17 节，"该隐与妻子同房，他妻子就怀孕，生了以诺。他建造了一座城，就按着他儿子的名将那城叫作以诺"。①该隐建造了一座城的说法很令人吃惊，因为在此前的几句中，他因为杀了亚伯而受到惩罚，被罚终生流离飘荡在地上。第二句末的"以诺"②很可能是后世的书吏错误地加上去的。如果没有这个说法，我们会自然地把"他建造"的主语理解为以诺而不是该隐。在主语是以诺的情况下，该城才能以以诺的儿子以拿（Irad）命名。根据美索不达米亚的传说（包括苏美尔王表），最古老的城市是埃利都，与埃利都有关的传说似乎在《创世记》的材料中发挥了特殊的作用。

亚伯拉罕最亲近的祖先的名字，在阿卡德语文本里是以哈兰附近的地名形式出现的：Serug（西鹿）=Sarūgi（萨鲁吉），Nahor（拿鹤）=Nahur（纳胡尔）或 Til nahīri（那喜利山，可能是布拉克山），Terah（他拉）=Til turāhi（都拉伊山）。但是，据说亚伯拉罕和其父辈在定居哈兰以前是从"迦勒底的乌尔"迁徙来的。毫无疑问，乌尔就是美索不达米亚南部的城市，尽管它在公元前第一个千年以前不可能以"迦勒底的乌尔"闻名于世，因为迦勒底人是像阿拉姆人一样的闪米特部落，直到公元前 10 世纪左右才在美索不达米亚南部定居下来，后来他们才在城市的中心地区获得政治权力。奇妙的是，乌尔和哈兰都是美索不达米亚月亮神辛的重要崇拜中心，亚伯拉罕的妻子和弟媳妇（撒拉［Sarah］和密迦［Milkah］，希伯来语的意思是"公主"和"女王"）的名字在阿卡德语里是辛的配偶（"女王"）和女儿（"公主"）的别名。9无法确定是一位名叫亚伯拉罕的历史人物从美索不达米亚南部的乌尔经由北方的哈兰迁徙到迦南，还是后来被称为以色列人的部落最初从乌尔或哈兰来到了这里。亚伯拉罕的迁徙是《创世记》故事的必要部分，因为它弥合了以美索不达米亚为中心的原始传说与关于迦南所发生事件的族长传说之间的距离。

---

① 英文版《圣经》为：Cain knew his wife, and she conceived and bore Enoch; and he built a city, and named it Enoch after his son Enoch. 和合本将分号后的"and he"译为该隐，此处根据下文需要改为"他"，否则无法理解下文的推测。编注。

② 即中文第一句末尾的以诺。编注。

关于阿卡德的萨尔贡的传说，至少从公元前 2000 年初就有苏美尔语和阿卡德语楔形文字的记载，它包括《圣经》开头几卷中出现的主题。约瑟在《创世记》第 37 章中为法老所释的那场梦与苏美尔人的《萨尔贡传奇》中萨尔贡对基什王之梦的解释极其相似。该传说讲了一位信使的故事，他带着一封命令自己去死的信，类似于《撒母耳记下》第 11 章中乌利亚（Uriah）的故事（和《伊利亚特》第六章中的柏勒洛丰［Bellerophon］的故事）。按照阿卡德人《萨尔贡出生的传说》（Legend of Sargon's Birth）中的一个情节，幼小的萨尔贡被藏起来遗弃在一艘船里，这个情节很像《出埃及记》第二章中年幼的摩西的故事。这个苏美尔故事在公元前第二个千年初很流行，阿卡德人的传说可能是最早介绍它的。很多世纪以来，楔形文字书吏接受过抄写这些故事的培训。公元前 8 世纪末，亚述的萨尔贡二世试图建立与自己同名的名人之间的联系，这些故事就重新流行起来。

有一种习俗出自赫梯，起初学者们把它与美索不达米亚直接联系起来。在雅各（Jacob）、拉结（Rachel）和拉班（Laban）的故事里，被拉结偷走并藏起来的"家里的神像"（teraphīm）是拥有家庭财产权的标志，但《圣经》的记载没有清楚地说它们究竟是什么。随着越来越多的文字材料的发现，赫梯语的 tarpi- 似乎是希伯来语词的词根，家里的神像似乎是祖先的小雕像，与财产和继承的关系很密切，因为被撵走的儿子是不能拥有这些雕像的。这些小雕像在阿卡德人那里也被当作鬼魂和神明，公元前第二个千年初以来的亚述商人的古老记载说明，若家里有人病了，就乞灵于它们的帮助。按照《以西结书》第 21 章第 26 节，巴比伦国王向家里的神像讨教神谕，这似乎符合一个亚述文本的说法：阿淑尔巴尼帕尊奉其母亲的幽灵。

在苏美尔语、赫梯语、乌加里特语和阿卡德语里，apu（按照其阿卡德语的形式）这个词的意思是地下的一个洞，人可以通过它与亡者交谈；它在新亚述仪式中发挥作用，有时加上限定词来表示神。希伯来语里的 'ōb（《撒母耳记上》28：7）与 apu 同源，隐多珥（Endor）的妇人应扫罗的请求想象撒母耳的幽灵时，该词指巫术里的幽灵。《以赛亚书》第 29 章第 4 节用该词指幽灵，《利未记》第 20 章第 27 节在禁止巫术时用它指巫师。所以，通过使用祖先的小雕像或超自然的地洞这类巫术来获得神谕，似乎在古代近东是很普遍的做法。

楔形文字法律与《圣经》中的相似之处

苏美尔语、阿卡德语和赫梯语里的各种楔形文字材料与《圣经》中的法律在法律概念、措辞以及总体文字形式上有相似之处。最早的是公元前3000年中期用苏美尔语记载的拉格什（Lagash）的乌鲁卡基那（Urukagina）国王改革。这些改革作为拉格什的保佑神的授权行为被提出，由统治者代表保佑神实施，从而把其子民从压迫和劳役中解放出来。几个世纪以后，苏美尔语的"乌尔-纳姆法"[10]为后来的法律在以下方面确定了典范：先讲述历史和宗教背景作为引言，接着用以下句式给出一系列判决："如果一个人这样做，将导致怎样的后果。"所以，以特定方式将法律记载下来的传统早在此时就确立了。

《埃什嫩那法典》成文于公元前19世纪，比更有名的巴比伦《汉谟拉比法典》早大约一代人。这时，埃什嫩那王国已十分强大，特别是在纳拉姆-辛统治亚述期间。他的影响遍及叙利亚、安纳托利亚和地中海，[11]他的权力似乎比汉谟拉比还广大，尤其是在西方。在一些民事和刑事案件的调停交替进行方面，埃什嫩那城的法律与《圣经》中的"约典"（Covenant Code）被加以比较，但内容上有着最惊人的共通之处的是一条关于角斗公牛的法律细则：

> 如果一头公牛用角抵死了另一头公牛，两头公牛的主人应平分活牛的价值和死公牛的躯体。（《埃什嫩那法典》53）

> 这人的牛若伤了那人的牛，以至于死，他们要卖了活牛，平分价值，也要平分死牛。（《出埃及记》21：35）

约公元前1800年，汉谟拉比宣称，安努和恩里勒已指定他这位虔诚的统治者在这片土地上伸张正义，"消除灾难和邪恶，为的是强者不压迫弱者……为孤儿寡妇申冤"。他还认为"蒙受冤屈的人应站在法典铭文碑前阅读其上的宝贵法令"。法典铭文强调，真正的立法者是国王本人而不是神，其序言讲述了这一时期的历史事件。汉谟拉比的专门法使用第三人称，以两种方式表达："如果某人做某事，行此事的后果将是什么"；"做这事的人应承担怎样的后果"。

法典之后，结尾铭文是诅咒和祝福，所以该铭文由三部分组成。早在这一时期，美索不达米亚就有了神的授权和社会目的，从这些方面讲，巴比伦的法律堪与《圣经》里的法律媲美：

他（耶和华）为孤儿寡妇申冤，又怜爱寄居的，赐给他衣食。（《申命记》10：18）

不可苦待寡妇和孤儿。（《出埃及记》22：22）

希伯来语《圣经》中的三组律法被拿来与楔形文字记载作比较：约典（《出埃及记》20：23—23：19）、《出埃及记》第 20 章第 1—17 节里的摩西十诫和《申命记》里的律法。像《圣经》中的很多部分一样，它们的产生日期不很确切，有些学者倾向于认为它们应出现在君主政权初期（公元前 10 世纪—前 9 世纪），还有学者认为应在公元前 8 世纪至前 7 世纪或更晚。后来的增补对原始文本究竟修改了多少，仍存在争议。

约典中的律法条文或者用两种方式以第二人称展开："你若这样做，这将是后果""你应该／不应该这样做"。或者用两种方式以第三人称展开："如果某人这样做，这将是后果""做这事的人应承担什么后果"。在《汉谟拉比法典》中，惩罚有多种形式，部分依据是犯罪类型和涉案人员的类别。死刑、体罚、罚款和赔偿都有，但该法典的一个章节里有一系列法律条文允许通过报复来惩罚，非常像《出埃及记》第 21 章第 24—25 节：

如果一个人伤了另一人的眼睛，那么他的眼睛也要被伤。（《汉谟拉比法典》196）

如果一个人打碎了另一人的骨头，那么他的骨头也要被打碎。

（《汉谟拉比法典》198）

如果一个人敲掉了另一人的牙齿，那么他的牙齿也要被敲掉。

（《汉谟拉比法典》200）

如果一个人打了比他年长的人的脸，应把他当众抽60鞭。（《汉谟拉比法典》202）[12]

你应以命偿命，以眼还眼，以牙还牙，以手还手，以脚还脚，以烙还烙，以伤还伤，以打还打。

不仅法理相同，而且眼睛、牙齿和"打"出现的顺序也相同。

《出埃及记》第20章中的摩西十诫前面有一句开场白，神道出了他的历史背景："我是耶和华你的神，曾将你从埃及地为奴之家领出来。"摩西是神的代表。这就像《汉谟拉比法典》的引言："当崇高的神安努……赋予马尔杜克……治理世界的权力……他们给巴比伦命名且把它治理成世界上最强大的国家……他们指定我，汉谟拉比，虔诚的君主来消除灾难和邪恶。"摩西十诫和汉谟拉比律法的后面都有结语，其中的文字先被写下来，然后念给民众。

箴言和富有智慧的对话可能是《圣经》与楔形文字里的律法之间许多明显联系的基础。苏美尔人和巴比伦人的"智慧"文学中常有与摩西十诫特别相似的地方，都使用第二人称，如"你不可杀人"。第二人称出现在《舒鲁帕克的教诲》（*Instructions of Shruppak*）中，这篇文章从公元前三千纪中期起在苏美尔人中间流传，在埃马尔流传的时间在青铜器时代晚期末，大约与《出埃及记》同时，在新亚述时期前译成阿卡德语。"我的儿，让我给你教诲……不要忘记我的教诲……不要偷盗……不要寻衅闹事……不要撒谎……不要赌咒发誓……"这些禁令穿插在没有《圣经》意味的其他禁令之中，如"不要把房子建在离公共广场太近的地方，因为这是忌讳……不要撵走债主，因为他可能与你翻脸……不要破坏花园的芦粟"。

《申命记》里的律法开头通常会说明该法的几个目的。一个目的是强调神"不偏不倚，从不接受贿赂。在神的监管下，正义得到伸张"。律法的末尾有一长串诅咒和祝福（《申命记》27：15—30：20），后面的短文（32：1）祈求天地做神的证人。它明确地说，律法必须定期地念给人们听（《申命记》31：10—13）。像《汉谟拉比法典》一样，这些《圣经》律典的每一部都包括三个部分，也都包括社会目的、一篇诅咒文和一篇祝福文。

下文是关于这些法律的相似性的各种具体实例。

盟约仪式

《圣经》将以色列的法律呈现为神与其子民之间经由一种中介来达成的盟约或协定。赫梯人通过协定和忠诚宣誓而产生的影响已经被援引，来解释祈求天地作证体现的相似性和反映《圣经》法律特点的诅咒和祝福。铁器时代初期的阿拉姆协定和亚述协定中也有同样的主题，其他种类的文字记载也有这些主题，包括纪念性的皇室铭文。埃及在与西亚统治者签订的协议中也使用这些形式。所有的协议文本和忠诚宣誓都包含用第二人称表示的禁止性条款，如"你们不可集会互相起誓，把君权授予你们中的一人"。

在伊拉克北部的玛里和利马山丘（Tell al-Rimah）发现的楔形文字文本，描述了一个可以追溯到汉谟拉比时代的仪式。动物被分割为两半，双方当事人从分为两半的动物中间走过，以此签署协议或结成联盟。使用的一些词汇属西闪米特语，也许因为该仪式在美索不达米亚北部的亚摩利各民族中较普遍，不同的民族使用不同的措辞。《创世记》第15章第9—18节描述了耶和华与亚伯拉罕签订协议的一场仪式。亚伯拉罕把几种动物切成两半，有"冒烟的炉并烧着的火把"从切为两半的肉块中间经过。《耶利米书》第34章第18—19节也提到这种仪式：一头小牛被切成两半，人从中间走过，就签订了盟约。

在美索不达米亚，盟约仪式可以缔结人与人之间的协议，尽管他们按照神的授意行事并请求神的支持。而《圣经》仪式签订的是人与神之间的协议。

巫术

按照美索不达米亚的几部律法和《出埃及记》中的律法，巫术要判死罪。

> 如果某人控告他人犯巫术罪但无法证明，被告人应……跳进河里。如果他在河里淹死了，原告可以占有他的房子。（《汉谟拉比法典》2）
>
> 可以杀掉行巫术的人。（《亚述法典》47）
>
> 行邪术的女人，不可让她存活。（《出埃及记》22：18）
>
> 招魂的或行巫术的，无论男女，都必须处死。（《利未记》20：27）

寡妇与亡夫兄弟通婚

根据《申命记》第25章第5—10节，如果已婚的男子去世，没有留下子女，其兄弟可以续娶留下的寡妇，代表亡故的兄弟繁衍子嗣，这个风俗习惯叫夫兄弟婚。约公元前14世纪至前12世纪制订或编纂的亚述法典描述了类似的风俗：公公可以将丧夫的儿媳嫁给另一个儿子，如果她未曾生育过儿女。楔形文字的法律和习俗表明，这个风俗习惯在不同地区不同时期有些变化，但总体来看，人们一致认为，在铁器时代以前的近东就有这种夫兄弟婚。

债务解除

《利未记》第25章第10节规定，每五十年为一禧年。其中的一条规定是免除债务："第五十年你们要当作圣年，在遍地给一切的居民宣告自由。这年必为你们的禧年，各人要归自己的产业，各归本家。"希伯来语表示"自由"的词 derōr 在公元前2000年左右的巴比伦语和亚述语文本里也能找到，分别是 andurārum 和 durāru。苏美尔语里的对应词甚至更早，可以在拉格什国王乌鲁卡基那的文字记载中找到。使用该词的楔形文字文本提到过取消公民债务的周期性王室敕令，因为这些债务常使他们沦为奴隶。大赦虽然没有固定时间，但断断续续地会有，这取决于国王。大赦常在新国王登基以后不久或执政多年以后宣布。在巴勒斯坦有些不同，债务解除是定期的，根据的是土地搁荒这种农业习俗，而不是国王作出的决定。

巴比伦语表示正义的词 mīšārum 有时候与解除债务的敕令和法律的颁布有关，与希伯来语的 mēšārīm 同源。该词在两种语言中表示的意义范畴似乎相似。

安息日

美索不达米亚人的 šapattu 与现代的"Sabbath"（安息日）及其形容词"sabbatical"（安息日的，公休的）有某种渊源，但他们的安息日只指每个月有满月的阴历十五，即"心情宁静的一天"。这一天，月亮最安宁吉祥，它从心怀不满的鬼魂所在的阴间冉冉升起，又徐徐降落到阴间。由于与阴魂鬼怪经常接触，人们需要定期的抚慰；只有在第十五天才能轻松休息。这些观念影响了人们在哪些天做生意，我们可以从历法手册（说明在哪些日子进行哪些活动比较吉祥的手册）了解这些，也能从楔形文字的生意记录中看到哪些天是不做生意的。在希伯来语的《圣经》里，"新月或安息日"的说法似乎说明安息日可能指一个月相；由《阿摩司书》第 8 章第 5 节推测，人们在安息日不做生意是因为满月。但是，《出埃及记》第 20 章第 8—9 节给出的第四条戒律对这个词的用法不同，这条戒律来自《创世记》第 2 章第 2—3 节中的创世说，该说法认为，人们劳作六天以后应休息一天："当纪念安息日，守为圣日。六日要劳碌做你一切的工，但第七日是向耶和华你神当守的安息日。这一日你和你的儿女、仆婢、牲畜，并你城里寄居的客旅，无论何工都不可做。"（《出埃及记》20：9—10）《利未记》中定义禧年的一章给出了第三个定义，把安息日定义为土地第七年，也就是将要使土地休耕搁荒时。

> 六年要耕种田地，也要修理葡萄园，收藏地的出产。第七年，地要守圣安息，就是向耶和华守的安息，不可耕种田地，也不可修理葡萄园。（《利未记》25：3—4）

从本质上看，《圣经》中的安息日指一段休息时间，可长可短，可以频繁也可以少安息；如今，安息日指一周中的一天，但"休假"（sabbatical）常不固定，可长可短，已与月相没有多少关系。

汉谟拉比时代以后，在1200多年的时间里，巴比伦再没有出现过新的法律汇编；但在安纳托利亚，公元前1600年左右，有用楔形文字记载的赫梯语法律。它们在性事如兽奸上与《圣经》里的法律有更紧密的联系，而与巴比伦的法律不那么相似。

虽然远古时期汇集起来的楔形文字法律被称为"法典"，但它们不是现代意义上的法典，因为这些法律没有系统地尽可能地收集所有的案例，而是略去了很多有需要的方面。这些法律为什么使用这种排列顺序仍然是谜，因为它们似乎是随意排列的，多处不连贯。有些学者认为这些法律完全是学术训练，几乎不涉及日常需要；而其他学者认为它们肯定是有作用的，是合乎立法程序的。有些学者认为这些法律改革了现行惯例，另一些学者认为它们重申了现行惯例，只给出零散的例子。有些学者认为，不同的法典显示了伦理上的进步，如从体罚进步到罚款；但又有学者认为，处罚的多样性说明现实中可以有多种选择。实际上，亚述人的合同明文载有变通的处罚，构成最初罗马法的《十二铜表法》也载有变通的处罚，因为它本身可能借鉴了古代近东的先例。这些问题影响了我们对《圣经》律例及其与楔形文字法典渊源的本质的理解。

无论楔形文字律法最初是否作为一种学术训练集中起来，巴比伦书吏培训时肯定使用过这些法律字句的列表手册。多个世纪以来，《汉谟拉比法典》是学校里的学习内容，也被确立为书吏培训时的练习内容，很可能既在美索不达米亚本土是如此，也见于域外。汉谟拉比去世后的一千年间，其引言和结语的片段仍用在巴比伦与亚述签订的协议文本里。据我们所知，《埃什嫩那法典》就没有这样延续下来，或许因为汉谟拉比征服了埃什嫩那城。但是，用来管理商队旅馆[13]商业事务的那些律例说明，巴比伦王国以外的地区可能已经知道并执行了其中的一些规定，这些规定可能就这样延续下来了。

预言与假预言

楔形文字中的预言可能全部来自王室档案，可以大致分为两个不同时期。最早的预言是乌鲁克的纳奈女神神谕中的一段话。幼发拉底河中游的玛里的各个男神女神的神谕，以及埃什嫩那城的吉蒂图（Kitītum）女神的神谕，都是在稍后的巴比伦的汉谟拉比时代出现的。这些神谕都是讲给国王听的。有些神谕是用信函转述或记载的，有些被分组汇编为一个文件。在特殊场合，通过察看动物内脏来占卜并发布神谕，但不总是这样。神谕常用隐喻，有时用谚语。有各种词语来称呼那些被认为能够口吐神灵之言的男女：在玛里发现的一份文献里，nābûm 这个词指半游牧的哈尼安（Hanean）部落成员；来自埃马尔的一份公元前 12 世纪的文献也有该词。它与希伯来语的 nābī'（预言家）同源。

《撒母耳记下》第 7 章第 4—17 节和《列王纪上》第 11 章第 31—39 节中的流亡之前的神谕都是讲给国王的。这些神谕都按照这种清楚的开场格式宣布："万军之主耶和华如此说。"它们确认了神对统治者及其子民的支持，条件是他们忠诚可靠，但神谕还提醒他们如果叛教，神就要报复。神谕的风格是修辞性的，间或使用隐喻，神谕经常在文本内成组出现。从汉谟拉比时代起，楔形文字神谕里也有上述这些特点。

根据公元前 7 世纪的记载，与埃尔比勒的伊什塔尔神谕有关的妇女讲了一组预言。这组预言集中反映了亚述王所面临的具体形势，不管是阿萨尔哈东还是阿淑尔巴尼帕。与《圣经》里的预言一样，她们声明是神在说，而且常用"不要怕"的说法来宽心。

> 此地的王阿萨尔哈东，
> 不要怕！……
> 我是埃尔比勒的伊什塔尔
> 我等着
> 将敌人交给你。
> 我是埃尔比勒的伊什塔尔。

我走在你前面

也在你后面。不要怕！

我是耶和华，我要把你们从埃及人的重担底下救出来。（《出

埃及记》6：6）

我，耶和华，我是首先的，也与末后的同在……

你不要害怕，因为我与你同在……我必用我公义的右手扶持

你。（《以赛亚书》41：10）

与《圣经》里的神谕一样，更早期的神谕和亚述的楔形文字神谕都有描述性的谚语和隐喻性表达。

在美索不达米亚，另一种预言是通过梦来记载的。这些梦有时被分成三部分叙述以便于确认，而且包含对另一个世界的启示性描述。主要有恩奇都的梦、标准版《吉尔伽美什》中吉尔伽美什的梦和亚述晚期的《加冕王子的阴间想象》（*Crown Prince's Vision of the Underground*）中的梦。还有一段铭文记述了这样一场梦：那波尼德（公元前 6 世纪）在马尔杜克荣耀现身的晚上能夜间视物。释梦人（šā'ilu）这一职业至少可以追溯到汉谟拉比时代。这些梦都显示为令人恐怖的特异景象，其最相似之处在《以西结书》第 1 章和《但以理书》第 2 章中都可以找到；根据文字记载，它们的背景都在美索不达米亚周围。吉尔伽美什的母亲对儿子的一个梦的解释与《但以理书》第 11 章中对梦中景象的解释十分相似。

（它的意思是）

一位强大的伙伴将来到你身边，

他能救一位朋友的命。

他将是此地最强大的人，

其力量与安努的晴天霹雳一样大。

（《吉尔伽美什》第 2 章）

（它的意思是）波斯还有三王兴起，第四王必富足远胜诸王，他因富足成为强盛，就必激动大众攻击希腊国。（《但以理书》11：2—4）

《以西结书》第21章和24—32章关于进攻希腊诸国的神谕与《埃拉与伊舜》（*Erra and Ishum*）这首诗在文体和内容上很相似：在两部作品中，神愤怒地宣布他要残杀正义和非正义的人，要损毁整个国家，要把每个人移交给野蛮人，要让全城血流成河，要毁掉树，让河水枯竭。

从公元前2000年起，在美索不达米亚和埃及流传着一种常被称为假预言的文字记载。它含糊地"预言"过去的事件，去除清楚的历史细节，把过去的事件与对现在和将来的预言联系起来，目的似乎是要参照过去已完成的可信预言，并将它们与对将来的新预言联系起来，从而使后者更可信更权威。[14] 这种预言的部分格式基于从阿卡德人和赫梯人的占卜手册中流传下来的说法，如：

（如果"王宫的大门"[15] 是正常的，

第二扇门位于右边，）

就会出现一位反叛的王子。

假预言与普通预言（simple prophecy）的另一个共同特点是释梦，这种巴比伦式行为部分地依靠为培训职业的释梦人和占卜者而编写的手册。《但以理书》第8章第23—25节和第11章以及《以诺书》的部分章节都有些具备这种体裁特点的内容，也有其他的更具有启示性的内容。[16]

然而普通预言似乎已公之于众，假预言和有启示意义的文字则受到限制。例如，成书于塞琉古王朝时期的巴比伦《王朝预言》（*Dynastic Prophecy*），其扉页指示读者保密，文本内容仅限于持书者自己知晓。

到天堂和地狱参观是启示性文献的一个特点。到地狱参观的梦在《吉尔伽美什》、《伊什塔尔下阴间》（*Ishtar's Descent to the Underworld*）

和《加冕王子的阴间想象》中都有描写。升天则在《埃塔纳传说》和《阿达帕神话》中有相关描述。在犹太人的天启著作如《以诺书》和《利未遗训》里，天堂与地狱之旅常有一位天使指导。《但以理书》和库姆兰遗址的《以诺书》都比任何楔形文字作品更全面系统地把世界历史看作一系列的不同时代。它们含有时间终结的概念，即神的隐秘目的最终披露给世人的时刻。没有任何楔形文字的记载提出过这样的普遍概念，或通过天堂与地狱之旅将假预言与对宇宙的描绘联系起来。

智慧文学

在美索不达米亚，用苏美尔语的楔形文字写智慧书的传统始于公元前三千纪，公元前两千纪期间发展为阿卡德语的高雅艺术。谚语、寓言以及以人的职责和人神关系为主题的长篇大作被归为智慧书，用于教育王子、贤人和朝臣。成书于公元前 2000 年末的两部主要作品罕见地署有精确的日期。在《咏正直受难者的诗》（*Poem of the Righteous Sufferer*，该诗以第一行"我要赞美智慧之神"［Ludlul bēl nēmeqi］而知名），一位名叫舒什-马什-沙坎（Šubši-mešrē-Šakkan）的朝臣讲了他所遭受的飞来横祸，以及最终重新得到马尔杜克宠幸的故事。约公元前 1292 年，他在加喜特国王治下担任高级国务政要。因为命运不公这个主题更早些时候似乎很流行，他可能改编了在乌加里特发现的更早的阿卡德语材料。在那些材料中，巴比伦之神马尔杜克也是救世主。学者们认为，《约伯记》与《赞知者》（*Ludlul*）在虽有飞来的不幸却最后得到拯救的主题上很相似，与巴比伦的《自然神学》（*Theodicy*）在其他方面也很相似。《自然神学》是一位受苦者及其朋友之间的对话，其中提到作者的名字萨吉尔-基纳姆-乌比布（Saggil-kēnam-ubbib），最近发现他是尼布甲尼撒一世（公元前 1124—前 1103）时期的哲人。这些细节进一步说明这些作品应归入宫廷文学而不是神庙，也能使我们准确地确定它们的年代。

美索不达米亚的智慧文学、哲人文学和书吏技艺是有紧密联系的，如《埃塔纳传说》据信由贤哲创作。至少从公元前 2000 年起，书吏（最终将成为医生、咒语祭司和朝臣的人）不仅尽职地学习谚语和神话，并将它们抄写到练习用的泥板上，而且研究庞大的词汇表，如现在被命名为"借贷"（HAR.ra=hubullu）的词汇表。[17] 这份词汇表将东西分成类，先给树分了类（第3块泥板），然后是动物和爬行动物（第13和14块泥板）、植物（第17块泥板），鱼和鸟放在一起（第18块泥板）。大部分名词没有解释，但在另一份植物学词汇表中，一种叫kakkussu的未鉴定植物属于"爬墙"类。这些词汇表的早期版本在顺序和内容上各不相同，附上每个词的译文后在国外开始使用。

所罗门，公元前10世纪在位，被认为很有"智慧"：他不光作箴言谱词曲，也"讲论草本，自黎巴嫩的香柏树直到墙上长的牛膝草，又讲论飞禽走兽、昆虫水族"（《列王纪上》5：13—14）。所以，所罗门的知识反映了美索不达米亚及其他地区的书吏所学习的巴比伦主流文献。他"向东方国家和埃及"学习智慧，近代学者往往认为亚述和巴比伦在这方面做出的贡献比埃及大。

《吉尔伽美什》里的智慧短文特别收录了麦酒夫人西杜里的讲话，她是一位独立女性，有自己的房子。在一篇楔形文字文献里她被称为有智慧的伊什塔尔。《传道书》和《吉尔伽美什》中的片段有很多相似之处，这在以下片段尤其显著：

> 所以，吉尔伽美什，填满你的胃，
> 夜以继日地尽情享乐，
> 要每天安排娱乐，
> 夜以继日地跳舞玩耍；
> 穿上鲜艳的衣服。
> 常洗头，勤洗澡
> 欣赏握你手的孩子
> 让妻子在你怀里享乐，
> 因为这是人类的天性。
>
> （《吉尔伽美什》，古巴比伦语版10.3.6—14）

你只管去欢欢喜喜吃你的饭，

心中快乐喝你的酒，

因为神已经悦纳你的作为。

你的衣服当时常洁白，

你头上也不要缺少膏油。

在你一生虚空的年日，

就是神赐你在日光之下虚空的年日，

当同你所爱的妻快活度日，

因为那是你生前在日光之下劳碌的事上所得的份。

（《传道书》9：7—9）

犹如《吉尔伽美什》里的西杜里，《圣经》中的智慧（《箴言》1、3、8章，尤其第9章）被拟人化为拥有自己房子的迷人而独立的女性。

这两部作品的另一个可类比之处是《吉尔伽美什》的泥板5里的箴言，它将两个人的力量比喻为双股线，两根线合在一起比一根线力量大。《传道书》第4章第9—12节里有一个十分相似的箴言。

像美索不达米亚的女神一样，《圣经》中的智慧似乎用一种专为众女神而设的体裁唱自己的赞歌。她的"七根支柱"可以被重新解释为美索不达米亚传统中七贤的典故，其原初意义可能是：

智慧建造房屋，

凿成七根柱子。

（《箴言》9：1）

在《箴言》第8章第30节里，智慧被称为工师—哲人，用的是阿卡德语的词语 ummânu（温玛努），意思是"哲人，专家"，作为外来词借入希伯来语。像玛米（Mami）与恩基或伊阿总是在一起一样，在耶和华造化的起头，智慧总是在场："我在他那里为工师。"智慧与创世之间的这种紧密联系在美索不达米亚人的作品里很常见，在史诗《阿特拉-哈西斯》里，人类的创造者是玛米女神，她在这部作品里一直被称作"智慧"。《自然神学》第 26 节也讲了她在创造天地万物中的作用。

人们有时认为，巴比伦人没有像《圣经》将智慧拟人化那样把抽象概念拟人化。此言差矣，因为主管"公正"的神米沙鲁姆（Mīšarum）、"正义"之神克图姆（Kittum）、"智慧"之神哈西苏（Hasīsu）和哈西萨图（Hasīsatu）在起源上都是抽象名词。

赞美诗、哀歌和《雅歌》

希伯来语赞美诗的主要类型，都可以在楔形文字的阿卡德语诗篇、赞美祷辞和哀伤祷辞中找到其对应的形式。例如，《诗篇》第 51 章属于忏悔或悲叹类的圣诗，与阿卡德语的"举手"（šu-ila）祷辞尤其相似。从几个层面上都可作比较：文本在总体结构上是一样的，以讲话对象、悲叹、祷告和感恩为序来结构整首诗；在措辞和比喻等许多方面的文学特征上相仿佛；甚至用希伯来语和阿卡德语表达的神学思想也似乎完全相同，只不过阿卡德语经文常提到多个神。

尤其可比的一个特征是藏头诗。巴比伦文学中的藏头诗由音节符号组成，出现在赞美神的歌曲、祷辞以及巴比伦的《自然神学》中。在这些作品里，藏头诗以诗节的形式出现，作者名字的音节出现在诗行的开头，作者是贤哲，就像在早期的苏美尔语藏头诗里，第一先贤奥安尼斯的名字隐藏在诗行的开头，勉强能看出。隐藏信息有个严肃的目的是引导入门的读者找到灵感原始的、半神性的来源。《圣经》里的几首圣诗含有希伯来字母的藏头诗，例如，《诗篇》第 119 首，八节为一段，每段以字母表的字母顺序开始。《圣经》的其他部分也有藏头诗，如《耶利米哀歌》第 1—4 章。

在苏美尔文学里，悲叹城市的毁灭在公元前 3000 年末很流行，在几个世纪后的汉谟拉比时代，总是入选学校的教科书习题。《圣经》的《耶利米哀歌》哀叹耶路撒冷的陷落，在形式上与城市毁灭的悲叹相似，还有很多相似的表达方式。

早期美索不达米亚文学中有几种不同的文本类型，神身上的各个部位被比喻为贵重植物和木材、石头和金属、油膏和香气、食品和饮料、美丽的鸟和动物以及大自然中的名胜。有的文学作品是歌颂爱情的抒情诗，这或许与神圣的结婚仪式有关。亚述的一首情歌记录了纳布与塔什美图（Tashmetum）之间的一段对话：纳布称塔什美图的大腿为羚羊，踝骨为西曼的苹果，脚后跟为黑曜石。其他这种类型的情诗似乎有不同的语境：苏美尔的《鲁-丁吉拉致母亲的口信》（*Message of Lu-dingira to his Mother*）好像说到亲子关系；深奥的《神的描写》（*God Discription*）似乎仅是一份份清单。当苏美尔神庙里的赞美诗赞美神庙和其中的神的品性的时候，《圣经》里的《雅歌》使用新娘和新郎的意象，可能是把耶路撒冷的神庙和其中的耶和华拟人化。《雅歌》及其美索不达米亚前身也隐藏在神秘作品《神身的尺寸与名称》（*Shi'ur Qomah*）对神的身体的描写之中。《神身的尺寸与名称》是古典时代晚期到中世纪的主要犹太神秘主义文献之一。在这些文献中，神的肃然现身被称作"舍金纳"①（Shekhinah）。《圣经》中没有这个词，但它的同源词 šiknu 和 šikittu 出现在巴比伦的征兆和晦涩难懂的宗教文本中。[18]

历史作品

阿卡德语的各种历史文献在公元前三千纪至公元前两千纪之间发展起来。许多所谓的历史铭文糅合了其他形式的文字如旅行日程、神谕和梦、贡品清单和建筑工程的说明等。王室的纪事录描写了给在位国王带来荣耀的战役以及帮助并指导他的神。这种文献是写给赫梯王和亚述王的，显然不是写给巴比伦统治者的。一份详细的个人记录说明了阿萨尔哈东在不是他父亲长子的情况下，是如何名正言顺地登上王位的，这很像赫梯语的两份文献和《撒母耳记下》与《列王纪上》第1—2章中的叙述。另一方面，国家的编年史只简练并不偏不倚地记录了重大事项。

---

① "Shekhinah"有"居所"的含义，在基督教里表示"神的现身"，指耶和华在地上与人同在。编注。

《圣经》中的有些篇章如《撒母耳记》《列王纪》和《历代志》主要叙述了历史事件。有些章节中的文本类型与不同的楔形文字作品中发现的相一致。部分类型易于辨认，如信函（例如《列王纪上》21：9—10；《列王纪下》第5、6章，10：2—3、6）和官员名单（例如《撒母耳记下》23：8—39；《列王纪上》4：1—9）。其他体裁还有宫廷纪事录（例如《撒母耳记下》第8章，《列王纪上》9：10—28）。在《列王纪上》《列王纪下》多次提到的王室纪事录中，《列王纪下》第16章第19节可以作为典型例子引用："亚哈斯其余所行的事都写在犹大列王纪上。"

除此而外，有些章节还包括公共演说或王室演说，如辛那赫里布的侍臣在耶路撒冷被包围时的讲话，它被《列王纪下》第18章第17—18节逐字记录；又如《申命记》第31—33章中摩西给以色列人民的讲话，以及《列王纪上》第2章第1—9节中大卫即将去世时给所罗门的遗言。这种形式的讲话在亚述和巴比伦的王室铭文和王室史诗中有时能看到。

在楔形文字文献和《圣经》文献中均可以发现家族谱系。在苏美尔语和阿卡德语里，从公元前3000年起，它们有时出现在王表和为已逝世的祖先举行的仪式里，有时出现在介绍长幅铭文的王室称呼的朗诵中。在乌加里特还发现了朗诵已逝王室祖先名字的仪式，它与在美索不达米亚被叫作基斯布（kispum）的仪式相似。在仪式上，一名男子按时间顺序朗诵其祖先的名字，请他们的魂灵一起进餐，保佑他的一生，如果他是国王，就请求保佑其统治。朗诵名字可能是地位低下的家庭和不识字的部落成员的纯口头传说的一部分。《创世记》第4章第17—26节和《历代志上》第1至9章介绍了与历史叙述多少有些联系的族谱。

旅行日程似乎起源于与远赴外地贸易有关的日常管理记录。按照楔形文字记载，公元前3000年起就有了旅行日程，例如古巴比伦时期就有一个特别好的旅行日程例证。最近发现的中亚述王国时期的旅行日程可以追溯到来自哈布尔河谷的图库尔蒂-尼努尔塔一世（公元前1244—前1208）执政时期。有时，详细记叙亚述国王作战的王室铭文中也夹杂着旅行日程。在《圣经》里，旅行日程也融合在叙述性的文本，比如《民数记》（21：12—20；33：1—49）与《申命记》（10：6—7）中。

有些关于亚述王室作战的记载是按地理顺序而不是按时间顺序排列的。关于辛那赫里布远征的已有文献来源异常广泛，这可以表明，国王必须有资格获得"四方之王"（得名于几乎成功征战到罗盘上的四个方位点）和"宇宙之王"（得名于七次凯旋的征战，在多个楔形文字文献里，"宇宙"一词等同于数字七）这两个最高头衔。从《阿摩司书》《以西结书》和《西番雅书》关于抵抗外国的神谕中可以看出类似的模式：耶和华预言他将打败从犹大王国各个方向进攻的敌人。这些胜利似乎呼应了亚述人的群体观念，也许意味着耶和华万军之主的头衔得到全世界的认可。

新年、赎罪日和替罪羊仪式

巴比伦人和亚述人通过庆祝几个重大事件，在春季过新年。外国使者来更新誓言，发誓他们将继续忠诚于执政君主，因此还可以目睹庆典的盛况。民族神贝尔的巨型雕像骑坐在他的金制战车上，沿队列行进的路线穿过城市进入开阔的郊外，这里矗立着用来庆祝新年节日的神庙，周围是一座花园。神圣的结婚典礼在这里举行。在部分行进的过程中，他们朗诵或表演《创世史诗》，神明示或勾勒来年的命运。这些庆祝活动不仅可以在巴比伦看到，类似的庆典在一年的其他时候和其他城市如乌鲁克、阿淑尔、埃尔比勒和哈兰也会举行，这些传统一直延续到罗马帝国时期。[19]

犹太人在基督纪元的最初几百年里，于巴比伦设立学习场所，想按照合适的历法正确地开展庆祝活动。为了指导开展活动，他们把叫作《年之初》（Rosh Hashanah）的专题论文汇编进巴比伦语的《塔木德》，在文中确立了过新年的四个不同日期。尼散月的第一天是春分，它"属于国王，用于庆祝节日"，所以记为国王的即位纪元。提市黎月的第一天是秋分，很多人认为创世日是这一天，而不是尼散月的第一天。

巴比伦的宗教习俗似乎影响了犹太人庆祝提市黎月新年的仪式。当然，在以色列，庆祝仪式不是王室的，这或许解释了犹太人为什么不在尼散月巴比伦人庆祝王室新年时庆祝犹太历新年。正因为在美索不达米亚人的仪式上，来年的命运固定在"命运泥板"上并用"命运封印"密封，所以根

瞻仰的节日。幼发拉底河上游的萨姆萨特镇的琉善提到公元 2 世纪一年一度的塔穆兹哭泣节。所以，《以西结书》记载的这个风俗来自美索不达米亚，曾广泛流传且延续了几个世纪。巴比伦人的标准历法的第四个月被命名为杜穆兹月，阿拉伯语的七月仍然叫作杜穆兹。根据伊本·瓦希亚（Ibn Wahsiya，约公元 900 年）记载，哈兰的拜星教徒（Sabians）在中世纪继续为塔穆兹恸哭；曼达安教的圣经《伟大之书》（*Ginza*）明确告诫大家不要参与塔穆兹节。

苏美尔狩猎神尼努尔塔的名称之一是疏割（Sakkut），指其作为"上天的青铜支架"的能力。他的名字在《阿摩司书》第 5 章第 26 节中叫撒固（Sakkuth），与星神迦温（Kaiwan［Kiyyun］）出现在一起，似乎是巴比伦语中用于称呼"土星"的词 Kayyamān（卡亚曼）的一种形式。《阿摩司书》明确表示，这种形式的背教就是神惩罚的原因之一，惩罚包括准许流放。在库姆兰遗址发现的《大马士革文献》（*Damascus Document*）中看到了疏割和迦温，不过他们的异教本性在文献中不明显。[20]

从公元前 8 世纪以后的几部圣经作品中，我们得以窥见一些迷人的美索不达米亚背景。例如，在《以赛亚书》第 14 章第 13 节，"我要升到天上！我要高举我的宝座在神众星之上"。这句话体现了巴比伦人的宇宙观，它认为，由众星组成的上天在三个上天中离地面最近；也许迦南人和腓尼基人的传统也持此宇宙观。《约伯记》里的名字比勒达（Bildad）可能就是阿普拉达德，字面意思是"阿达德的儿子"，他是幼发拉底河中游的"阿那和卡努（Kannu）"[21] 神，其神谕在公元前一千年深受尊奉；他的重要性延续到希腊化时期，在杜拉-欧罗普斯（Dura-Europos）因希腊语铭文而为人所知。阿卡德魔女莉莉丝在《以赛亚书》第 34 章第 14 节中[22] 被提及。《以西结书》第 10 章第 14 节中"那人进去的时候，站在殿的右边"且站在神的宝座旁边的"小天使"（cherubim），在阿卡德语中叫 kurību，通称为"被保佑的"，指站在亚述宫廷大门口左右两侧的带翅膀的护卫神。小天使综合了牛、狮子、人和鹰翅的特性，是由金、银、铜和石头制成的。它们在建筑学上具有重要地位，在迦南、腓尼基、埃及和美索不达米亚，它们被缩小后也用于家具上的装饰。它们以"cherubs"（小天使们）这个词流传下来，现在表示长翅膀的快活地蹒跚学步的小孩，在基督时代的欧洲是很流行的艺术装饰品。

结　论

在青铜器时代，巴勒斯坦居民就使用最早出现在美索不达米亚的文字记载方法和培训方法。当时，翻译方法已经产生，用楔形文字把文献从一种语言转换为另一种语言。希伯来人在城里定居下来时就开始使用拼音文字记载自己的民族文学，改造古老的创作形式，按照自己特殊的社会和宗教需要改造异教仪式。

阿玛尔纳时期，耶路撒冷城就有能用阿卡德语阅读和写作并接受过美索不达米亚文学精华培训的文人。《圣经》清楚地说明，在铁器时代早期，该城就保存着皇家编年史之类的记录，一直有人居住，尽管从楔形文字逐渐转变为拼音文字。在巴勒斯坦，很多青铜器时代的城市里发现的不多的泥板提供了清楚的证据，但是在数量上并不可观。这可以部分地从经久耐用的黏土以外的书写材料中得到解释。在赫梯、乌加里特和埃马尔发现的青铜器时代末期档案，都经常提到很多木质写字板，其表面是用蜡和雌黄混合物制成的，既适合铭刻楔形文字，又适合铭刻线形的字母文字。安纳托利亚和叙利亚-巴勒斯坦盛产优质木材，所以这些写字板用得很普遍，但只有少数保留下来：比如在亚述尼姆鲁德的一口井里，在土耳其海岸附近沉没船只所载的货物里。所以，巴勒斯坦人从楔形文字到希伯来语的转换可能已经发生在某种已消失的媒介上，否则远不能解释为什么出土的黏土材料如此之少。

书吏活动从未间断的传统解释了为什么阿卡德语文学与《圣经》文学在广义上有这么多的相似之处。谚语、百科全书式的编目和长篇巨著的摘选或许一直保留在培训书吏的课程里，也用在神谕和咒语里，为此需要古代传统方面的权威。在别的体裁里，为了提高继承性，改编和演化进行得很快。我们已注意到有关阿卡德的萨尔贡的传说所产生的一系列反映，按照《创世记》《出埃及记》和《撒母耳记下》，他生活在青铜器时代的早期。

这些传说可能涉及很久以后即青铜器时代晚期的阿玛尔纳和哈图沙的教学实践，在那里，埃及和赫梯接受培训的书吏用这些传说做练习。

早在铁器时代，如新亚述时期的浮雕所揭示的一样，用楔形文字的书吏和用拼音文字的阿拉姆语书吏并行工作。从费赫叶山丘（Tell Fekherye）发现的一座公元前8世纪的雕像说明，用阿卡德语翻译阿拉姆语并不难。辛那赫里布的首席侍臣向被包围的耶路撒冷公民用阿拉姆语或希伯来语发表基于书面文本的讲话是很简单的。这样的假设是错误的，即在有学养的人当中，楔形文字与拼音文字之间或阿卡德语与希伯来语之间存在巨大的鸿沟。

以色列人被流放到巴比伦以前，许多亚述人和巴比伦人就在巴勒斯坦作为管理者、被流放者和商人生活，同时很多希伯来人住在美索不达米亚，所以各种各样的文化接触从未中断。在后来的几个世纪里，美索不达米亚的犹太教学院里出现了各种有影响的犹太教教派，异教和传统的学术活动在那里继续繁荣发展，有时还受到外国国王的支持，且持续到罗马帝国时期。

《圣经》的很多部分都留下影响的迹象。书吏培训是美索不达米亚文献与《圣经》章节有许多相似之处的关键。希伯来人在创造自己的独特文学和制度时，使用的部分材料是来自东方更古老、更富有、更强大的邻近地区的远古传说。

注　释

1. 我认为有关族长的传说是有历史根据的，虽然很难把它与民间传说中积累起来的故事分开。很多现代学者完全拒绝接受这些族长故事的历史真实性。

2. 本文作者不同意一些学者的观点，即《旧约》的所有文本都是在以色列人被流放以后才写成的。

3. 另见第七章第275页。

4. 耶利米的执政期始于约公元前627年。

5. 如同大部分记载这些事件的远古记录一样，不同的版本给出的数字不同。

6. 达卡达德拉亦称迪尔塔克。他们被阿卡德语书吏分别等同为智慧的创造神伊阿和月亮神辛。

7. 见第七章第 268 页。

8. 另见第四章第 157 页。

9. 注意此处的语义交叉。

10. 可能由舒尔吉国王而不是乌尔-纳姆颁布的。

11. 见第四章第 150 页。

12. 这之间的《汉谟拉比法典》第 197、199、201 条处理当事人双方地位不对等的类似案件。

13. 小酒馆或供陌生人休憩的客栈（bit naptarim），直到最近才被确定为商队旅馆。

14. 比较莎士比亚的《麦克白》中的巫婆为过去、现在和未来所做的三重预言。

15. "干宫大门"形容肝上的血管裂缝。

16. 另见第二章第 72 页。

17. 这是该词汇表的第一行，hubullu 的意思是一笔贷款；HAR. ra 是苏美尔语里表示贷款的对应词。

18. 见本章第 135 页。

19. 另见第二章第 57 页和第八章第 302 页。

20. 另见第二章第 72 页对库姆兰的巴比伦其他资料的说明。

21. 或许与《以西结书》27 章 23 节里的坎内（Kanneh）相同。另见第五章第 218 页。

22. 见第七章第 287 页。

延伸阅读

Müller, H.-P (ed.), *Babylonien und Israel: historische, religiöse und sprachliche Beziehungen*(Darmstadt, 1991).

Hughes, J., *Secrets of the Times*, Journal of the Society for Old Testament Studies, Supplement Series 66 (Sheffield, 1990).

Saggs, H. W. F., *The Encounter with the Divine in Mesopotamia and Israel* (London, 1978).

1. Historical Background

Alt, A., 'Die Rolle Samarias bei der Entstehung des Judentums', *Kleine Schriften,* ii (Munich, 1933), 316–37.

Biran, A., and Naveh, J., 'The Tell Dan Inscription: A New Fragment', *Israel Exploration Journal* 45 (1995), 1–18.

Bonechi, M., 'Relations amicales syro-palestiniennes: Mari et Hasor au XVIII siécle av. J. C.', in J.-M. Durand (ed.), *Florilegium marianum*, Mémoires de NABU 1, Recueil d'études en l'honneur de Michel Fleury (Paris, 1992).

Borger, R., and Tadmor, H., 'Zwei Beiträge zur alttestamentlichen Wissenschaft aufgrund der inschriften Tiglathpilasars III', *ZAW* 94 (1982), 244–50.

Cogan, M., and Tadmor, H., *II Kings: A New Translation with Introduction and Commentary*, Anchor Bible (New York, 1988).

Dalley, S., 'Foreign Chariotry and Cavalry in the Armies of Tiglath-Pileser and Sargon II', *Iraq* 47 (1985), 31–48.

——'Yahweh in Hamath in the 8th Century BC: Cuneiform Material and Historical Deductions', Vetus Testamentum 40 (1990), 21–32.

Edzard, D.-O., 'Amarna und die Archive seiner Korrespondenten zwischen Ugarit und Gaza', in J. Amitai (ed.), *Biblical Archaeology Today* (Jerusalem 1985), 248–59.

Hayes, J. H., and Miller, J. M. (eds.), *Israelite and Judaean History* (London, 1977).

Horowitz, W., and Shaffer, A., 'A Fragment of a Letter from Hazor', I*srael Exploration Journal* 42 (1992), 165–6.

Kingsley, P., 'Ezekiel by the Grand Canal: Between Jewish and Babylonian Tradition', *Journal of the Royal Asiatic Society* 3 (1992), 339–46.

Klengel, H., *Syria*, 3000 to 300 BC (Berlin, 1992).

Kochavi, M., *et al.* 'Aphek-Antipatris 1974–1977, The Inscriptions', *Tel Aviv* 2–5 (1975–8).

Labat, R., *La Caractére religieuse de la royauté assyrobabylonienne* (Paris, 1939), esp. part 3, 'Le Roi representant les dieux sur la terre', and ch. 3 'La Guerre sainte'.

Lemaire, A., and Joannès, F., 'Premières monnaies avec signes cunéiformes', *Nouvelles Assyriologiques Brèves et Utilitaires*, no. 95 (1994).

McCarter, P. K., 'The Patriarchal Age', in H. Shanks (ed.), *Ancient Israel* (Washington, DC, 1988), 1–30.

Malamat, A., *Mari and the Early Israelite Experience*; Schweich Lectures 1984 (Oxford, 1989).

Moore, M. S., *The Balaam Traditions: Their Character and Development,* Society of Biblical Literature, Dissertation Series 113 (Scholars Press, Atlanta, 1990).

Na'aman, N., and Zadok, R., 'Sargon II's Deportations to Israel and Philistia', *JCS* 40 (1988), 36–46.

Naveh, J., 'Writing and Scripts in Philistia', *Israel Exploration Journal* 35 (1985), 8–21.

Oded, B., *Mass Deportations and Deportees in the Neo-Assyrian Empire* (Wiesbaden, 1979).

Pietersma, A., 'Jannes and Jambres', *Anchor Bible Dictionary* (New York, 1992).

Reich, R., 'The Identification of the "sealed kāru of Egypt" ', *Israel Exploration Journal* 34 (1984), 32–8.

Sweeney, M. A., 'Sargon's Threat against Jerusalem in Isaiah 10: 27–32', *Biblica* 75 (1994), 457–70.

Weippert, M., 'Heilige Krieg in Israel und Assyrien', *ZAW* 84 (1972), 469–93.

2. Babylonian Traditions in Genesis and Exodus

Abou Assaf, A., Bordreuil, P., and Millard, A. R., *La Statue de Tell Fekheryé* (Paris, 1982) with redating by A. Spycket, *Revue d'Assyriologie* 79 (1985), 67–8, and H. Sader, *Les États araméens en Syrie* (Beirut, 1987), 23–9.

Afanas'eva, V. K., 'Das sumerische Sargon-Epos', *Altorientalische Forschungen* 14 (1987), 237–46.

Alster, B., 'A Note on the Uriah Letter in the Sumerian Sargon Legend', *Zeitschrift für Assyriologie* 77 (1987), 169–73.

Arnaud, D., *Recherches d'Aštata/Emar VI/4*, no. 767 (Paris, 1987), with M. Civil, Aula Orientalis 7 (1989), 7.

Bailey, L. R., *Noah, the Person and the Story in History and Tradition* (Columbia, 1989).

Beyer, K., *Die aramäische Texte vom Toten Meer*, Ergänzungsband (Göttingen, 1994), 119-21.

Bonechi, M., and Catagnoti, A., 'Le Volcan Kawkab, Nagar et problèmes connexes', *Nabu*, no. 65 (1992).

Clifford, R. J., *Creation Accounts in the Ancient Near East and in the Bible*, Catholic Biblical Quarterly Monograph Series 26 (Washington, DC, 1994).

Cohen, S., *Enmerkar and the Lord of Aratta* (Ann Arbor Microfilms, 1980), lines 141–55 with commentary.

Cooper, J. S., 'Sargon and Joseph: Dreams Come True', in A. Kort and S. Morschauser (eds.), *Biblical and Related Studies Presented to Samuel Iwry* (Eisenbrauns, 1985), 33–40.

Davila, J. R., 'Shinar', *Anchor Bible Dictionary*, v (New York, 1992), s.v.

Durand, J.-M., 'Le Mythologème du combat entre le dieu de l'orage et la mer', *MARI* 7 (1993), 41–62.

Emerton, J. A., 'Some False Glues in the Study of Genesis 14', *Vetus Testamentum* 21 (1971), 24–47.

Foster, B., *Before the Muses*, i (Ann Arbor, 1993), 282–9, for a translation of the so-called Kedor-Laomer texts.

Gurney, O. R., 'A Note on the Babel of Tongues', *AfO* 25 (1974–7), 170.

Hoffner, H., 'Second Millennium Antecedents to the Hebrew'ōb', *Journal of Biblical Literature* 86 (1967), 385–401, and the *Chicago Assyrian Dictionary* s.v. apu B.

Kramer, S., and Maier, J., *Enki the Crafty God* (Oxford, 1989), 88, and chapter 'Sumerian Literature and the Bible', 154–9.

Mullen, E. T, *The Assembly of the Gods*, Harvard Semitic Monographs 24 (Scholars Press, 1980).

Seters, J. von, *Abraham in History und Tradition* (New Haven and London, 1975).

Sollberger, E., and Kupper, J.-R., *Inscriptions royales sumériennes et akkadiennes* (Paris, 1971).

Thompson, T. L., *The Historicity of the Patriarchal Narratives* (Berlin and New York, 1974), ch. 9.

Toorn, K. van Der, 'The Nature of the biblical Teraphim in the Light of the Cuneiform Evidence', *Catholic Biblical Quarterly* 52 (1990), 203–22.

——and Horst, P. W. van der. 'Nimrod before and after the Bible', *Harvard Theological Review* 85 (1990), 1–30.

Ünal, A., 'Das Motiv der Kindesaussetzung in den altanatolische Literaturen', in K. Hecker and

W. Sommerfeld (eds.), *Keilschriftliche Literaturen*, ausgewählte Vorträge der XXXII rencontre assyriologique internationale (Berlin, 1986), 129–36.

Vanderkam, J. C., *Enoch and the Growth of an Apocalyptic Tradition* (Washington DC, 1984).

Vanstiphout, H., 'Another Attempt at the "Spell of Nudimmud" ', *Revue d'Assyriologie* 88 (1994), 135–54.

3. Cuneiform Laws and biblical Parallels

Alster, B., *The Instructions of Shuruppak*, Mesopotamia 2 (Copenhagen, 1974); and see also C. Wilcke, 'Philologische Bemerkungen zum *Rat des Šuruppag* und Versuch einer neuen Übersetzung', *Zeitschrift für Assyriologie* 68 (1978), 196–232.

Charpin, D., 'L'Andurârum à Mari', *MARI* 6 (1990), 253–70.

Chicago Assyrian Dictionary s.v. andurārum, durāru, and šapattu.

Fensham, F. C., 'Malediction and Benediction in Ancient Near Eastern Vassal Treaties and the Old Testament', *ZAW* 74 (1962), 1–9.

——'Common Trends in Curses of the Near Eastern Treaties and Kudurru Inscriptions Compared with Maledictions of Amos and Isaiah', *ZAW* 75 (1963), 155–75.

Geller, M. J., 'The Shurpu Incantations and Leviticus V 1–5', *Journal of Semitic Studies* 25 (1980), 181–92.

Greengus, S., 'Filling Gaps: Laws Found in Babylonia and in the Mishna but Absent in the Hebrew Bible', *Maarav* 7 (1991), 149–71.

——'Biblical and Ancient Near Eastern Law', *Anchor Bible Dictionary*, iv (1992), 242–52.

Held, M., 'Philological Notes on the Covenant Rituals', *Bulletin of the American Schools of Oriental Research* 200 (1979), 32–7.

Leemans, W. F, 'Quelques considérations à propos d'une étude récente du droit du Proche-Orient ancien', *Bibliotheca Orientalis* 48 (1991), 409–37.

Levy, J., 'The biblical Institution of Deror in the Light of Akkadian Documents', *Eretz Israel* 5 (1958), 21–31.

Loewenstamm, S., *The Laws of Adultery and Murder in biblical and Mesopotamian Law*, Alte Orient und Altes Testament 204 (Neukirchen-Vluyn, 1980), 146–53.

McCarthy, D. J., *Treaty and Covenant: A Study in Form in the Ancient Oriental Documents and in the Old Testament*, 2nd edn. (Rome, 1978).

Nicholson, E. W., *God and his People: Covenant and Theology in the Old Testament* (Oxford, 1986), esp. ch. 3.

Otto, E., *Rechtsgeschichte der Redaktionen im Kodex Eshnunna und im 'Bundesbuch'*, Orbis Biblicus et Orientalis 85 (Göttingen, 1989).

Paul, S., *Studies in the Book of the Covenant in the Light of Cuneiform and biblical Law*, Vetus Testament suppl. 18 (1970).

Skaist, A., 'Levirat', in *RLA* vi (1980–3), 605–8.

Weinfeld, M., *Deuteronomy and the Deuteronomic School* (Oxford, 1972).

Westbrook, R., *Studies in biblical and Cuneiform Law*, Cahiers de la Revue Biblique 26 (Paris, 1988), with the review of J. N. Postgate, *Vetus Testamentum* 42 (1992), 431–2.

——'Cuneiform Law Codes and the Origins of Legislation'. *Zeitschrift für Assyriologie* 79/2 (1989), 201–22.

Yaron, R., *The Laws of Eshnunna*, 2nd edn. (Magnes Press and Brill, 1988).

4. Prophecy and Pseudo—Prophecy

Bodi, D., *The Book of Ezekiel and the Poem of Erra*, Orbis Biblicus et Orientalis 104 (Freiburg and Göttingen, 1991).

Borger, R., 'Gottesbrief ', *RLA* iii (1957–71), 575–6.

Collins, J. J., *The Apocalyptic Imagination. An Introduction to the Jewish Matrix of Christianity* (New York, 1987), esp. 14–22.

Durand, J.-M., *Archives épistolaires de Mari*, i: 1 (= Archives Royales de Mari xxvi) (Paris, 1988), 421–54.

Ellis, M. de J., 'The Goddess Kititum Speaks', *MARI* 5 (Paris, 1987), 235–66.

Fleming, D., 'Nābû and Munabbiātu: Two New Syrian Religious Personnel', *Journal of the American Oriental Society* 113 (1993), 175–83.

Kvanvig, H. S., *Roots of Apocalyptic* (Neukirchener Verla g, 1988).

Lambert, W. G., *The Background of Jewish Apocalyptic*, Ethel M. Wood lecture of 1977 (Athlone Press, 1978).

Malamat, A., *Mari and the Early Israelite Experience*, Schweich Lectures for 1984 (Oxford, 1989).

Pritchard, J. B. (ed.), 'An old Babylonian Oracle from Uruk', *Ancient Near Eastern Texts Relating to the Old Testament*, 3rd edn. (Princeton, 1969), 604.

Sherwin-White, S., 'Seleucid Babylonia', in A. Kuhrt and S. Sherwin-White (eds.), *Hellenism in the East* (Duckworth, 1987), 10—14 (new translation of the Dynastic prophecy with evaluation of its historical background).

Vanderkam, J. C., *Enoch and the Growth of an Apocalyptic Tradition* (Washington, DC, 1984).

Weippert, M., 'Assyrische Prophetien der Zeit Asarhaddons und Assurbanipals', in F.-M. Fales (ed.), *Assyrian Royal Inscriptions: New Horizons* (Rome, 1981), 71–116.

5. Wisdom Literature

Alt, A, 'Die Weisheit Salomos', *Theologische Literaturzeitung* 76 (1951), 139–44.

Day, J., 'Foreign semitic influence on the Wisdom of Israel and its appropriation in the Book of Proverbs', in J. Day, R. E. Gordon, and H. G. M. Williamson (eds.), *Wisdom in Ancient Israel, Essays in Honour of J. A. Emerton* (Cambridge, 1995), 55–70.

Dell, K., *The Book of Job as Sceptical Literature*, ZAW Beiheft 197 (1991).

Greenfield, J., 'The Seven Pillars of Wisdom (Prov. 9: 1) —A mistranslation', *Jewish Quarterly Review*, M. Held memorial volume, 76 (1985), 13–20.

Livingstone, A., *Court Poetry and Literary Miscellanea*, State Archives of Assyria iii, nos. 37 and 47 (Helsinki, 1989).

Loretz, O., *Qoheleth und der Alte Orient* (Freiburg, 1964).

Whybray, R. N., *The Book of Proverbs*, Cambridge Bible Commentary (Cambridge, 1972).

6. Psalms, Lamentations, and the Song of Songs

Cooper, J. S., 'New Cuneiform Parallels to the Song of Songs', *Journal of Biblical Literature* 90 (1971), 157–62.

Cumming, C. G., *The Assyrian and Hebrew Hymns of Praise* (Columbia, 1934).

Dalgleish, E. R., *Psalm 51 in the Light of Ancient Near Eastern Patternism* (Leiden, 1962).

Finkel, I.,' Adad-apla-iddina, Esagil-kin-apli and the series SA.GIG', in E. Leichty, M. de J. Ellis, and P. Gerardi (eds.), *A Scientific Humanist: Festschrift for A. Sachs* (Philadelphia, 1988), 143–60.

Hillers, D., 'Lamentations', in the *Anchor Bible Dictionary*.

Matsushima, E., 'Le Rituel hiérogamique de Nabû', *Acta Sumerologica* 9 (1987), 131–75.

Soll, W. M, 'Babylonian and biblical Acrostics', *Biblica* 69 (1988), 305–23.

Starr, I., *The Rituals of the Diviner*, Bibliotheca Mesopotamia 12 (Malibu 1983), 53, for the link between the *shekhinah* and Akkadian.

Widengren, G., *The Accadian and Hebrew Psalms of Lamentation* (Uppsala, 1936).

7. Historical Writing

Edzard, D.-O., 'Itinerare', *RLA* v (1976-80).

Grayson, A. K., *Assyrian and Babylonian Chronicles*, Texts from Cuneiform Sources (Locust Valley, New York, 1975).

Grayson, A. K., *Assyrian Royal Inscriptions* (Wiesbaden, 1976), vols. i and ii.

Ishida, T., 'The Succession Narrative and Esarhaddon's Apology: A Comparison', in M. Cogan and I. Eph'al (eds.), *Ah, Assyria..., Studies Presented to H. Tadmor* (Jerusalem, 1991), 166–73.

Liverani, M., 'Assyrische Propheteien', in F. M. Fales (ed.), *Assyrian Royal Inscriptions, New Horizons* (Rome, 1981).

Machinist, P., 'Assyria and its Image in the First Isaiah', *Journal of the American Oriental Society* 103 (1983), 719-37.

Malamat, A., 'King Lists of the Old Babylonian Period and biblical Genealogies', *Journal of the American Oriental Society* 88 (1968), 163–73.

Mason, R., *Zephaniah, Habakkuk, Joel*, Old Testament Guides (Sheffield, 1994).

Mettinger, T N., 'YHWH Sabaoth—The Heavenly King on the Cherubim Throne', in T. Ishida (ed.),

Studies in the period of David and Solomon (Tokyo, 1982), 109-38.

Röllig, W., 'Ein Itinerar aus Dur-Katlimmu', Damaszener Mitteilungen 1 (1983), 279–84.

Wilson, R. R., *Genealogy and History in the biblical World* (Yale, 1977).

Woude, A. S. van der (ed.), *The World of the Old Testament* (Grand Rapids, Mich., 1989).

8. New Year, Day of Atonement and Scapegoat Ritual

Epstein, I. (trans.), T*he Babylonian Talmud,* Mo'ed VII (London, 1938).

Goldman, E. A. (trans.), *The Talmud of the Land of Israel* (Chicago, 1988), vol. xvi.

Janowski, B., and Wilhelm, G., 'Der Bock, der die Sünden hinausträgt', in B. Janowski, K. Koch, and G. Wilhelm (eds.), *Religionsgeschichtliche Beziehungen zwischen Kleinasien, Nordsyrien und dem Alten Testament*. Orbis Biblicus et Orientalis 129 (Freiburg and Göttingen, 1993).

Jewish Encyclopaedia s.v. Atonement, 281b.

Properzio, P., 'New Light on the Cults of Artemis and Apollo in Marseilles', in R. F. Sutton (ed.), *Daidalikon, Studies in memory of R. V. Schroder* (Ill., 1989).

Strack, H. L., *Introduction to the Talmud and Midrash*, 6th edn. (New York, 1959).

Wright, D. P., 'Day of Atonement', A*nchor Bible Dictionary* (1992).

9. Assyrian and Babylonian Cults and Deities in Israel

Cogan, M., *Imperialism and Religion: Assyria, Judah and Israel in the Eighth and Seventh Centuries B. C. E.*, Society of Biblical Literature, Monograph Series 19 (Missoula, 1974).

Dalley, S., and Teissier, B., 'Tablets from the Vicinity of Emar and elsewhere', *Iraq* 54 (1992), esp. 90-1.

Day, J., *Molech* (Cambridge, 1989), 79–80.

Handy, L. K., 'Tammuz', in A*nchor Bible Dictionary* (1992).

Hoffner, H., 'Second Millennium Antecedents to the Hebrew 'ôb', *Journal of Biblical Literature* 86 (1967), 385–401 (and *Chicago Assyrian Dictionary* s.v. apu B).

Lipiński, E., 'Apladad', *Orientalia* 45 (1976), 53–74 with A. Cavigneaux and B. Ismail, 'Die Statthalter von Suhu und Mari im 8 Jh.v.Chr.', *Baghdader Mitteilungen* 21 (1990), 321–456.

McKay, J., *Religion in Judah under the Assyrians* (London, 1973).

Pallis, S. A., *Mandaean Studies*, 2nd edn. (London, 1926).

Parpola, S., *Letters from Assyrian and Babylonian Scholars*, State Archives of Assyria 10, no. 19 (= ABL 1097) (Helsinki, 1993)

Stol, M., 'Greek Deikterion: The Lying-in-State of Adonis', in J. H. Kamstra, H. Milde, and K. Wagtendonk (eds.), *Funerary Symbols and Religion, Essays dedicated to M. S. H. G. Heerma van Voss* (Kampen, 1988), 127–8.

Verms, G., *The Dead Sea Scrolls in English*, 4th edn. (Harmondsworth, 1995), 96.

第四章

美索不达米亚与希腊世界的接触和影响

到波斯征服时

斯蒂芬妮·达利，A.T. 雷耶斯

（Stephanie Dalley and A. T. Reyes）

引 言

　　刚过了两三天，我就找到诗人荷马那里。当时我们都有闲暇时间，所以我问了他种种事情。"首先，"我说，"你从哪里来？这个问题连我们那里都争论不休。""我不是不知道，"他说，"有些人认为我是希俄斯（Chian）人，有些人以为我是士麦那人（Smyrnaean），许多人以为我是科洛丰人（Kolophonian）。事实上，我是巴比伦人；我的同胞不叫我荷马而叫提格兰尼斯（Tigranes）。后来，我成了希腊的人质（homeros），我就改了名字。"[1]

作者琉善于公元 2 世纪在今土耳其境内的萨姆萨特写了上面这段话，把荷马认作巴比伦人，其中不乏讽刺意味。在他所处的时代，在希腊人看来，古老的美索不达米亚文化比他们自己的文化更悠久，值得敬仰，仍可在底格里斯河和幼发拉底河两岸的古城如有名的巴比伦、博尔西帕、乌鲁克、阿淑尔和哈兰的神庙和学术机构里找到其遗留痕迹，且在哈特拉、巴尔米拉和奥龙特斯河岸的阿帕米亚[2]以新的活力崛起。在许多人看来,美索不达米亚文化似乎比埃及文化更久远。米迦勒·普塞洛斯(Michael Psellos)在援引曾教导过尼禄皇帝的哲学家卡埃莱蒙(Chaeremon)时说:"迦勒底人认为自己是埃及人的老师,而埃及人夸口说他们的弟子正是迦勒底人……我发现迦勒底人的智慧比在埃及人之中狂热地实践的智慧更悠久。"[3]所以,在琉善的许多同时代人看来,很大程度上,那些似乎是"希腊"的东西——甚至荷马的史诗,所有希腊诗歌中最"希腊"的诗歌——其实起源于"巴比伦",这是表示起源于亚述和巴比伦文明的习惯说法。直到最近,对近东文学和历史的证据了解不多的学者,往往认为古典时代晚期作家所有的这类声明都毫无根据,因为他们认为巴比伦文明的所有痕迹很久以前就消失了。

虽然琉善半开玩笑地说荷马是巴比伦人,但是荷马确实可以被直接称为巴比伦人。随着楔形文字文本研究的进步,学者们发现,美索不达米亚史诗文学特别是《吉尔伽美什》与《伊利亚特》《奥德赛》之间的相似性越来越大,以至于需要做出新的努力来解释为什么如此相似。某些阶段社会演化的民族自豪感不可避免地表现出来的某种文学原型,是否可以解释这一组一组的相似性,抑或复杂的扩散方式是否可以提供更好的理论解释,对这些问题的回答仍然存在分歧。美索不达米亚与爱琴海世界之间的接触主要是间接的,约在公元前730年前,也就是荷马生活的时代以前,就有悠久的历史。近东的文献资料表明,这两个地区早在公元前7世纪的希腊"东方化时期"就相互认识;一般认为,这一时期古希腊文化在近东的影响下严重衰落。多种形式的接触延续到波斯战争以后,直到进入希腊化时期及其以后的罗马帝国时期。"东方化"时期不是只有一个,而是好几个。

本章试图探索从第三个千年到居鲁士二世于公元前539年征服巴比伦这一时期美索不达米亚与周边地区的接触和影响,确定主要的互动领域。首先,本章将考察爱琴海和地中海东岸这些广泛区域,它们在古典时期就被视为希腊的一部分,但在青铜器时代,也包括非希腊的克里特岛的米诺斯。本章还考察了赫梯人怎样把巴比伦的某些学术传统从美索不达米亚传播到西安纳托利亚的沿海城市。希腊人采用字母表并用它记录其非凡的文学创作财富以后，就有可能更准确地概括出希腊文化中与很早以前就闻名于世的美索不达米亚文化相类似的各个方面。通过在实物上比较相似的艺术主题，人们会更加认可这种可能性，即某些文学体裁是从美索不达米亚传播到爱琴海和希腊的。

第五章将说明，这些主题后来传播到罗马及其帝国。美索不达米亚文化的重要方面没有被希腊的荣光所取代，它存续到楔形文字消失以后，继续繁荣到公元 3 世纪。所以，我们现在必须审视一下那些主张美索不达米亚渊源的希腊晚期文献，是否真的像以前所设想的那样不可信赖。楔形文字文献说明，多个世纪积累下来的文学素材怎样被周期性地重新创作，成为一种新的并且相当连贯的文学形式；在新的文本中嵌入明显可辨的古代素材，怎样被视为一种优势，而不是文学无能的象征。希腊和罗马文化元素向美索不达米亚借鉴了非常古老的宗教、技术和文学传统，并不能表示古希腊的成就减少。相反，这些要素之所以被转化和接受，恰恰因为接受者有高度的智慧以及政治和经济上的先进性。

从公元前三千纪到约公元前 1500 年

这一漫长时期包括克里特岛与希腊的前宫殿时代和宫殿时代早期，[4] 人们逐渐以更大的规模集中聚居。这种演化最终产生了对记账系统以及集中存放农产品和奢侈品的需求。

在希腊铜器时代（Helladic period）的早期（约公元前 3000—前 2000 年），希腊和安纳托利亚出现了大致上为圆锥形的陶制印章，通常下部为圆形，刻有简单的几何图案。它们很可能与在美索不达米亚南部、苏锡安那（Susiana）平原和幼发拉底河上游河谷广泛使用的记账筹码有关。如果像很久以前猜测的那样，希腊的锥形印章表明"几个世纪以前……从东方传承过来的一种传统的留存"，[5] 那么，这些印章就是以宫廷为中心的经济体所需要的记账制度的前身，它们可能是由往来于（泛指的）近东和东地中海之间的商人在传递知识时触发的。

在幼发拉底河边的西帕尔和底格里斯河中游的阿淑尔的两座坟墓里发

现了多个铜或青铜制成的"肚脐形"平底锅，每个锅中央都有一个隆起的浮雕，还有隆起的同心环和长手柄。它们与美索不达米亚南部城市里常见的简易式"煎炸平底锅"有关。在安纳托利亚西北部包括特洛伊城的 IIg 层发现了相当多的带浮雕和环的平底锅。[6] 这些证据可以追溯到大约公元前2500 年至前 2250 年之间，清楚地表明这些源自美索不达米亚的专门货物来到了一个遥远的地区，该地区正是希腊语民族后来的所在地。

在东地中海发现了两处铭文，上面出现了纳拉姆-辛，即埃什嫩那和亚述的国王的名字。据说，其中一块是 1894 年左右在基西拉（Kythera）岛的一块白色石头上发现的，但现在找不到了："为了他的生命，伊佩克-阿达德（Ipiq-Adad）的儿子纳拉姆-辛向他的主人杜尔-里木什（Dur-Rimush）的米沙尔（Mishar）神献祭于此。"[7] 塞浦路斯的库里翁（Kourion）遗址有一枚印章，刻着这位纳拉姆-辛的一个仆人的名字。[8] 这就是纳拉姆-辛国王，他不光在约公元前 1950 年统治了埃什嫩那，而且是亚述的国王。[9] 他自

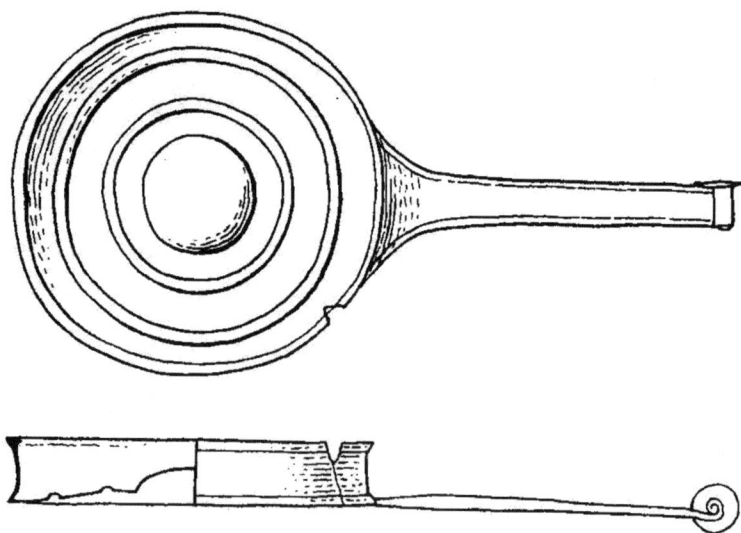

图 4.1　出自阿淑尔一座古墓的带"肚脐"的青铜平底锅，长 0.52 米。特洛阿德也有类似的平底锅

封了至高无上的"四方之王"头衔，这就说明他征服了广大地区，一生都被奉若神明。他的征服使埃什嫩那可以在叙利亚北部和安纳托利亚做贸易，通过这些地区纳拉姆–辛可以与爱琴海世界接触。但是，这两处铭文都有可能是很久以后作为祖传宝物来到西方的，所以它们不能成为这一时期的可靠证据。

虽然如此，希腊传统会铭记，基西拉岛与东部地区有紧密的联系。希罗多德说，基西拉岛崇拜的阿佛洛狄忒神是"亚述人"。[10]帕萨尼亚斯（Pausanias）追溯了该爱神崇拜所经由的路线："人类中，起初崇拜乌拉尼亚（Ourania，即阿佛洛狄忒爱神）的是亚述人，之后是塞浦路斯的帕福斯（Paphians）人，再后来，是住在巴勒斯坦阿什凯隆附近的腓尼基人，最后是基西拉岛人，他们向腓尼基人学习崇拜阿佛洛狄忒。"[11]

在爱琴海发现了许多滚筒印章，上边有古巴比伦（公元前两千纪初期）或米坦尼（公元前两千纪中期）风格的图案。它们来自希腊迈锡尼遗址和克里特岛的米诺斯遗址。[12]虽然这些印章到过很多地方，它们的外观设计在黎凡特常常被重新刻画，但是它们仍使美索不达米亚的艺术形象现身于爱琴海地区。

能充分证明美索不达米亚文明曾与克里特岛的米诺斯文化有过接触的书面证据，主要来自美索不达米亚文明的遗址，在幼发拉底河中游的玛里发现的皇家档案里的楔形文字泥板曾提到克里特岛人，这些泥板可以追溯到公元前1800年左右。按照这些泥板文字的记载，克里特岛的商品被运送到玛里和巴比伦的宫廷里。在玛里还发现了克里特人的酒器和武器，其外壳常镶嵌着宝石和贵金属。有一段文字写道，克里特岛的鞋子送给了巴比伦的国王汉谟拉比；还有一段记载说，克里特人的船（或一艘船的一个模型）是在玛里建造的。更多文字说明，乌加里特的克里特岛商人的一个监工和翻译一起工作，参与美索不达米亚与爱琴海地区的贸易。[13]在乌加里特出土的文物已经证实，乌加里特有克里特岛商品。在卡尼什发现的文献记载说明，在安纳托利亚中部，亚述的许多贸易殖民地至少延续到公元前1800年，亚述人很可能在叙利亚北部也有类似的贸易殖民地。[14]克里特岛科尼亚（Konya）和斐斯托斯（Phaistos）附近的卡拉胡尤克（Karahuyuk）

村的锁具上的印章，显示了这些行政管理制度之间的相似性，这些相似性可能是在与亚述贸易的影响下产生的。[15]

在黎凡特，比如在毕布鲁斯和阿拉拉赫，人们使用泥板楔形文字，这表明，在这一时期，线形文字 B（希腊迈锡尼时期用于书写）的前身——仍未破解的线形文字 A，可能是受近东影响在克里特岛发展起来的。亚述商人使用简化的阿卡德语楔形文字，它由大约 68 个符号组成，大部分是简单的音节符号，在泥板上从左到右书写，通常用画线来换行。线形文字 A 也在泥板上从左到右书写，用画线来换行，由大约 100 个符号组成，大部分是简单的音节符号。在美索不达米亚、叙利亚和安纳托利亚，线形文字 A 和线形文字 B 的泥板都在阳光下晒干。这些书写方法可能从美索不达米亚传播到克里特岛和希腊迈锡尼地区。支持这种影响的理由主要是，据我们所知，正如需要印章和文字的城市和宫廷在美索不达米亚的出现要先于爱琴海一样，美索不达米亚早在爱琴海之前就有了印章和文字。

图 4.2　A. 出自库尔特佩（kültepe）的古亚述楔形文字阿卡德语泥板；B. 来自克诺索斯的线形文字 B 迈锡尼希腊语泥板

青铜器时代晚期（约公元前 1500—前 1100 年）

在这一时期的前期，克里特岛和希腊的宫廷处于全盛时期，它们有自己的建筑、制陶、宝石和金属加工等工艺技能和传统，它们都摆脱了美索不达米亚的影响。但是，可以从文字中找到其他影响依然存在的证据。这时，用阿卡德语楔形文字写就国际协议的做法，从美索不达米亚传播到近东的所有地区，包括埃及。

叙利亚北部对地中海东部各民族进入美索不达米亚的权力中心一直很重要。从乌加里特的档案里发现的一份公元前 13 世纪阿卡德语文献明确提到与克里特岛的贸易："从今天开始，乌加里特国王尼柯梅帕（Niqmepa）的儿子阿米塔姆鲁（Ammistamru）豁免了西吉努（Siginu）的儿子锡那拉努（Sinaranu）。……他的船从克里特岛来这里时被豁免。他必须把礼物带给国王……"迈锡尼的陶制器皿主要是在叙利亚和巴勒斯坦的沿海地区发现，但在内陆或安纳托利亚东部很少发现。[16] 公元前 14 世纪末或前 13 世纪初在土耳其南部的卡什（Kas）附近的乌卢布伦（Ulu Burun）沉船部分地表明，国际交流可能发生过，因为这艘船载有美索不达米亚、埃及、叙利亚、巴勒斯坦、塞浦路斯和爱琴海地区的货物。[17] 但是，在希腊和爱琴海地区发现的可能来自美索不达米亚又不易腐烂的人工制品都是一些小物件，如珠子、吊坠、匾牌和滚筒印章，它们可能间接地由塞浦路斯或地中海东部沿岸的中间商带到爱琴海地区。这尤其从约在公元前 1220 年位于皮奥夏（Boiotian）的底比斯（Thebes）的富丽堂皇的迈锡尼建筑物中发现的一批密藏滚筒印章可见一斑。虽然这些印章的雕刻图案是美索不达米亚的，但有几个是按照塞浦路斯当地风格重新雕刻的，说明塞浦路斯在连接美索不达米亚与希腊大陆的网络中是重要的一环，但这几个印章对当地的印章图案几乎没有影响。[18] 与之相反，我们可以看到克里特岛艺术对西亚如阿拉拉赫和玛里的壁画的影响。叙利亚的布拉克山丘有一个透镜形状的印章，其上的花纹图案无疑受米诺斯文化晚期雕刻风格在形状和花纹上的影响，漫画般地显示了一头母牛的三个生命时期：食草，产子，哺乳。[19]

近来，新的赫梯文献解答了安纳托利亚西部沿海有哪些城市这一长期

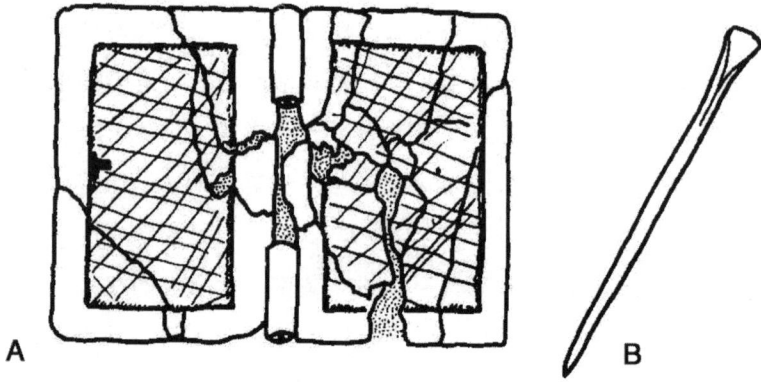

图 4.3　A. 在乌卢布伦沉船处发现的带象牙铰链的黄杨木文字板，公元前 14 世纪；B. 约同一时期出自哈图沙的铜杆笔

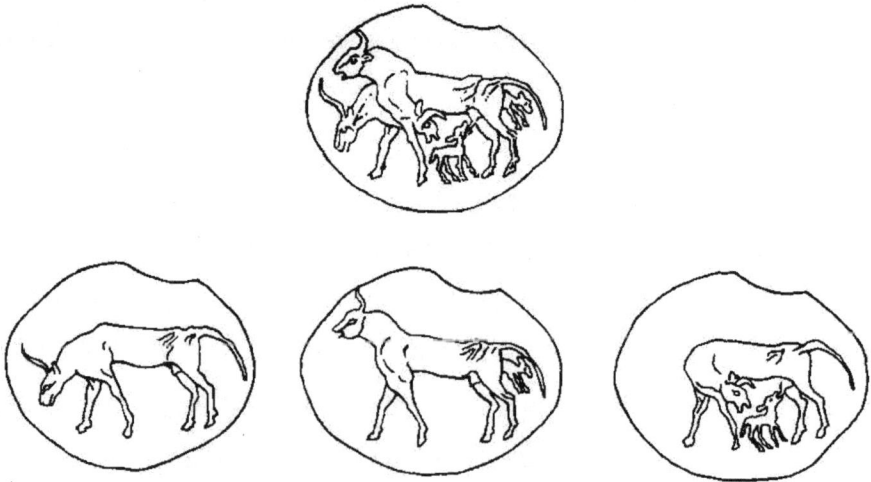

图 4.4　在叙利亚东北部的布拉克山丘发现的米诺斯风格印章

以来的难题。公元前 13 世纪后半期，在赫梯国王图特哈里与其封臣——统治叙利亚的阿穆鲁（Amurru）王国的索斯加-穆瓦（Sarsga-muwa）签订的一份条约中，禁止"阿希亚瓦（Ahhiyawa）与亚述经由阿穆鲁港之间的交通"。现在，许多学者认为，"阿希亚瓦"是 Achaea（亚该亚）这个词的另一种形式，意思是亚该亚或希腊的迈锡尼世界或其一部分。[20] 若果真如此，该条约说明了亚述与迈锡尼世界的贸易既重要又有规模，而且是定期进行。迈锡尼人不只是与黎凡特的沿海城市零星地交换产品。希罗多德认为，青铜器时代的腓尼基人把埃及和"亚述"的货物运到希腊特别是阿尔戈斯（Argos），这个说法从根本上是无可挑剔的。[21] 用线形文字 B 铭刻的泥板使用从阿卡德语借来的词表示芦苇、作为美索不达米亚南部地区的主要油料作物的"芝麻"（亚麻）油、小茴香、黄金和无袖外衣（tunic）。[22] 后来，希腊拼音文字用以表示度量衡和贸易货物的相当多的词属于闪米特语词。它们虽然并不一定都是阿卡德语（东闪米特语）词——一些词与迦南语或腓尼基语（西闪米特语）没有区别——但是可以说明早期希腊人接触过前往东方的说闪米特语的贸易团体，而且受到了他们的影响。[23]

近来，特洛伊城发现了刻有卢维语象形文字的书吏印章。由于书吏可能以美索不达米亚人的手册为材料学习卢维语，这一时期的卢维语也用楔形文字书写，所以，结合下面的证据来看，卢维语出现在如此之远的西部地区富有深远意义。在士麦那附近的卡拉贝尔（Karabel）山口高处有一块岩石浮雕，显示了一位赫梯国王装束的君主在用象形文字写卢维语。他可能是图特哈里四世的封臣，其身份是米拉（Mira）的塔尔卡萨纳瓦（Tarkaššanawa）国王，他的装饰着银浮雕的印玺铭刻着卢维语的象形文字和阿卡德语的楔形文字。现在看来，他统治的国家位于迈安德（Maeander）河以北，控制着从安纳托利亚腹地向西到米利都的主要道路。[24] 皮洛斯（Pylos）城的线形文字 B 泥板和楔形文字的赫梯语文献中都提到过米利都城，[25] 来自米利都的女工匠在皮洛斯城工作过，尽管该城在离希腊大陆西海岸很远的地方。皮洛斯城的迈锡尼国王的某个兄弟在米利都生活过，虽然图特哈里四世在位时迈锡尼人可能失去了该城的控制权。

很久以来，用楔形文字写成却在埃及发现的阿玛尔纳书简说明，巴比

图 4.5　A. 士麦那（伊兹密尔）附近的岩石雕塑，上有赫梯风格的米拉国王图像和卢维语象形文字的遗迹，公元前 13 世纪；B. 同一国王印章的银浮雕，上有阿卡德语楔形文字和卢维语象形文字铭文

伦、亚述、安纳托利亚、塞浦路斯和埃及王国之间的联系很紧密。信使频繁地行走在各个都城之间，王室之间通婚，而且交换过许多珍贵的礼物。随着我们越来越深入地了解赫梯的地理，这些信函中记录的各种关系也越来越广泛。在赫梯首都哈图沙发现的书简和官方记载都印证了这些关系的范围。根据法老用楔形文字写给阿尔萨瓦（Arzawa）王国的国王塔洪达-拉杜（Tarhunda-radu）的信简，我们可以推断，受过阿卡德语纯文学培训的书吏经常游走于各个宫廷，尽管塔洪达-拉杜的书吏说，他认为赫梯语比阿卡德语容易掌握。[26] 现在，可以有理由确信，阿尔萨瓦王国的首都阿帕沙司（Apasas）就是爱奥尼亚的一个沿海大城市——以弗所（Ephesos）古城。[27] 无论阿希亚瓦国王和阿尔萨瓦国王是否收到过赫梯人或阿卡德人的信简，按照传统的美索不达米亚楔形文字教学大纲学习的书吏都在他们

的宫廷里出现过。阿卡德语和赫梯语书面语之间的联系非常紧密，所以赫梯早期的王室铭文，传统上用阿卡德语和赫梯语两种语言的楔形文字来写。所以，这些信简清楚地表明阿卡德语手册里的知识传播到了安纳托利亚的西海岸。我们从阿玛尔纳地区发现的泥板中知道，给国外写信并翻译外国来信的书吏精通传统的文学作品，如阿达帕神话、内尔伽勒和埃列什基伽勒（Erishkigal）神话。在哈图沙，书吏非常了解三种不同语言的《吉尔伽美什》和阿加德国王的传说。

这样的知识被传播到渴望改善国际关系的统治者的王宫，清楚地说明迈锡尼时期的希腊权力中心深受巴比伦学术传统的影响。其他方面的专业知识随之而来。法老的一封来信要求塞浦路斯国王给埃及派遣鸟类占卜专家，这种占卜在美索不达米亚已很普遍，也被赫梯人采用，后来编成书面手册，如《泥板征兆集》。[28]

荷马在《伊利亚特》中写了特洛伊战争，用的似乎是与赫梯文献中的地名和人名对应的地名和人名：不仅阿希亚瓦可能就是亚该亚，而且塔瓦加拉瓦（Tawagalawa）可能是厄忒俄克勒斯（Eteokles），维鲁萨（Wilusa）的阿拉克桑都斯（Alaksandu）可能是伊利昂城（Ilion）的亚历山大（帕里斯）。无论所有这些对等是否正确，可以肯定的是，由于多种原因，这是美索不达米亚的非凡时期。在亚述，图库尔蒂-尼努尔塔一世（约公元前1244—前1208）统治得非常有效，他征服了亚述西北地区的山区人民，成为当时由图特哈里四世统治的赫梯人的近邻。他还征服了巴比伦，把许多文学作品作为非常珍贵的战利品带回首都。这些行为说明，他对文学感兴趣。他的文学兴趣还有一个众所周知的证明：他用巴比伦的文学方言写了一首有名的史诗，将自己描绘为伟大的战斗英雄，将他的战斗描写为受神的意志影响的英雄事迹。[29]优美的语言、深厚的感情、来自自然界的比喻和生动的战斗描写是这篇杰出作品的特点。这两个同时代的贤明君主的传奇品质可能与《创世记》第10和14章中被篡改后的名字宁录和提达有关。

人们已经习惯把青铜器时代结束的公元前12世纪描述为黑暗时代，这一时期，地中海东部、安纳托利亚和黎凡特地区的人民对其祖先几乎一无所知。但来自提尔、梯林斯（Tiryns）、优卑亚（Euboia）岛上的莱夫坎迪

（Lefkandi）以及佩拉蒂（Perati，其所在的拉乌里翁［Laurion］大银矿仍在开采）的最新考古证据，和来自埃马尔、马拉蒂亚、幼发拉底河岸边的卡赫美士的文字证据都表明，事实并非如此。国际贸易继续进行，但规模没有以前大；旧习惯仍然在沿用；朝代更迭仍在延续；埃马尔时事艰难，但人民仍在经商贸易，将活动记录在泥板上。哈图沙被敌人彻底摧毁，乌加里特主要毁于地震；近东的许多城市如阿库、提尔、西顿、毕布鲁斯、卡赫美士、哈兰和马拉蒂亚确实时事艰难，但设法维持传统的生活方式。

到青铜器时代末期，不仅有表明爱琴海地区与美索不达米亚势力范围之间存在贸易活动的证据，还有表明两个地区间存在更多交流的证据。西安纳托利亚大城市的国王与赫梯、黎凡特和埃及政权通信后，与美索不达米亚的楔形文字传统有了直接接触；这些政权不仅可以接触美索不达米亚文学的口头传说，也可以接触其书面形式。正如米诺斯社会和迈锡尼社会里的宗教元素往往持续到铁器时代，[30] 荷马和赫西俄德诗歌中的迈锡尼元素和近东元素都可能产生于青铜器时代。公元前 7 世纪以前很久，美索不达米亚文化就开始影响希腊语民族了。

铁器时代早期（约公元前 1100—前 900 年）

很难定义铁器时代早期希腊与美索不达米亚关系的亲密程度，因为希腊世界和近东的政治混乱使迈锡尼人、安纳托利亚人和黎凡特人的商业网络联系错位，这些联系早就从美索不达米亚一直延伸到地中海东部。但是，迈锡尼宫廷和赫梯宫廷的陷落以及后来向塞浦路斯和黎凡特的移民可能创造了希腊与美索不达米亚之间的新的沟通渠道。赫梯传统在一定程度上在新赫梯国——北叙利亚和西里西亚——一直存在，虽然这些传统是用卢维语的象形文字和阿拉姆语的线形拼音文字而不是楔形文字记录下来的。

我们无法得到当代文献的指导。上溯到这一时期的楔形文字原始资料没有提到任何希腊人，它们怎么也比不上来自玛里、乌加里特和埃马尔的大量早先记载。在希腊，迈锡尼宫廷里可能只有书吏之类的人才从事文字记录，所以文字似乎灭绝了，虽然在塞浦路斯一直存在。到后来，塞浦路斯人和安纳托利亚人可以根据假定的青铜器时代国王的血脉，声称与亚述人有亲属关系，但这些文字资料未必记录了他们的历史关系。[31]

然而，考古中出土的文物建起了可以观察这一时期的框架。到公元前11世纪后半期，腓尼基人继承了迦南的沿海地区，重新建立了希腊大陆与近东之间的通商网络；这一网络在沿海地区受到的损坏不像以前想的那么严重。这使希腊人接触了腓尼基人的字母表并最终采纳了这种字母，随之而来的还有训练有素的书吏，他们掌握了很久以前在美索不达米亚就有的学术训练方法。[32]像青铜器时代一样，这个新网络也延展到美索不达米亚，因为这正是中亚述时期，特别是提格拉-帕拉萨一世（公元前1115—前1077）等伟大国王的鼎盛时期；提格拉-帕拉萨一世在幼发拉底河上游附近的安纳托利亚征战，抵达黎凡特的腓尼基沿海城市，收受过毕布鲁斯、西顿和埃及君主送的礼物。在阿淑尔-丹（Ashur-dan）二世（公元前932—前912）及其继任者的统治下，亚述将其帝国向西扩张；协定以及其他契约的谈判起初以阿卡德语进行，配备有翻译。亚述国王富丽堂皇的宫廷对专门的商品制作产生了巨大的需求，又因为希腊人，尤其是优卑亚岛上的希腊人在这一时期的黎凡特地区积极经商，[33]所以，他们肯定了解美索不达米亚贡献的智慧财富和物质产品。

考古证据尤其把优卑亚岛与美索不达米亚或与美索不达米亚影响下的贸易联系起来。在优卑亚岛的莱夫坎迪，一座公元前10世纪的古墓随葬品中，有一条坠着细颗粒挂件的金项链，"完全和约公元前2000年巴比伦的金项链吻合"[34]，所以它可能很久以前就到了优卑亚岛，尽管这种类型的项链和来自叙利亚的项链之间也有同样多的共通之处，而莱夫坎迪的这条项链可能正是来自那里。已知桑葚状三叉金耳环的形状最早起源于亚述，尽管叙利亚北部也用这种金耳环。[35]同样有说服力的还有来自尼尼微的纳布神庙遗址上的一个原始几何图案的陶瓷杯碎片，虽然其外形并不突出，[36]却属于典型的优卑亚岛风格，其装饰是从杯嘴上悬垂下来的一系列半圆。

青铜器时代末期，在阿玛尔纳书简中称为达努纳（Danuna）的民族，也是埃及人有关海洋民族的记载中称为达奴（Denyen）人的民族，从西里西亚的阿达纳（Adana）来到这里。公元前8世纪中期，阿达纳东北部的卡

图 4.6　出土于莱夫坎迪的金项链

图 4.7　出土于莱夫坎迪的金珠宝，在设计和技术上有美索不达米亚元素

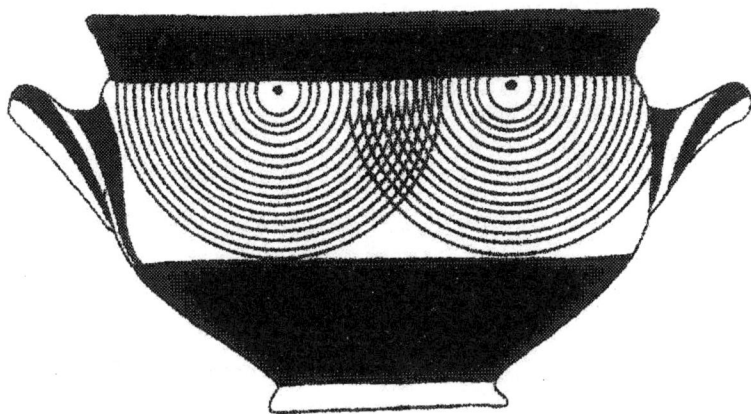

图 4.8　优卑亚半岛绘有悬垂半圆形图案的杯子，在尼尼微的纳布神庙、提尔和加利利都发现了这种陶器

拉泰佩有篇双语铭文，用拼音文字的腓尼基语和象形文字的卢维语提到摩普索斯（Mopsos）"家族"。摩普索斯是个常见名，线形文字 B 和赫梯文献中都有；因此不能据此推断西里西亚在黑暗时代以前就有很多说希腊语的人。但是，西里西亚的主要遗址上出土了迈锡尼和铁器时代的希腊陶器；从青铜器时代末到公元前 8 世纪，这里一直使用卢维语的象形文字；后来，可以几乎肯定地说，在阿淑尔巴尼帕时期，这一地区有爱奥尼亚人。[37]尽管人们常激情满怀地提出《伊利亚特》中的达奈–希腊人（Danaoi-Greeks）与近东文献中的达努纳之间，或《荷马史诗》中的预言家摩普索斯与西里西亚的摩普索斯家族之间的历史联系，但现在看来这种联系未必可能。[38]

西里西亚及其大城市阿达纳、塔尔苏斯、梅尔辛（Mersin）和科伦德瑞斯（Kelenderis）从青铜器时代挺过了艰难时期，到铁器时代一直保持繁荣兴旺。西里西亚仍然几乎不为外界所知，但阿达纳博物馆里的滚筒印章说明了许多国家之间的交往。这些印章的时间跨度为公元前三千年末到阿契美尼德时期，按照美索不达米亚、黎凡特、卡帕多西亚（Cappadocian）和叙利亚风格设计，混杂着埃及和塞浦路斯花纹。[39]

新亚述时期（约公元前 900—前 612 年）

阿卡德语指"爱奥尼亚人"的词在这一时期最早出现在楔形文字文献里。[40]然而，在希腊语文献中，在此后更晚的时期才有对新亚述帝国的记载。在这些文献中，希腊语 Assurios（亚述人）和 Assurie（亚述）显示，亚述在近东的政治和经济舞台上扮演过重要角色。这两个词不仅可以用作近东或任何近东人的泛指称谓，还可以特指亚述（Assurie）和亚述人的起源（Assurios）。[41]在希腊作家笔下（显然，希罗多德是个例外），Assurios 和 Assurie 可以与 Surios（叙利亚人）和 Surie（叙利亚）互换使用。腓尼基的阿瓦德被称为"亚述港"，地中海沿岸可以被称为"亚述"的领地。[42]

在亚述国王们对途经黎凡特和西里西亚的贸易的管控下，新亚述帝国从公元前 10 世纪到前 9 世纪不断扩张，直接结果就是进一步密切的往来交流。公元前 734 年，提格拉-帕拉萨三世向西征战，建立了与地中海地区的牢固贸易关系。[43]正如他们的先祖在安纳托利亚所做的那样，亚述国王也在西方的商业城市建立了贸易殖民地。[44]在亚述晚期的文献中发现了从阿淑尔寄来的卢维语商务信简和阿拉姆语的文字记录，说明美索不达米亚的商人会多种语言，有很多既当书吏又当翻译的人。[45]

这一时期最明显的是不同地区之间的流动，以及贸易、战争和外交带来的各种接触明显增多。希腊人不可能不跟亚述人接触，至少他们要以负责腓尼基和其他地方港口的海关官员身份与亚述人接触。叙卡斯山丘（Tell Sukas）、拉斯-巴西特（Rasel-Basit）和阿尔米纳（Al-Mina）的沿海遗址都有希腊人居住（常住或暂住），与亚述的基纳卢阿（Kinalua）和洗米拉（Simirra）省接壤。公元前 9 世纪末或公元前 8 世纪初，希腊陶器开始亮相于哈马时，希腊统治者刚刚断绝与大马士革的传统联盟，与亚述建立了联系。[46]公元前 9 世纪中后期时，住在古扎纳（哈拉夫山丘［Tell Halaf］）的一群匠人把象牙和青铜器出口到尼姆鲁德的宫廷，还卖给雅典的阔气主顾。[47]发现了公元前 8 世纪末希腊陶器的多尔（Dor），由于迦密山（Carmel）海岸和沙仑（Sharon）海岸的存在，成为亚述的行省的首府。用考古学的表述来说就是，能证明黎凡特有亚述印记的物证虽然有限，但很清晰：印章、建筑和"宫廷用品"已经被重新发现，可能都是黎凡特的希腊人所熟悉的。[48]

　　传统上，历史学家和考古学家认为，希腊人与亚述人的接触是敌对性的。他们认为，由于阿淑尔纳西尔帕二世和撒缦以色三世在公元前9世纪向西入侵，阻碍了贸易，所以黎凡特缺少希腊的考古材料。这种解释遮蔽了各种各样的关系，仅从两个无效的普通印象汲取灵感。第一个印象就是传统观点所认为的，亚述的战争机器残酷地对抗邻近地区；这个片面的观点基本上已被取代。第二个也是传统观点，即认为希腊人是海洋民族，实行民主政治，与东部专制政权不和；但实际上在这个时候，希腊诸城邦也是被僭主或国王统治，并不是一个统一的海上政权。

　　然而，一些残缺不全的楔形文字资料提及，希腊人在黎凡特沿岸某些地区进行海盗袭击，所以亚述士兵对他们采取武力行动。这些文献中表示希腊人的阿卡德语词汇有 kuryamnaya 和 kuryaman，都与 Ionia（爱奥尼亚）同源，m 常发 w 音。记录希腊与亚述冲突的许多楔形文字资料可追溯至公元前8世纪末的萨尔贡二世时期，大部分资料可能说的是同一场战役，[49]所以不能据此认为亚述与希腊之间大体上是冲突的关系。萨尔贡时期的亚实突王"爱奥尼亚人"亚玛尼（Yamani）的名字反映了非利士人对希腊血统的自豪感。他们的早期文化中有许多迈锡尼的特征。《圣经》中迦特（Gath）的亚吉（Achish）以及萨尔贡统治时期与其同名的以革伦（Ekron）的亚吉（'kyš），都意味着对其希腊起源的了解。

　　公元前696年，辛那赫里布派军队到西里西亚平息叛乱后，贝罗索斯说他"按照巴比伦的形象"重建了塔尔苏斯。[50]亚述文献中有再现巴比伦的建筑主题，说明贝罗索斯使用的资料是基于原始记载的。[51]辛那赫里布在一处神庙里安装了一座亚述风格的塔尔苏斯的桑顿（Sandon）神雕像，该神从赫梯时期以来就相当于巴比伦的马尔杜克神。来自塔尔苏斯的罗马硬币表明，桑顿神在哈德良时期仍被顶礼膜拜；亚述人撤离后，当地人没有拆除这座雕像。直到圣保罗生活的时代，当地人仍对该神相当崇拜。楔形文字资料清楚地表明，辛那赫里布所关心的是不断地向亚述进贡，而不是减少安纳托利亚南海岸希腊人的活动。这与在塔尔苏斯出土的文物并不矛盾，因为没有显而易见的考古序列断层。[52]

希腊人还记得辛那赫里布在战场上留下了一座自己的雕像以纪念胜利，他还命令用"迦勒底"文字铭刻他的勇敢和英雄事迹来启示未来。无论这位国王的名字是否正确，该雕像都可能是亚述帝国为标示亚述利益而建立的著名石碑之一。这可能是几世纪后目击者所说的由"萨达那帕拉"（Sardanapalos）[53]竖起的同一块石碑，该词是王室人名阿萨尔哈东和阿淑尔巴尼帕在希腊语中的变体，这两个名字在传说中被提及时，往往糅合了其他亚述王的传说故事。按照斯特拉博的记载，该石碑上刻有石像，右手手指显示"捏在一起"，他将亚述字母铭文译为希腊语：

> 阿那金达拉薛斯（Anakyndaraxes）的儿子萨达那帕拉一天之
> 内修建了安科阿勒（Anchiale）和塔尔苏斯。吃吧，喝吧，快活吧，
> 因为其他所有事情都不值得这个动作！

"这个动作"意思是打响指。[54]西西里的狄奥多罗斯（Diodoros Sikelos）为该铭文提供了另一个版本，并说迦勒底铭文被翻译成了希腊语。[55]

萨达那帕拉之后，希腊历史作品中还有其他的亚述传奇人物塞弥拉弥斯、尼诺斯和宁亚思（Ninyas）。塞弥拉弥斯融合了萨穆-拉玛特（Sammu-ramat）与阿萨尔哈东的母亲纳恰（Naqia）的形象，萨穆-拉玛特既是沙姆希-阿达德（Shamshi-Adad）五世（公元前823—前810）的妻子，又是阿达德-尼拉里（Adad-nirari）三世（约公元前810—前783）的母亲。[56]按照斯特拉博的讲述，[57]塞弥拉弥斯名声很大，小亚细亚和伊朗都为她立了纪念碑。[58]有在安纳托利亚发现的石碑为证，萨穆-拉玛特将自己的事迹用楔形文字详述在石碑上，[59]所以，她是位真正的历史人物。尼诺斯创建了其同名城市尼尼微和后来的卡里亚（Caria）的尼尼微，以及阿佛洛狄西亚（Aphrodisias）；传说中塞弥拉弥斯和尼诺斯的后裔是宁亚思和萨达那帕拉，他们与亚述宫廷里的真实历史事件的联系将在下一章介绍。[60]

正如希腊雇佣兵肯定在以色列、犹大和埃及的军队中待过一样，他们

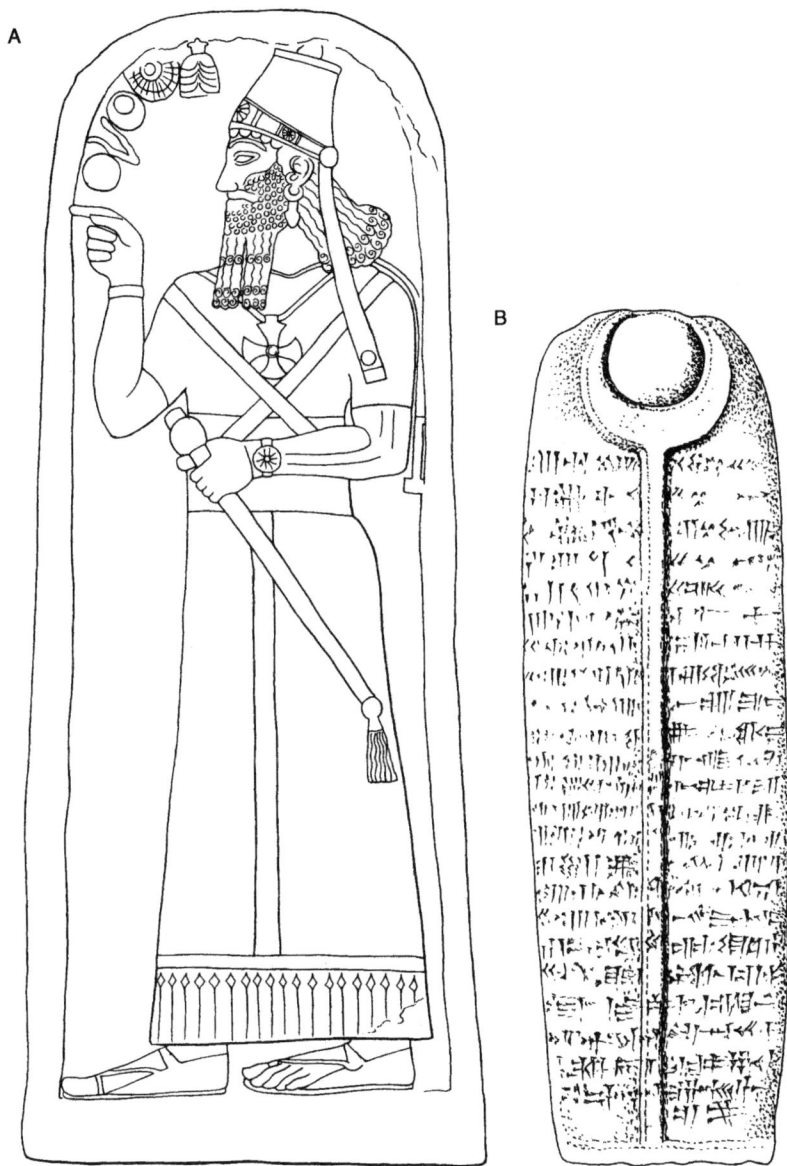

图 4.9　A. 石碑上，亚述国王沙姆希-阿达德五世的手指指向远方，石碑高 2.18 米；B. 在土耳其发现的萨穆-拉玛特的石碑，高 1.40 米

也可能在亚述军队里待过。根据一位已故希腊编年史家的记载，数学家毕达哥拉斯曾作为雇佣兵在亚述军队里待过，[61] 但一般认为他生活在公元前 6 世纪，所以，不能只看表面来认识他与亚述的联系。[62] 后来，希腊人，就像现代学者所做的一样，认识到了毕达哥拉斯的科学知识中有美索不达米亚元素，他们就找到了一种合理但未必符合历史的解释。因此，有些作家说波斯王冈比西斯在埃及俘虏了毕达哥拉斯，并把他带到巴比伦；还有作家说他与"亚述的"扎拉托斯（Zaratos）一同做研究——通常情况下，这被理解为伊朗圣人琐罗亚斯德（Zoroaster）的希腊语形式，但不能排除这可能是带希腊语后缀 –os 的阿卡德名字如 Zer–iddin。[63]

有些希腊人直接给亚述进贡。阿萨尔哈东的一篇铭文有如下记述："海洋中的所有国王，从塞浦路斯（和）'爱奥尼亚'到塔尔苏斯，所有土地上的国王都匍匐在我的脚下。我接受了他们的大量进贡。"[64] 这里几乎可以肯定，希腊国王或达官贵人跋涉千里亲自参拜阿萨尔哈东；尼尼微的朝廷官员也是这么遵守的。双语文献会记录下他们的供奉义务。阿萨尔哈东列出了塞浦路斯国王的名单，他们主要是希腊人。[65]

亚述没有在政治或军事上主宰希腊世界，但以接受贡品的名义收受他们的物品。这种进贡关系因阿淑尔巴尼帕时期（公元前 668—前 627）一份残缺不全的楔形文字记录得到了证实。上面把一个位于西里西亚与马拉蒂亚之间的地区 ia-ma-na 记为纳贡区。这份记载复原的可能性很大，也意味着这一地区有希腊居民。[66] 西里西亚的塔尔苏斯在公元前 8 世纪晚期是亚述最大的行省。这一地位可能需要翻译服务来记录各方当事人留下的协议和契约。吕底亚的盖吉兹（Gyges）派信使到尼尼微面见阿淑尔巴尼帕时，这位亚述王吃惊地说："他的语言没有人能翻译。他的语言不同，他的话没人能懂。"我们现在知道吕底亚人讲的是某种印欧语言，与卢维语、吕基亚语或赫梯语都不一样。

希腊人和美索不达米亚人在叙利亚和黎凡特相遇。出土文物表明，叙利亚的北部沿海地区是世界性大都会，部分原因是从这里经由奥龙特斯河可以方便地进入美索不达米亚。但是，考古学家重视这一地区特别是阿尔米纳城的同时，不应忽视叙利亚更南部其他港口的重要性，[67] 因为直到 20

世纪初，叙利亚和巴勒斯坦的沿海港口都在为通向美索不达米亚的各个贸易通道提供给养。[68]

他们也在埃及相遇。埃及有供奉美索不达米亚神的神庙。[69]与提格拉-帕拉萨三世和萨尔贡二世沿埃及边境建立贸易站一样，希腊人沿尼罗河三角洲在瑙克拉提斯（Naukratis）城也建立了贸易站。在尼罗河上游的伊里芬丁岛，操阿拉姆语的民族开始接受亚述人的习惯：使用美索不达米亚人的名字、书信体写作风格和专业的法律术语。[70]

他们还在安纳托利亚相遇。如果这一看法是正确的，即在德尔斐讨教过神谕的弗里吉亚的弥达斯（Midas）王与萨尔贡二世的铭文中提到的穆什基（Mushki）的米塔（Mita）王是同一个人，那么我们可以再次看到一个从希腊向亚述延伸的政治关系网络，这个网络由信使和翻译人员的互通交流而连接起来。[71]

贝罗索斯[72]提到过一个传统，说辛那赫里布"在雅典修了一座神庙，立了青铜像，上面刻有他本人的辉煌事迹"。[73]通常认为，这些事迹不会是真的，但只要提起青铜像，就使人想起可能起源于美索不达米亚的许多青铜器，被供奉在雅典、德尔斐、奥林匹亚、罗德岛和萨摩斯岛的希腊神庙里。[74]有些是原先附在家具或容器上的一部分，有些可能是用于许愿的小雕像。萨摩斯的赫拉神庙里有一组表示许愿的青铜器，旁边站着狗，这与巴比伦的治愈女神古拉（Gula）崇拜有关，常以狗为象征。萨摩斯等地中海东部地区的狗葬方式与在美索不达米亚的伊辛（Isin）的古拉神殿遗址附近发掘出的公元前10世纪葬狗墓地的方式类似。[75]在萨摩斯还发现了一个已遭损坏的姆舒休龙（mušhuššu-dragon）的形象，它起初与埃什嫩那神相关联，但后来被巴比伦的城神马尔杜克所吸纳；公元前689年辛那赫里布洗劫巴比伦后，这一形象又被亚述神阿淑尔所吸纳。[76]这些物品说明美索不达米亚与萨摩斯有特别紧密的联系。具有近东特色的是，沐浴更衣后的赫拉形象出现在萨摩斯一年一度的祭拜游行中，使人回想起巴比伦的新年亚基突节。

在这些希腊神庙遗址上还发现了美索不达米亚滚筒印章。长期以来，人们推测，亚述的纺织品也被引进到希腊，由此启发产生了一些考究的装

图 4.10　A. 来自萨摩斯的青铜姆舒休龙，高 0.105 米；B. 来自亚述的帕祖祖小人像，公元前 7 世纪，高 0.146 米；C. 贝斯的埃及塑像；D. 乌加里特滚筒印章上的贝斯，青铜器时代末期

饰性饰品，如希腊东部花瓶上的荷花和棕榈叶相间的链条。有人认为，科林斯式陶器上的花纹饰品、玫瑰花结和狮子图案传承了亚述的主题，原始盛香油的科林斯式长细颈瓶的形状可能由亚述的陶瓷形状体系派生而来。[77] 在塔尔苏斯城发现了一只真正的亚述瓶子和一只模仿亚述釉彩器皿的瓶子，后者可能出产于希腊的制造中心如罗德岛，不过，"叙利亚和腓尼基的工厂也可能生产这种瓶子"。[78] 来自希腊大陆和爱奥尼亚的金制饰品清楚地反映了美索不达米亚的影响，代表了从亚述王朝早期延续下来的工艺传统在后世的传承。[79]

我们现在把话题从贸易和政治更迭的信息转到美索不达米亚文化对希腊世界发生影响的证据上来。我们在这里找到了宗教习俗、魔法、艺术、文学和音乐方面的影响。学者们经常注意到每个方面的相似之处，但在确定确切的传播时间、地点和方式上还存在困难。从《奥德赛》中的一个片段可以推测出工匠、预言家和歌唱家的流动：

> 没有人自愿出去从其他地方把陌生人带到这里来，除非这个陌生人掌握某种技艺，是先知，或者是能治病的人，是木工，或是有思想的游吟诗人，用歌曲愉悦人心。无论在世界的哪个角落，这样的人都是受欢迎的客人。[80]

这些流动人员可能将美索不达米亚文化的方方面面传播到希腊。[81] 但是，希腊僭主特别是雅典的庇西特拉图（Peisistratos）和萨摩斯岛的波里克拉特斯（Polykrates）所管理的图书馆里不一定能查到有关美索不达米亚的知识，[82] 尽管上面讨论的考古证据显示了美索不达米亚和萨摩斯岛之间有特别紧密的联系。

某些魔法和宗教仪式可能是从美索不达米亚派生来的。这包括个人净化仪式、用替罪羊、在建筑物底下埋地基沉积物；各种形式的交感巫术，即用雕像代替意欲牺牲的人，或显现特定咒语的效果；[83] 用"油迹观察术"占卜，或盘占术，即把液体倒在有水的盘子里观察所构成的图形（希腊语 lekane 和阿卡德语 lahannu 以及阿拉姆语 laqnu 同源）；牲羊内脏占卜术，

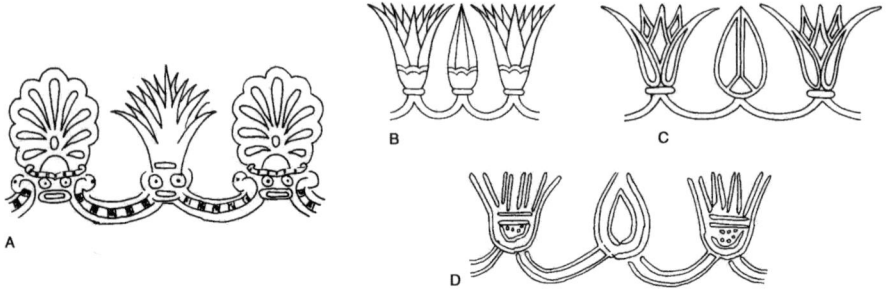

图 4.11　荷花和花蕾图案：A. 图库尔蒂-尼努尔塔一世王宫的壁画；B. 辛那赫里布的门槛板上的花纹图案，约公元前 700 年；C. 科林斯式花瓶上的绘画装饰，约公元前 700 年；D. 乌拉尔图青铜上的切割装饰

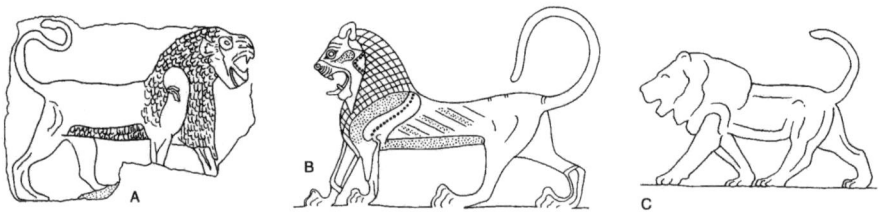

图 4.12　迈大步奔跑的吼狮：A. 巴比伦的陶制牌，公元前两千纪初期；B. 科林斯式盛芳香油的圆形花瓶上的绘画装饰，约公元前 700 年；C. 如阿淑尔巴尼帕雕像所示，位于尼尼微的辛那赫里布王宫里的柱基座

即通过察看牲祭动物的内脏来占卜。最后一个习俗同巴比伦的专业术语直译名称一起向西传播到了意大利。公元 2 世纪的神学家、亚述人他提安（Tatian）明确声称希腊人通过塞浦路斯的献祭学会了占卜术。[84] 这些礼仪可以追溯到公元前 2000 年初的阿卡德语文献记载，从美索不达米亚传播到巴勒斯坦，再到赫梯。以弗所古城有一篇刻在石灰岩上的希腊铭文，其年代约在公元前 6 世纪，记载了鸟兆：“若一只（特定的）鸟从右往左飞离视线，则是好兆头……如果从左往右飞，消失在直行线上，则是恶兆。”[85] 此前一千多年，美索不达米亚人就懂这种征兆，例如“如果很多鹰在某城上空不断飞过，该城会被包围”。[86] 有人把用楔形文字写的这些征兆汇总起来编在巴比伦的大型征兆手册《泥板征兆集》里，为巡回旅行的预言家所用，也流传于亚述宫廷中。对希腊人和巴比伦人来说，重要的是鸟的种类，尤其值得注意的是鹰和苍鹭。这种“非希腊的”希腊文献似乎是从美索不达米亚衍生出来的对更早期文本的翻译或解释。这说明，当时有用希腊语写的这些作品。有一篇铭文详述了希腊居民在昔勒尼（Kyrene）的殖民据点所发的誓言，说明楔形文字文本与希腊语文本中的魔法活动多么相似：

> ……所有的人，男女老少聚集在一起，边念以下咒语边捏蜡像，然后烧掉，咒道：“愿不遵守本协议还违反本协议的人、他本人及其后代像这些蜡像一样消融。”[87]

新亚述时期写在泥板上的亚述咒语集 *Maqlû*（《烧毁》）也有类似的咒语：“正如这些小人像被熔化流走一样，愿男巫女巫也熔化流走。”[88] 因为某些宗教、礼仪和魔法的表达方式是一样的，所以用到的肖像也有共同特征。美索不达米亚的某些神或妖与希腊的神或妖相对应不是巧合，有时用阿卡德语发音的希腊语也为这种巧合提供了支持。例如，希腊的医学之神阿斯克勒庇俄斯（Asklepios）有时在梦中以狗的面目出现，有时其形象和狗一起出现；他与以狗为标记的巴比伦的治愈女神古拉之间有某种联系。她的头衔“大医师”（azugallatu）译成希腊语是 asgelatas（注意性别的变化）。[89] 希腊幽灵的名字格罗（Gello）和拉米亚（Lamia）译成阿卡德语为伽卢（gallu）和拉玛什图（lamaštu）。[90]

单纯图像性的传播也被观察到了。《吉尔伽美什》史诗中出现的巨怪洪巴巴，与出现在梯林斯和斯巴达，以及黎凡特、塞浦路斯和埃及的一系列假面具有关。这些假面具可能是按照美索不达米亚和腓尼基的习俗，挂在房屋外侧的门道上。[91] 也许在美索不达米亚的帕祖祖（pazuzu）妖魔形象的影响下，面具上的皱纹和怪相激发了希腊艺术中蛇发女怪戈耳工（Gorgon）的表现形式。[92] 比如，西西里岛的塞利农特（Selinunte）遗址上的一座希腊雕塑显示，与吉尔伽美什一样，珀耳修斯（Perseus）被描绘成杀死了类似洪巴巴的女妖美杜莎（Medusa，再注意性别变化）。希腊的假面具也与埃及的贝斯（Bes）神像有关，现在认为，贝斯的名字是阿卡德语"矮子"的意思，可能是在阿玛尔纳时期从美索不达米亚传入埃及，成为肖像画。[93] 独眼巨人如波里斐摩斯出现在美索不达米亚的印章上，[94] 赫拉克勒斯所杀死的九头蛇很像美索不达米亚神话和艺术中的多头动物，而赫拉克勒斯在文学作品中所表现的一系列行动很像早期楔形文字文献中的苏美尔神尼努尔塔的行为，这些行为后来被挪用给内尔伽勒神。[95]

早期的希腊诗歌在形式和内容上都嵌入了一些美索不达米亚文字的特点和借用词，这丝毫不足为奇。漫游的神也可以是漫游歌手，因为希腊人认为歌曲是神赐予的预言性礼物。例如，有些文学作品是用来唱的，以"我要歌唱"为序言的巴比伦语和希腊语作品便是例证。就连美索不达米亚以娱乐为生的吹牛小丑（aluzinnu），其低俗主题及风格和希腊抑扬格诗人的那一套也十分相似。[96]《荷马史诗》中有美索不达米亚渊源的史诗元素包括：扩展比喻、人神背景的置换、梦和预言的重要地位、使用套话组成的长篇讲话和对能言善辩的神的幽默描绘。吉尔伽美什与阿喀琉斯被进行过详细比较，两位英雄为朋友兼同伴恩奇都（Enkidu）的去世而悲痛的情节，以及杀死帕特洛克罗斯（Patroklos）的情节，都有着可比性。[97] 同一部史诗里，宙斯的一系列情人可能以《吉尔伽美什》的第六块泥板中类似的伊什塔尔的一系列情人为基础，后者的变形也许反映了对灵魂转世的早期信仰。[98] 正如巫术咒语里用了《吉尔伽美什》的节选一样，希腊的巫术古写本也使用了《伊利亚特》里的选段。希腊史诗《库普利亚》（*Kypria*，这个标题

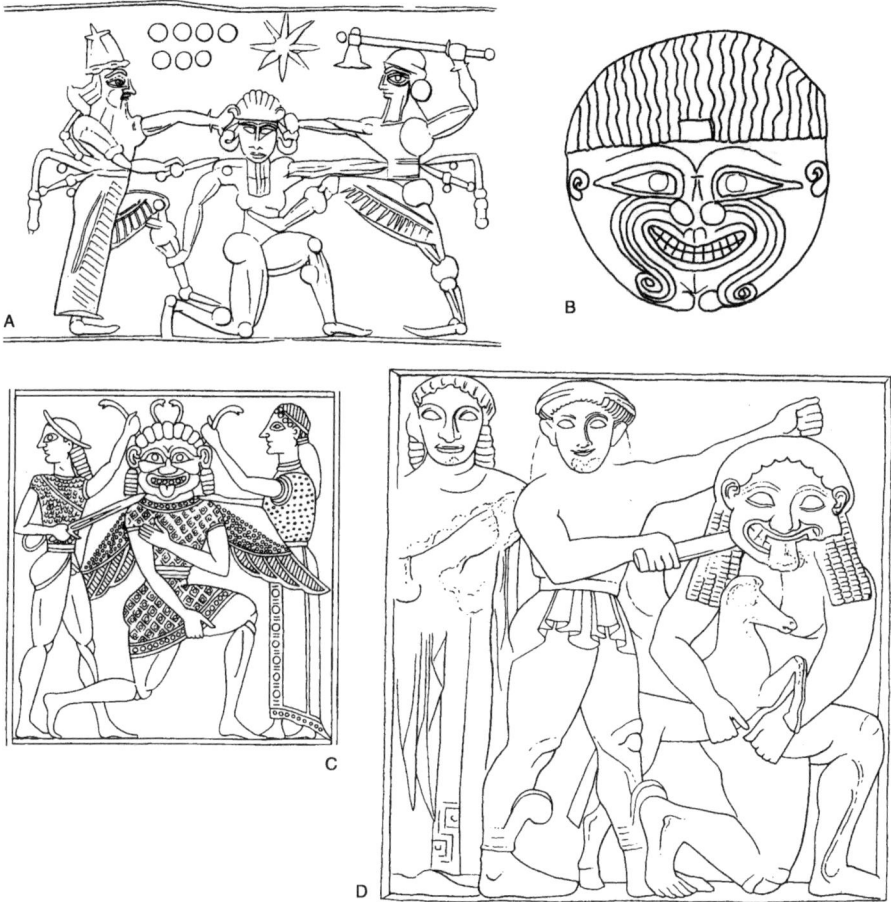

图 4.13　A. 滚筒印章上表现的是，吉尔伽美什和恩奇都在杀害洪巴巴；B. 利马山丘上一座神庙里，青铜器时代中期洪巴巴的石制头像；C. 来自奥林匹亚的盾牌上的装饰性青铜标记；D. 位于西西里的塞利农特地区的雕像，珀耳修斯和蛇发女怪，公元前 575—前 550 年

说明塞浦路斯在美索不达米亚神话的传播中具有重要地位）的第一个主题是众神打算削减人口，[99] 这和在青铜器时代中期用楔形文字写成，但在亚述时期仍很受欢迎的《阿特拉-哈西斯》史诗的主题是一样的。在《伊利亚特》中，波塞冬描绘了众神抓阄瓜分世界的情景，这件事早在《阿特拉-哈西斯》中也发生过。[100]《埃塔纳传说》很像《伊利亚特》的作者已熟知的加尼米德（Ganymede）的故事：埃塔纳和加尼米德都被鹰带到了天国。[101]

赫西俄德的《工作与时日》和《神谱》也显示了从美索不达米亚诗歌中派生出来的元素，这一点也不令人惊奇，因为该诗人的父亲来自安纳托利亚西海岸的库迈。苏美尔人和巴比伦人关于创世的许多记载都说从天空和地上生出一系列的神，像这些记载一样，赫西俄德的诗讲了从乌拉诺斯（Ouranos，天空）和该亚（Gaia，大地）生出的一代又一代的神。在《工作与时日》中，赫西俄德传授农业知识，这种教化诗的传统在苏美尔文学和阿卡德文学中是有先例的。[102] 该诗还为特定的日子确定了应当做和不应当做的事，这种文献在美索不达米亚已有悠久的历史。[103]

此前1000年，谚语和动物寓言在近东就以楔形文字的书面形式存在过。所以，沙姆希-阿达德一世（约公元前1813—前1781）给儿子的忠告重提了阿基罗库斯（Archilochos）熟悉的希腊谚语：

> 急不可耐的母狗生盲狗。
> 匆忙的母狗生盲狗。[104]

把亚述书信中引用的谚语与被认为是斯巴达将军吕山得（Lysander）在公元前5世纪对军队引用的谚语进行比较：

> 抓住狮子尾巴的人沉到河里。
> 抓住狐狸尾巴的人得救了。[105]

> 因为狮子皮不够的地方，就一定要补上狐狸皮。[106]

由伊索所讲述并流传开来的动物寓言来自美索不达米亚传统，而且与阿希家有紧密的联系；阿希家与亚述晚期宫廷之间的关系将在第七章讨论。希腊其他作家如阿莫尔戈斯（Amorgos）的西蒙尼得斯（Semonides）的动物寓言也起源于东方。[107]

美索不达米亚和希腊的歌手所共有的不仅仅是歌唱的主题。希腊的有些乐器如里拉琴、竖琴、琉特琴、鼓和钹也起源于美索不达米亚，现代演奏厅里都有类似的乐器。所谓的"毕达哥拉斯音律体系"也是青铜器时代中期在美索不达米亚被正式确立并记录下来的，很可能与相关乐器一起来到了希腊。[108]杨布里科斯认为，平均律是被巴比伦人发现以后通过毕达哥拉斯传到希腊的，但是楔形文字证据并未证实这一论断。[109]

希腊人还认为他们的数学知识起源于巴比伦。希罗多德煞费苦心地论述说，在他看来，希腊的数学研究和土地测量方法不是有些人可能认为的那样来自美索不达米亚，而是来自埃及。[110]因为在欧几里德以前，希腊最著名数学家的作品没有遗存下来，所以很难全面评价美索不达米亚数学对希腊数学的贡献。然而，可以假设到公元前6世纪，泰勒斯和毕达哥拉斯因为到过美索不达米亚或埃及而知晓巴比伦数学的基本内容。很多重要的楔形文字数学文献是在公元前612年以前被编纂成的，通常用的是更早的文献资料。

尼尼微在公元前612年陷落以后，不需要假设希腊世界与美索不达米亚之间的接触在减少。希罗多德认为，在没有朝代更迭的情况下，权力中心已从尼尼微慢慢地转移到巴比伦。据我们所知，新亚述帝国的继承人是在前人的基础上建立了政权。

新巴比伦时期（公元前612—前539年）

阿卡德语和希腊语的文献资料继续记录着美索不达米亚与希腊之间的常规交通往来，尽管这一时期皇室用阿卡德语所作的征战记录没有留存下来。莱斯博斯岛的抒情诗人阿尔卡埃乌斯（Alkaios）的兄弟于公元前604年在尼布甲尼撒包围阿什凯隆期间在巴比伦当兵，[111]毫无疑问还有其他希腊雇佣兵。楔形文字原始资料记载了巴比伦的当地商人进口青铜、铁和紫羊毛,据称,它们都来自"爱奥尼亚"。[112] 在巴比伦生活的工匠有"爱奥尼亚"木匠和一种职业不明的匠人,他们的名字似乎都没有很好地翻译成希腊语,这就说明这些"爱奥尼亚人"是来自小亚细亚西部或西里西亚的安纳托利亚人,而这两个地区都与古希腊文化有紧密的联系。非希腊语名字加上人种上"爱奥尼亚人"的身份可能说明,这个人是混血儿。[113]

假如制订法律的梭伦真的如传说中那样离开雅典在外旅行了十年,[114] 那么他可能很熟悉美索不达米亚在异域的传统。这就能解释公元前6世纪初他在雅典免除债务的做法为什么与美索不达米亚的习俗如此接近。虽然黎凡特也有与这种法令相似的做法,但它在本质上仍是美索不达米亚的,从青铜器时代中期起就很有名,在新亚述时期再度盛行。[115] 这一时期巴比伦书吏的固定培训教材仍为《汉谟拉比法典》。约在同一时期,克里特岛的一座公共石碑记载有格尔蒂(Gortyn)法典,它在格式和内容上都反映了汉谟拉比时期以来的法律。特别值得一提的是,这部法典的主题涉及婚姻、财产和收养,关系到法庭、证人和在神面前的宣誓,还把它写在石头上供公众阅读,这些都说明它继承了美索不达米亚的传统。例如,下面这条法律读出来像改编自巴比伦的法律:

> 如果一个男人去世并留下孩子,只要妻子愿意,她可以带着自己的财产,以及她的(第一任)丈夫给她的任何东西改嫁,只要她的丈夫的赠与是在三个成年的自由人的见证下写下的。[116]

像以前一样,希腊人在地中海东部的各个地区都能遇上美索不达米亚人。公元前568年或前567年的一篇楔形文字文献记载了阿玛西斯率领的埃及军队与尼布甲尼撒率领的巴比伦军队的一场战斗,埃及军队的盟友可能包括来自昔勒尼和塞浦路斯的希腊人。[117] 对自己军队里的希腊雇佣兵青睐有加的阿普里伊(Apries)法老(公元前589—前570)在公元前567年之前就与尼布甲尼撒二世结盟。[118] 按照希罗多德的记载,在安纳托利亚,尼布甲尼撒二世的一个儿子"巴比伦的拉比内图(Labynetos)"调解过公元前 585 年吕底亚人与米底人之间的一场战争。[119] 同样，吕底亚的克罗伊索斯（Kroisos，公元前 560—前 547）——他可能是盖吉兹的孙子，为了抵御波斯人，与斯巴达人和巴比伦人同时结盟。[120] 像以前一样，这些联盟与外国信使打交道、起草书面协议、记录誓言都需要翻译服务。因为幼发拉底河上游的萨姆萨特和马拉蒂亚是亚述的主要行政中心，所以安纳托利亚常有美索不达米亚人；巴比伦的末位迦勒底王那波尼德在哈兰重建了月神庙。

在前苏格拉底的爱奥尼亚哲学家中，据说有人特别熟悉巴比伦文化。他们是米利都的泰勒斯和阿那克西曼德、[121] 萨摩斯的毕达哥拉斯、锡罗斯（Syros）的斐瑞居德斯（Pherekydes）[122] 和忒涅多斯（Tenedos）[123] 的克雷斯特拉特斯（Kleostratos）。泰勒斯的名声远播，连古典时代晚期的阿拉伯编年史家都盛传他的名声，因为他在吕底亚人与米底人打仗期间预测到了日食。[124] 阿那克西曼德"发明"了巴比伦在长期的天文实践中使用的日晷标杆（指时针），在斯巴达或其附近架起了日晷。[125] 他的世界地图可能很像公元前 8 世纪末或公元前 7 世纪初的楔形文字地图，[126] 因为当希罗多德嘲笑希腊绘制地图的人"将海洋描绘得像河一样绕着非常圆的地球流动时"，他并不知道希腊人是按照美索不达米亚的传统来绘制地图的。[127] 在古典时代，人们普遍认为，最早的希腊哲学家的知识和教养源自所谓的"迦勒底"贤哲，他们来自希腊东部，使得知识传播成为可能：不仅有塞浦路斯、罗德岛和克里特岛，还有希腊东部诸港，特别是米利都、萨摩斯、士麦那、以弗所以及西里西亚等城市，一定是传播美索不达米亚文化的中心。翻译很普遍，来自克桑托斯（Xanthos）的三语对照铭文并排显示着阿拉姆语、希腊语和吕基亚语版本；亚述的宫廷雕塑显示，书吏肩并肩地进行一份阿卡德语与阿拉姆语文献的互译。在这些地方，书吏的部分培训一定是用两种语言和两种字母或两种书写系统进行的，就像在青铜器时代晚期，甚至是在采用字母表以前一样。[128]

对后来的希腊人来说，尼布甲尼撒成了大名鼎鼎的传奇人物，但这些传奇很大程度上是因为《圣经》，而不是因为美索不达米亚传统。由于尼布甲尼撒的名声，约瑟夫斯参考的一个希腊文献资料认为，尼布甲尼撒是一个建造者，他建造了巴比伦宏伟的环行墙和世界七大奇迹之一的"空中花园"。事实上，更早的亚述传说在此已经被混淆，空中花园被错误地认为是在巴比伦。[129] 值得注意的是，希腊人知道的亚述故事多于巴比伦故事，这可能意味着公元前 7 世纪双方的接触比公元前 6 世纪初的接触更密切。

巴比伦在公元前 539 年沦陷于波斯王居鲁士二世之手。到公元前 5 世纪初，希腊与波斯交战。也许有人认为，这些公开的敌对行为可能减少了希腊与美索不达米亚的接触。下一章将说明，情形并非如此。

注　释

1. 琉善：《真实的历史》（*Verae Historiae*）2.20（哈蒙译）。

2. 见第二章第 78—80 页，第七章第 277 页。

3.《古希腊历史著作片段》（FGrH 618 F7.），《论卡埃莱蒙的判断》（*On Chaeremon's judgement*），见霍斯特（P. van der Horst）《亚历山大城的卡埃莱蒙》（莱顿，1984 年）。

4. 说希腊语的民族在公元前 1600 年以前的未知时间来到希腊，但克里特岛的米诺斯人不说希腊语。

5. 博德曼（J. Boardman）：《希腊的宝石和戒指》（伦敦，1970 年），第 21 页。

6. 卡尔迈耶（P. Calmeyer）：《古代亚述商人的坟墓》，《伊拉克》第 39 卷（1977 年），第 87—97 页；克伦格尔-勃兰特（E. Klengel-Brandt）：《贸易与交换：古代亚述时期》，见 P. O. 哈珀（编）《亚述的起源，底格里斯河上阿淑尔的发现》（*Assyrian Origins, Discoveries at Ashur on the Tigris*）（纽约，1995 年），第 45—46 页附有参考书目。

7. 弗雷恩（D. R. Frayne）：《美索不达米亚的皇家铭文：古巴比伦时期（第四卷）》（*Royal Inscriptions of Mesopotamia：Old Babylonian Period，* iv）（多伦多，1990 年），554 no. 2，附有完整的参考书目。

8. 同上。554—555 no. 2001。

9. 查尔平（D. Charpin）：《关于埃什嫩那统治者纪年的新数据》（*Données nouvelles sur la chronologie des souverains d'EŠnunna*），载于 J. -M. 迪朗和 J. -R. 库珀（编）《巴比伦杂记：题献给 M. 比罗的杂文》（*Miscellanea Babylonica：Mélanges of- ferts à M.Birot*）（巴黎，1985 年），第 51—66 页。

10. 希罗多德，第一卷，105，131，199；诺诺斯，3.Ⅲ. 卡特利奇（P. Cartledge）对此有讨论，见《斯巴达和拉科尼亚：公元前 1300—前 362 年的区域史》（*Sparta and Lakonia：A Regional History 1300-362 BC*）（伦敦，1979 年），第 122—123 页。

11. 1.14.7；参看帕萨尼亚斯 3.23.1.

12. J. S. 史密斯：《爱琴海的滚筒印章》，文学硕士论文，布林茅尔学院（宾夕法尼亚，1989 年）；I. 皮尼：《来自希腊的"常见样式的"迈坦尼人的滚筒印章》（*Mitanni-Rollsiegel des "Common Style" aus Griechenland*），《史前杂志》（*Praehistorische Zeitschrift*）第 58 期（1983 年），第 114—126 页。

13. 克莱因（E. H. Cline）给出了参考文献和细节，见《在深酒色的大海上航行》（*Sailing the Wine-Dark Sea*）（牛津，1994 年），126—128 页。

14. 拉尔森（M. T. Larsen）：《古亚述的城邦及其殖民地》（哥本哈根，1976 年）。

15. 魏因加滕（J. Weingarten）：《卡拉胡尤克的密封结构以及克里特岛上的斐斯托斯在行政管理方面的联系》（*The Sealing Structure of Karahöyük and Some Administrative Links with Phaistos on Crete*），《远古东方》（*Oriens Antiquus*）第 29 期（1990 年），第 63—95 页。

16. 关于黎凡特和外约旦，见伦纳德（A. Leonard）《来自叙利亚-巴勒斯坦的青铜器时代末期的爱琴海陶器索引》（*An Index to the Late Bronze Age Aegean Pottery from Syria-Palestine*）（Jonsered，1994 年）；同上，《约旦河以东发现的迈锡尼陶器的意义》（*The Significance of the Mycenaean Pottery found East of the Jordan River*），《约旦的历史和考古研究》（*Studies in the History and Archaeology of Jordan*）第 3 期（1987 年），第 261—266 页。关于安纳托利亚，见 N. 奥齐乌克《马萨特–许于克（第二卷）》（*Maşat Hüyük ii*）（安卡拉，1982 年），第 102—103 页；但按照克莱因的观点，可能在赫梯政权从那里撤离以后。

17. 巴斯（G. F. Bass）等：《青铜器时代在乌卢布伦的沉船：1986 年的考古活动》（*The Bronze Age Shipwreck at Ulu Burun：1986 Campaign*），《美国考古杂志》（*AJ Arch.*）第 93 期（1989 年），第 1—29 页。

18. 波拉达（E. Porada）等：《在皮奥夏的底比斯发现的滚筒印章》（*The Cylinder Seals Found at Thebes in Boiotia*），《东方研究档案》第 28 期（1981—1982 年），第 1—78 页。

19. 阿米兰（R. B. K. Amiran）：《来自布拉克的一枚印章》（*A Seal from Brak：Expression of Consecutive Movement in Late Minoan Clyptic*），《伊拉克》第 18 期（1956 年），第 57—59 页。

20. 布赖斯（T. R. Bryce）：《阿希亚瓦人和迈锡尼人：安纳托利亚的视角》（*Ahhiyawans and Mycenaeans：An Anatolian Viewpoint*），《牛津考古学报》第 8 期（1989 年），第 297—310 页；格尼（O. R. Gurney）：《赫梯地理三十年》（*Hittite Geography：Thirty Years On*），载于奥滕（H. Otten）等（编）《赫梯和其他安纳托利亚与近东研究》（*Hittite and Other Anatolian and Near Eastern Studies in Honour of Sedat Alp*）（安卡拉，1992 年），第 213—221 页。

21. 1.1；参看雅典人在《柏拉图》中对特洛伊战争和亚述帝国的评价，《法律篇》3，685c："特洛伊城是亚述帝国的一部分。"荷马指出，普里阿摩在特洛伊城的盟友使用多种多样的语言（《伊利亚特》2.803-804；4. 437-438；10. 420）；在罗马作家的想象里，阿卡德语是其中之一，杜瓦（M. J. Dewar）：《即将消失的底格里斯河上的尼禄》（*Nero on the*

Disappearing Tigris），《古典季刊》（*CQ*）第 41 期（1991 年），第 269—272 页。

22. 通过希腊语流传下来的表示亚洲和欧洲的词也可能起源于阿卡德语，asiu 起初的意思是太阳升起的地方，erēbu 是太阳落下的地方；它们可能在这一时期或更晚进入希腊语。

23. 齐默恩（H. Zimmern）：《阿卡德语的外来词证明了巴比伦的文化影响》（*Akkadische Fremdwörter als Beweis für babylonischen Kultureinfluss*）（莱比锡，1915 年）；梅森（E. Masson）：《关于更古老的闪米特人对希腊之影响的研究》（*Recherches sur les plus anciens emprunts sémitiques en grec*）（巴黎，1967）；阿斯托尔（M. Astour）：《希腊人与闪米特人：从人种和文化上研究西闪米特人对希腊迈锡尼文化的影响》（*Hellenosemitica: An Ethnical and Cultural Study in West Semitic Impact on Mycenaean Greece*）（第二版，莱顿，1967 年）。

24. 格尼：《赫梯地理三十年》。我们感谢 J. D. 霍金斯对名称的解读。

25. 戈德肯（K. Gödecken）：《对米利都的早期史的贡献》（*A Contribution to the Early History of Miletus*），载于弗伦奇和沃德尔（E. French and K. Wardle）（编）：《希腊史前史中的问题》（*Problems in Greek Prehistory*）（布里斯托尔，1988 年），第 307—315 页。

26. 莫兰（W. L. Moran）：《阿玛尔纳来信》（*The Amarna letters*）（巴尔的摩，1992 年），第 31 和 32 封。

27. 辛格：《赫梯文献资料记载的公元前 13 世纪的西安纳托利亚》（*Western Anatolia in the Thirteenth Century BC according to the Hittite Sources*），《安纳托利亚研究》第 33 期（1983 年），第 205—217 页。

28. 莫兰：《阿玛尔纳来信》，第 107 页，第 35 封。

29. 福斯特：《在诗神面前》（*Before the Muses*）（CDL 出版社，Bethesda, Md.，1993 年），第一卷，第 209—229 页。

30. 尼尔森：《米诺斯–迈锡尼的宗教及其在希腊宗教中的延续》（*The Minoan-Mycenaean Religion and its Survival in Greek Religion*）（第二版，伦敦，1950 年）。

31. 例如，希吉努斯（Hyginus）：《寓言》（*Fabulae*）（58，242，270）。

32. 纳维（J. Naveh）：《字母表的早期史：闪米特碑铭学和古文字学》（*Early History of the Alphabet: An Introduction to West Semitic Epigraphy and Palaeography*）（第二版，耶路撒冷，1987 年）；同上，《闪米特金石学和希腊字母表的悠久历史》（*Semitic Epigraphy and the Antiquity of the Greek Alphabet*），《卡德摩斯》（*Kadmos*）第 30 期（1991 年），第 143—152 页；鲍威尔：《荷马与希腊字母表的起源》（剑桥，1991 年）。

33. 波帕姆（M. Popham）：《来自莱夫坎迪的一件近东刻绘青铜钵》（*An Engraved Near Eastern Bronze Bowl from Lefkandi*），《牛津考古学报》第 14 期（1995 年），第 103—107 页；库尔宾（P. Courbin）：《（叙利亚）的原始几何双耳细颈椭圆陶罐碎片》（*Fragments d'amphores protogéométriques à Bassit［Syrie］*），*Hesperia* 第 62 期（1993 年），第 95—113 页。

34. 波帕姆：《莱夫坎迪与希腊的黑暗时代》（*Lefkandi and the Greek Dark Age*），

载于 B. 坎利夫（编）：《起源：欧洲文明的根脉》（伦敦，1987 年），第 75 页。

35. 卡尔达拉（C. Kardara）：《赫尔马塔，特里格勒纳·摩洛恩塔》（*Hermata, Triglena Moroenta*），《美国考古杂志》第 65 期（1961 年），第 62—64 页介绍了这一类型。

36. 伯明翰市博物馆 1989，A 343。见 R. 坎贝尔、汤普森和 R. W. 哈钦森：《尼尼微纳布神庙上的发掘》（牛津，1929［=《考古学》第 79 期，1929 年］，第 137 页）。

37. 见本章第五节。

38. 范沃尔夫斯文克尔（J. Vanschoonwinkel）：《摩普索斯：传奇与现实》（*Mopsos: légendes et réalité*），《赫梯杂志》（*Hethitica*）第 10 期（1990 年），第 185—211 页。

39. 通贾（O. Tunça）：《阿达纳地区博物馆里的滚筒印章目录》（*Catalogue des sceaux-cylindres du Musée régional d'Adana*），《叙利亚-美索不达米亚研究》第 3 期：I（玛里布，1979 年）。

40. 布林克曼（J. Brinkman）：《阿卡德语表示爱奥尼亚和爱奥尼亚人的词》（*The Akkadian Words for 'Ionia' and 'Tonian'*），载于 R. F. 萨顿（编）：《戴达利孔：雷蒙·V. 肖德纪念文集》（*Daidalikon: Studies in Memory of Raymond*）（第三卷，沃孔达，1989 年），第 53—57 页。

41. T. 内尔德克（T. Nöldeke）：《亚述人，叙利亚人，叙利亚》，《赫尔墨斯杂志》（*Hermes*）第 5 期（1871 年），第 443—468 页；特韦德特内斯（J. A. Tvedtnes）：《叙利亚这一名称的起源》，《近东研究学报》（*JNES*）第 40 期（1981 年），第 139—140 页；弗赖伊（R. N. Frye）：《亚述与叙利亚：同义词》，《近东研究学报》第 51 期（1992 年），第 281—285 页。

42. 埃拉特（M. Elat）：《美索不达米亚帝国内部的腓尼基陆上贸易》，载于 M. 科格和 I. 伊帕尔（编）：《啊，亚述……提供给哈伊姆·泰德穆尔的亚述史和古代近东历史学研究》（*Ah, Assyria…Studies in Assyrian History and Ancient Near Eastern Historiography Presented to Hayim Tadmor*）（耶路撒冷，1991 年），第 27 页。参见如《与〈旧约〉有关的古代近东文本》，第 533—534 页，第 15—18 节（阿萨尔哈东与提尔的巴尔神签订的条约）。

43. 萨格斯（H. W. F. Saggs）：《尼姆鲁德来信，1952 年——第二部分》，《伊拉克》第 17 卷（1955 年），第 127—130 页（ND 2715）= 波斯盖特（J. N. Postagate）：《亚述帝国的税制和征兵》（罗马，1974 年），第 390—392 页。

44. 埃拉特：《腓尼基陆上贸易》，第 21—35 页。

45. 佩德森（O. Pederson）：《阿淑尔城里的档案馆和图书馆（第二卷）》（乌普萨拉，1986 年），第 98 页。

46. 里斯（P. J. Riis）、M. -L. 布尔（M. -L. Buhl）：《哈马城（第二卷：2）》（哥本哈根，1990 年），第 186 期，第 673 页（双耳喷口杯碎片）；帕尔波拉（S. Parpola）：《附录一：亚拿的马尔杜克·阿普拉-乌苏乌尔致哈马国王鲁达穆 / 乌塔米斯的信函》（*Appendix I: A Letter from Marduk-Apla-Usur of Anah to Rudamu/Urtamis, King of Hamath*），同一卷里的第 257—265 页。

47. G. 赫尔曼：《尼姆鲁德的象牙制品第一卷：火焰与叶丛学派》（*The Nimrud Ivories I: The Flame and Frond School*），《伊拉克》第 51 卷（1989 年），第 89—109 页，认为雅典的凯拉米克斯墓地的青铜钵属于这一组。关于钵的日期，见马科（G. Markoe）：《来自塞浦路斯和地中海的腓尼基青铜钵和银钵》（*Phoenician Bronze and Silver Bowls from Cyprus and the Mediterranean*）（伯克利，1985 年），第 153 页。

48. 举例来说，见班尼特（C. -M. Bennett）《关于新亚述对外约旦的影响的一些思考》（*Some Reflections on Neo-Assyrian Influence in Transjordan*），载于 R. 穆瑞、P. 帕尔（编）《黎凡特的考古学》（沃敏斯特，1978 年），第 168—171 页；R. 阿米兰：《圣地巴勒斯坦的远古陶器》（耶路撒冷，1969 年），第 291 页；泰德穆尔（H. Tadmor）、M. 泰德穆尔：《大管家贝卢-艾萨若杜的印章》（*The Seal of Belu-Ašaredu, Majorclomo*），《以色列新闻报》第 31 期（1967 年），第 68—79 页。

49. 关于尼姆鲁德来信第 69 封可以追溯到萨尔贡二世而不是提格拉-帕拉萨执政时期的可能性，见卡岑斯坦因（H. J. Katzenstein）：《提尔的历史》（耶路撒冷，1973 年），第 232 页。

50. 贝罗索斯，《古希腊历史著作片段》680 F 7c；阿比德诺斯，《古希腊历史著作片段》685 F 5；参见赫拉尼科斯，《古希腊历史著作片段》4 F 63 论萨达那帕拉和塔尔苏斯。

51. S. 达利：《巴比伦形象中的塔尔苏斯》（*Tarsus in the Image of Babylon*），载于《第 4 届安纳托利亚铁器时代学术研讨会》（1997 年 5 月举办）。

52. 汉夫曼（G. M. A. Hanfmann）：《塔尔苏斯的铁器时代陶器》，载于 H. 戈德曼（编）：《塔尔苏斯宫泽卢-库莱地区的发掘》（第三卷，普林斯顿，1963 年），第 159 页。

53. 例如，波利比乌斯 8. 10. 3.

54. 斯特拉博 14. 5. 9.

55. 2. 23. 3.（源自阿里斯托布鲁斯，《古希腊历史著作片段》139 F 9）；参见西塞罗：《图斯库兰论辩集 5》（*Tusculan Disputations 5*），第 101 页。

56. 但需要注意魏因费尔德（M. Weinfeld）提出的大相径庭的词源，《塞弥拉弥斯：她的名字及其起源》（*Semiramis: Her Name and Her Origin*），载于《啊，亚述……》，第 99—103 页。

57. 16. 1. 2.

58. 例如，西顿的安提帕特，《巴拉丁选集》（*Palatine Anthology*）7.748 关于《亚述的塞弥拉弥斯的一座巨大石山》（*a vast stone mound of Assyrian Semiramis*），艾伯特（J. Ebert）：《来自哈里卡尔纳斯的碑文作家》（*Das Literaten-Epigramm aus Halikarnass*），*Philologus* 第 130 期（1986 年），第 37—43 页。

59. 顿巴兹（V. Donbaz）：《安塔基亚市博物馆和卡拉曼玛拉斯博物馆里的两块新亚述石碑》（*Two Neo-Assyrian Stelae in the Antakya and Karanmanmaraş Museums*），《美索不达米亚皇家铭文计划年度评论》（*Annual Review of the Royal Inscriptions of Mesopotamia Project*）（1990 年），第 5—24 页。

60.《保利百科全书增补版第七卷缩合本》，"尼诺斯""宁亚思""塞弥拉弥斯"等词条；斯派泽（E. A. Speiser）：《寻找宁录》，*Eretz-Israel* 第 5 期（1958 年），第 32—36 页。认为尼诺斯与图库尔蒂-尼努尔塔一世为同一人。

61. 阿比德诺斯，《古希腊历史著作片段》685 F 5。

62. 关于口述史的汇总，见弗里曼（K. Freeman）：《前苏格拉底哲学家》（牛津，1946 年），第 73—83 页。

63. 例如，亚历山大·波里希斯托，《古希腊历史著作片段》273 F 94；希波利托斯：《反驳》（*Refutation*）1. 2. 12；比较：西塞罗《大善与大恶》（*De Finibus*）5. 29. 87。关于琐罗亚斯德的早期年代记载，见金斯利（P. Kingsley）：《确定琐罗亚斯德生活的年代为 6 世纪的希腊起源》，《东方和非洲研究学院快讯》第 53 期（1990 年），第 245—265 页；参见"扎尔丹"作为佛的迦勒底教师的名字，本书第二章第 64 页。

64. 博格（R. Borger）：《亚述的阿萨尔哈东国王的铭文》（格拉茨，1956 年），86: l0—11。

65. A. T. 雷耶斯：《古代塞浦路斯》（牛津，1994 年），第 49—60 页的文本。

66. 福雷尔（E. Forrer）：《亚述帝国的行省划分》（莱比锡，1920 年），第 53 页，修订版 3: 8。

67. 博德曼（J. Boardman）：《海外的希腊人》（修订版，伦敦，1980 年），第 34—109 页关于迈纳；另见特雷斯特（M. Y. Treister）：《古希腊定居点的叙利亚北部的金工工人？》（*North Syrian Metalworkers in Archaic and Greek Settlements?*），《牛津考古学报》第 14 期（1995 年），第 159—175 页。

68. 沃思（E. Wirth）：《叙利亚人》（达姆施塔特，1971 年），第 331—360 页。

69. 例如，吉卜森（J. C. L. Gibson）：《叙利亚闪米特语铭文读本》，（第二卷，牛津，1975 年），第 125—132 页关于纳布神庙。

70. 费尔斯（F. M. Fales）：《埃及伊里芬丁岛上的亚述传统：新的数据和视角》（*La Tradition assyrienne à Elephantine d'Ègypte: nouvelles données et perspectives*），《跨幼发拉底河》（*Tran seuphratène*）第 9 期（1995 年），第 119—130 页。

71. 希罗多德，1.14；J. O. 霍金斯：《秘塔》（*Mita*），载于 *RLA* 第八卷（1995 年）。

72. 见第二章第 76 页。

73. 贝罗索斯，《古希腊历史著作片段》680 F 7（31，第 3C1 卷）。

74. 柯蒂斯（J. Curtis）：《来自希腊旧址的美索不达米亚青铜器起源研讨会》（*Mesopotamian Bronzes from Greek Sites: The Workshops of Origin*），《伊拉克》第 56 卷（1994 年），第 1—25 页附有参考文献。

75. 戴（L. P. Day）：《希腊世界的狗葬》（*Dog Burials in the Greek World*），《美国考古杂志》第 8 期（1984 年），第 32 页；伯斯内克（J. Boessneck）：《公元前 1000 年左右时期的伊森（伊辛）·巴赫里亚特的狗葬》（*Die Hundeskellete von Isan Bahriyat (Isin) aus der Zeit um 1000* v.

Chr.），载于赫劳达（B. Hrouda）等（编）：《伊辛－伊森·巴赫里亚特第一卷：1973—1974 年的挖掘结果》（*Isin-Isan Bahriyat i: Die Ergebnisse der Ausgrabungen 1973-1974*）（慕尼黑，1977 年），第 97—109 页。涉及狗的希腊词语中的医学实践可能间接地来自赫梯人的做法，见 B. J. 柯林斯：《赫梯仪式中的小狗》（*The Puppy in Hittite Ritual*），《楔形文字研究学报》第 42 期（1990 年），第 211—226 页；另见朗斯代尔（S. H. Lonsdale）：《远古希腊对动物的态度》，《希腊和罗马》（*Greece and Rome*）第 26 期（1979 年），第 146—159 页。

76. 柯蒂斯（Curtis）：《来自希腊遗址的美索不达米亚青铜器》，8，II，图 20；F. A. M. 威格曼：《提什帕克神，他的印章和姆舒休龙》（*Tišpak, His Seal, and the Dragon Mušhuššu*），载于哈克斯（O. M. C. Haex）等（编）：《到幼发拉底河及其以远》，《纪念毛里茨·N. 范·卢恩的考古研究文集》（鹿特丹和布鲁克菲尔德，1989 年），第 117—134 页。

77. 佩恩（H. Payne）：《涅克拉科林西亚》（*Necrocorimthia*）（牛津，1931 年）第 19 页，第 67—68 页，第 142、270 页。

78. 汉夫曼（Hanfmann）：《塔尔苏斯的铁器时代陶器》，第 252 页，图 85、136，第 1118 和 1119 页。

79. 麦克斯韦-希斯洛普（K. R. Maxwell-Hyslop）：《乌尔的珠宝》，《伊拉克》第 22 卷（1960 年），第 105—115 页。

80. 17. 第 383—385 页（Shewring 译）。

81. 伯克特（W. Burkert）：《东方化革命：古风时代早期近东对希腊文化的影响》（剑桥，马萨诸塞，1992 年），第 1—8 页。

82. 阿特纳奥（Athenaios）1.3 a；奥卢斯·革利乌斯（Aulus Gellius）7. 17.1；温德尔（C. Wendel）：《与近东相比较的希腊—罗马书籍介绍》（*Die griechischrömische Buchbeschreibung verglichen mit der des vorderen Orients*）（哈雷，1949 年），第 18—23 页关于米利都图书馆的猜想。

83. 关于爱情咒语，见彼得罗洛斯（J. C. Petropoulos）：《作为女巫的古希腊女诗人萨福》，《纸莎草学和铭文学学报》第 97 期（1993 年），第 43—56 页。

84. 他提安，《希腊人的演说》（*oratio ad Graecos*）1.1（惠特克编）。

85. 伯克尔（C. Börker）和默克尔巴赫（R. Merkelbach）：《来自小亚细亚希腊城市的铭文·第 15 卷·以弗所的铭文》，第 5 部分第 1678 页（波恩，1980 年）。

86. D. B. 韦斯伯格：《古巴比伦语的〈泥板征兆集〉导言》（*An Old Babylonian Forerunner to Šumma Ālu*），《希伯来联合大学年刊》（*Hebrew Union College Annual*）40—41 期（1969—1970 年），第 87—105 页。见第六章第 241 页。

87. 梅格斯（R. Meiggs）、D. M. 路易斯：《希腊历史上的铭文》，no.5（修订版，牛津，1989 年），第 5—9 页；关于翻译，见格雷厄姆（A. J. Graham）：《古希腊的殖民地和母城》（曼彻斯特，1964 年），第 226 页。

88. 阿卡德语咒语集《烧毁》（*Maqlû*）2.146—157；来自奚勒斯（D. R. Hillers）的《契

约咒语和〈旧约〉的先知》（*Treaty Curses and the Old Testament Prophets*）的翻译（罗马，1964 年），第 21 页。另见阿布施（T. Abusch）：《〈烧毁〉中的礼仪牌匾和按语：该系列的历史导语》（*The Ritual Tablet and Rubrics of Maqlû：Toward the History of the Series*），载于《啊，亚述……》，第 233—253 页。

89. 伯克特：《东方化革命》，第 75—79 页。

90. 维斯特（D. R. West）：《格罗和拉米亚：闪米特人起源的两个古希腊守护神》（*Gello and Lamia：Two Hellenic Daemons of Semitic Origin*），《乌加里特研究》（*Ugarit-Forschungen*）第 23 期（1991 年），第 359—368 页。

91. 法劳内（C. Faraone）：《辟邪物与特洛伊木马：古希腊神话和礼仪》（*Talismans and Trojan Horses：Guardian Statues in Ancient Greek Myth and Ritual*）（牛津，1992 年）。

92. J. B. 卡特：《奥瑞亚的面具》（*The Masks of Ortheia*），《美国考古杂志》第 91 期（1987 年），第 355—383 页。

93. F. A. M. 威格曼：《混合物 B》（*Mischwesen B*），*RLA* 第 8 卷第 254 页。

94. 诺克斯（M. Knox）：《波里斐摩斯及其与近东的关系》（*Polyphemos and his Near Eastern Relations*），《希腊化时期研究学报》第 99 期（1979 年），第 164—165 页。

95. 邦内特（C. Bonnet）、茹尔丹-阿内坎（C. Jourdain-Annequin）（编）：《英雄赫拉克勒斯》（罗马，1992 年）。

96. M. L. 维斯特：《阿基罗库斯诗中的一些东方主题》（*Some Oriental Motifs in Archilochus*），《纸莎草学和铭文学学报》第 102 期（1994 年），第 1—5 页。

97. M. L. 维斯特所做的大量比较，见《赫利孔山的东立面》（*The East Face of Helicon*）（牛津，1997 年）。

98. 《伊利亚特》14.313—328。

99. 《库普利亚》（*Kypria*），碎片 1（M. 戴维斯［编］）《希腊史诗残片》（［*Epicorum graecorum fragmenta*］，哥廷根，1988 年）。

100. 15. 185—195

101. 5. 265—267；20. 231—235.

102. M. L. 维斯特（编），赫西俄德：《工作与时日》（牛津，1978 年），第 3—30 页。

103. 拉巴特（R. Labat)：《吉凶历法学》（*Hemerologien*），*RLA* 第四卷（1972—1975 年）。有一部天文学作品也被归于赫西俄德：H. 迪尔斯、W. 克朗茨（编）：《前苏格拉底残篇》（*Die Fragmente der Vorsokratiker*）no. 4（柏林，1951 年），38，该文与尼尼微的鸟兆有关，赫西俄德，fr.364，参见亚里士多德《动物志》（601^{b}3）。

104. W. L. 莫兰：《亚述学关于阿基罗库斯新残篇的注解》（*An Assyriological Gloss on the New Archilochus Fragment*），《哈佛古典语文学研究》（*Harvard Studies in Classical Philology*）第 82 期（1978 年），第 17—19 页。

105. 普鲁塔克：《吕山得》（*Lysander*）（7.4）。

106. 阿尔斯特（R. Alster）：《阿卡德人的动物谚语和亚述第 ABL555 号来信》（*An Akkadian Animal Proverb and the Assyrian Letter ABL 555*），《楔形文字研究学报》第 41 期（1989 年），第 187—193 页。

107. B. E. 佩里：《伊索寓言：与伊索有关或归功于他或与载有其名字的文学传统有关联的一系列文本》（*Aesopica: A Series of Texts relating to Aesop or Ascribed to him or Closely Connected with the Literary Tradition that Bears his Name*）（厄本那，第三卷，1952 年）；H. 劳埃德-琼斯：《人种中的女性》（*Females of the Species*）（伦敦，1975 年）。

108. O. R. 格尼：《再论巴比伦音乐》，《伊拉克》第 56 卷（1994 年），第 101—106 页。

109. 载于《尼科马奇算术入门》（*Nicomachi arithmeticam introductionem*）（118.23）。

110. 2.109. 霍伊鲁普（J. Høyrup）：《潜能，巴比伦人和〈泰阿泰德篇〉147c—148d 7》（*Dynamis, the Babylonians and Theaetetus 147c—148d 7*），《数学史》第 17 期（1990 年），第 63—86 页；《科学的分支数学：古希腊和罗马世界的数学技术中的潜在力量与缺失环节》（*Subscientific Mathematics: Undercurrents and Missing Links in the Mathematical Technology of the Hellenistic and Roman World*），《罗斯基勒大学的哲学和认识论》（*Filosofi og videnskabsteori pa Roskilde Universitetscenter*），3，Raekke：试印和重印 no. 3 期（1990 年）。

111. D. L. 佩奇：《萨福和阿尔卡埃乌斯》（*Sappho and Alcaeus*）（牛津，1955 年），第 223—224 页关于片段与争论。

112. 奥本海姆（A. L. Oppenheim）：《关于公元前 1000 年陆上贸易的随想》，《楔形文字研究学报》第 21 期（1967 年），第 236—254 页。很久以后，戴克里先的敕令表明，米利都生产紫色染料。

113. 参见库尔德斯特里姆（J. N. Coldstream）：《早期希腊世界边疆地区的异族通婚》（*Mixed Marriages at the Frontiers ofthe Early Greek World*），《牛津考古学报》第 12 期（1993 年），第 89—107 页。

114. 例如，普鲁塔克：《梭伦》（*Solon*）（25.5）。

115. J. N. 波斯盖特：《起初的美索不达米亚》（伦敦，1992 年），第 195 页；F. R. 克劳斯：《古巴比伦时期的国王指示》（*Königliche Verfügungen in altbabylonische Zeit*）（莱顿，1984 年）；N. 莱切：《安德鲁姆法令和米沙鲁姆法令：有关社会法令及其在近东的适用问题的评论》（*Andurarum and Mišarum: Comments on the Problem of Social Edicts and their Applications in the Near East*），《近东研究学报》第 38 期（1979 年），第 11—22 页。

116. 威利茨（R. F. Willetts）：《格尔蒂法典》（*The Lawcode of Gortyn*）（柏林，1967 年）。

117. A. T. 雷耶斯：《古代塞浦路斯》（牛津，1994 年），文本见第 75 页。

118. 莱希（A. Leahy）：《最早有日期记载的阿玛西斯纪念碑与阿普里伊统治的结束》（*The Earliest Dated Monument of Amasis and the End of the Reign of Apries*），《埃及考古学报》第 74 期（1988 年），第 183—199 页。

119. 1.74；荣利哥（W. Rölig）：《对新篡权国王那波尼德的思考》（*Erwägungen zu neuen Stelen König Nabonids*），《亚述学杂志》（*Zeitschrift für Assyriologie*）第 56 期（1964 年），第 239 页。

120. 希罗多德，1. 69. 3；77. 2；3. 47. 1—2。

121. 例如，希罗多德，2. 109；第欧根尼·拉尔修，2. 1—2。

122. 例如，约瑟夫斯（Josephos）：《反驳阿皮安》（*Contra Apionem*）（1.2）。

123. 例如，普林尼：《博物志》（2.31）。

124. 希罗多德，1.74，J. N. 马特克：《伊斯兰》，见 K. J. 多佛（编）《对远古希腊的感性认识》（牛津，1992 年），第 92 页。

125. 第欧根尼·拉尔修，2.1。见第六章第 1 节 b。

126. 见第八章第 328 页。

127. 4.36.2. 霍罗维茨（W. Horowitz）：《巴比伦人的世界地图》，《伊拉克》第 50 卷（1988 年），第 147—165 页。

128. 见第七章第 259 页。

129. S. 达利：《尼尼微、巴比伦与空中花园：调整后的楔形文字和古典文献资料》（*Nineveh, Babylon and the Hanging Gardens：Cuneiform and Classical Sources Reconciled*），《伊拉克》第 56 卷（1994 年），第 45—58 页。

延伸阅读

1.Introduction

Bottéro, J.，*Mesopotamia* (Chicago, 1987), 26–40.

Cah[2] *et al.*

Holzhey, K., *Assur und Babel in der Kenntnis der griechischrömischen Welt* (Freising and Munich, 1921).

West, M. L., *The East Face of Helicon* (Oxford, 1997).

2.From the Third Millennium to c. 1500 BC

Cline, E. H., *Sailing the Wine-Dark Sea: International Trade and the Late Bronze Age Aegean* (BAR International Series 591, Oxford, 1994).

Dickinson, O.T.P, *The Aegean Bronze Age* (Cambridge, 1994).

Huxley, G.L., 'Kythera and the Minoan Maritime Economy', in Academica Belgica, Istituto per la Civiltà Fenicia e Punica, *Atti del Convegno Internazionale 'Moventi Precoloniali nel Mediterraneo Antico'* (Rome, 1988), 65–71.

Klengel, H., 'Near-Eastern Trade and the Emergence of Interaction with Crete in the Third Millennium BC', *Studi Micenei ed Egeo-Anatolici* 24 (1984), 7–19.

Petruso, K. M., Keos 8: *Ayia Irini: The Balance Weights* (Mainz, 1992).

Schmandt-Besserat, D., *Before Writing* (Austin, Tex., 1992).

3.The Late Bronze Age (c. 1500–1100 BC)

Beckman,G.M.,'Mesopotamians and Mesopotamian Learning at Hattusa', *JCS* 35 (1983), 97–114.

Cartledge, P., *Sparta and Lakonia: A Regional History 1300–362 BC* (London, 1979).

Chadwick, J., *The Mycenaean World* (Cambridge, 1976).

Cline, E. H., *Sailing the Wine-Dark Sea* (Oxford, 1994).

Davies, A. M., 'The Linguistic Evidence', in G. Cadogan (ed.), *The End of the Early Bronze Age in the Aegean* (Leiden, 1986), 93–123.

Duhoux, Y., 'Les Contacts entre Mycéniens et barbares d'aprés le vocabulaire du Linéaire B', *Minos* 23 (1988), 75–83.

Gurney, O. R., 'Hittite Geography: Thirty Years on', in H. Otten *et al.* (eds.), *Hittite and other Anatolian and Near Eastern Studies in Honour of Sedat Alp* (Ankara, 1992), 213–21.

Jansen, H. G., 'Troy: Legend and Reality', in J. M. Sasson (ed.), *The Civilizations of the Ancient Near East* (New York, 1995), ii. 1121–34.

Hankey, V., 'Egypt，the Aegean, and the Levant', *Egyptian Archaeology* 3 (1993), 27–9.

Lambrou-Phillipson, C., *Hellenorientalia*(Goteborg, 1990).

Laroche, E., 'Luwier, Luwisch, Lu(w)iya', *RLA* vi (1987–90), 181–4.

Macqueen, J. G., 'The History of the Hittite Empire: An Overview', in J. M. Sasson (ed.), *Civilizations of the Ancient Near East* (New York, 1995), ii. 1085–106.

Moran, W. L., *The Amarna Letters* (Baltimore, 1992).

Van Den Hout,T. P. J., 'Khattushili III, king of the Hittites', in J. M. Sasson (ed.), *The Civilizations of the Ancient Near East* (New York, 1995), ii. 1107–20.

4.The Early Iron Age (c. 1100–900 BC)

Crowley, J. L., *The Aegean and the East* (Jonsered, 1989).

Dothan, T., and Dothan, M., *People of the Sea: The Search for the Philistines* (New York, 1992).

Hawkins, J. D., 'Karkamish and Karatepe: Neo-Hittite CityStates in North Syria', in J. M. Sasson *et al*, (ed.), *Civilizations of the Ancient Near East* (New York, 1995), ii. 1295–307.

Ikeda, Y., 'Assyrian Kings and the Mediterranean Sea: The Twelfth to Ninth Centuries BC', *Abr-Nahrain* 23 (1984–5), 23–31.

Kantor, H. J., *The Aegean and the Orient in the Second Millennium BC* (Bloomington, Ind., 1947).

Kaplan, P., 'The Development of Goldwork at Lefkandi on the Island of Euboia from the Eleventh to the Ninth Centuries BC', M.Phil. thesis, Oxford University (Oxford,1990).

Kopcke, G., and Tokumaru, I. (eds.), *Greece Between East and West: Tenth to Eighth Centuries BC* (Mainz, 1992).

Negbi, O., 'Early Phoenician Presence in the Mediterranean Islands,' *AJ Arch.* 96 (1992), 599–615.

Stevenson-Smith, W., *Interconnections in the Ancient Near East* (New Haven and London, 1965).

5. The Neo-Assyrian Period (c. 900–612 BC)

Barnett, R. D., 'Oriental Influences on Archaic Greece', in *The Aegean and the Near East: Studies Presented to Hetty Goldman* (Locust Valley, NY, 1956), 212–38.

Burkert, W., 'Homerstudien und Orient', in J. Latacz (ed.), *Zweihundert Jahre Homer-Forschung: Rückblick und Ausblick* (Stuttgart and Leipzig, 1991), 155–81.

Faraone, C., 'Molten Wax, Spilt Wine, and Mutilated Animals: Sympathetic Magic in Near Eastern and Early Greek Oath Ceremonies', *JHS* 113 (1993), 60–80.

Germain, G., *Genèse de l'Odyssée* (Paris, 1954)

Gresseth, G. K., 'The Gilgamesh Epic and Homer', *CJ* 70 (1975), 1–18.

Gunter, A. C, 'Models of the Orient in the Art History of the Orientalizing Period', in H. Sancisi-Weerdenburg and H. W. Drijvers (eds.), *Achaemenid History, V: The Roots of the European Tradition* (Leiden, 1990), 131–47.

Guralnick, E., 'East to West: Near Eastern Artifacts from Greek Sites', in D. Charpin and F. Joannès (eds.), *La Circulation des biens, des personnes et des idées dans le Proche-Orient ancien* (Paris, 1992), 327–40.

Helm, P. R., ' "Greeks" in the Neo-Assyrian Levant and "Assyria" in Early Greek Writers', Ph. D. thesis, University of Pennsylvania (Philadelphia, 1980; Ann Arbor microfilms).

Koenen, L., 'Greece, the Near East, and Egypt: Cyclic Destruction in Hesiod', *Transactions of the American Philosophical Association* 124 (1994), 1–34.

Liverani, M., 'The Trade Network of Tyre According to Ezekiel 27', in M. Cogan and I. Eph'al (eds.), *Ah, Assyria, ... Studies in Assyrian History and Ancient Near Eastern Historiography Presented to Hayim Tadmor* (Jerusalem, 1991), 65–79.

Morris, S.P., *Daidalos and the Origins of Greek Art* (Princeton, 1992).

Oded, B., *Mass Deportation and Deportees in the Neo-Assyrian Empire* (Wiesbaden, 1979).

Penglase, C., *Greek Myths and Mesopotamia* (London, 1994).

Purcell, N., 'Mobility and the Polis', in O. Murray and S. Price (eds.), *The Greek City* (Oxford, 1990), 29–58.

Ungnad, A., *Gilgamesch-Epos und Odysee* (Breslau, 1923), repr. in K. Oberhuber (ed.), *Das Gilgamesch-Epos* (Wege der Forschung 215, Darmstadt 1977), 104–37.

Walcot, P., *Hesiod and the Near East* (Cardiff, 1966).

West, D. R., 'Some Minoan and Hellenic Goddesses of Semitic Origin', *Ugarit-Forschungen* 23 (1991), 369–81.

West, M. L., 'The Ascription of Fables to Aesop in Archaic and Classical Greece', in *La Fable* (Fondation Hardt, Geneva, 1984), 105–36.

—— 'The Rise of the Greek Epic', *JHS* 108 (1988), 151–72.

——*Ancient Greek Music* (Oxford, 1992).

—— 'The Date of the Iliad', *MH* 52 (1995), 203–19.

Williams, R. J., 'The Literary History of a Mesopotamian Fable', *Phoenix* 10 (1956), 70–7.

6. The Neo-Babylonian Period

Burkert, W., 'Iranisches bei Anaximandros', *Rheinisches Museum für Philologie* 106 (1963), 97–134.

——*Lore and Science in Ancient Pythagoreanism* (Cambridge, Mass., 1972).

——'Orientalische und griechische Weltmodelle von Assur bis Anaximandros', *Wiener Studien* 107/8 (1994/5), 179–86.

Dilke, O. A. W., *Greek and Roman Maps* (London, 1985).

Frame, G., *Babylonia, 689–627 BC: A Political History* (Istanbul and Leiden, 1992).

Horowitz, W., 'The Babylonian Map of the World', *Iraq* 50 (1988), 147–65.

Kirk, G. S., *et al.*, *The Presocratic Philosophers* (2d edn., Cambridge, 1983).

Röllig, W., 'Landkarten', *RLA* vi (Berlin, 1980–3).

Sack, R. H., *Images of Nebuchadnezzar* (Selinsgrove, 1991).

West, M. L., '*Ab Ovo*, Orpheus, Sanchuniathon and the Origins of the Ionian World Model', *CQ* 44 (1994), 289–307.

第五章

美索不达米亚与希腊世界的接触和影响

波斯、亚历山大和罗马

斯蒂芬妮·达利，A.T. 雷耶斯

（Stephanie Dalley and A. T. Reyes）

阿契美尼德时期（公元前539—前330年）

阿契美尼德时期，能表明希腊与美索不达米亚之间接触和影响的证据有质的变化。同一时期的希腊历史和记载流传下来了，可以从希腊的视角更充分地证明整个近东与美索不达米亚之间的相互影响。波斯战争没有阻碍这种影响。西里西亚或黎凡特沿岸的有关地区的考古发掘出的材料记录也没有明显中断，书面文献资料表明，从地中海到美索不达米亚和伊朗的陆路一直是敞开的。[1] 在这两百多年的时间里，当地的巴比伦宗教和文学没有被波斯习俗替代，相反，在皇室的支持下可以称得上很繁荣，并由于其历史的悠久和博大精深而备受推崇。用楔形文字进行的精英教育不断培养出很多学者，尽管他们的成就没有留下多少痕迹，原因在于考古学家尚未发现属于这一时期的大型图书馆，而且这些学者的名字是希腊语的，无法根据名字逐一证实每位学者。亚历山大来到巴比伦以后，这些方面将会发生变化。

与美索不达米亚可能接触的希腊地区范围，可以拿在巴比伦发现的希腊钱币的铸造厂来衡量。这些地区包括埃伊纳（Aegina）、阿斯潘多斯（Aspendos）、雅典、希俄斯（Chios）、科林斯、科伦德瑞斯、基齐库斯（Kyzikos）、吕基亚、马其顿、米利都、纳吉多斯（Nagidos）、萨摩斯岛和特洛阿德（Troad）。[2] 希腊和美索不达米亚继续在安纳托利亚、埃及以及更东边的地区如巴比伦和苏萨接触，它们在波斯的管理制度下齐头并进地发挥作用；[3] 在苏萨的一处遗址上发现了一个指关节骨青铜模型，以前被供奉在迪迪玛（Didyma）的阿波罗神庙里。[4] 波斯王经常在巴比伦待些日子，并遵守当地习俗；[5] 古希腊资料显示他通常会见希腊人的地方正是这里；在这里，希腊人有机会观赏巴比伦的建筑、习俗和艺术品。繁忙的皇家大道横贯大陆，穿过萨迪斯（Sardis），经过巴比伦，一路向前，来到苏萨和帕萨尔加德；但除此之外还有其他路线，雅典将军科农"乘船来到西里西亚，因为已去过叙利亚的塔普萨克斯（Thapsakos，也可能是马苏迪伊［Mas'oudiye］），从西里西亚顺幼发拉底河乘船而下来到巴比伦"。[6] 波斯国王的大规模放逐将希腊人带到美索不达米亚生活：公元前 496 年米利都

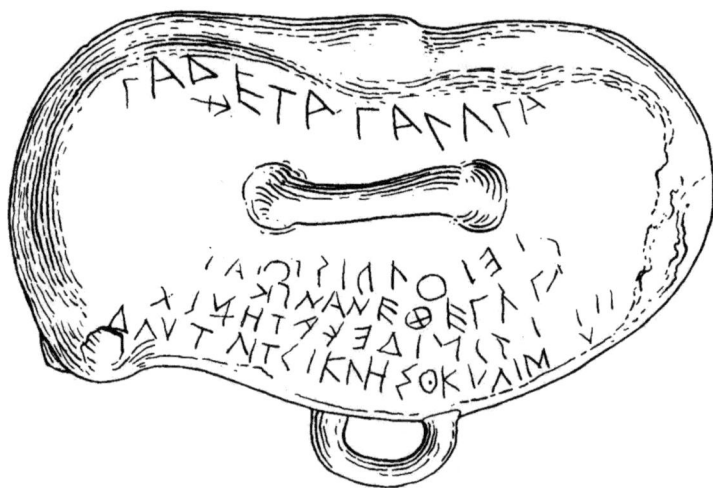

图 5.1　献给迪迪玛地区的阿波罗的青铜指骨，发现于苏萨。高 0.23 米，重约 90 千克

图 5.2　希腊印章上的美索不达米亚主题

被攻占后，希腊人被放逐到苏萨、底格里斯河附近的安普（Ampe）和苏萨以北 60 公里的"卡希雅（Kassia）陆地的阿德利卡（Arderikka）"。[7] 或许更有影响的是希腊雇佣兵，比如那些与色诺芬（Xenophon）并肩作战，然后带着异域城市故事回乡的人。

有几块楔形文字铭文提到了希腊人和美索不达米亚人，但巴比伦的文献资料一般没有希腊的信息量大。有篇文献提到有西帕尔的爱奥尼亚人参与的资金支付。[8] 苏萨的建城章程提到，从西部移来的雪松经由巴比伦，由可能生活或驻扎在巴比伦的爱奥尼亚人以及其他民族运到苏萨。[9] 这些章程还记载说，巴比伦和爱奥尼亚的技工在宫廷里负责烧砖，[10] 这就说明在砖结构工程的计算中使用了数学，这也是早在距当时大约两千年前，巴比伦人就已经发展完善的技艺。[11] 因为当时阿拉姆语是整个近东的通用语，所以某些形式的美索不达米亚知识可能也有阿拉姆语的版本。但没有类似的证据表明希腊城市里住着巴比伦人。

因为波斯国王使用了前朝国王的随身用品，所以希腊人会认为某些习俗或物品是波斯的而不是美索不达米亚的。希腊艺术家融会贯通地吸收波斯人所继承的艺术形象，但实际上他们是在永久地保存古老的美索不达米亚形象。[12] 例如，用希腊—波斯风格篆刻的一组印章，其技艺在亚述和巴比伦艺术中有悠久历史。[13] 这一时期的希腊人使用的时髦装饰品包括阳伞[14] 和一种叫作 ependutes（字面意思是套衫）的罩袍。[15] 希腊人认为这些是属于波斯的，而实际上阳伞是从亚述君王在仪式上的装饰沿袭下来的；罩袍则可能起源于巴比伦。埃斯库罗斯可能记述过波斯王驾着"叙利亚"战车的场面，这个意象源自被波斯人所采纳的著名的亚述图案，显示的是国王在驾战车追捕猎物。[16] 巴比伦的纺织品如早先那样又来到了希腊大陆，传播了美索不达米亚的款式设计，也使美索不达米亚有了华丽奢侈的声名。[17]

波斯征服巴比伦的一个结果是，希腊人视波斯帝国为美索不达米亚传统的自然继承人；为了尽量了解波斯，他们把目光转向亚述帝国和巴比伦帝国。希罗多德许诺过的亚述史作品并没有流传下来，他并不是第一位研究亚述的希腊学者，因为米利都的赫卡塔埃乌斯（Hekataios）在其作品中参考了美索不达米亚的地理学，并在写作中用到了宗谱的写法，这正是美索不达米亚王表的风格。[18] 无论莱斯博斯岛的赫拉尼科斯（Hellanikos）、兰萨库斯（Lampsakos）的卡戎（Charon）、吕底亚的克桑托斯、米利都的狄奥尼修斯的确切生平年代早于还是迟于希罗多德，他们的作品也都提到过亚述和巴比伦的历史，但没有流传下来。

尽管前几个世纪的接触很有规律，但叙利亚人、亚述人、巴比伦人或迦勒底人之类的说法，要么仍用来专指其具体的意思，要么类指近东地区的任何人。在古典文学中，这些混乱的用法经过罗马时期持续到现代，但这不能全怪希腊人，因为巴比伦的迦勒底末代国王在哈兰留下的铭文说明，亚述王和巴比伦王都源自一个王朝。所以，希罗多德往往把亚述人和巴比伦人用作同义词。除了几个例子之外，古典作家所说的亚述文字是指阿拉姆语文字，而不是楔形文字。[19]（波斯语的）Magi（魔法师）与迦勒底的贤哲之间也经常混淆，因为 Magi 这个词可以指任何东部地区的祭司—魔法师。

虽然希罗多德关于巴比伦及其习俗的记录有不准确之处，但是很多最终都被楔形文字资料证实。[20] 他的故事尽管表面看上去是古希腊风格，但内容却含有美索不达米亚的真实材料。例如，他被指责从未到访过巴比伦，因为他把这座城市描述为一个正方形，而不是那里的考古挖掘清楚地显示的不规则四边形。但是，阿萨尔哈东也在楔形文字铭文中把巴比伦描述为正方形，所以这里希罗多德可能只因袭了档案的记载。[21] 在详述大流士收复巴比伦的一幕中，他记录了一位巴比伦士兵辱骂波斯人的话："你们在骡子产子时才能拿下我们。"这种说法反映出阿卡德语手册《关于出生异象的泥板征兆集》（*Šumma izbu*）中见到的出生征兆的类型：

> 如果母羊生了狮子且没有右眼，该城将因有缺口而被攻破。[22]

他描写了女性是怎样在一生中要为了米利塔女神做一次妓女，这已在楔形文字记载里得到证实。[23]他所关心的主要是新近史实，以及希腊不熟悉的特征，如地理、建筑传统、宫廷传说和奇怪风俗。他的目的不是记述希腊人和巴比伦人共同的生活和文学特点。在他的时代，连最近的过去都成了传说，半虚构作品如色诺芬的《居鲁士的教育》、《圣经》中的《以斯帖记》与阿拉姆语的其他宫廷故事同时风靡起来。[24]他对亚述女王塞弥拉弥斯和尼托克里斯（Nitokris［Naqia］）的记叙，[25]以及对辉煌壮丽的巴比伦的城墙、城门和神庙的描写，对于后世作家如何描绘美索不达米亚至关重要。[26]

约公元前390年住在波斯宫廷的希腊医生克特西亚斯（Ktesias）在《波斯史》（*Persika*）中详述了希罗多德的记载和巴比伦帝国的故事。[27]虽然他去过美索不达米亚，但他添加的细节往往想象色彩过多。他的作品深受欢迎，因此他所写的尼诺斯、萨达那帕拉和塞弥拉弥斯成为后世希腊传奇故事和小说的创作灵感来源。但是，新近的研究表明，他的详述也是基于真实的亚述文献材料的，这在本书后文会论及。希罗多德还讲述了另一个美索不达米亚文学的主题，即居鲁士的身世，也在《波斯史》中出现。它复制了民间传说中关于阿卡德的萨尔贡的元素：他被父母遗弃在灯芯草编成的篮子里，后来他成了园丁，再后来当了国王。[28]其他希腊作家作品里出现的美索不达米亚文学元素也得到了注意（或争论），例如，有人认为埃斯库罗斯把伊阿狡猾的性格融入到了他对普罗米修斯的描写中。[29]

晚期的希腊古典传统继续认为希腊科学家和哲学家受到了美索不达米亚文明的滋养。他们为自己的希腊传统而自豪，而且成功地开创了有个性的即时创作和个人写作的新时尚，因此，如果不存在这种外来影响的事实，很难理解他们承认这种影响的动机是什么。同时代的作家有名有姓，这与古代近东文学作者的匿名完全不同，因为后者是编撰和校订文学，很多时候这些文学都被认为是七贤大圣完成的。据说，阿布德拉（Abdera）的德谟克利特（Demokritos，生活于公元前430年）得到"迦勒底占星师"的指示。在公元前480年，薛西斯从希腊撤退时，这些星象家被留在德谟克利特父亲的房子里。另一说认为德谟克利特来巴比伦是为了向迦勒底人学习。[30] 据说，他学成后写下了关于巴比伦的"神圣著述"和"迦勒底理论"的作品，还留下了他从"阿克卡洛斯（Akikaros）之柱"上抄来的一本关于"巴比伦伦理"的书，书中记录了亚述贤哲阿希家的言论。我们知道阿希家的贤哲声誉在公元前4世纪末就传到了希腊，因为亚里士多德的学生泰奥弗拉斯托斯的一部作品就是以阿希家的名字命名的。[31]

生活在公元5—6世纪的叙利亚新柏拉图主义哲学家达马希乌斯（Damaskios）的作品提供了可靠证据，表明一些巴比伦文学这时以译文的形式来到了希腊。[32] 据他所言，罗德的欧德莫斯，在雅典师从亚里士多德时，收集了有关迦勒底人信仰的信息，这些信仰被收录在他的《天文学史》中。可能就是这部作品有对巴比伦《创世史诗》的描述，[33] 正确地命名了巴比伦的众神，尽管由于一个希腊语字母的误读，间或有些可识别的错误。所以，在希腊人可以得到贝罗索斯有关巴比伦的作品以前，美索不达米亚的神话和宇宙观就在雅典的学园和哲学学校里传播和研究。根据辛普利丘斯（Simplikios，公元6世纪）所言，卡利斯提尼（Kallisthenes）应亚里士多德的请求给希腊赠送了"巴比伦观察录"。[34] 因为这种记录通常以楔形文字保存，这就说明需要从阿卡德语到希腊语的翻译服务。这时，在美索不达米亚，许多记载都以阿卡德语和阿拉姆语保存，来自吕基亚的克桑托斯的三语对照铭文表明，有的安纳托利亚城市里，公共纪念碑上有希腊语和阿拉姆语对照。[35] 柏拉图的学生尼多斯（Knidos）的欧多克索斯（Eudoxos，约公元前390—前340）直截了当地说，一点儿也不能相信迦勒底的星占和预测。[36] 他可能读过这些星占和预测。希腊语有关由雷鸣和月亮引起的前兆的文献《雷的研究》（Brontologia）和《月相占卜》（Selenodromia），似乎是从亚述语原文中翻译过来的，[37] 而且无疑是被认真地翻译的。所以，柏拉图恰巧在公元前347年去世前遇见迦勒底的占星家，这个故事不是完全不可信的。[38] 帕萨尼亚斯指出："但我知道迦勒底占星师和印度魔法师首先说过，人的灵魂是不朽的；正是他们说服了其他希腊人，尤其是阿里斯顿（Ariston）的儿子柏拉图。"[39]

所以，亚历山大大帝于公元前331年进入巴比伦时，他既代表了一个过程的高峰，也代表了一个新纪元的开始。他选巴比伦为首都，象征着古希腊文化承认美索不达米亚的世界地位，以及与巴比伦、亚述特别是其文字作品的联系而带来的巨大声望。

亚历山大及其继业者在巴比伦（公元前330—约前128年）

当亚历山大进驻巴比伦，以及后来塞琉古帝国建立，希腊人与美索不达米亚人的接触明显地频繁起来。希腊人对美索不达米亚的兴趣体现在尤为注重对这一地区的历史和地理进行古文物研究。诗人卡利马科斯（Kallimachos）在其作品《世界的河流》[40]中可能讨论过底格里斯河和幼发拉底河，泰奥弗拉斯托斯的科学研究可能得益于对植物学和地质学材料更加深入的了解，还得益于亚里士多德的同事对巴比伦人关于植物和石头的作品的整理。亚历山大的征服，他对知识的渴望和搜集，以及他在巴比伦对外国使者的接纳，都建立了希腊与巴比伦之间的最早的直接联系。他的游历催生了《亚历山大传奇》，其中来自巴比伦史诗中的片段与希腊材料相交融。[41]

亚历山大和塞琉古国王参加巴比伦式的皇家习俗礼仪，并确保这些礼仪在皇室的支持下仍被保存和研究。希腊统治者采纳了美索不达米亚人的王权风格，以朗诵巴比伦的《创世史诗》的形式庆祝新年（实际上在不同城市，时间也各不相同）[42]。亚述地名的沿袭和保存，见于罗马历史学家阿米阿努斯（Ammianus）的记录，他指出虽然塞琉古一世尼卡特（Seleukos Nikator）沿幼发拉底河建立了许多城市，"但它们没有失去原住民用亚述语赐予的姓名"，[43]而在当地的希腊语铭文中又被赐予新的希腊语名字，模糊了传统的连续性。一个显著的例子是巴尔米拉（Palmyra），它以此名为希腊人和现代游客所知，但巴比伦人、说阿拉姆语的人和阿拉伯人把它叫作泰德穆尔（Tadmor）。恰如阿契美尼德国王所做的那样，亚历山大和塞琉古人沿用了巴比伦的月份、城市和神庙的原有名称。他们没有想方设法把巴比伦、博尔西帕、尼普尔或乌鲁克转变为希腊城邦（poleis），而是允许这些城市如以前一样存在。在乌鲁克找到的大型图书馆，收藏着记录和保存文学和宗教文献的楔形文字泥板，说明传统上的学术追求仍然存在，没有迹象表明这种追求失去了活力。从这时起，巴比伦著名学者的名字就会以一种极具诱惑力的方式出现在希腊和罗马作家的作品里。

亚历山大让哈帕拉斯（Harpalos）负责巴比伦的财政，爱奥尼亚的加利尼科斯（Kallinikos）被任命为"掌礼官"，于公元前314年负责巴比伦的贝尔神庙里的收入，这个神庙职务可能从以阿拉姆语和阿卡德语为工作语言的阿契美尼德的官僚机构那里接手。[44] 按照亚里士多德的记载，罗德的安提米尼斯（Antimenes）是巴比伦负责道路的官员，他在对所有的进口商品重新征收什一税时，甚至恢复了被淘汰的旧法律；可能部分地区公开这种规定时要用到阿拉姆语，并且用楔形文字留下书面记录。[45] 这些例子说明，希腊人在巴比伦本土担任很高的行政职务，他们按照当地的管理方式，管理中使用两种或两种以上的语言很常见。在某些活动领域里仍然使用传统的文件保存方法——黏土印章、泥板，尽管有可用的羊皮纸和莎草纸，而且也经常使用。这时，巴比伦书吏不仅习惯在泥板上用楔形文字书写，也习惯了在莎草纸或羊皮纸上用阿拉姆语或希腊语书写。所谓的希腊—巴比伦泥板，一边写着楔形文字，另一边写着希腊语的翻译文字，其上铭刻的文字似乎都是在学校里学习其中一种语言时的练习材料。它们反映了巴比伦与希腊的学习传统之间的最紧密联系，[46] 表明文化上的教学语言，开始从根本上转向希腊语，而不是近东的任何语言。这种转向可能与塞琉古王朝统治下的政治变化有关，当时复杂的法律事务除用楔形文字和阿拉姆语外，还开始用希腊语作记录。[47]

不过，是在埃及而不是在美索不达米亚，很可能为了图书馆使用，亚历山大的一位继任者托勒密二世费拉德尔甫斯（Philadelphos）命人将巴比伦语和埃及语作品译成希腊语，这样，希腊人可以在著名的亚历山大图书馆里定期地阅读这些作品。[48]

亚历山大可能连美索不达米亚的习俗都介绍到了其他地区。普鲁

图 5.3　两边刻有希腊语铭文的黏土泥板，上有楔形文字文本的语音标注

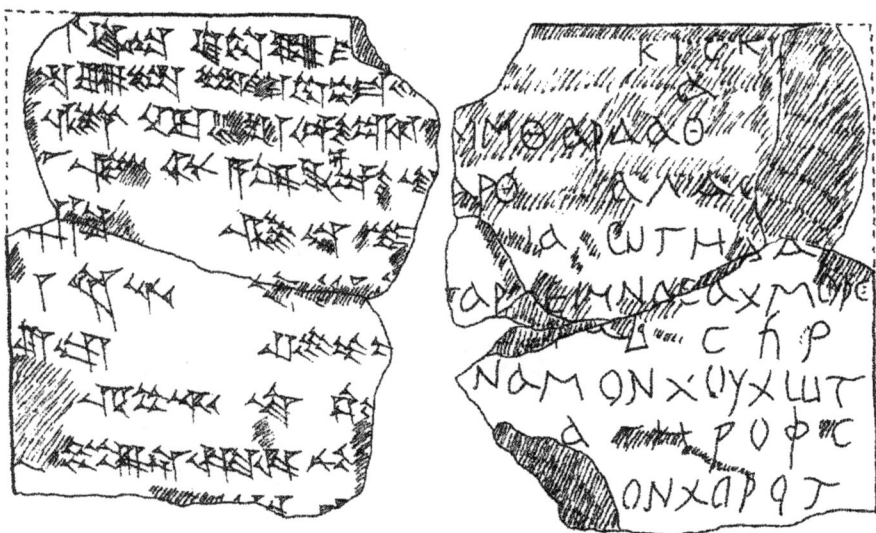

图5.4 写有巴比伦人诅咒妖魔咒语的希腊语—巴比伦语泥板，上有希腊语语音标注

塔克记述了这样一个奇异的故事：亚历山大将一位叫阿布达洛尼摩斯（Abdalonymos）的园丁提拔为塞浦路斯岛的帕福斯的国王。[49] 这个故事可能源于断章取义地理解皇室的替身仪式，即由他人暂代国王直到危险期过去。有关于此最著名的例子记录在巴比伦的编年史里，国王伊拉-伊米提（Erra-Imiti）意外驾崩，暂代国王的恩里勒-巴尼（Enlil-bani，正巧也是个园丁）接替他成为真正的国王。[50] 其他形式的接触体现在更悠久习俗的延续，即使到了塞琉古王朝的末期，美索不达米亚的设计风格同样传播到了希腊。例如，在奥林匹亚，或许按照近东国王在希腊神殿奉献奢侈品的标准程序，安条克四世埃皮法尼斯（Epiphanes，公元前175—前164）奉献了一幅饰有亚述织物并用腓尼基紫色染成的羊毛窗帘。[51]

对希腊人来说，了解巴比伦历史和风俗的一个来源是贝罗索斯的《巴比伦尼亚志》。贝罗索斯真实存在，只是他传奇的一生在细节上仍有争议。据说，他在科斯岛上建立了一个迦勒底占星学校；还说他是巴比伦女预言师西比尔的父亲；还传言由于他贤哲般的能力，雅典人为他立了金雕像。[52] 贝罗索斯记述说他使用了神庙的记载，其仅存的为数不多的作品片段支持这种看法。有些学者宣称在这些片段中发现了一些希腊化时期的民族志风格，但这尚不确定，因为这些风格的某些元素现在可以追溯到新亚述国王时期的文字记载中。贝罗索斯对创世的描述类似于巴比伦的《创世史诗》，他详细地叙述了大洪水的故事，但不是我们所熟知的，认为大洪水的幸存者是乌特-纳比西丁的版本。他在大洪水故事的这一节点上保存了西苏特罗斯（Xisuthros）这个名字，他使人想起苏美尔名字朱苏德拉（Ziusudra），就像琉善在改写大洪水故事时所做的一样。[53] 后来在一些有影响力的人中，研究《巴比伦尼亚志》的有雅典的阿波罗多洛斯（公元前 170—前 110），他是巴比伦的第欧根尼的学生[54]；罗马古文物学家和藏书家瓦罗（Varro，公元前 82—前 37），他依据美索不达米亚的材料著有一本天文学专著；[55] 努米底亚国王朱巴（Juba，公元前 46—公元 23），他写了一本两卷的亚述专著；[56] 以及哲学家塞涅卡（公元前 4—公元 65）。[57]

尚不清楚传统的美索不达米亚文学这时对希腊作品有多大影响，因为在追溯可能的影响时很难确定其年代。讽刺文学、离合诗和田园诗都在美索不达米亚存在了很久，也都在古希腊文学中有一席之地。以下一首诗选自苏美尔人关于杜穆兹的故事，可以与希腊化时期有关单相思爱情的任何田园诗相比较：

> 啊，我的妹妹，让牧羊人娶你吧，
> 啊，少女伊南娜，你为什么不愿意？
> 他的肉好吃，他的奶好喝，
> 牧羊人，凡是他的手触摸过的东西都很明亮，
> 啊，伊南娜，让牧羊人杜穆兹娶了你，
> 啊，你这个人……你为什么不愿意？[58]

从《伊利亚特》和《奥德赛》中可以看到，两名主人公提出相反观点的反驳文学，和一名歌手或合唱队回应另一歌手或合唱队的轮流吟唱，早在美索不达米亚就有先声。当时这些文学体裁的明显激增，说明东西方之间关系很紧密。

我们从普林尼[59]和斯特拉博[60]那里知道，尼普尔、乌鲁克和巴比伦的学术研究院不断地产生世界一流的学者，最著名的是“巴比伦的”第欧根尼，这位斯多葛派哲学家。[61]他在雅典成为斯多葛派的头号人物，然后在罗马得到拥护，这一确切事实说明，他代表了学者走出美索不达米亚去游历的珍贵传统。既然重要的楔形文字天文学文献终于编订完成，毫无疑问，巴比伦人不仅在塞琉古王朝统治时期而且在希腊统治者离开美索不达米亚很久以后，一直都在其研究院研究天文学，还用楔形文字记录了他们的观察结果。希腊天文学家如喜帕恰斯和托勒密沿用了巴比伦天文学的某些方面，他们或者沿用美索不达米亚的翻译，或者沿用用希腊语写的但在埃及获得的文献。斯特拉博提到过当时著名的迦勒底天文学家基第纳斯、纳布里曼诺（Nabourianos）和塞琉古（Seleukos），他还提到在学习迦勒底天文学的人当中，有希腊语名字的人还包括明多斯（Myndos）的阿波罗尼乌斯（Appollonios）和帕里乌姆（Parium）的阿特米多鲁斯（Artemidoros）。普林尼还提到，苏狄涅斯和撒迦利亚是著名学者。[62]罗德的卡斯托尔（Kastor）在公元前1世纪的前半叶写了一本发行量很大的有关巴比伦的书，他知道巴比伦观察金星的知识。[63]有时，巴比伦的高官会给自己或儿子再起一个希腊名字，这通常很难用流传下来的巴比伦楔形文字文献证明，但在保留了很多希腊语文献的埃及可以得到更好的证明。[64]所以，有时候很难分清哪些有希腊名字的学者是巴比伦人，哪些是祖祖辈辈或土生土长的希腊人。

与多个世纪以来一样，迦勒底的圣贤游历广泛。来自色萨利的拉里萨（Thessalian Larisa）的铭文提到安提帕特（Antipater），他是叙利亚的希拉波利斯-曼比季（Hierapolis-Membidj，意味深长的是此地亦叫尼尼微）[65]地区的迦勒底天文学家。罗马建筑师维特鲁威（Vitruvius）认为，他是贝罗索斯的门徒。[66]据说，帕加马的阿塔罗斯（Attalos）一世曾请教过迦勒底学者苏狄涅斯。[67]尤其重要的是，雅典的比雷埃夫斯港的腓尼基语和希腊语双语铭文可以追溯到约公元前3世纪，这篇铭文把亚坦-贝尔（Yatan-Bel，贝尔是巴比伦元素）这个名字赋予巴比伦神内尔伽勒的祭司首领。[68]来自埃及的几张关于希腊魔法的莎草纸，提到美索不达米亚主管阴间的女神埃列什基伽勒，从中可以看出这些住在国外的贤

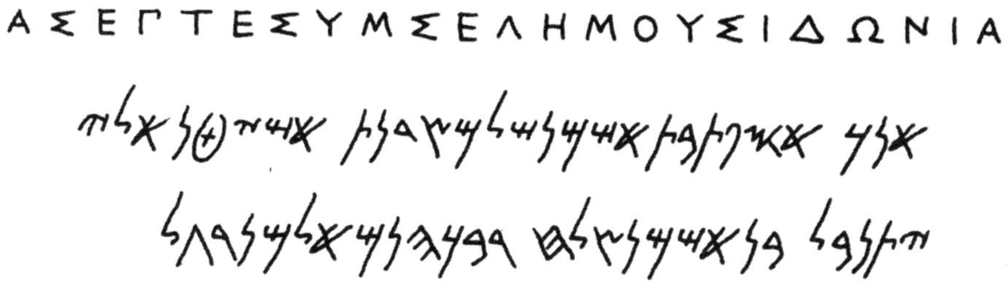

ΑΣΕΓΤΕΣΥΜΣΕΛΗΜΟΥΣΙΔΩΝΙΑ

图 5.5　来自比雷埃夫斯的希腊语和阿拉姆语铭文（更长版本），由亚坦-贝尔祭司献给涅格尔

哲对希腊习俗的影响。按照这些莎草纸的记载，她常常与尼布托索瓦莱思（Neboutosoualeth）这个名字出现在一起，它很可能部分地是从纳布（Nabu）这个名字派生出来的。[69] 到公元前 4 世纪末，在罗马周边，按照被希腊人和伊特鲁里亚人带到意大利的来自美索不达米亚的样式，肝脏的模型被制作出来，用以记录征兆。[70] 阿卡德语专业术语的翻译随之兴起。[71] 希波克拉底的文集包括预测分娩和疾病的文献，这些文献与阿卡德语文献很相似，只是后者用条件句表述，前者用实际观察表述。希腊人和美索不达米亚人的药理学知识在内容和表述上亦有相似之处。[72]

　　有证据表明，人不分种族都可以进入近东的各种寺庙敬神。没有严格的建筑差异，因为传统的建筑风格一直存在。[73] 甚至在基本上由希腊人建设起来的底格里斯河畔的塞琉西亚和阿富汗的阿伊哈努姆（Ai Khanum），地基平面图说明，建筑物还是传统的美索不达米亚式结构。希腊的神灵从这一时期起直到罗马时期，就直接相关或等同于闪米特人的神灵，因为在祭祀的形式、神像的外观容貌和神的特征上几乎没有差别。无论是希腊人的战神还是闪米特人的战神，都驾着以霹雳环绕的战车。尤其是来自巴尔米拉的双语铭文显示了主神朱庇特或宙斯与贝尔、纳布与阿波罗、纳奈与阿尔忒弥斯之间的紧密联系，其称呼随着铭文的语言而不同。[74] 在哈特拉，太阳神在阿拉姆语中叫沙玛什，在希腊语中叫赫利俄斯；赤裸的希腊-罗马风格的赫拉克勒斯被称作内尔伽勒。[75] 杜拉-欧罗普斯地区的阿弗拉德（Aphlad）是穿罗马衣服的亚述神阿佩尔-阿达德（Apil-Adad），马苏迪

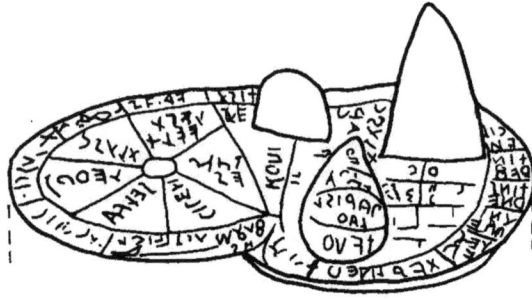

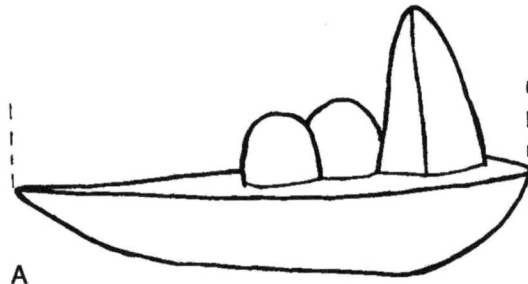

A

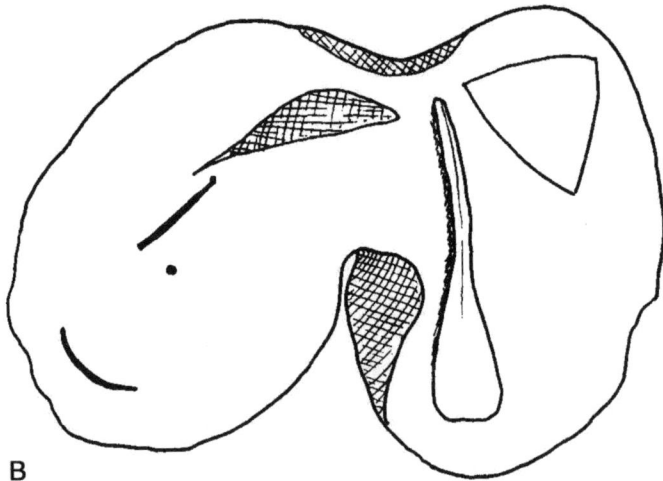

B

图 5.6　A. 来自意大利皮琴察的羊肝青铜模型，标有伊特鲁里亚语；B. 罗马附近发现的羊肝陶制模型

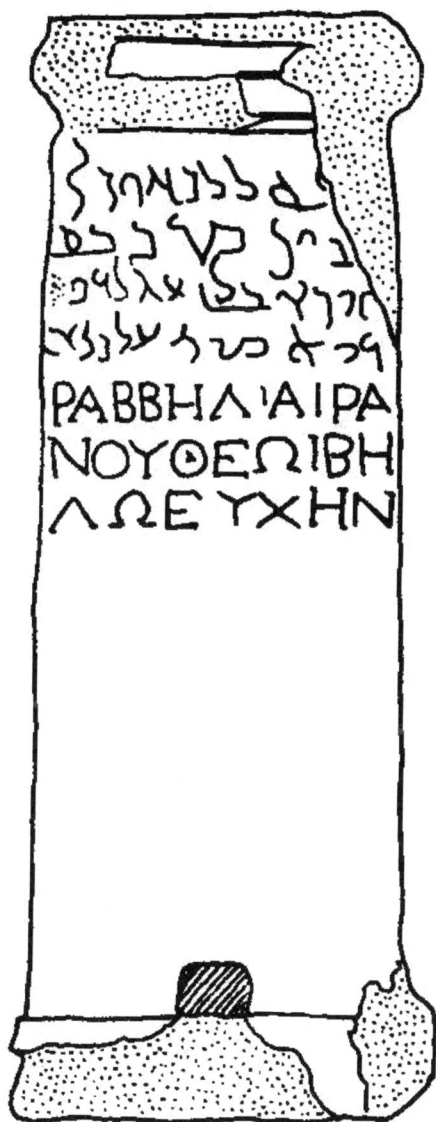

图 5.7　用阿拉姆语和希腊语题献给塔德木尔（巴尔米拉）的贝尔的祭坛，发现于科斯岛

伊地区的镶嵌画上被拟人化的美索不达米亚与幼发拉底河在风格和服装上都是罗马人的样子。[76] 在博尔西帕、希拉波利斯-曼比季、塞琉西亚、巴尔米拉和杜拉，纳布等同于阿波罗。[77] 在塞琉西亚的档案馆周围发现的塞琉古王朝时期的楔形文字泥板记录道，一个希腊名字的男人向内尔伽勒供奉；杜拉地区的贝尔神庙仍在使用时，上面描刻着希腊文的涂鸦。[78] 希腊奴隶可以被献到巴比伦的神庙里。[79] 在科斯岛发现的一块石碑上，用希腊文和巴尔米拉文刻的双语铭文记录了给贝尔的供奉。[80] 公元前 5 世纪的西里西亚硬币上也刻有内尔伽勒，硬币的背面展示着阿瑞斯，或许因为他与内尔伽勒一样使人联想起战争。[81]《创世记》第 10 章第 8—9 节记载着"英勇的猎户"宁录建立了巴比伦、乌鲁克和阿卡德，将他与美索不达米亚的狩猎庇护神尼努尔塔联系起来；他在古典时期后期被希腊猎人俄里翁（Orion）同化。[82] 有时，在某些人看来，如此紧密的联系说明古希腊文化在近东的影响力盖过了当地的信仰，但还有一种可能是，上述证据说明希腊人愿意把他们的神与比自己的神更悠久更值得尊奉的传统联系起来。

罗马和美索不达米亚（约公元前 128 年起）

公元前 64 年庞培在叙利亚西部建立了罗马人的殖民地。雄心勃勃的克拉苏（Crassus）公元前 53 年在哈兰（现在称为卡雷［Carrhae］）被帕提亚人及其盟友彻底打败，自此没有再向东推进。第二年，巴尔米拉人在杜拉-欧罗普斯建立了供奉贝尔的神殿。尽管罗马皇帝多次入侵，他们从未成功把美索不达米亚的中心地区并入罗马帝国。而美索不达米亚的学术则很早就存在于罗马本土，对贝尔神的崇拜在近东获得了新生。

巴比伦的第欧根尼于公元前 155 或前 156 年访问罗马，这件非同寻常的事直到一个多世纪之后还被忆及。[83] 这激发了罗马人对美索不达米亚的兴趣，后来由于一些断断续续的联系，这种兴趣得到加强，直到这两个国家有了直接接触。图拉真在公元 116 年沿幼发拉底河进军到泰西封（Ktesiphon），声称已征服了位于底格里斯河中游的阿迪亚波纳（Adiabene）王国，其领地包括伊什塔尔的著名神庙和神谕所在地埃尔比勒。但图拉真的成功是短暂的，在美索不达米亚的主要地区，无论是从物质上还是从精神上，他的影响都难以被察觉。约130或131年，哈德良去过巴尔米拉。路奇乌斯·维鲁斯（Lucius Verus）率领的军队于165年进攻并洗劫了底格里斯河上的塞琉西亚，攻占了泰西封；奥龙特斯河上的阿帕米亚地区的贝尔神谕曾预言过塞普蒂米乌斯·塞维鲁（Septimius Severus）将来会当皇帝，他于195年征战美索不达米亚，并于198年攻占了泰西封。他曾两次设法攻占阿拉伯城市哈特拉。该城因太阳神沙玛什-贝尔储存在其埃萨吉拉（Esagila）神庙的财富而声名鹊起，该神庙得名于巴比伦现在仍然繁荣昌盛的马尔杜克-贝尔神庙。[84] 在奥勒留于273或274年在罗马战胜了芝诺比阿以后，巴尔米拉的贝尔崇拜在罗马成形；[85] 卡鲁斯（Carus）带上年轻的戴克里先作为随从，于283年攻占了塞琉西亚和泰西封。在哈德良执政和戴克里先执政时期，"美索不达米亚四次败北，四次光复"；没有任何持续的协议或管理部门干涉过该中心地区大城市的宗教和精神生活。似乎是为了掩盖这种不尽如人意的状态，许多罗马作家指称美索不达米亚时，意思就是托罗斯山脉的山脚以北地区，因为罗马确实在这里长期存在过：这一封闭地区在塞普蒂米乌斯·塞维鲁屡战屡胜以后成为罗马的"美索不达米亚"省。

直到最近，学者们都不曾预期要在罗马时期美索不达米亚的遗存中发现任何巴比伦传统的残余，并声称一种历史上的失忆使当地居民意识不到文化上的进步和成就在过去的三千年里是延续的。本书第二、七、八章试图纠正这一观点：虽然楔形文字不再使用，但巴比伦、博尔西帕、阿淑尔和埃尔比勒有清晰的文献、艺术和建筑证据表明其延续性。新的崇拜中心以旧的为基础，以引人注目的姿态出现在巴尔米拉、奥龙特斯河上的阿帕米亚以及哈特拉。在这些地方，几个世纪以来，东方的异教成功地抵制了基督教的传播。阿拉姆语和古希腊语文献资料都说明，学术生活在巴比伦持续繁荣。罗马的渗透对地中海东部城市的确有明显的影响，但在阿曼诺斯（Amanus）山、黎巴嫩和前黎巴嫩山（Anti-Lebanon）以外的内陆地区，影响大大减少，对意大利的罗马人来说，这些地方似乎是遥远的异域。

罗马统治者依靠学术研究来努力理解域外的范围。普林尼写道，奥古斯都委任底格里斯河下游的查拉克斯城的地理学家狄奥尼修斯研究东部诸国。[86] 亚历山大·波里希斯托在近东当雇佣兵时与罗马打仗，兵败被俘来到罗马，受罗马人赞助开始编纂东方所有国家的历史，从而声名远扬。他著述颇丰，还写过一部迦勒底史。[87] 斯特拉博在其《地理学》的第 16 卷专门讲亚述，并且提供了前人积累的关于巴比伦的信息梗概。西西里的狄奥多罗斯以记述近东的传统开始其世界史的鸿篇巨制，而且提供了有关尼尼微和巴比伦的精彩细节。古代的旅行家和地理学家通常会宣称他们远行至美索不达米亚。通常，罗马民族学家只把希腊文本译成拉丁语，但希腊语一直是帝国东部有教养者的书面语言，几乎没有被拉丁语取代过。从这时起，许多所谓的"希腊"民族学家、地理学家和文物研究者虽然用希腊语写作，但实际上是近东人或安纳托利亚人，继承此前来自米利都、哈利卡那索斯（Halikarnassos）和东部诸岛的爱奥尼亚人的衣钵：斯特拉博来自安纳托利亚东部的阿马西亚（Amaseia），琉善来自幼发拉底河上的萨姆萨特，亚历山大·波里希斯托来自米利都，阿里安（Arrian）来自小亚细亚西北部的比提尼亚（Bithynia）。

巴比伦传统的某些方面已深入人心，但并未得到官方支持。虽然"迦勒底"的占星家和预言家被罗马多次驱逐出境，[88] 但仍然在上流社会得宠。[89] 苏拉将军向他们请教。普鲁塔克记载道，有个"迦勒底人""仔细打量了苏拉的脸而且细致研究了他的身心运动后……宣布说这人必将是世界上最伟大的人"[90]。这种通过观察一个人的面相来占卜的艺术被充分证明是用标准的阿卡德语手册规定的美索不达米亚做法。[91]

尽管怀疑迦勒底人的占卜术和占星术，[92] 西塞罗还是把《物象》译成拉丁语。这部西里西亚的索罗伊（Soloi）的阿拉托斯（Aratos）的天文学作品（约公元前 315—前 245）本身是从尼多斯的欧多克索斯的散文作品大致翻译过来的，这也是罗马诗人卢克莱修和维吉尔的灵感源泉。[93] 西塞罗同时代的罗马哲学家和天文学家卢修斯·塔鲁提乌斯·费尔玛努斯（L. Tarutius Firmanus）在确定某些事件的日期时可能使用过美索不达米亚的记录。[94] 正如建筑师维特鲁威所做的那样，[95] 卢克莱修就月光和月相的原因请教过贝罗索斯。由马库斯·曼尼里乌斯（Marcus Manilius）在奥古斯都和提比略执政时期撰写的五卷本长诗《天文学》（*Astronomica*）表达了对占星术的兴趣。[96]

奥龙特斯河的阿帕米亚的哲学家特别注意解释迦勒底人信仰的科学依据，这些信仰对斯多葛派哲学尤其重要。波希多尼（Posidonis）被斯特拉博赞扬为"大师级哲学家和学问家中第一受尊敬的人"，[97] 他对占星术的兴趣，和斯多葛派哲学一起，在某种程度上提高了迦勒底占星术的威望。[98] 奥龙特斯河的阿帕米亚有位贝尔神庙的祭司领导一个伊壁鸠鲁学派，这清楚地证明了祭司和哲学家并无确切的分别。[99] 学者托勒密（约公元100—178）的迦勒底知识很丰富，可能因为他在亚历山大城时可以看到细节翔实的作品，在上埃及的艾赫米姆时，也可以从许多学者那里获得知识。[100]

希腊小说（novel）在安纳托利亚主要是在希腊化的城市里形成，实际上，这可能还要归因于亚述。传说中的人物尼诺斯和塞弥拉弥斯是《尼诺斯传奇》中的主要人物，它是希腊现存最早的小说，可以追溯到约公元前1世纪。浪漫的皇室之爱这个惊人的新主题，似乎是从最近才发现的辛那赫里布的皇室铭文中演变而来的，在这段铭文中，国王为后世记录了他对妻子塔什美图-沙拉特（Tashmetum-sharrat）的爱。

> 为了塔什美图-沙拉特王后，即我的爱妻，伟大的女神已使其形体比其他女人更美丽，我已把我的宫廷建造得充满了爱、欢乐和欣喜。听命于众神之父阿淑尔和伊什塔尔女王，愿我们两人都在此宫殿里长寿，尽享快乐。[101]

这座王宫就在尼尼微，著名的空中花园就在旁边，正是为她修建的。公元前7世纪初，这位受宠的王后很快被残暴的纳恰驱逐出去；辛那赫里布被他的两个儿子杀害以后，纳恰的儿子阿萨尔哈东登上王位。大马士革的尼古劳斯（Nikolaos）讲了一个关于"塞弥拉弥斯"的故事：她第一次婚姻中的两个儿子为了阻止她的儿子宁亚思（Ninyas）称王，企图杀她。近来的研究表明，这个故事中的"塞弥拉弥斯"代表辛那赫里布（注意性别的变化），宁亚思代表阿萨尔哈东。[102] 所以，希腊主题中亚述皇室情侣

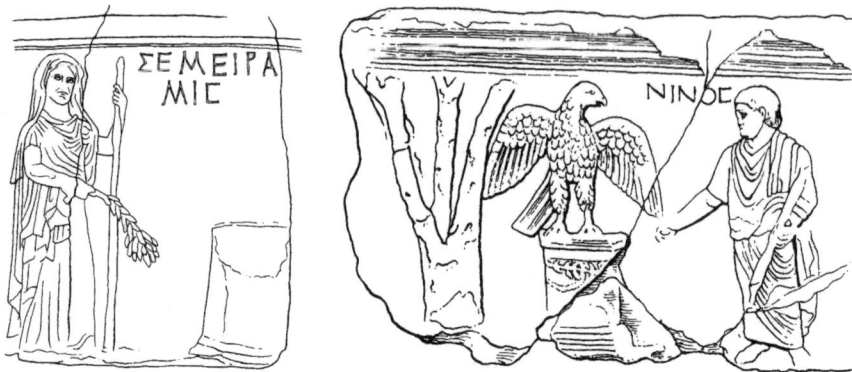

图 5.8　迈安德河畔的阿佛洛狄西亚斯廊柱大厅里的塞弥拉弥斯雕像和尼诺斯雕像，公元 3 世纪后半期。高 0.98 米。

的部分无疑可以追溯到真实的楔形文字材料。讲述阿希家生活的故事使用了相同场景中的主题，因为这个故事提到纳布–舒姆–伊什昆（Nabu-shum-ishkun）；同时代的亚述皇室书信中的证据清楚地表明，他参与了这起未遂的谋杀。[103]

在现在只能从残存断片了解的《尼诺斯传奇》里，除了使用塞弥拉弥斯这个名字来称呼女主人公以外，看不出真正的历史内核。尼诺斯被描述为亚述的国王，塞弥拉弥斯被说成是其表亲，小说讲了这两个人在地中海附近，产生的一个异域的爱情、婚姻、患难和分离的故事。小说很喜欢把故事背景设定在巴比伦，例如，《凯勒阿斯与卡利罗亚》（Chaereas and Kallirhoe）传奇的结局就发生在那里。希腊小说还与历史传奇的发展有部分的联系，最有名的是《亚历山大传奇》，其主题来自阿卡德神话，而最后一幕是亚历山大驾崩在巴比伦。[104]

尼诺斯和塞弥拉弥斯不仅在希腊传说和传奇中很受欢迎，艺术作品中也常见他们的身影。他们都被描绘在卡里亚的阿佛洛狄西亚的长方形厅堂的雕刻板上，年代可能在公元 3 世纪。在约公元 200 年，这对亚述王室夫妇的画像也出现在奥龙特斯河边的安条克地区的地板镶嵌画上；来自亚历山大勒塔的一幅相似的镶嵌画明确提到尼诺斯，其作为征服者的美誉流传甚广。[105] 据琉善的记载，塞弥拉弥斯的雕像矗立在希拉波利斯-曼比季的叙利亚女神庙门口的右侧，在这个圣地还有巴比伦人；她的另一座雕像坐落在同一座神庙里面，紧挨着其他神话或传说中的雕像。这些大概在 3 世纪时仍可看到，当时曼比季依然是繁华的异教崇拜中心，定期举行礼拜和庆祝活动。[106] 这些艺术形象根据当时的时尚，身着希腊人或罗马人的装束，所以只能从作品说明上认出来。在巴尔米拉，巴比伦的《创世史诗》中的一个场景出现在贝尔的大神庙的中楣上，而该神庙主要是用巴比伦城的商人捐赠的钱建造的。[107] 因为神庙上没有铭文，所以起初认为它解释了宙斯和堤丰（Typhon）之间的斗争，因为其风格是古希腊的，而且这些神都穿着罗马人的军服。这根中楣及其建造日期或许暗示，在芝诺比阿时期，人们也许就在那里以巴比伦人的方式，用阿拉姆语朗诵《创世史诗》来庆贺新年。[108]

美索不达米亚的古老名字和主题有时被保存在希腊和罗马的记载中。希腊修辞学家埃利安（Aelian，约公元 170—235）曾在罗马任教，他写了《论动物的习性》，书中的婴儿吉尔伽马斯（Gilgamos）分明是吉尔伽美什的希腊化形象，他被从高塔上抛下来，一只鹰救了他。他由园丁抚养成人，最终成为巴比伦国王。[109] 从这个故事中可以看出《萨尔贡出生的传说》中的一些元素，居鲁士二世也用过这些元素。奥维德可能依赖巴比伦的材料来寻找《变形记》第 4 卷中的"东方"故事元素，例如，琉科托厄（Leucothoe）的故事中的父亲俄耳卡摩斯（Orchamus），可能是顶着罗马名字的拟人化的乌鲁克。[110] 苏维托尼乌斯（Suetonius）显然懂得美索不达米亚人的信仰，即文化是由海里爬上来的半人半鲤的七位贤哲创造的。[111] 在奥维德时代，去过美索不达米亚的士兵，可能在尼姆鲁德的纳布神庙的鱼门（Fish Gate）上，或在博尔西帕依然兴盛的纳布神庙的类似装饰上，见过这种形象的纪念性雕塑。这些可以补充贝罗索斯在《巴比伦尼亚志》中对第一位先贤的描述："它整个身体为鱼身，但鱼头以下长人头，同样地，从鱼尾里也长出来人脚。它还发出人的声音。"

至少从 3 世纪起，哲学家和基督教作者就知道有迦勒底或亚述神谕之称的一组文本，它们是波菲利（Porphyry）和晚期新柏拉图学派获得灵感

图 5.9 以石雕为原型画出来的半人半鱼的亚述先贤，该石雕从 9 世纪起就矗立在位于尼姆鲁德的尼努尔塔神庙里面的门道处（苏维托尼乌斯知道这一传说）。高 2.4 米

图 5.10　来自杜拉-欧罗普斯的弹七弦琴的纳布小雕像，高 0.33 米

图 5.12　来自杜拉-欧罗普斯的阿达德浮雕像。0.45 米 × 0.24 米

图 5.11　来自提尔-巴尔西普的叙利亚暴风雨神阿达德，约公元前 900 年与其他几个类似纪念像一起建成。
（按修复后的规格）高 3.03 米

图 5.13　来自杜拉-欧罗普斯的阿弗拉德神的石匾，公元 54 年。0.51 米 ×0.31 米

图 5.14　来自阿勒颇以北的基利兹的玄武岩祭坛，祭司在向贝尔献祭，公元 1—3 世纪。0.60 米 × 0.75 米

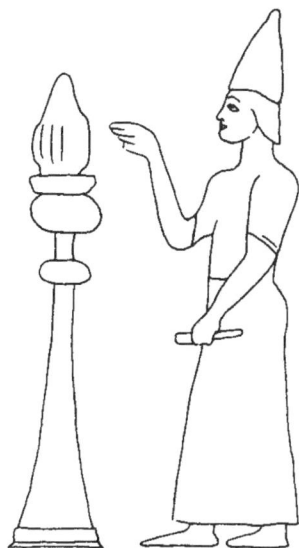

图 5.15　撒缦以色三世（公元前 9 世纪）的巴拉瓦特大门上的亚述祭司

图 5.16　位于杜拉-欧罗普斯的贝尔神庙里的壁画上的迦勒底祭司，帽子和长袍是白色的

的源泉。[112] 没有意识到巴比伦和亚述的神谕崇拜在罗马时期仍十分盛行的学者，否认这些神谕来源于美索不达米亚人的神谕。公元484年去世的普洛克洛斯（Proklos）讲到迦勒底神谕时说，"一次跃升"为阿德（Ad），"两次跃升"为阿达德（Adad）。这里利用了风暴神名字的阿卡德语（东闪米特语）的形式，该神在叙利亚北部（如阿勒颇和古扎纳）的尊崇地位使他有资格享有贝尔这个称号。这暗示了迦勒底神谕的叙利亚起源。杜拉-欧罗普斯地区的一座神庙里发现的一块石匾显示，阿达德依然在以该称号备受尊崇。[113] 按照石板上的希腊语铭文的记载，"阿达德-伊阿波斯（Adad-iabos）……修建了阿弗拉德神的神殿地基……在幼发拉底河上的阿那地区的神"，因此认为这座神殿就是"阿达德的儿子"亚述神阿佩尔-阿达德的神殿；在阿那地区发现的推断为居于公元前8世纪的一系列长条形楔形文字铭文强调了他的重要性。[114] 希腊语铭文中的供奉者的名字说明阿达德崇拜仍在继续。在阿勒颇以北的基利斯，用希腊语题献给贝尔的一个祭坛说明，贝尔崇拜不只限于阿帕米亚和巴尔米拉。祭祀场景两侧的两头公牛是风暴神的传统标志，所以这种情况下几乎可以肯定贝尔就是阿达德。这些证据表明，巴比伦崇拜在罗马影响可以被忽略的美索不达米亚南部地区和叙利亚北部都很活跃，并且有深厚的基础。

在巴尔米拉以及奥龙特斯河边的阿帕米亚，"带来好运"的贝尔因其可信赖的神谕而在国际上享有盛誉，他的名声远在法国南部都被认可。[115] 辛在哈兰的神谕可能持续到伊斯兰时期，因为该城在基督教初期仍然是异教崇拜的中心。[116] 在埃尔比勒，新亚述时期的著名神谕可能持续到非常晚期，因为夏贝尔女神（埃尔比勒的女神伊萨尔-贝尔［Issar-Bel］）的一个祭司直到公元4世纪才皈依基督教。[117] 提到"赫尔墨斯"且有"赫尔墨斯总集"之称的埃及宗教文本，在名为诺斯替主义（Gnosticism）的神智学体系的发展过程中具有深远影响，该教在罗马帝国时期是早期基督教的竞争对手。有时，这些文本被认为有尚不清楚的美索不达米亚传说的基础，现在可以认为是通过巴尔米拉、阿帕米亚和哈兰来传播的。[118]

释梦书详列了对梦的解释，楔形文字手册，特别是来自乌鲁克的手册中就有释梦的内容，它们根据系统的规则释梦。由于吕底亚（公元2世纪）

的阿特米多鲁斯的《解梦书》有五卷本且被频繁查阅，释梦在这一时期很受欢迎。[119] 此前几个世纪，西塞罗学识渊博的朋友尼吉狄乌斯·费古卢斯（Nigidius Figulus）著有一本关于雷声的预示作用的书，使美索不达米亚传统得以存续；他可能也写过关于释梦的书。[120] 作为一种体裁，释梦书流行了很长时间，直到拜占庭时期仍很受欢迎，最终影响了弗洛伊德的《梦的解析》。[121]

所以，毫无疑问，巴比伦多种多样的宗教仪式都持续到古典时代晚期。阿米阿努斯写道，公元 337 年在尼尼微，波斯萨珊王朝国王"在安扎巴（Anzaba）河上的桥中间摆放祭品，看到预兆很有利就满怀信心地过了河"[122]。祭品的提法被认为是一种文学虚构的写法，因为这些"实际上不是波斯宗教仪式的组成部分"[123]。但是，可以更好地把这句话理解为美索不达米亚的宗教仪式在尼尼微如同在其他亚述城市一样一直存在的证明。

如预想的一样，美索不达米亚的产品出现在罗马市场上，说明贸易像以前一样活跃。普林尼指出：

> 巴比伦……使不同颜色的编织品出名，给编织过程赋名……梅特鲁斯·西庇阿（Metellus Scipio）对卡皮托（Capito）的指控包括：巴比伦的沙发套只卖了 80 万塞斯特斯币，而不久以前在尼禄统治时期，这值四百万。[124]

的确，价格下跌说明这类货物比以前更常见。《厄立特里亚海周航志》的匿名作者补充说，卡吾拉凯斯（kaunakes）[125] 是巴比伦人创造出来的一种厚重斗篷；它用途广，所以意大利人从印度人那里把它沿用过来。[126] 根据戴克里先皇帝在罗马发布的最高限价诏书，罗马进口过巴比伦人的草鞋、皮带和胸饰。[127] 丝绸经过漫长路程穿过美索不达米亚和巴尔米拉到达西方。不那么令人愉快的是，在公元 2 世纪末横扫罗马的一场流行病传播到叙利亚、雅典和西地中海，人们普遍认为此次疫病从巴比伦开始，由进行征战的罗马士兵传播到意大利和其他地方。[128]

所以，古典时代晚期，美索不达米亚一直在施加其文化影响。叛教者尤利安于公元 355 年当上罗马皇帝,他特意设计了进攻波斯的行军计划,包括视察位于哈兰的月神辛的神庙,他还把自己的马命名为巴比伦尼乌斯(Babylonius)。[129] 希波的圣奥古斯丁在公元 4 世纪写道,亚述王尼诺斯是亚述帝国的第一缔造者,"他的王朝持续了如此之久,罗马帝国在这方面也无法比肩"[130]。它的影响比其实际的政权持续时间还久远,亚历山大的克莱门特在公元 2 世纪就看到了这一点。他所写作的劝勉著作旨在证明基督教比异教哲学高明。他写道:

> 我认识你们的老师,尽管你们想隐瞒他们:你们向埃及人学习几何,向巴比伦人学习天文;你们祈求健康的咒语来自色雷斯人,亚述人已经从多方面教导你们……[131]

注　释

1. 希罗多德,6. 24;6. 70;7. 3;7. 6;亚德尼(A. Yardeni):《公元前 475 年伊里芬丁岛上的阿希家卷轴被抹掉的关税账目中的海上贸易和皇家财务》(*Maritime Trade and Royal Accountancy in an Erased Customs Account from 475 BCE on the Ahiqar Scroll from Elephantine*),《美国东方研究学院会刊》(*Bulletin of the American Schools for Oriental Research*)第 293 期(1994 年),第 67—78 页。

2. 关于美索不达米亚的硬币囤积,伊莱义(J. Elayi)、伊莱义(A. G. Elayi):《腓尼基的货币财富与货币流通》(*Trésors de monnaies phéniciennes et circulation monétaire*)(巴黎,1993 年),第 268—277 页。

3. D. M. 路易斯:《斯巴达与波斯》(莱顿,1977 年);希罗多德,5.52—54,关于从萨迪斯到苏萨的道路。

4. J. 博德曼:《海外的希腊人》(*The Greeks Overseas*)(修订版,伦敦,1980 年),第 108 页。

5. A. 库特:《篡权、征服和仪式:从巴比伦到波斯》(*Usurpation, Conquest, and Ceremonial: From Babylon to Persia*),载于卡纳丁(D. Cannadine)和普莱斯(S. Price)(编):《皇室的礼仪:传统社会的权力和礼仪》(*Rituals of Royalty: Power and Ceremonial in Traditional Societies*)(剑桥,1987 年),第 20—55 页。注意色诺芬在《居鲁士的教育》4.4.10 中写赛勒斯(Cyrus)告诉被征服民族,"将要发生的事对你们来说并不新鲜";该书 8.6. 22 还声称,国王在巴比伦待了七个月。

6. 狄奥多罗斯，14. 81. 4。

7. 希罗多德，6. 20 和 119. 3—4。

8. 布林克曼（J. Brinkman）：《阿卡德语表示爱奥尼亚和爱奥尼亚人的词汇》（*The Akkadian Words for 'Ionia' and 'Ionian'*），载于 R. F. 萨顿（编）：《戴达利孔》（*Daidalikon*）（Wauconda Ill，1989 年），第 63 页；扎克（R. Zadok）：《巴比伦一千纪时期的一些外来族群》，《特拉维夫》（*Tel Aviv*）第 6 期（1979 年），第 169 页。

9. 沃格尔桑（W. J. Vogelsang）：《阿契美尼德帝国的崛起和组织》（莱顿，1992 年），第 132—134 页。

10. 沙伊尔（V. Scheil）：《苏萨的阿契美尼德铭文》，《波斯考古任务纪念文集第二十一卷》（*Mémoires de la Mission Archéologique de Perse*, xxi）（巴黎，1929 年），第 8—9、37—38 页；同上，第二十四卷（巴黎，1933 年），第三卷第 45—46 页。

11. M. A. 鲍威尔：《质量和重量》（*Masse und Gewichte*），*RLA* 第七卷（1987—1990），第 490—491 页。

12. M. C. 米勒：《波斯风：公元前 5 世纪雅典的东方艺术》（*Perserie：The Arts of the East in Fifth-Century Athens*），博士论文，哈佛大学（剑桥，马萨诸塞，1985 年）。

13. 博德曼（J. Boardman）：《波斯帝国的金字塔形戳形印章》（*Pyramidal Stamp Seals in the Persian Empire*），《伊朗》第 8 卷（1970 年），第 19—45 页。

14. 米勒：《阳伞：古风晚期和古典时期雅典的东方地位象征》（*The Parasol：An Oriental Status-Symbol in Late Archaic and Classical Athens*），《希腊化时期研究学报》（*JHS*）第 112 期（1992 年），第 91—105 页。

15. 米勒：《古代雅典的罩袍》（*The Ependytes in Classical Athens*），*Hesperia*，第 58 期（1989 年），第 313—329 页。

16. 埃斯库罗斯，《波斯人》，84。同一形象也适用于第 52—54，描述薛西斯军队里的巴比伦人。

17. 阿特纳奥斯（*Athenaios*）2. 48b；普林尼：《博物志》8.48；另外指出阿特纳奥斯在 15. 692c-d 论及巴比伦香水的奢侈。

18. S. 维斯特：《希罗多德对赫卡塔埃乌斯的描绘》（*Herodotus' Portrait of Hecataeus*），《希腊化时期研究学报》第三卷（1991 年），第 144—160 页。

19. 施米特（R. Schmitt）：《亚述语法及其相似性：希腊人从楔形文字和楔形文字泥板中获知了什么？》（*Assyria Grammata und Ähnliche：Was wussten die Griechen von Keilschrift und Keilschriften?*），载于 C. W. 穆勒等（编）：《与讲古希腊语—罗马语的外国人交往》（*Zum Umgang mit Fremden Sparachen in der Griwchisch-Römischen Antike*）（斯图加特，1992 年），第 21—35 页。比较希罗多德，4.87，该短语指波斯楔形文字。

20. 例如，麦克葛尼斯（J. MacGinnis）：《克特西亚斯和尼尼微的陷落》（*Ctesias and the Fall of Nineveh*），《伊利诺伊古典学研究》（*Illinois Classical Studies*）第 13 期（1988 年），第 37—41 页；S. 达利：《尼尼微，巴比伦与空中花园：调整后的楔形文字和古典文献资料》（*Nineveh, Babylon and the Hanging Gardens: Cuneiform and Classical Sources*

Reconciled），《伊拉克》第 56 卷（1994 年），第 45—58 页；参见罗林杰（R. Rollinger）：《希罗多德的巴比伦理念》（*Herodots babylonischer Logos*）（Innsbruck，1993 年），以及斐林（D. Fehling）：《希罗多德及其"资料来源"》（利兹，1989 年），有不同的观点。比较普里柴特（W. K. Pritchett）：《希罗多德谎言学派》（*The Liar School of Herodotos*）（吉本，阿姆斯特丹，1993 年）；达利对罗林杰的评论，见《东方文学报》第 91 期（1996 年），第 526—531 页。

21. 乔治：《巴比伦的地形学文本》（*Babylonian Topographical Texts*）（Leuven，1992 年），第 345 页有参考文献。

22. 雷启提（E. Leichty）：《关于出生异象的泥板征兆集》第 35 卷（Locust Valley，纽约，1970 年），第 76 页。

23. 威廉："Marginalien zu Herodot Klio 199"，载阿布施（编）：《徘徊于词语之间，提供给 W. L. 莫兰的近东文献研究》（*Lingering over Words，Studies in Near Eastern Literature presented to W. L. Moran*）（亚特兰大，1990 年），第 505—524 页；S. 达利：《NIN.LiL＝穆里苏：巴加耶条约与希罗多德的米利塔》（*NIN.LiL＝Mullissu：The Treaty of Barga'yah and Herodotus' Mylitta*），《亚述学评论》第 73 期（1979 年），第 73 页。

24. 见第八章第 314—319 页。

25. 路易：《尼托克里斯·纳恰》（*Nitokris-Naqi'a*），《近东研究学报》（*JNES*）第二卷（1952 年），第 264—286 页。

26. 例如，阿里斯托芬：《鸟》552；哈利卡那索斯（Halikarnassos）的狄奥尼修斯 4.25.3；塞涅卡：《对话》2.6.8。

27. 康尼格（F. W. König）：《尼多斯古城的克特西亚斯的波斯史》（*Die Persika des Ktesias von Knidos*）（Graz，1972 年）；威尔逊：《佛提乌：书目》（*Photius：The Bibliotheca*）（伦敦，1994 年）；比格伍德（J. M. Bigwood）：《狄奥多罗斯和克特西亚斯》，《凤凰》（*Phoenix*）34 期（1980 年），第 195—207 页；邦奎特（J. Boncquet）：《克特西亚斯的亚述王表及其美索不达米亚史的年代》（*Ctesias' Assyrian King-List and his Chronology of Mesopotamian History*），《古代社会》（*Ancient Society*）第 21 期（1990 年），第 5—16 页。

28. 德鲁斯（R. Drews）：《萨尔贡，居鲁士和美索不达米亚的民间史》（*Sargon，Cyrus and Mesopotamian Folk History*），《近东研究学报》第 33 期（1974 年），第 387—393 页；路易斯：《萨尔贡传奇》（剑桥，马萨诸塞，1980 年）。

29. 维斯特：《东方化的普罗米修斯》，《瑞士博物馆》（*MH*）第 51 期（1994 年），第 129—149 页。

30. 第欧根尼·拉尔修，9.34-5。

31. 同上，5.50。

32. 韦斯特林克（L. G. Westerink）、库姆斯（J. Combès）：《大马士革：论首要原则》（*Damascius. Traité des premiers principes*）（巴黎，1986—1991 年）。

33. 见第八章第 302 页。

34. 卡利斯提尼，《古希腊历史著作片段》124 T 3。

35. 见第七章图 7.4、7.6。

36. 西塞罗：《论预言》（*De Divinatione*）2.42.87。

37. 贝采尔德（C. Bezold）、波尔：《希腊作家中占星术楔形文字的反映》（*Reflexe astrologische Keilinschriften bei griechischen Schriftstellern*）（海德堡，1911 年），另见第五章下文。

38. 梅克勒（S. Mekler）（编）：《赫库兰尼姆学院派哲学家索引》（*Academicorum Philosophorum Index Herculanensis*）（柏林，1902 年），13，col. 3:36，凯兴斯泰纳引自《柏拉图与东方》（Stuttgart，1945 年），第 195 页，附有评论。比较塞涅卡：《书简》（*Epistula*）58.31；西塞罗：《论大善与大恶》（*De Finibus*）5.29.87；斯特拉博，17.1.29；巴比伦天文学和占星术的观点还可以从埃及学到；比较柏拉图：《厄庇诺米斯》（*Epinomis*）987a；亚里士多德：《论天》（*De Caelo*）292a；《希腊诗选》9.80（亚历山大城的利奥尼达斯［Leonidas］）。另见霍伊鲁普（J. Høyrup）：《潜能，巴比伦人和〈泰阿泰德篇〉147c7—148d7》（*Dynamis, the Babylonians, and Theaetetos 147c7-148d7*），《数学史》第 17 期（1990 年），第 201—222 页。

39. 4. 32. 4.

40. 普法伊费尔（R. Pfeiffer）（编）：《卡利马科斯》（*Callimachus*）（牛津，1949 年），351，残篇第 457—459。

41. 见第八章第 314—316 页。

42. 凯吉尔甘（G. Çagirgan）、兰伯特（W. G. Lambert）：《巴比伦晚期为埃萨吉拉举行的基斯里穆仪式》（*The Late Babylonian Kislimu Ritual for Esagil'*），《楔形文字研究学报》，第 43—45 期（1991—1993 年），第 71—88 页。

43. 阿米阿努斯·马塞利努斯（Ammianus Marcellinus），14. 8. 6。

44. 斯多尔帕（M. W. Stolper）：《阿契美尼德晚期、马其顿初期和塞琉古初期的储存记录和有关文本》（*Late Achaemenid, Early Macedonian, and Early Seleucid Records of Deposit and Related Texts*）（那不勒斯，1993 年），第 82—86 页，附有评论。

45. 亚里士多德：《家政学》（*Oeconomica*）2.2.34。

46. 玛奥尔（S. M. Maul）：《为此而新"希腊-巴比伦尼亚"》（*Neues zu den "Graeco-Babyloniaca"*），《亚述学杂志》第 81 期（1991 年），第 87—107 页。

47. 多莉（L. T. Doty）：《来自希腊化时期乌鲁克的楔形文字档案》，博士学位论文，耶鲁大学（纽黑文，1977 年），第 327—333 页，附有评论，载于斯多尔帕：《阿契美尼德晚期……》第 62 页。

48. 辛斯勒：《编年史选编》（*Ecloga Chronographica*）第 516 期（莫斯哈默［编］，莱比锡，1984 年），其疑惑见莫米利亚诺（A. Momigliano）：《外来的智慧》（剑桥，1975 年），第 145 页。

49. 普鲁塔克：《道德丛书》（*Moralia*）340c—e。

50. 《与〈旧约〉有关的古代近东文本》（*ANET*），第 266—267 页（《萨尔贡记事》）。

51. 帕萨尼亚斯（Pausanias），5.12.4；比较：希罗多德，1.14；46—56；8.35 论盖吉兹、克罗伊索斯和弥达斯。

52. 普林尼：《博物志》7. 37。

53. 《对斯基西亚的改写》（*Corrupted to Skythea*），见阿特里奇（H. W. Attridge）、奥登（R. A. Oden）《叙利亚女神》（密苏拉，1976 年），第 18—19 页，第 12 节。

54. 辛斯勒（Synkellos）：《编年史选编》第 71 期，莫斯哈默（Mosshammer）（编），1984 年。

55. 圣奥古斯丁：《上帝之城》21.8；关于瓦罗记事中的美索不达米亚元素，特别指出萨尔曼（N. Sallmann）（编）：《塞索里乌斯：关于出生登记册》（*Censorinus: De Die Natali Liber*）（莱比锡，1983 年）——一部在文献资料上极大依赖瓦罗（Varro）的公元 4 世纪的作品。

56. 他提安：《希腊人的演说》36。

57. 《自然问题》（*Naturales Quaestiones*）3.29。

58. 《与〈旧约〉有关的古代近东文本》，第 41 期。比较：如提奥克里托斯（Theokritos）6；11。

59. 《博物志》6.123；7.56.193；37.60.169。另见什佩克（R. J. van der Spek）：《希腊化时期的尼普尔、西帕尔和拉尔萨》，载于埃利斯（M. de Jong Ellis）（编）：《百年尼普尔》（费城，1992 年），第 235—260 页。普林尼断言"来自巴比伦"的学者实际上来自塞琉西亚，而且巴比伦已成废墟，他的这些说法并不正确，见第二章。

60. 斯特拉博，16. 1.6。

61. 见第二章第 76—80 页。

62. 《博物志》37.60.169；比较：30.2.4—5，说到巴比伦的阿拉班提福科斯（Araban-tiphokos）和亚述的塔莫恩达斯（Tarmoendas）；阿特纳奥斯（Athenaios）5.222a 提到巴比伦的赫罗狄科斯（Herodikos）。

63. 见第六章第 231 页。

64. 舍温–怀特（S. Sherwin-White）：《阿里斯狄亚斯·阿迪贝尔泰奥斯》（*Aristeas Ardibelteios*），《纸莎草学和铭文学学报》第 50 期（1983 年），第 209—221 页；比较：《希腊铭文》12.715 对法诺德莫（Phanodemos）的论述，说他是公元前 3 世纪一块铭文上的"巴比伦人"，他成了希腊安德罗斯岛上的外交人员（该国的客人）。另见舍温–怀特：《公元前 3 世纪初来自巴比伦的一块希腊陶片》，《纸莎草学和铭文学学报》第 37 期（1982 年），第 51—70 页。

65. 菲洛斯特拉托斯（Philostratos）：《阿波罗尼乌斯一世的生活》（*Life of Apollonios*），第 18—20 页；阿米阿努斯·马塞利努斯，14.8.7。

66. 维特鲁威：《论建筑》9.6.2；鲍尔索克（G. W. Bowersock）：《安提帕特·查尔德斯》（*Antipater Chaldeus*），《古典季刊》（*CQ*）第 33 期（1983 年），第 491 页。

67. 伯利埃努斯（Polyainos）：《谋略》（*Strategemata*）4.20。赫伯纳（W. Heubner）：《苏狄涅斯的行星断简（P. Gen. inv. 203）》，《纸莎草学和铭文学学报》第 73 期（1988 年），第 33—42 页；《关于苏狄涅斯的行星断简的补充（P. Gen. inv. 203）》（*Nachtrag Zum Planetenfragment des Sudines*［*P. Gen. inv. 203*］），《纸莎草学和铭文学学报》第 74 期（1989 年），第 109—110 页。

68. 见阿玛达斯（M. G. G. Amadasi）：《美索不达米亚对腓尼基语铭文的直接影响》，载于尼森（编）：《美索不达米亚及其邻居》（柏林，1978 年），第 388 页。

69. 贝茨（H. D. Betz）（编）：《翻译过来的希腊魔法古写本》（*The Greek Magical Papyri in Translation*），第一卷第二版（芝加哥，1992 年），如第 65、89、93、126、232 页。

70. 米尔（L. B. van der Meer）：《羊肝的青铜模型和伊特鲁里亚用动物内脏占卜的僧人的方位确定》（*Iecur Placentinum and the Orientation of the Etruscan Haruspex*），《地中海考古论文年刊》（*BABesch*）第 54 期（1979 年），第 49—64 页；比格斯（R. D. Biggs）、迈尔：《肝模型》（*Lebermodelle*），*RLA* 第六卷（1980—1983 年）。

71. 见第一章，第 29 页和图 3.1、3.2、3.3。

72. 拉巴特（R. Labat）：《阿卡德人的个性特点在医学上的诊断和预后》（*Traité Akkadien de diagnostics et pronostics médicaux*）（巴黎，1951 年）。

73. 唐尼（S. Downey）：《美索不达米亚的建筑》（普林斯顿，1988 年）。

74. 斯特拉博，16.1.7；《古典神话图像词典》（*LiMC*）的词条"贝尔"。

75. 唐尼：《赫拉克勒斯的雕像》；威尔斯（编）：《杜拉-欧罗普斯城的发掘：最后报告》，第三卷，第一部分，第一（纽黑文，1969 年）；《古典神话图像词典》的词条"太阳神赫利俄斯（在东方的周围）"。

76. 《古典神话图像词典》的词条"阿弗拉德"（Aphlad）、"幼发拉底河"和"美索不达米亚"。

77. 可以参考《古典神话图像词典》的词条"纳布"；比较：斯特拉博，16.1.7。

78. 唐尼，54，第 105—110 页。

79. 奥尔斯纳（J. Oelsner）：《希腊化时期的巴比伦神庙和当地神庙》（*Griechen in Babylonien und die einheimischen Tempel in hellenistischer Zeit*），载于查尔平、乔安尼斯（编）：《古代近东的财富、人员和思想流通》（巴黎，1992 年），第 341—350 页。

80. 维达（G. Levi della Vida）：《科斯岛的希腊语和巴尔米拉语双语案例》（*Une Bilingue gréco-palmyrenienne à Cos*），*Mélanges Syriens offerts à M. René Dussaud*，第二卷（巴黎，1939 年），第 883—886 页。

81. 克雷：《古风时期和古典时期的希腊硬币》，pl. 60 no.1035（伦敦，1976 年），第 281 页。

82. 托恩（K. Van der Toorn）、霍斯特：《〈圣经〉前后的宁录》，《哈佛神学评论》第 83 期（1990 年），第 11 页。

83. 西塞罗：《论演说家》（*De Oratore*），2. 第 155—160 页；《图斯库兰争论》（*Tusculan Disputations*）4. 5。

84. 狄奥，75.12.2。

85. 佐西默斯，1.61，（1）-2，译文载于道金和 S. N. C. Lieu（编）：《罗马东部边疆地区与波斯战争（公元 226—363 年）》（伦敦，1991 年），第 107 页。

86. 《博物志》6.31.141；普林尼的意思可能是"查拉克斯城的伊西多尔"。

87. 《古希腊历史著作片段》273 F 19（a）39。

88. 例如，瓦勒留斯·马克西穆斯（Valerius Maximus），1.3.3。参见琼斯：《图密善皇帝》（伦敦和纽约，1992 年），第 119—124 页；李维（Livy），39.16.5-3，关于罗马执政官在汉尼拔战争期间通过没收某些书籍以阻止宗教迷信的努力；奥卢斯·革利乌斯（Aulus Gellius），14.1，关于迦勒底占星术价值的争论。

89. 例如，普鲁塔克：《马里乌斯》（Marius）41.4。

90. 普鲁塔克：《苏拉》5.5.6（佩兰译）。

91. 克劳斯（F. R. Kraus）：《关于巴比伦相面术的文本》（Texte zur babylonischen Physiognomatik）（柏林，1939 年）。

92. 《论预言》2.98。

93. 西塞罗：《论诸神的本性》（De Natura Deorum）2.41；《给阿提库斯的信》2.1.11；关于阿拉托斯的翻译，见梅尔（编）：《卡利马科斯、吕克弗隆、阿拉托斯》（Callimachus, Lycophron, Aratus）（伦敦和纽约，1921 年），第 357—473 页。

94. 《论预言》2.98；普鲁塔克：《罗穆卢斯》（Romulus）12.5。

95. 卢克莱修（Lucretius）：《论事物的本质》（De Rerum Natura），5.727-8；维特鲁威：《论建筑》9.2.1。

96. 古尔德（编）：《曼尼里乌斯：天文学》（剑桥，马萨诸塞和伦敦，1977 年）。注意普罗佩提乌斯（Propertius），4.1B（古尔德编），关于自称是来自一位"霍罗斯"的预言的一首诗，这位霍罗斯接受过巴比伦的霍罗普斯的培训。

97. 2. 3. 5.

98. 特别指出狄奥多罗斯，2.29.4。

99. 雷伊-科凯（J. P. Rey-Coquais）：《阿帕米的希腊铭文》，《叙利亚的考古纪事》（Annales archéologiques de la Syrie），第 23 期（1973 年），第 66—68 页。帕奈提乌斯（Panaetios，约公元前 185—前 109），巴比伦的第欧根尼的一名斯多葛派学生，在罗德岛当过波塞冬的祭司。

100. 西森（H.-J. Thissen）：《堕落的竖琴家》（维也纳，1992 年），第 80—83 页。另见第六章第 134—135 页。

101. 博格：《辛那赫里布国王的幸福婚姻》（König Sanherib's Eheglück），《美索不达米亚计划的皇家铭文年度评论》第 6 期（1988 年），第 5—11 页。

102. 扎瓦兹基（S. Zawadzki）：《有关辛那赫里布之死的东方和希腊传说》，《国家亚述档案馆会刊》第四卷，第 1 期（1990 年），第 69—72 页。

103. 见第七章第 270 页。

104. 见第八章第 314—316 页。

105. 比较圣奥古斯丁：《上帝之城》4.6。

106. 《叙利亚女神》（Dea Syria），第 39—40 页；戈尔德施密特（L. Goldschmidt）：《巴比伦的〈塔木德〉》（莱比锡，1913 年），第七卷，外来偶像崇拜，fo.11b。

107. 《闪米特语铭文集成》（Corpus Inscriptionum Semiticarum）2. 3915（公元 24 年）；加利科夫斯基（M. Gawlikowski）：《作为贸易中心的巴尔米拉》，《伊拉克》第 56

卷（1994 年），第 27 页。关于以 "贝尔" 或 "纳布" 为元素的巴尔米拉语姓名的大众喜爱程度，见海尔西蒙尼（P. Hiersimoni）：《巴尔米拉名人录：概要》，《鲁汶东方杂志》（*Orientalia Lovanensia Periodica*）第 25 期（1994 年），第 89—98 页。

108. 见第二章第 57 页。

109.《论动物的本性》（*De Natura Animalium*）12.21；路易斯：《萨尔贡传奇》（1980 年）。

110. 佩德里泽（P. Perdrizet）：《奥维德〈变形记〉中的巴比伦传奇》（*Légendes babyloniennes dans les Metamorphoses d'Ovide*），《宗教史评论》（*Revue de l'Histoire des Religions*）第 105 期（1932 年），第 193—228 页。

111. 保利百科全书词条：狗头怪物（Telchines）10，引自其作品《论侮辱性词语》（*Words of Insult*）的拜占庭概要。

112. 马杰西克（R. Majercik）：《迦勒底神谕》（*The Chaldaean Oracles*）（莱顿，1989 年）。

113. 罗斯托夫采夫（M. Rostovtzeff）：《杜拉·欧罗波斯地区的发掘》（*The Excavations at Dura Europos*），第五季（纽黑文，1934 年），第 111—115 页。

114. 卡维格诺（A. Cavigneaux）、伊斯梅尔（B. K. Ismail）：《公元前 8 世纪苏胡姆和玛里的总督》（*Die Statthalter von Suhu und Mari im 8 Jh. v. Chr*），《巴格达通讯》（*Baghdader Mitteilungen*）第 21 期（1990 年），第 321—456 页。

115. 见第二章第 86 页。

116. 见第七章第 281—285 页。

117. 贝江（P. Bedjan）：《圣徒和殉教者言论集》（*Acta Martyrum et Sanctorum*），第四卷（巴黎和莱比锡，1890—1907 年；1968 年在希尔德斯海姆［Hildesheim］重印），第 133 页；由佩特斯（P. Peeters）讨论：《阿迪亚波纳的激情》（*Passionaire d'Adiabène*），《博兰迪阿纳论集》（*Analecta Bollandiana*）第 43 期（1925 年），第 261—304 页。关于埃尔比勒的晚近史，总体上见费伊（J. M. Fiey）：《信基督的亚述》（*Assyrie chrétienne*）（贝鲁特，1965 年）。

118. 科彭哈弗（B. P. Copenhaver）：《赫耳墨斯总集》（*Hermetica*）（剑桥，1992 年），第 283 和 302 页。

119. 怀特：《释梦》（*The Interpretation of Dreams*）译本（Park Ridge，新泽西，1975 年）。另见凯塞尔斯（A. H. M. Kessels）：《远古的梦的分类体系》（*Ancient Systems of Dream-Classification*），《墨涅摩绪》（*Mnemosyne*）第 22 期（1969 年），第 389—424 页。

120. 斯沃博达（A. Swoboda）（编）：《P. 尼基迪·菲古利遗留作品集》（*P. Nigidii Figuli Operum Reliquiae*）（阿姆斯特丹，1964 年），第 80—105 片段。

121. 普莱斯（S. R. F. Price）：《梦的未来：从弗洛伊德到阿特米多鲁斯》（*The Future of Dreams: From Freud to Artemidorus*），《过去和现在》（*Past and Present*）第 113 期（1986 年），第 3—37 页；阿善纳西堤（P. Athanassiadi）：《梦，巫术和占卜自由职业者：杨布里科斯的证言》（*Dreams, Theurgy, and Freelance Divination: The Testimony of Iamblichus*），《罗马研究学报》第 83 期（1993 年），第 115—130 页。

122. 阿米阿努斯·马塞利努斯，18.7.1。

123. 马修斯：《阿米阿努斯的罗马帝国》（伦敦，1989 年），第 49 页。

124.《博物志》8.196。关于美索不达米亚纺织品的声誉，见卢克莱修（Lucretius），4.1029，1123；诺诺斯，40.303。

125. 该名称可能源自晚近巴比伦语的词 gunnaku（古纳库）。黑默尔丁格尔（B. Hemmerdinger）：《关于几个希腊语词源的误读》（*De la méconnaissance de quelques étymologies grecques*），《喉舌》（*Glotta*）第 48 期（1970 年），第 50—51 页。还需特别指出，《拉丁铭文集》（*Corpus Inscriptionum Latinarum*）6.9431 讲述了一位在罗马做东方皮毛生意的巴比伦商人。

126.《厄立特里亚海周航志》（*Periplus*）6.2.35。

127. 9. 17, 23；10. 8a, 10。格腊泽（E. R. Graser）：《戴克里先关于最高限价的敕令》（*The Edict of Diocletian on Maximum Prices*），载于弗兰克（编）：《帝国时期的罗马和意大利》（Baltimore，1940 年）的译文。

128.《罗马皇帝传》（*Historia Augusta*），"韦鲁斯"8.1—2；阿米阿努斯·马塞利努斯，23.6.24。

129. 阿米阿努斯·马塞利努斯，23.3.6。

130.《上帝之城》4.6。

131.《劝说理性》（*Protreptikos Logos*）6.60。

延伸阅读

CAH[2]

1. The Achaemenid Period

Baigent, M., *From the Omens of Babylon* (Harmondsworth, 1994), 177.

Cumont, F., *Astrology and Religion amongthe Greeks and Romans* (London, 1912).

Drews, R., 'Assyria in Classical Universal Histories', *Historia* 14 (1965), 129–42.

—— *The Greek Accounts of Eastern History* (Cambridge, Mass., 1972).

Festugière, A. J., 'Platon et l'Orient', *Revue Philologique* 21 (1947), 5–45.

Keyser, P. T., 'Alchemy in the Ancient World', *Illinois Classical Studies* 15 (1990), 353–78.

Koster, W. J. W., *Le Mythe de Platon, de Zarathustra, et des Chaldéens* (Leiden, 1951).

Kuhrt, A., 'Assyrian and Babylonian Traditions in Classical Authors: A Critical Synthesis', in H.-J. Nissen and J. Renger (eds.), *Mesopotamien und seine Nachbarn* (Berlin, 1978), 539–53.

——'Survey of Written Sources Available for the History of Babylonia under the later Achaemenids', *Achaemenid History, i: Sources, Structures, and Synthesis* (Leiden, 1987), 147–57.

—— 'Achaemenid Babylonia: Sources and Problems', *Achaemenid History, iv: Centre and Periphery* (Leiden, 1990) 177–94.

Root, M.C., *The King and King ship in Achaemenid Art* (Leiden, 1979).

Sancisi-Weerdenburg, H., *et al.* (eds.), *Achaemenid History, viii: Continuity and Change* (Leiden, 1994).

2. Alexander and his Successors in Babylon

Drews, R., 'The Babylonian Chronicles and Berossus', *Iraq* 37 (1975), 39–55.

Glotz, D., *Studien zur altorientalischen und griechischen Heilkunde, Therapie, Arzneibereitung, Rezeptstruktur* (Wiesbaden, 1974).

Goossens, G., *Hierapolis de Syrie* (Louvain, 1943).

Griffin, J., 'Theocritus, The Iliad, and the East', *American Journal of Philology* 113 (1992), 189–211.

Kuhrt, A., and Sherwin-White, S., 'Aspects of Seleucid Royal Ideology: The Cylinder of Antiochus I from Borsippa', *JHS* 11 (1991), 71–86.

—— *From Samarkhand to Sardis* (London, 1993).

Kuhrt, A., and Sherwin-Whete, S. (eds.), *Hellenism in the East* (London, 1987).

McEwan, C. W, *The Oriental Origin of Hellenistic Kingship* (Chicago, 1934).

Oelsner, J., *Materialen zur babylonischen Gesellschaft und Kultur in hellenistischer Zeit* (Budapest, 1986).

Vattioni, F., 'I Matematici Caldei di Strabone', *Annali Istituto Orientale Napoli* 7–8 (1985–6), 123–31.

Waerden, B. L. van der, *Die 'Agypter' und die 'Chaldäer'* (Berlin, Heidelberg, and New York, 1972).

West, M. L., 'Near Eastern Material in Hellenistic and Roman Literature', *Harvard Studies in Classical Philology* 73 (1969), 113–34.

3. Rome and Mesopotamia

Barb, A. A., 'The Survival of Magic Arts', in A. Momigliano (ed.), *The Conflict between Paganism and Christianity in the Fourth Century AD* (Oxford, 1963), 100–25.

Bertinelli, M. G. A., 'I Romani oltre l'Eufrate nel II Secolo d. C. (le province di Assiria, di Mesopotamia, e di Osroene)', *ANRW* 2. 9. 1 (1976), 3–45.

Bowie, E. L., and Harrison, S. J., 'The Romance of the Novel', *Journal of Roman Studies* 83 (1993), 159–78.

Colledge, M. A. R., *The Parthian Period* (Leiden, 1986).

Corna, D. Del, 'I Sogni e la Loro Interpretazione nell'età dell'Impero', *ANRW* 2. 16. 2. (1978), 1605–18.

Dalley, S. M., 'Bel at Palmyra and Elsewhere in the Roman Period', *ARAM* (forthcoming, 1997/8).

Hägg, T., *The Novel in Antiquity* (Oxford, 1983).

Oppenheim, A. L., *The Interpretation of Dreams* (Philadelphia, 1956).

Potter, D., *Prophets and Emperors: Human and Divine Authority from Augustus to Theodosius* (Cambridge, Mass., and London, 1994).

Rawson, E., *Intellectual Life in the Late Roman Republic* (London, 1985).

Reardon, B. P., *Collected Ancient Greek Novels* (Berkeley, 1989).

Schmidt-Colinet, A., *Palmyra. Kulturbegegnung im Grenzbereich* (Mainz, 1995).

第六章

天文学和天象预兆方面的遗产 ①

大卫·平格里

（David Pingree）

引　言

　　美索不达米亚文化认为有预兆作用的天文现象有三大类：气象上的（如打雷、闪电、彩虹和云的形状），光学上的（如光晕、日冕、幻日、闪光以及恒星的颜色和亮度变化），或者用更好听的词，天文上的（如蚀；首次和末次见到月亮、行星和某些星座；行星的逆行，行星与月亮之间的交会以及与其他星体的交会）。其中的大部分天象预兆保存在《泥板天象征兆集》（*Enūma Anu Enlil*）的楔形文字系列泥板集和衍生或平行于该系列集的许多文本里。[1] 这些天象预兆既包含条件从句中的条件，描述了天象，又包含结论句里推断出的结果，例如，"如果木星接近曲柄星，那么阿卡德将丰收在即"。

　　人们对于该泥板系列集及其平行文本的认识还不完善，主要是基于公元前 7 世纪以前进化而成的形式。但一些流传下来的古巴比伦文本和一些

---

① 　该文由 H.-J. 尼森和 J. 伦格尔（编）的《美索不达米亚及其邻居》中发表的一篇文章修改扩充而成。该书共两卷（柏林，1982 年），见第二卷，第 613—631 页。

公元前两千纪翻译出来的赫梯语和阿拉姆语译本清楚地表明，至少有些天象（主要是太阳和月亮的天象）在公元前两千纪出现得很频繁。与巴比伦早期王朝末期前后的历史事件有关的月食资料，把人们认定月食有预兆功能的时间向前推得更早，早到公元前三千纪的最后三个世纪。在叙利亚（阿拉拉赫、埃马尔和卡特纳）、安纳托利亚（在博阿兹柯伊）和埃兰（在苏萨）发现了阿卡德语的太阳和月亮天象泥板。这些泥板抄写于公元前两千纪，说明天象学在美索不达米亚的影响下迅速传播到邻近文化。

对一些恒星和行星预示作用的分析表明人们相信天象具有预示作用的历史非常久，其中一部分可以追溯到古巴比伦时期，一部分可以追溯到公元前两千纪的最后几个世纪，还有一部分追溯到公元前 8 世纪左右。《泥板天象征兆集》中的许多对光学和天文学现象的错误理解，也被新亚述泥板的收集人和评论员展示在公元前 17 世纪阿淑尔巴尼帕图书馆里。它们表明观察和解释天文现象的传统曾一度中断，这可能发生在加喜特时期，时间约在公元前 1651—前 1157 年间。

嵌入《泥板天象征兆集》的新亚述版本里的，是当时人们会应用数学来预测天文现象的一些最初证据，这种应用建立在这些现象是周期性的基本认知之上。早在古巴比伦时期就已经有了这样的认知，这从泥板上刻画的线性之字形图案 [2] 得到印证，而这种图案一般用于水钟。[3] 这涉及一个阳历年中白昼长度的变化，《泥板天象征兆集》的第 14 块泥板用数学计算了这种变化。[4] 同样，所谓的星盘（即加喜特末期或后加喜特时期的楔形文字文本）也用了线条状锯齿形图案来确定白昼长度。[5] 最早认为行星现象具有周期性的证据出现在《泥板天象征兆集》第 63 块泥板的第 22—33 天象，[6] 这些记录基于第一次与最后一次看见金星的“平均”间隔。以《楔形文字天文汇编》（MUL.APIN，标题意思是“北斗七星星座”）闻名于世的楔形文字文本，汇编了包括恒星和星座目录在内的天文学材料，著录于公元前 1000 年到前 700 年之间。两块泥板中的第二块详细讨论了如何预测行星的偕日升和偕日落、[7] 通过水钟测量白昼长度、[8] 日晷 [9] 的投影 [10] 和闰月设置。[11] 多个同时代或稍晚的文本展现了《汇编》中显而易见的天文知识水平，其他文本也展现了创新点，比如季节性时辰表，像埃及人的计时方法一样，该时辰表的一个昼夜有 24 小时；[12] 还有一个恒星目录，也叫作 GU-text，其中恒星用"绳子"系在赤纬上排布，以此测量赤经和天文周期。[13] 后一种文本采用了天顶（ziqpu）星，它们被赤经差分开。[14]

有些天文学家将闰月设置为 19 年一闰的做法，远可以追溯到公元前 8 世纪中期 [15] 的巴比伦地区，仍不清楚它是什么时候被接受成为民间历法的基础。[16] 无论如何，这种基本周期被深厚地体现在远古末期和中世纪犹太教和基督教礼拜仪式的历法中，[17] 在阿契美尼德时期（公元前 539—前 331 年）举世闻名，有些历法还流传到今天。同样在此时期，人们开始初次认真建立预测月亮和行星现象的数学模型；[18] 这些努力约在公元前 300 年达到高潮，形成了塞琉古时期和帕提亚时期的用以计算天文时间表即《天文历》（Ephemerides）的体系。[19]

阿契美尼德时期及其后期，天象应用的范围进一步扩大。更有趣的应用是，在有人出生时用这些天象确定"本地人"[20] 的生活轨迹和特点，[21] 或在年初确定即将到来的这一年的特点，[22] 进一步阐述黄道十二宫和行星之间以及地球上的各种物体和人类活动之间的具体关系，[23] 与其中部分主题有关的，是多个世纪以来积累并写入《天文日记》的逐月发生的天文事件和地球事件之间的联系。[24] 我们现有的日记写于巴比伦，时间在公元前 652 年到前 47 年之间。

有三个历史时期大约能与美索不达米亚的星象学和数学天文学（mathematical astronomy）演变的最后三个阶段相对应，其间这些科学以其当时的形式传播到其他文化中；在那里这些科学通常被加以改良，以更好地适应接收者的需要。这些时期包括新亚述、阿契美尼德和希腊化时期，以下将分别讨论这些时期。下文的简要论述只粗略表明被传播资料的技术特点，大多数情况下，注释中提到的刊物将提供更多细节。

新亚述时期（约公元前 1000—前 612 年）

1. 印度

关于公元前 3000 年末哈拉帕文明与美索不达米亚有大量接触的遗存证

据，具有不可抗拒的说服力。但是，对于用一种达罗毗荼语记录的哈拉帕印章上的铭文——内容据称是跟美索不达米亚[25]文明有关领域相媲美的星象宗教，其解读建立在假设上，缺乏实在的根据，所以我们不予进一步考虑。

《楔形文字天文汇编》中的天文知识对创作于公元前 1000 年到约公元前 500 年的吠陀梵语文本的影响从多方面显而易见。[26] 首先，《楔形文字天文汇编》[27] 列出的月球轨道上的 18 个星座，与三个早期吠陀梵语文本中见到的 27 个或 28 个星座（naksatras）之间有某些相似之处。[28] 这些相似之处包括两个星座都始于普勒阿得斯七姐妹星团即昴星团这一事实，在美索不达米亚传统中，这种选择归因于昴星团在闰月设置规则中所发挥的重要作用，但印度的传统里没有特殊理论；另一事实则是星座与神明相关联，在美索不达米亚，星座代表着一位男神或女神，而神与星座的这种联系在印度似乎是随机、不可预测的。事实上，这两个列表并不相同，所以无论印度受到美索不达米亚什么影响，都不足以解释它们所做出的全部回应。而知识从一种文化传播到另一种文化，永远需要调整，以使外来思想更适应接收者的思想。

按照《楔形文字天文汇编》，一个标准年为 360 天，分为 12 个相等的月份，每月 30 天，这是有一定目的的。[29]《梨俱吠陀》[30] 和《阿闼婆吠陀》[31] 的末尾赞美诗都提到过这种标准年。它在巴比伦传统中有特殊的目的，而在印度人那里只是一种知识的点缀。从古巴比伦时期起，巴比伦人就给真正的阴历增添了闰月，以使季节性节日与有具体名称的月份相合。在印度，最早提到这些闰月的是《梨俱吠陀》的最后一首赞美诗。[32] 这反映了《泰蒂里亚本集》中的情形：它给 12 个月份赋予与季节相适应的名称如"热""多云"和"甜蜜"，它还提到闰月的作用必须是使这些月份名称准确。[33]

按照《楔形文字天文汇编》的标准历法，阳历年的临界点，即春分、夏至、秋分、冬至，分别设置在 1 月、4 月、7 月和 10 月的第 15 天，即满月夜。按照《夜柔吠陀》的文本，月份通常从满月（pūrnimānta）夜算起，这好像是吠陀礼拜仪式历法里的更悠久的做法，尽管像美索不达米亚一样，人们公认月份也可以从新月（amānta）夜算起。[34] 满月夜的一个重要性在于，它是一年之始，但是选择哪一个满月作为一年之始取决于天气而不是春分、秋分、夏至或冬至的日期。[35]

但是，按照后来记录在吠陀梵语文本里面的礼拜仪式历法[36]，像美索不达米亚一样，一年从新月计算，通过在每年的第一个月前增加一个月来设置闰月，巴比伦历法也沿袭这种做法。该吠陀梵语文本还描绘了二至点[37]之间太阳沿东方地平线南北的升起点的移动，《楔形文字天文汇编》也以类似细节描绘了这一现象。[38]

最后，《楔形文字天文汇编》将每个罗盘方位与星座联系起来：将北方与大熊座（MAR.GÍD.DA，"马车"［wagon］）、南方与南鱼座（Ku6，"鱼"［fish］）、西方与天蝎座（GÍR.TAB，"蝎子"［scorpion］）、东方与英仙座（ŠU.GI，"老人"［old man］）和昴星团（MUL.MUL zappu，"鬃毛"［bristle］）联系起来。[39]另一个吠陀梵语文本说，普勒阿得斯七星团在东方升起，大熊座（Saptarsayah）在北方升起。[40]因为《楔形文字天文汇编》传统中的所有天文信息肯定经过伊朗才来到印度，所以，人们不由得将这些恒星和基本方位的联系，与巴拉维语典籍《班达希申》（*Bundahishn*）中发现的将恒星理解为方向统领联系起来：天狼星（Tishtrya）是东方的统领，天蝎座白星（Sadwēs）是南方的统领，α-天琴座（Wanand）是西方的统领，大熊座（Haftōreng）是北方的统领（这与美索不达米亚和印度一样）。[41]

印度人与其他民族一样把天象视作了解未来的方法。[42]例如，《梨俱吠陀》[43]和《阿闼婆吠陀》[44]都多次提到一种不祥鸟（sakuna）。但最早试图列举并划分天象以提供仪式对策（桑蒂［sānti］）出现在两处，第一处是在《阿闼婆吠陀》的《憍尸迦经》[45]中；第二个文本已失传，它是《阿浮陀达梵书》[46]（《沙恭达罗梵书》的第5或第6插话）、《阿湿婆罗衍那家祭经》和《阿闼婆吠陀-帕里西斯塔》的《阿浮陀达桑蒂》的共同来源。[47]后者中的天象没有所预示的内容，以至在楔形文字天象预兆系列里找不到它们的确切对应物，但同样的现象经常被认作不祥。桑蒂辟邪仪式在印度宗教生活中依然重要，其思想很可能来自美索不达米亚的南布尔比（namburbi）仪式，目的是避免天象所预示的即将发生的灾祸。[48]

2. 希腊

最早体现出《楔形文字天文汇编》传统里的美索不达米亚天文学影响的希腊文本是荷马的《伊利亚特》。最有说服力的佐证是把阿喀琉斯之盾描述为赫菲斯托斯所造：[49]

> 他在盾面绘制了大地、天空和大海，
> 不知疲倦的太阳和一轮望月满圆，
> 以及繁密的布满天空的各种星座，
> 有昴星座、毕宿星团、猎户星座
> 以及绰号称为北斗的大熊星座，
> 它以自我为中心运转，遥望猎户座，
> 只有它不和其他星座为沐浴去长河。①

诗的第一行里，地球、天国和大海对应美索不达米亚的三位神恩里勒、安努和伊阿，《楔形文字天文汇编》里的第一个星表的三个"轨迹"就是以它们的名字命名的。[50]第二句给出了常见的天象，"如果第14天发现月亮和太阳同时出现"，"如果月亮和太阳处于平衡状态"，[51]月亮位于天平宫或白羊座，按照《楔形文字天文汇编》就以月亮为设置闰月的标准。[52]第三行提到天空中预兆不祥的星座[53]，可以在《泥板天象征兆集》第50和51块泥板[54]找到出处，其中的部分星座征兆在《楔形文字天文汇编》也能找到。[55]第四行则提到了精确按照古巴比伦《夜神祷辞》[56]顺序命名的三个星座，比如昴星团是"公牛的爪"，猎户座星团是"安努的真正牧羊人"，《天体观测B》（Astrolabe B）的第二部分以此顺序将它们列为有伊阿轨迹的恒星。[57]我们从第五行可以知道像在楔形文字文本里一样，大熊星座（Maior）叫作"马车"。在第六和第七行，大熊星座绕着天空转，没有固定位置。这不仅使我们想起它作为《楔形文字天文汇编》第一星表里的拱极星之第一星的位置，[58]又使我们想起《泥板天象征兆集》第50块泥板上的注解："马

---

① 荷马：《伊利亚特》第十八卷，罗念生译。译者注。

车全年不变，也就是说，它一直在环绕。"[59]

《奥德赛》将夜划分为三部分，[60] 也许是受美索不达米亚把夜分为三个更次的影响。《奥德赛》还提到从一个叫作西里（Syrie）的岛上所见到的太阳的转折点（tropai）。[61] 这可能是指《楔形文字天文汇编》里描述的那种关于太阳的上升点怎样在两个至日之间的东方地平线上移动的现象，这一点我们先前也在吠陀梵语文本中注意到了。

赫西俄德的《工作与时日》中的农作历法取决于太阳的升起和落下以及某些星座和恒星的中天。[62] 虽然其灵感可能来自美索不达米亚传统，但没有找到准确的对应。[63] 我们可以说，赫西俄德命名的这五个星座或恒星，美索不达米亚人都很熟悉，因为普勒阿得斯七星团就是 MUL.MUL，天狼星就是 KAK.SI.SA（"笔直的箭"），大角星是 ŠUDUN（"轭"），猎户座是 SIPA.ZI.ANA，毕星团是 lê。

公元前 6 世纪初，在古希腊哲学论述汇编者称为锡罗斯岛或锡拉岛的岛上，也可能是《奥德赛》中观察二至日的西里岛，住着一个名叫斐瑞居德斯的人。第欧根尼·拉尔修认为斐瑞居德斯观察太阳在地平线上的转折点（即 hēliotropion）的工具仍然保存在锡罗斯岛上。[64] 据说，斐瑞居德斯的同时代人米利都的泰勒斯预测，在米底的基亚克萨雷斯与吕底亚的阿尔亚特斯作战的时候将发生日食，通常认为这就是发生在公元前 585 年 5 月 28 日的日食。据我们所知，约在公元 110 年编撰古希腊哲学家论述集的爱底奥斯（Aetios）是第一个认为泰勒斯正确地认识了日食成因的作者。[65] 近年来，更多学者声称，泰勒斯用巴比伦天文学做出了这种预言，尽管巴比伦天文学在当时也不能有信心地做到这一点，虽然巴比伦人已经可以指出在月底的哪一天能观测到日食。[66] 我猜想泰勒斯的预言是在巴比伦天象预兆的基础上做出的。巴比伦许多天象预兆的结果从句里包含着对日食的预言。[67] 支持这一假说的事实是，美索不达米亚的天象观察员能够找出观察日食的月份，但是最早讲这个故事的希罗多德[68] 声称，泰勒斯预言的只是白天变成黑夜（即日食发生时的情况）的年份，而不是月份。

再者，比泰勒斯年轻一些的同时代人阿那克西曼德似乎也用（大抵是巴比伦的）天象预兆来预测斯巴达的地震和火山喷发。[69] 据说，他还是将日晷引入希腊的第一人 [70]，尽管他与他的学生阿那克西米尼共同提出了这一主张。[71] 日晷仪在美索不达米亚当然名闻遐迩，例如，《楔形文字天文汇编》的第二块泥板刻有由日晷仪衍生来的投影表。[72] 所以，希罗多德说希腊人向巴比伦人学会了半球形日晷（polos）、日晷测时仪和一日的十二时辰（十二 bēru）是符合实际的。[73]

阿契美尼德时期（公元前 538—前 331 年）

1. 印度

大概在公元前 5 世纪末，在印度西北部（可能是阿契美尼德人称为犍陀罗的王国），拉迦达 [74] 撰写了一个明确的按照季节、月份或一天中的某一特殊时刻做出吠陀献祭的（平均）次数的手册。这些是更高种姓（dvijas）所有成员义不容辞的强制献祭（nitya）或必需祭品（haviryajna）。[75] 这部手册 [76] 是印度最早的数学天文学作品，几乎完全取材于公元前 7 世纪—前 6 世纪通过阿契美尼德传递到印度的资料。[77] 该文献描绘了诸如美索不达米亚《天体观测》、《楔形文字天文汇编》[78] 和其他楔形文字文本所证实的那种泄水水钟。[79] 像确定白昼长度本身的方式一样，白天每一时辰注入水钟的水量是用典型的巴比伦线性曲折函数确定的，该函数基于一年中白昼最长与最短之比 3∶2，这个比例起源于巴比伦，但不适合印度大多数地区所在的纬度。稍晚时期的其他梵语文献 [80] 描述了日晷仪，它的正午投影也用巴比伦线性曲折函数计算出来。这很可能也来源于阿契美尼德。阿契美尼德的文献渊源可能没有直接反映在巴拉维语的《合法与非法》（*Shāyast ne shāyast*）里的影子表中，后者更有可能来源于印度原型。[81] 最后，拉迦达的五年一闰的周期使用太阴日（tithis，像楔形文字文本一样，一个太阴日是一个普通朔望月的三十分之一）也归因于巴比伦，正如用数学表达式表示阳历年与朔望月之间的关系，这一观念也来自巴比伦。一年为 365 天也许源自伊朗，埃及人的这个参数在那里被阿契美尼德王朝的人采纳。[82]

在数学天文学达到一定水平且水钟和日晷仪被引入印度的同时，《泥板征兆集》（*Šumma ālu*，巴比伦一部重要的非天文征兆手册）和《泥板天象征兆集》中的许多天象也通过伊朗传播到印度。佛陀于公元前 5 世纪用巴利语发表的《梵网经》，谴责了托钵僧（沙门）和婆罗门为交换食物而从事的各种活动，其中包括对天象的解释。[83] 在这篇演讲中，佛陀列举了不祥的现象，其出现的顺序与《泥板征兆集》中出现的顺序几乎完全一样。他列举了《泥板天象征兆集》的大致话题，包括一些专业术语，这些专业术语都能在美索不达米亚语中找到对应：月食、日食、恒星观测（很可能指的是既包括星座又包括星）、月亮和太阳沿轨道的运行、它们偏离轨道（＝改变其 KI.GUB）、恒星沿轨迹的运行（即恩里勒、安努和伊阿轨迹）、流星和陨石的坠落、"猛然转向"（=IZI.AN.NE）、地震、打雷，以及月亮、太阳和星星的升起、落下和明暗变化。[84] 尽管佛陀在此谴责这些天象预兆（至少是针对那些以牟利为目的的星象术），但在公元 1 世纪左右的一个较晚的佛教故事[85]里，一个被剥夺种姓的人表示他懂得拉迦达等人的巴比伦数学天文学和类似于《泥板天象征兆集》和《泥板征兆集》中的那些星体和地球征兆；他用这些知识来证明被剥夺种姓的人与婆罗门是平等的。

通过这个故事和有关文献[86]，佛教将经过印度改良的美索不达米亚科学传播到中亚，这可能起始于阿育王在公元前 3 世纪中叶派到该地区的传教士。在这个地区逐渐建立起的与《泥板天象征兆集》有关的当地星象传统可能源自佛教，也可能源自阿契美尼德知识的遗留，还可能是两者的结合。这个传统也使得《史记》（成书于公元前 100 年后）的作者能够记录来自阿姆河地区的天象，它们与楔形文字泥板上见到的某些天象有惊人的相似之处。[87] 这种解释天象的传统一直延续到了中世纪的粟特。

我们现有的用梵语汇编的最早且完整的启发自美索不达米亚的天象预兆集是卷帙浩繁的《加尔加·萨米塔》（Gargasamhitā）。它在早期资料的基础上大约成书于公元 100 年，详尽地再现了条件句中"印度化"的现象和结论句中印度化的预言。这些变化在《黄道十二宫书》（Book of the zodiac）中仍然有所体现，其有关部分通过萨珊王朝时期的伊朗传递给曼达教徒。[88]《加尔加·萨米塔》既汇集了《泥板征兆集》，又汇集了《泥板天象征兆集》中的征兆。我在手稿（现在还没有编辑和付印）中剖析了该书的部分章节，如关于金星的运行一章，[89] 也揭示了从悠久的楔形文字文献中引申出来的很多无可争辩的实例，甚至给印度人修改保留了空间。这就说明，梵语文本及其众多衍生版本可能为阿淑尔巴尼帕统治以后两三个世纪对美索不达米亚天象阐释的发展保留了余地，而这一时期没有发现任何阿卡德语文件。当《加尔加·萨米塔》和《泥板征兆集》的文本以及《泥板天象征兆集》的其他部分还没有确立时，它们之间的准确关系也尚未得到详细分析时，这些结论都必然是不确定的。但是，《加尔加·萨米塔》和相关天象梵语文献[90]包含行星运动的数学程式，其基础是（像阿契美尼德晚期的一些楔形文字文献一样）[91]周期划分：可见，不可见，盈缺变化，以及随经度的周期变化。[92]由此可见，这些梵语文献的确起源于阿契美尼德时期的美索不达米亚。它们还为我们提供了印度最早的行星数学模型，以及关于巴比伦在塞琉古时期取得辉煌成绩之前行星理论所达到的发展阶段的新信息。

2. 埃及

我们对阿契美尼德时期埃及的天象的了解，取决于成书于公元2世纪末或3世纪初的一本通俗莎草纸书。[93]该文献的第一部分论述蚀的天象，可以清楚地推定到阿契美尼德时期，尽管为了适应埃及社会有所修改，它不仅包括类似于《泥板天象征兆集》关于月亮和太阳章节中的天象，似乎还讨论了巴比伦每18年一蚀的周期。第二部分论述了月亮的征兆，其日期尚不清楚，可能是后阿契美尼德时期（post-Achaemenid），但条件句所描述的现象与《泥板天象征兆集》有关月亮的章节中提到的现象大体上一致。希腊在托勒密王朝时期（我将随后讨论）所描述的月亮、太阳和风暴神章节中的天象，是来源于阿契美尼德时期的传播，还是来源于希腊化时期的传播，尚待确定。

一个叫哈克比的人进行的天象观察被引入埃及的日期也含糊不清，但据说可能是阿契美尼德统治这块土地的某个时期。在法拉欧恩山丘上发现的哈克比雕像上的公元前3世纪初的铭文，描述了该天文学家的活动，[94]主要是对《楔形文字天文汇编》中提到的相关现象的观察：不祥恒星的上升与下降、金星在其（巴比伦）喜悦标志的双鱼座的出现、恒星升到中天、太阳的（升起点的）向北向南运动以及白昼长度的确定。他还增加了对天狼星将与太阳同时升起的预测，这件事巴比伦人早在公元前 7 世纪末就开始做了。[95]

可能正是在阿契美尼德末期，即公元前 4 世纪中期，埃及天文学家制定了自己的每年 365 天、每 25 年一闰月的周期。[96] 似乎可以说，像印度的拉迦达、忒涅多斯岛的克里斯特拉特斯、希俄斯岛的俄诺皮迪斯和希腊雅典的梅顿一样，埃及的天文学家们从巴比伦的置闰周期模型得到灵感。

3. 希腊

在阿契美尼德时期，最早模仿巴比伦的希腊天文学家是观察太阳的转向点和发明 8 年一闰的克里斯特拉特斯和欧多克索斯，像美索不达米亚一样设定 19 年一闰的梅顿，和设定 59 年一闰的俄诺皮迪斯。伊克特蒙和梅顿构建的天气变化（parapegma）与恒星现象日期有关的历法，也模仿了美索不达米亚的恒星知识。[97] 可以合理地认为赫拉克利特关于月亮的晦涩表述，部分地涉及了置闰周期。[98]

到公元前 5 世纪末前 4 世纪初，巴比伦同时代的天文学中的其他要素开始在希腊文献中出现。柏拉图尤其注意到了天文现象的周期性和行星的相对速度，[99] 有些人认为，他还了解巴比伦人是怎样把黄道等分为十二个部分的。[100] 即使他不了解，他的学生欧多克索斯也了解。的确，有份资料认为，欧多克索斯将“亚述的球体”带到希腊。[101] 尽管亚述人（和巴比伦人）没有构建天球（celestial spheres），从欧多克索斯描述的大量星座来看，这个说法是真的，因为这些星座中有许多最初是由美索不达米亚人构想的。欧多克索斯还将冬至、夏至、秋分、春分放在黄道十二宫的白羊宫、巨蟹宫、天秤宫和摩羯宫的中间，[102] 这好像延续了《楔形文字天文汇编》中这些黄道宫出现在第一、第四、第七和第十个月的中间的说法。柏拉图的另一学生奥普斯的菲利普是第一个用希腊语命名这些小行星的人，他显然依靠的是埃及人和叙利亚人这些“野蛮人”已有的做法。[103] 他把希腊神与这些行星联系起来，这就清楚地表明，他想让希腊神对应于巴比伦人的行星神。但是，很可能直到公元前 3 世纪，巴比伦人将黄道划分为 360 度以及六十进制的使用才被引入希腊天文学。[104] 最后，有证据表明，欧多克索斯已经认识到巴比伦的出生天象学。[105] 在希腊化的早期，泰奥弗拉斯托斯[106] 赞扬迦勒底人做出过关于"个人的生死"的预测；公元前 3 世纪 20 年代，科斯岛的贝罗索斯成功地讲授过巴比伦形式的星命学。[107]

希腊化时期及其后（公元前 331 年起）

1. 西方

约公元前 2 世纪中期，在托勒密王朝时期的埃及，有人用希腊语写了一部论星象的作品，并托名为皮特塞里斯。[108] 该作品的零星片段，与归于"古埃及人"的零星片段一样，都是对受美索不达米亚天象学影响的文献的再加工，尽管尚不清楚这种影响来自阿契美尼德时期埃及人的改造，还是更有可能来自公元前 2 世纪希腊人的解释。这些改造和解释都被记录在底比斯的赫费斯提翁约公元 415 年所著的《星体现象的效应》（《占星四书》〔*Apotelesmatika*〕），和吕底亚的约翰在约 550 年编著的《论征兆》（*Peri sēmaiōn*）里。这些文献将月食、日食和彗星当作主要的不祥现象，但添加了风向、流星、晕轮、雷鸣、闪电和雨。所有这些都具备《泥板天象征兆集》的特点，虽然希腊语关于彗星的传说远比楔形文字里发现的详细得多。托勒密给出了一些类似的天象预兆。[109] 很久以前，贝措尔德和波尔曾指出这些天象预兆和罗马时期的其他希腊语文献中的天象预兆一样，与《泥板天象征兆集》在形式和内容上有着密切的近似性；[110] 随着对阿卡德语文献的更多了解，这种近似性更显而易见。该资料衍生出许多星象文献，以希腊语、拉丁语、阿拉姆语、希伯来语、古叙利亚语、阿拉伯语和波斯语的形式延续下来。

仅举一例。我们可能认为，《但以理启示录》是由拜占庭的亚历克修斯在 1245 年从阿拉伯语译为希腊语的。[111] 该文献所解释的天象包括日食和月食、两个发光天体周围的晕轮、新月、彗星、流星、彩虹、光的闪烁、天空发红、雷鸣、闪电、下雨、冰雹和地震——换句话说，也就是来自《泥板天象征兆集》所有部分的资料，包括月亮、太阳、风暴神，但不包括伊什塔尔。亚历克修斯告诉我们，他译成希腊语的阿拉伯原文本是从 6 世纪

60 年代的希腊语版本翻译过来的。的确，阿拉伯语的但以理天启预言有三个版本。[112] 据说，最长的版本译自古叙利亚语，基于左勒-盖尔奈英（亚历山大大帝）、巴兰、安德洛尼卡、[113] 托勒密、赫尔墨斯和乌扎里（以斯拉）或书吏阿奇兹。而且《但以理启示录》确实有现存的古叙利亚语译文。[114] 因为这些文献是用欧洲和近东的各种语言写成的，所以要澄清它们之间的相互关系还有许多工作要做。

对人类有更重要意义的是，希腊人可能在公元前 100 年前后在埃及发明了天宫图占星术。它的基础是亚里士多德的物理学、古希腊时期的行星理论和美索不达米亚的星象科学要素，如对行星影响最大的黄道宫、十二星座[115]、三方位[116] 和行星的有益或有害特征。[117] 美索不达米亚出现的一些特殊计算方法也被融入希腊的占星术。这些计算方法包括出生者受孕日期的计算，以希腊人归功于皮特塞里斯[118]、伊壁琴尼[119] 和琐罗亚斯德[120] 的几个楔形文字"原始星位"作为例证；它们还包括根据巴比伦的 A 制（System A）确定的巴比伦黄道宫升起的次数，贝罗索斯以此计算出生者的寿命，而希波西克勒斯用 A 制表示亚历山大城的纬度，伊壁琴尼也用它表示亚历山大城的纬度；皮特塞里斯使用了适用于安科纳纬度的 A 制；还有人使用 B 制（System B）。[121] A 制于公元 2 世纪与希腊占星术一起传播到印度，于 8 世纪初由阿拉伯主教乔治用古叙利亚语记录。根据《泥板天象征兆集》的第 14 块泥板，朔望月的三十个夜晚有月光照耀，这种思想在普林尼的作品里经过修改出现过两次[122]，在维提乌斯·瓦伦斯的《占星文选》[123] 和卡西亚努斯·巴苏斯的《农事书》中也出现过，后者将这种思想归功于琐罗亚斯德。[124] 希腊占星术在全世界的传播带有巴比伦科学的痕迹。

约公元前 300 年，以 B 制闻名于世的巴比伦月球理论以栏目的形式提出，现代学者将它们按字母顺序标记，每个栏目都有特色鲜明的可识别的内容。属于该体制的全部历书都被译成希腊语，这从现在保存为 G 栏目的莎草纸片段可以看出；它只能与 B 制历书的其他栏目一起使用。[125] 这种莎草纸可以追溯到公元 2—3 世纪。但是，希腊人可能早就懂得 B 制，因为它的时段关系和巴比伦的 18 年月食周期的时段关系构成月亮均速运动的基础；喜帕恰斯在公元前 2 世纪中期记录了月亮的远地点及其节点。[126] 这些参数被托勒密稍加修改后收录在《天文学大成》（约公元 150 年）中，因此传遍了欧亚大陆。波西多尼[127]、斯特拉博[128]、普林尼[129]、维提乌斯·瓦伦斯[130]和 2 世纪初托勒密的《实用天文表》的评注家，讨论了巴比伦天文学家基第纳斯、纳布利阿诺斯和苏狄涅斯的月球理论和其他天文学理论。[131]托勒密在《天文学大成》中能够使用可以追溯到公元前 721—前 382 年之间巴比伦的十次月食观测[132]，所有这些都能在用楔形文字写成的《天文学日记》中找到。喜帕恰斯将巴比伦 18 年的月食周期翻了三倍，形成 54 年的"沙罗周期"[133]；据此，杰米努斯在公元 1 世纪末推导了月球速度的线性"之"字形函数。[134]在源自希腊的梵语文献中发现了基于这种速度函数的研究月球经度的二次函数。[135]

　　巴比伦人通过对《天文学日记》进行推断，汇编了我们现在所称的《行星周期泥板文本》（Goal Year Texts），以预测来年的天文学事件。这些文献清楚地给出了行星运动周期性的特点。托勒密声称，巴比伦的行星周期是他有关五个行星的日平均运动理论的基础。[136]这些行星周期被一个托名为赫利奥多罗斯（pseudo-Heliodoros）的人获悉，其作品收入 7 世纪初埃及的瑞托瑞尔斯（Rhetorius）的《宝藏》；[137]它们构成了一套行星表的基础，查尔卡利声称，这套表是他于 11 世纪[138]在托莱多按照阿摩尼乌斯的表构建的。这位阿摩尼乌斯肯定是赫利奥多罗斯的哥哥，他因创立天文表而闻名于世。[139]查尔卡利的表有译为西班牙语和拉丁语的各种译本，使用行星周期的新表也有多个语种的各种译本，如 1300 年前后犹太人普罗法提乌斯的译本。[140]印度也创建了基于巴比伦行星周期的行星表，但哈里达塔在1638 年[141]、特里维克拉玛在 1704 年[142]用金星在 227 年里的 142 个会合周期取代巴比伦历法中正常 8 年里的 5 个会合周期。两人都在拉贾斯坦写作，在这里，他们可能从波斯语天文学作品的一个梵语译本了解到行星周期。这些文献属于托勒密传统，像维斯拉玛在 1615 年所著的《延陀罗室罗摩尼》（Yantraśiromani）一样在 17 世纪初译成梵语。[143]但是，从 4 世纪到 5 世纪，这些行星周期的当地传说可能在印度早就流传下来了，因为 12 世纪和 13世纪的中国天文表零星片段和 14 世纪来自中亚的维吾尔语天文表零星片段好像是基于这些行星周期的，尽管它们用印度星座来测量经度。[144]

6 世纪中叶时的吕底亚的约翰[145]、7 世纪初的瑞托瑞尔斯，肯定熟悉塞琉古时期和帕提亚时期的巴比伦行星《天文历》背后的长久行星周期关系。[146]瑞托瑞尔斯传递了 8 世纪[147]以埃德萨的狄奥弗拉斯图和 11 世纪以迈克尔·普塞洛斯为代表的拜占庭传统。[148]玛莎阿拉从丰富的阿拉伯传统开始向其同事狄奥弗拉斯图借用信息。[149]上述周期出现在瓦西斯塔的梵语《历数全书》（*Siddhānta*）里，[150]他清楚地将这些周期与在 3 世纪或 4 世纪译为梵语的希腊语资料区分开来。

计算行星位置的另一个方法来自希腊和埃及天文学家在埃及的罗马统治初期制订的美索不达米亚样板。该方法将希腊字母星象[151]（如巴比伦的《天文历》那样）的日期和经度或其中之一制成表格，有时也将行星列入黄道十二宫（如巴比伦的《年鉴》那样）的日期制成表格，然后提出填补相位之间在经度和时间上的空白的方案。该方案用希腊莎草纸上的通俗文字[152]部分地流传下来。[153]梵语也有类似方案，但来自公元 1 世纪的希腊语资料。[154]

希腊人在公元前 3 世纪初观察恒星的报告里也有巴比伦影响的迹象。[155]在后一世纪，喜帕恰斯用极地经度和共同偏差作为它们的共同坐标。[156]从《天顶恒星表》（*Zenith-star lists*）和将子午线记为"线条"的 GU-text 来看，他可能受天体上升至天顶时的赤经差的影响。[157]喜帕恰斯这样做的原因可能是印度人选择极地共同坐标作为星座的主要恒星。[158]最后，喜帕恰斯校准了托勒密引进恒星目录[159]时保留的固定恒星，这似乎至少在概念上符合用楔形文字写的《空间间隔》（*space-Intervals*）文献中的那些恒星，这份文献参照恒星之间的间隔列举了恒星。[160]

我简要地考察了一个很简单的巴比伦的月球公转周期关系：九个近点月等于 248 天，以此简要总结关于美索不达米亚星象科学对其他文明的影响。[161]公元前最后两个世纪的许多楔形文字泥板包含基于这种周期关系的表，三份希腊古写本、杰米努斯的一个参考文献、被托勒密引用的喜帕恰斯论点以及维提乌斯·瓦伦斯的《占星文选》中的多个参考文献都证明，希腊天文学家至少从喜帕恰斯时期就熟悉这种周期关系。但是，喜帕恰斯本人似乎早就发现了另一个周期关系：110 个近点月等于 3031 天。这些周期关系还出现在印度文献里，有时一起出现，有时分开。[162] 这两种周期关系被又一个周期关系（449 个近点月等于 12 372 天，相当于四个 3031 天的周期加一个 248 天的周期）补充后，成为公元 1000 年后不久印度南部的瓦迦制月球周期 [163] 的基础，而表示行星的瓦迦词干由伐罗诃密希罗从《瓦西斯塔历数全书》中给出的巴比伦周期关系构造而来。最后，好几个阿拉伯天文表（历表）概略描述了维吾尔历法，后者显示维吾尔人也认为月亮的周期是 248 天，而据我们已有的观察，他们也曾用行星周期表示行星。

于是，巴比伦的遗产从公元前最后 1000 年以来渗透在亚欧大陆的占卜、占星和天文知识中，在很大程度上是希腊、印度、萨珊王朝的伊朗、拜占庭、叙利亚、伊斯兰、中亚和西欧相关研究的基础。即使本土文化催生了变化和进步，重要现象中的巴比伦文化特征，以及巴比伦数学模型的参数和结构，都为其存在提供了令人信服的证据。这些宝贵的"微量元素"使我们能够重构科学思想之间的复杂交流的真实情景，这些思想是过去至少三千年以来亚欧大陆历史的特点。我们任重道远，因为还有很多泥板、古写本以及其他原稿要解读和认识。我希望这一简要评述能激励众人在巴比伦边界以外的地方共同探索巴比伦。

注　释

1. 关于为《泥板天象征兆集》的历史及其最新研究的参考书目所做的尝试，见平格里（D. Pingree）：《美索不达米亚的天象》（*Mesopotamian Celestial Omens*），载于 J. D. 诺思（编）：《天文学通史》（*General History of Astronomy*），第一卷 A。

2. 线性之字形图案是巴比伦人为了表现平均的太阳、月亮和行星运动偏差而使用的一种算术方法，该名称是在现代才被赋予的。本文所指的泥板属于古巴比伦时期，下文讨论的 A 制和 B 制可以追溯到塞琉古时期及更晚。

3. 珲格尔（H. Hunger）、平格里：《楔形文字天文汇编：用楔形文字写的天文学梗概》（*MUL. APIN. An Astronomical Compendium in Cuneiform*），《东方研究档案》（*AfO*）第 24 期（Horn，1989 年），第 163—164 页。

4. 拉维（F. N. H. Al-Rawi）、A. R. 乔治：《〈泥板天象征兆集〉第十四卷及其他早期天文表》，《东方研究档案》第 38/9 期（1991—1992 年），第 52—73 页。

5. 沃克（C. B. F. Walker）、珲格尔："Zwölfmaldrei"，《德国-东方协会通讯》（*Mitteilungen der Deutsch-Orient Gesellschaft*）109 期（1977 年），第 27—34 页。

6.《巴比伦行星征兆》（*BPO*）第一卷。

7.《楔形文字天文汇编》（见注释 3）II i 第 38—67，以及第 146—150 页。

8.《楔形文字天文汇编》II ii 43—iii 15，第 154 页。

9. 日晷标示投射在有适当标记上的一定长度的影子，可以从该影子读出一天中的时刻。

10.《楔形文字天文汇编》II ii 21—24，153—154。

11.《楔形文字天文汇编》II i 9—24，A 1—ii 20，152—153。

12. 赖纳（E. Reiner）、平格里：《新巴比伦关于周期性时辰的报告》（*A Neo-Babylonian Report on Seasonal Hours*），《东方研究档案》第 25 期（1974—1977 年），第 50—55 页。

13. 平格里、沃克：《巴比伦恒星目录：BM 78161》（*A Babylonian Star-Catalogue：BM 78161*），载于《科学人文主义者：亚伯拉罕·萨克斯纪念文集》（*A Scientific Humanist：Studies in Honor of Abraham Sachs*）（费城，1989 年），第 313—322 页；关于该泥板的不同解读，见 J. 科赫：《恒星目录 BM 78161》（*Der Sternenkatalog BM 78161*），《东方世界》（*Die welt des Orients*）第 23 期（1992 年），第 39—67 页。

14. 肖姆博格（J. Schaumberger）：《依据新楔形文字文本的天顶恒星》（*Die Ziqpu-Gestirne nach neuen Keilschrifttexten*），《亚述学杂志》（*Zeitschrift für Assyriologie*）第 50 期（1952 年），第 214—229 页。

15. 此推测认为，存在以 18 年为周期排列的日食可能性清单，该周期始于纳布-纳瑟尔（波纳萨尔）元年，即公元前 747 年；该推测还认为，托勒密正确地将马尔杜克-阿普拉-伊丁（即马尔杜克恩帕德）的元年或第二年（即公元前 721 / 720 年）出现的一到三次日食转换为埃及历法。这两个事实说明，巴比伦人在纳布-纳瑟尔元年就开始记天文日记了，进行这些观察的天文学家所用的置闰按照 19 年的周期来调整，这样，可能出现日食的日期清单就可以用作日记的日期索引，托勒密也可以有信心地将日记中的日期转换为埃及的日期。

16. 通常采纳的日期是公元前 384 年，依据是 R. A. 帕克和杜伯斯坦（W. H. Dubberstein）在《巴比伦编年史》（*Babylonian Chronology*）（普罗维登斯，1956 年）中的数据；但如 C. 沃克所说，这些数据大部分不是出自标注民间历法日期的文件，而是来自一般使用 19 年周期的天文表。

17. 诺伊格鲍尔（O. Neugebauer）：《埃塞俄比亚的天文学和计算表》（*Ethiopic Astronomy and Computus*）（维也纳，1979 年）。

18. 参见诺伊格鲍尔、萨克斯：《一些非典型天文学楔形文字文本》（*Some Atypical Astronomical Cuneiform Texts*），《楔形文字研究学报》（*JCS*）第 21 期（1967 年），第 183—218 页，以及第 22 期（1969 年），第 92—113 页；比较：《远古数学天文学史》（*HAMA*），第 547—555 页。关于 7 世纪的预测，见平格里：《美索不达米亚的天象》。

19. 基本的出版资料收录在诺伊格鲍尔：《天文学楔形文字文本》（*Astronomical*

Cuneiform Texts）（以下简称 *ACT*），共 3 卷（伦敦，1955 年）；比较：《远古数学天文学史》，第 347—540 页。

20. "本地人"（native）用以指称适用某些出生征兆的人。

21. 萨克斯：《巴比伦的天宫图》（*Babylonian Horoscopes*），《楔形文字研究学报》第 6 期（1952 年），第 49—75；罗奇伯格-霍尔顿（F. Rochberg-Halton）：《巴比伦的天宫图及其来源》（*Babylonian Horoscopes and their Sources*），《东方史料》（*Orientalia*）NS 58（1989 年），第 102—123 页；以及 eadem，'TCL 6 13：《晚期巴比伦星象学中的传统融合》（*Mixed Traditions in Late Babylonian Astrology*）'，《亚述学杂志》（*Zeitschrift für Assyriologie*）第 77 期（1987 年），第 207—228 页。有关所有已知出生征兆的版本将很快由罗奇伯格-霍尔顿出版。

22. 例如，珲格尔：《来自乌鲁克的晚近巴比伦文本》（*Spätbabylonische Texte aus Uruk*）（柏林，1976 年），第 95—99 页（no.93）。这种技术的来源可以追溯到《泥板天象征兆集》，《巴比伦行星征兆》第二卷，78—79（xviii14—16），还可以追溯到《楔形文字天文汇编》中的第二块泥板，第二卷 B1—2，第 150 页。

23. 韦德纳（E. F. Weidner）：《巴比伦石板上的星辰表示》（*Gestirn-Darstellungen auf babylonischen Tontafeln*）（维也纳，1967 年）；赖纳（E. Reiner）：《巴比伦的星象魔法》（*Babylonian Astral Magic*）（费城，1995 年），第 94—95 页。

24. 萨克斯、珲格尔：《来自巴比伦的天文学日记和有关文本》（*Astronomical Diaries and Related Texts from Babylon*），第一至二卷（维也纳，1988—1999 年）。

25. 见 A. 帕尔波拉关于这个问题的各种文字，例如《天空衣装》（*The Sky-Garment*）（赫尔辛基，1985 年）和《破解印度文字》（*Deciphering the Indus Script*）（剑桥，1994 年）。

26. 平格里：《〈楔形文字天文汇编〉和吠陀梵语天文学》（*MUL. APIN and Vedic Astronomy*），DUMU-E₂-DUB-BA-A，《阿克·W. 萧柏格纪念文集》（*Studies in Honor of Åke W. Sjöberg*）（费城，1989 年），第 439—445 页。

27. 《楔形文字天文汇编》第一卷，第 31—39 页和 144 页。

28. 杜帕卡拉（A. Y. Dhupakara）（编）：《泰蒂里亚本集》（*Taittirīyasaṃhitā*），第二版（Poona，1957 年），IV 4，10；N. S. 哥达布尔（N. Ś. Goḍabole）（编）：《泰蒂里亚-婆罗门》（*Taittirīyabrāhmaṇa*）见《阿南德阿什拉姆梵文丛书 37》（*Anandāśrama Sanskrit Series 37*），共三卷，第三版（浦那，1979 年），I 5 和 III 1；R. 罗斯、W. D. 惠特尼（编）：《阿闼婆吠陀本集》（*Atharvavedasaṃhitā*），第二版，由林德瑙（M. Lindenau）修订（柏林，1924 年），XIX7，2—5 页。关于这些星座可能的相同之处，见平格里和莫瑞西（P. Morrissey）：《论印度〈纳克经〉里的联络星的同一性》（*On the Identification of the Yogatārās of the Indian Nakṣatras*），《天文学史学报》（*Journal for the History of Astronomy*）第 20 期（1989 年），第 99—119 页。

29. 例如《楔形文字天文汇编》I ii 36—iii 12，第 139—140 页。

30. F. M. 穆勒（编）：《梨俱吠陀本集》（*Ṛgvedasaṃhitā*），重印为《卡西梵文丛书》

（*Kāśī Sanskrit Series*）167，第三版，共两卷（Vārāṇasī，1965 年），I 164，II。

31.《阿闼婆吠陀》IV 35，4。

32.《梨俱吠陀》I 25，8。

33.《泰蒂里亚本集》I 4，14 和IV 4，II。

34. 参见如《泰蒂里亚本集》VII 5，6。

35. 同上，VII 4，8。

36. 奥吉哈（G. V. Ojhā）（编）：《考史多启婆罗门书》（*Kauṣītakibrāhmaṇa*），《阿南德阿什拉姆梵文丛书65》，第二版（Poona，1977 年），19，2

37.《考史多启婆罗门书》19，3。

38.《楔形文字天文汇编》II i 11—13，17—18，150—152。

39.《楔形文字天文汇编》II i 68—70，152。

40. 高达（V. Ś. Gauḍa）、乔杜里（C. Ś. Caudharī）（编）：《百道梵书》（*Śatapathabrāhmaṇa*）共三卷（卡西，1937—1940 年），2，1，2，3—4。

41. 亨宁（W. B. Henning）：《〈班达希申〉关于天文学之一章》（*An Astronomical Chapter of the Bundahishn*），《皇家亚洲学会学报》（*Journal of the Royal Asiatic Society*）（1942 年），第229—248 页，尤见第231 页。

42. 关于印度的征兆，见平格里：《乔蒂萨特拉》（*Jyotiḥśāstra*）（威斯巴登，1981 年），第67—80 页。

43.《梨俱吠陀》II 42—43，X 165。

44.《阿闼婆吠陀》VI 27—29，VII 64。

45. 布隆菲尔德（M. Bloomfield）：《〈阿闼婆吠陀〉之考茨卡-苏卡拉》（*The Kauçika-sūtra of the Atharva-veda*），《美国东方学学会学报》，第14 期（1890 年），i—lxviii，1—416，XIII=kaṇḍikās 93—136。

46. 筑地（N. Tsuji）：《论〈阿浮陀达梵书〉的形成》（*On the Formation of the Adbhuta-Brāhmaṇa*），《班达卡东方研究所》（*Annals of the Bhandarkar Oriental Research Institute*），第48—49 期（1968 年），第173—178 页。

47. 夏尔马（B. R. Sharma）（编）：《随附萨亚纳的韦达莎普拉卡萨的萨德维姆斯梵书》（*Ṣaḍviṃsabrāhmaṇa with the Vedārthaprakāśa of Sāyaṇa*），《肯德里亚梵文韦德阿巴德丛书》（*Kendriya Sanskrit Vidyapeetha Series*）第9 辑（蒂鲁伯蒂，1967 年）；《阿湿婆罗衍那家祭经》（*Āśvalāyanagṛhyapariśiṣṭa*），编辑为《阿南德阿什拉姆梵文丛书105》（Poona，1937 年），IV 11—22；关于《阿闼婆吠陀帕里西斯塔》的阿德布赞特（*the Adbhutaśānti of the Atharvavedapariśiṣṭa*），见波令（G. M. Bolling）、内格莱因（J. von Negelein）《阿闼婆吠陀帕里西斯塔》（*The Pariśiṣṭas of the Atharvaveda*），共两卷（莱比锡，1909—1910 年），第1767 段。

48. 埃贝林（E. Ebeling）：《对纳穆波比魔法系列知识的贡献》（*Beiträge zur Kenntnis*

der Beschwörungsserie Namburbi），《亚述学评论》（ Revue d'Assyriologie ）第 48 期（ 1954 年），第 1—15 页，76—85 页，130—141 页和 178—191 页；第 49 期（ 1955 年），第 32—41 页，137—148 页和 178—192 页；第 50 期（ 1956 年），第 22—33 页和 86—94 页；卡普利斯（ R. Caplice ）：《大英博物馆里的纳穆波比文本》（ Namburbi Texts in the British Museum ），《东方史料》NS 第 34 期（ 1965 年），第 105—31 页；第 36 期（ 1967 年），第 1—38 页和 273—298 页；第 39 期（ 1970 年），第 111—151 页和第 40 期（ 1971 年），第 133—183 页。

49. 《伊利亚特》18. 483—9（ 比较：《奥德赛》5. 272—7 ）；见文斯库斯（ O. Wenskus ）：《从荷马到泰奥弗拉斯特的天文时间的确定》（ Astronomische Zeitangaben von Homer bis Theophrast ）（ 斯图加特，1990 年 ），第 35—38 页。

50. 《楔形文字天文汇编》I i 1—ii 35，137—139；另见《巴比伦行星征兆》ii 17—18。

51. DIŠ UD.14.KAM 30 u 20 KI ahameš IGI.MEŠ；DIŠ 30 u 20 šitqulu。举例来说，这两个征兆经常见于珲格尔：《致亚述国王的星象学报告》（ Astrological Reports to Assyrian Kings ），《亚述国家档案》第 8 期（ 赫尔辛基，1992 年 ）。

52. 《楔形文字天文汇编》II i 14—15，19—21，以及第 151 页。

53. 希腊语作 teirea。

54. 《巴比伦行星征兆》第二卷。

55. 《楔形文字天文汇编》II iii 16—iv 12，145—146；再比较：《楔形文字天文汇编》II i 25—31。

56. 奥本海姆（ A. L. Oppenheim ）：《致夜神的祈祷辞》（ A New Prayer to the "Gods of the Night" ），《圣书论集》（ Analecta Biblica ）12（ 1959 年 ），第 282—301 页；再比较：《巴比伦行星征兆》ii. 2—3。

57. 该文本的第 2 部分给出了比其他观象仪更详细的清单。《巴比伦行星征兆》ii. 5。

58. 《楔形文字天文汇编》I i 15—22，137。

59. 《巴比伦行星征兆》ii，III 28 c，42—43。

60. Od.12.312 和 14.483；见文斯库斯：《天文时间的确定》（ Astronomische Zeitangaben ），第 33 页 n. 82。

61. Od. 15. 403—404；见文斯库斯：《天文时间的确定》，第 38—39 页。

62. 《工作与时日》，第 381—640 页。

63. 文斯库斯：《天文时间的确定》，第 41—50 页。

64. 《名哲言行录》（ Lives of the Philosophers ）I.119 = Diels-Kranz[7] i. 44. 8；另见文斯库斯：《天文时间的确定》，第 39—40 页。

65. Aetius 2.24.1= Diels-Kranz[7] i. 78. 22—24。

66. 帕尔波拉（ S. Parpola ）：《亚述和巴比伦学者的来信》，《亚述国家档案》第 10 期（ 赫尔辛基，1993 年 ），34—35（ nos.45、46 ）和 130—131（ no.170 ）；又见珲格尔《报告》，

219（no.382）。

67. 举例来说，见《巴比伦行星征兆》ii，XVIII 9（第78—79页）；罗奇伯格–霍尔顿（F. Rochberg-Halton），《巴比伦天文预测面面观：〈泥板天象征兆集〉中的月食泥板》（*Aspects of Babylonian Celestial Divination：The Lunar Eclipse Tablets of Enūma Anu Enlil*），《东方研究档案》第22期（霍恩，1988年），88（XVI 18）；141（XVIII A 27'）；162（XIX I iv 4'）；169（XIX III 5）；186（XX I 2，B 9）；188（XX II 9）等。

68.《历史》I. 74 = Diels-Kranz[7] i. 74. 20—21。

69. 西塞罗：《论占卜》I.50.112 = Diels-Kranz[7] i. 82. 23—26。

70. 第欧根尼·拉尔修：《名哲言行录》2.1= Diels-Kranz[7] i. 81. 13—14；优西比乌斯：《福音的准备》10.14. II= Diels-Kranz[7] i. 82. 14—16 和苏陀斯词条阿那克西曼德（Anaximandros）= Diels-Kranz[7] i. 82. 9。

71. 普林尼：《博物志》2. 187= Diels-Kranz[7] i. 93. 36—39。

72.《楔形文字天文汇编》II ii 21—42，153—154。

73.《历史》2.109。

74.《梵语精密科学调查》（*CESS*）A5，538a—543a。

75. 例如，婆罗门是高贵种姓（varṇa）的成员。一个"caste"（jāti）不是种姓（varṇa），而是属于或者不属于一个种姓的一个群体。

76.《光的科学：吠陀视觉》（*Jyotiṣavedāṅga*）被保留在《梨俱吠陀》婆罗门所使用的修订本里。

77. 平格里：《印度早期数学天文学的美索不达米亚起源》，《天文学史学报》（*Journal for the History of Astronomy*）第4期（1973年），第1—12页。

78.《楔形文字天文汇编》II ii 43—iii 15，154。

79. 诺伊格鲍尔：《巴比伦天文学中的水钟》（*The Water Clock in Babylonian Astronomy*），《伊希斯杂志》（*Isis*）第37期（1947年），第37—43页。

80. The *Arthaśāstra* of Kauṭilya and the *Śārdūlakarṇāvadāna*; *Arthaśāstra*, ed. R. P. Kangle, 3 vols. (Bombay, 1960-5), II 20, 39-42; *Śārdūlakarṇāvadāna*, ed. S. Mukhopadhyaya, (Santiniketan, 1954), 54-5 and 100-3.

81. 由维斯特（E. W. West）译成英语，《东方圣书》（*Sacred Books of the East*），第5卷（牛津，1880年），第397—400页。

82. 塔基扎德（S. H. Taqizadeh）：《古代伊朗的历法》（*Old Iranian Calendars*）（伦敦，1938年）。

83. 该演讲稿保留在《长部》（*Dīghanikāya*）里，T. W. Rhys Davids（编），共3卷（伦敦，1899—1921年），i. I, 21—7；见平格里：《梵文中的美索不达米亚征兆》（*Mesopotamian Omens in Sanskrit*），载于查尔平（D. Charpin）、乔安尼斯（F. Joannès）（编）：《远古近东的财富、人员和思想流通》（*La Circulation des biens，des personnes et des idées dans le*

Proche-Orient ancien）（巴黎，1992 年），第 375—379 页。

84. 关于佛的父亲要求学者在其宫廷精通迦勒底天文学的证据，见第二章第 39 页。

85.《虎耳譬喻经》（见第 80 号）。

86. 例如，参见平格里：《印度和伊朗的天文学和占星学》，《伊希斯杂志》，第 54 期（1963 年），第 229—246 页，尤见第 240—241 页。

87. 司马迁所著《史记》见贝佐尔德（C. Bezold）：《司马迁与巴比伦的占星学》，《东亚杂志》（*Ostasiatische Zeitschrift*）第 8 期（1919 年），第 42 页；有关巴比伦对中国早期星体预兆的影响的更深入观点，见李约瑟（J. Needham）：《中国的科学与文明》（*Science and Civilization in China*），第二卷（剑桥，1956 年），第 353—354 页。

88. *CESS* A2, 116a-117b; A3, 29b; A4, 78a; and A5, 78b for Garga; and E. S. Drower, *The Book of the Zodiac* (London, 1949).

89. 平格里：《印度和巴比伦的金星征兆》，载于 F. 罗奇伯格·霍尔顿（编）：《语言、文学和历史》，《美国东方学学会学报》第 67 期（纽黑文，1987 年），第 293—315 页。

90.《毗湿奴法上往世书》（*Paitāmahasiddhānta*）的《毗昙摩诃历数书》（*Visnudharmottarapurāna*），《梵语精密科学调查》A4，259a；伐罗诃密希罗的《占星师本集》（*Brhatsamhitā*），《梵语精密科学调查》A5，564b—571a；由博托特帕拉（Bhattotpala）注疏，《梵语精密科学调查》A4，270b—272a 和 A5，246a—246b；僧统婆陀罗的《吠陀本集》，《梵语精密科学调查》A4，285a—286a，A5，250a—250b。

91. 例如，参见诺伊格鲍尔、萨克斯：《一些非典型的天文学楔形文字文本第一卷》（*Some Atypical Astronomical Cuneiform Texts I*），《楔形文字研究学报》第 21 期（1967 年），第 183—218 页，尤见第 192—198 页（文本 C：火星，金星）和第 209—210 页（文本 F：土星）；《一些非典型的天文学楔形文字文本第二卷》，《楔形文字研究学报》第 22 期（1969 年），第 92—113 页，尤见第 93—94 页（文本 H：火星）；A. 阿博、J. P. 布里顿、J. A. 亨德森、诺伊格鲍尔、萨克斯：《沙罗周期的日期和有关巴比伦天文学的文本》（*Saros Cycle Dates and Related Babylonian Astronomical Texts*）（费城，1991 年），第 35—43 页（文本 M：水星）；J. P. 布里顿、C. B. F. 沃克：《4 世纪巴比伦人的金星模型：BM 33552》，《半人马星座》34（1991 年），第 97—118 页。类似设想时见于《天文学楔形文字文本第二卷》第 362—444 中的文本，例如，第 396—403 页上第 812 节 11—29（金星）；另见 A. 阿博、P. 休伯：《来自巴比伦的关于金星会合运动细分的文本：BM 37151》（*A Text Concerning Subdivisions of the Synodic Motion of Venus from Babylon：BM 37151*），载于 M. de J. 埃利斯（编）：《远古近东短论：纪念雅各布·约耳·芬克尔斯坦文集》（*Essays on the Ancient Near East：Studies in Memory of Jacob Joel Finkelstein*）（Hamden，Conn.，1977 年），第 1—4 页。

92. 除注释 85 引用的文章外，参见平格里：《梵文征兆文献中的巴比伦行星理论》（*Babylonian Planetary Theory in Sanskrit Omen Texts*），载于 J. L. 伯格伦、戈德斯坦（B. R. Goldstein）（编）：《从远古征兆到统计学，谨献给爱舍·阿博的精密科学论文》（*From*

Ancient Omens to Statistical Mechanics，Essays on the Exact Sciences Presented to Asger Aaboe）（哥本哈根，1987 年），第 91—99 页。

93. R. A. 帕克：《维也纳关于日食和月食的通俗纸草书》（*A Vienna Demotic Papyrus on Eclipse- and Lunar Omina*）（Providence，RI，1959 年）。

94.《埃及天文学文献》（*EAT*）第三卷，第 214—216 页。

95.《远古数学天文学史》（*HAMA*），第 542 页。

96.《埃及天文学文献》第三卷，第 220—225 页。

97. 见 A.C. 鲍温和 B.R. 戈德斯坦：《雅典的梅顿与公元前 5 世纪末的天文学》，载于雷启提（E. Leichty）等（编）：《科学人文主义者》（*A Scientific Humanist*）（费城，1988 年），第 39—81 页。

98. 伯克特（W. Burkert）：《赫拉克利特与月亮：P.Oxy 3710 中的新残篇》（*Heraclitus and the Moon：The New Fragments in P. Oxy. 3710*），《伊利诺伊古典研究》（*Illinois Classical Studies*）18（1993 年），第 49—55 页。

99. 柏拉图：《理想国》529a—530b 和 616b—617d；《蒂迈欧》（*Timaeus*）39b—d 和 40a—b。

100. 他们依靠《斐德若》（*Phaedrus*）246e—247c，它肯定没有直接提到黄道十二宫。

101. 一位匿名注释家评注亚拉图时说到这一点，见拉萨尔（F. Lasserre）：《尼多斯的欧多克索斯的残篇》（*Die Fragmente des Eudoxos von Knidos*）（F. 2 柏林，1966）第 39 页。

102. 同上（FF. 65—78）52—56。

103. 奥普斯的菲利普（Philip of Opus）：《厄庇诺米斯》（*Epinomis*）986e—987d。

104.《远古数学天文学史》，第 590 页。

105. 拉萨尔：《尼多斯的欧多克索斯的残篇》（F. 343）119，为了确定吉日与凶日的征兆研究和记载。关于希罗多德引用过巴比伦征兆的证据，见第五章第 196 页。

106. 普罗克洛，见《柏拉图的〈蒂迈欧〉》，E. 迪尔（编），第三卷（莱比锡，1906 年），第 151 页。

107. 维特鲁威：《论建筑》9.6.2。星命学是关于出生的占星学。

108. 关于被认为属于该作家的几部作品及其内容，见平格里《科学传记词典中的词条"皮特塞里斯"》（*Dictionary of Scientific Biography*），x（纽约，1974 年），第 547—549 页。

109. 托勒密：《占星四书》2.9.18 和 2.14。

110. 贝佐尔德和波尔（F. Boll）：《希腊作家对占星术楔形文字的运用》（*Reflexe astrologischer Keilinschriften bei griechischen Schriftstellern*）（海德堡，1911 年）。

111.《希腊占星学手稿目录》（*Catalogus Codicum Astrologorum Graecorum*）8，3，（布鲁塞尔，1912 年），第 171—179 页。

112. 塞斯金（F. Sezgin）：《阿拉伯文学史》，第七卷（莱顿，1979 年），第 312—317 页。

113. 还发现该作品有古叙利亚语版本。明加纳（A. Mingana）：《约翰·赖兰兹图书馆中的一些早期犹太—基督教文件》4（1917—1918年），第50—118页；沃利斯·巴杰（E. A. Wallis Budge）：《古叙利亚语的医书》（*The Syirac Book of Medicines*），第二卷（伦敦，1913年），第521、654页。

114. 富拉尼（G. Furlani）：《关于亚述学论文的收藏》，《东方学杂志》，第7期（1916—1918年），第885—889页；《来自叙利亚手稿中的亚述学》，《德国东方学会杂志》，第75期（1921年），第122—128页，尤见第122—125页。

115. 十二星座是黄道十二宫的十二分之一。

116. 三方位：相距120度（黄道十二宫的三分之一）的两个天体的方位。

117. 平格里：《占星学》，载于J. 诺思（编）：《天文学通史》。

118. 里斯（E. Riess）：《内切普索尼斯和皮特西里迪斯魔法片段》（"Nechepsonis et Petosiridis fragmenta magica"），（F.14）*Philologus*，附录6（1892年），第325—394页，尤见第357—358页。

119. 塞索里努斯（Censorinus）：《论出生》（*De die natali*），7. 5—6。

120. 比德兹（J. Bidez）、迦蒙特（F. Cumont）：《希腊化时期的魔法师》，第2卷。共2卷（巴黎，1938年），ii. 161—162（O 14）。

121.《远古数学天文学史》，第712—724页。

122. 普林尼：《博物志》2. 58和18. 324。

123. 瓦伦斯（Valens）：《文选》I.12.1—6。

124. 比德兹、迦蒙特：《希腊化时期的魔法师》，ii. 174—177（O 39）。

125. 诺伊格鲍尔：《来自罗马时期埃及的巴比伦太阴历》（*A Babylonian Lunar Ephemeris from Roman Egypt*），载于《科学人文主义者》（费城，1988年），第301—304页。

126.《远古数学天文学史》309—312；关于这一点和下文部分内容，另见A. 琼斯：《巴比伦方法被希腊数字天文学采用》，《伊希斯杂志》第82期（1991年），第441—453页；同上，《巴比伦算术方案在希腊天文学中的证据》，载于H. D. 加尔泰（编）：《天文学在美索不达米亚文化中的作用》（格拉茨，1993年），第77—94页。

127. 拉塞尔（F. Lasserre）：《关于柏拉图时期的波司多尼奥斯的新简明评论（PGen. inv.203）》，载于《普罗泰戈拉、安提丰、波司多尼奥斯、亚里士多德》（佛罗伦萨，1986年），第71—127页；胡布纳（W. Hübner）：《论苏狄涅斯的行星残篇（PGen. inv. 203）》，《纸草学和铭文学学报》第73期（1988年），第33—42页和109—110页。

128. 斯特拉博：《地理学》16.1.6。

129. 普林尼：《博物志》2.39。

130. 瓦伦斯：《文选》9.12.10，平格里（编），1986年；另见附件XXIII.

131. 琼斯（A. Jones）：《托勒密的第一位评论家》（费城，1990年），3.6。

132.《远古数学天文学史》，第77—79页，81—82页，104页，317—319页。

133. 转轮周期为期669个月，该周期结束时日食重复三次；它消除了一个6585 1/3日的日食周期所留下的 1/3 天。

134.《远古数学天文学史》第 602—603 页。

135. 诺伊格鲍尔、平格里：《伐罗诃密希罗的〈五大历数书汇编〉》（*The Pañcasid-dhāntikā of Varāhamihira*），共两卷（哥本哈根，1970—1971 年），II 2—6 和第二卷 16—22；III 5—8 和第二卷 26—28 和《梵语精密科学调查》A5，564a—564b。

136.《远古数学天文学史》第 150—152 页。

137.《远古数学天文学史》第 150—152 页。我在编辑一本瑞托瑞尔斯（Rhetorius）的巨著，这份材料来自该书的第 6.2 节。

138. 米亚斯·利克罗扎（J. M. Millás Vallicroza）：《关于萨迦里的研究》（*Estudios sobre Azarquiel*）（马德里和 Granada，1943—1950 年），第 72—237 页和第 378—394 页；见 M. 鲍特尔：《萨迦里的年鉴》，12（1967 年），第 12—19 页。

139.《远古数学天文学史》第 1037 页。瑞托瑞尔斯 6.2 认为，阿摩尼乌斯（Ammonio）的《经典》与被认为是赫利奥多罗斯所写的文献不同。

140. 博菲托（J. Boffito）、依立卢的梅尔兹（C. Melzi d'Eril）：《但丁·阿利吉耶里年鉴》（*Almanach Dantis Aligherii*）（佛罗伦萨，1908 年）；关于普罗法提乌斯怎样使用《托莱多天文表》，见图莫（G. J. Toomer）：《普罗法提乌斯·犹达欧斯和托莱多天文表》，《伊希斯杂志》，第 64 期（1973 年），第 351—355 页。

141. 平格里：《美国的梵文天文表》（*Sanskrit Astronomical Tables in the United States*）（费城，1968 年），55b—59b；同上，《英国的梵文天文表》（Madras，1973 年），第 141—142 页。

142. 平格里：《美国的梵文天文表》，64b—66a；《梵语精密科学调查》A3，92b—93b；A4，105a；A5，131b。

143. 维斯拉玛（Viśrāma）：《延陀罗室罗摩尼》（*Yantraśiromaṇi*），莱克瓦（K. K. Raikva）（编）：《马汉德拉·苏里关于星盘的梵语论文》（*The Yantrarāja of Mahendra Sūri*）（孟买，1936 年），第 83—117 页，I 92；另见《梵语精密科学调查》A5，659b。

144. 京都大学的矢野道雄教授发现了中国的天文表；关于维吾尔人的天文表，见拉克玛蒂（G. R. Rachmatil）：《吐鲁番突厥文献汇编》（*Türkische Turfan-Texte*），第七卷（柏林，1937 年），第 9—11 页。

145. 约翰·利杜斯（John Lydus）：《论月份》（*On Months*）3. 16，但这一段只保留在一份手稿里。

146. 瑞托瑞尔斯：《宝藏》5.51。

147. 泰奥菲鲁斯（Theophilus）：《论主动性》（*On Initiatives*），将收录在我即将出版的版本中。

148. 迈克尔·普赛鲁斯（Michael Psellus）：《世界史教育》（*Didaskalia pantodapē*）161；另见其残简，载于 P. 塔内里：《科学备忘录》（*Mémoires scientifiques*），第四卷（巴黎，1920 年），第 264—265 页。

149. E. S. 肯尼迪、平格里：《玛莎阿拉的占星学史》（*The Astrological History of Māshā'allāh*）（剑桥，马萨诸塞，1971 年），第 132 页。

150. 《瓦西斯塔历数全书》（*The Vasiṣṭasiddhānta*），由伐罗诃密希罗概述，载于《五大历数书汇编》（*Pañcasiddhāntikā*）第 17 卷第 1—60 页和第 2 卷第 109—126 页。

151. 希腊字母被用于表示在东方和西方第一次和最后看见行星、行星在东方和西方的驻点，以及地外行星在日落后的升起。

152. 《埃及天文学文献》（*EAT*）iii. 225—241；《远古数学天文学史》，第 789—792 页。

153. 参见被琼斯在第 126 号引用的文章，他的来自俄克喜林库斯（Oxyrhynchus）的天文学纸草书即将出版。

154. 载于斯非吉瓦加（Sphujidhvaja）在 269 或 270 年所著的《希腊人的占星术》（*Yavanajātaka*）：平格里：《斯非吉瓦加的〈希腊人的占星术〉》，《哈佛东方丛书》第 48 辑，共 2 卷（剑桥，马萨诸塞，1978 年），79，35—51 和第二卷，410—414；载于《伐罗诃密希罗》概述为《保罗历数全书》（*Pauliśasiddhānta*），《五大历数书汇编》第 17 卷，第 64—80 页和第二卷 126—128 页；见《梵语严谨科学调查》A4，233a，A5，224b。

155. 戈德斯坦（B. R. Goldstein）、鲍温（A. C. Bowen）：《论希腊化早期的天文学：提莫恰里斯和第一个卡里匹克历法》（*On Early Hellenistic Astronomy: Timocharis and the First Callippic Calendar*），《半人马星座》（*Centaurus*）第 32 期（1989 年），第 272—293 页。

156. 《远古数学天文学史》，第 277—280 页。

157. 同前，第 13 和 14 号。

158. 纳克经的联络星（The yogatārās of the nakṣatras）。见平格里和莫瑞西在第 28 号中引用的文章。

159. 托勒密：《天文学大成》（*Almagest*）7.1。

160. C. B. F. 沃克、J. 科赫：《美索不达米亚恒星清单文本》（*The Dalbanna Text*），《东方世界》，26（1995 年），第 27—85 页。

161. A. 琼斯：《远古天文学中的 248 天月球运动设想的发展和传播》（*The Development and Transmission of 248-day Schemes for Lunar Motion in Ancient Astronomy*），《精密科学史档案》（*Archive for the History of the Exact Sciences*），第 29 期（1983 年），第 1—36 页。

162. 两者都见于《瓦西斯塔历数全书》；第一个周期关系所依据的是《保罗历数全书》中的规则，《罗马历数全书》（*Romakasiddhānta*）使用了第二个周期关系；对这三种周期关系的了解都来自伐罗诃密希罗的《五大历数书汇编》中的概述。关于《罗马历数全书》，见《梵语精密科学调查》A5，517b。

163. 这种计算体系基于运用越来越小的周期关系来确定月球和行星的位置。

延伸阅读

North, J., *The Fontana History of Astronomy and Cosmology* (London, 1994).

Walter, C. (ed.), *Astronomy before the Telescope* (London, 1996).

第七章

阿拉姆语资料中的巴比伦和尼尼微的遗产

艾莉森·萨尔维森

（Alison Salvesen）

阿拉姆语和古叙利亚语：背景

大部分人，只要懂一点儿阿拉姆语，都会理所当然地把它与耶稣的话语联系起来。犹太人早在被流放到巴比伦（公元前586年）后就开始使用阿拉姆语，《但以理书》和《以斯拉记》的部分文字是用阿拉姆语而不是希伯来语写的。阿拉姆语及其后来的变体古叙利亚语，现在仍在犹太人和东方基督徒的礼拜仪式中发挥重要作用。但到底谁最先说阿拉姆语？是阿拉姆人吗？

阿拉姆人的特别之处在于，他们的文化经历了政治独立和民族存亡，他们的语言比这些经历都悠久，说、写这种语言的群体与早期阿拉姆人没有多大关系，近东为数不多的一些小群体仍然使用这种语言。所以，阿拉姆语的意义与早期阿拉姆人的政治重要性完全无关。

历史上，阿拉姆人作为半游牧民族出现在公元前12世纪末。但他们首次被提到是在亚述人的王室铭文里，一份公元前14世纪的楔形文字文献记载过"阿拉姆人的领地"。在亚述王提格拉-帕拉萨一世（公元前1115—

前 1077）时期，大量的阿拉姆人移民到幼发拉底河上游和中游地区，使得该地区很不稳定。加上这一时期的权力真空、赫梯帝国和埃及帝国的衰落，阿拉姆人得以控制叙利亚内陆地区和幼发拉底河中游。游牧民族常袭击巴比伦王国的西北部，公元前 9 世纪迦勒底人在这里出现，尽管他们常与阿拉姆人联合起来对抗亚述人，并普遍被认为与阿拉姆人有关，但实际上两个民族可能并没有关系。

阿拉姆人在大概位于现在的叙利亚内陆地区建立了王国。在南部和中部地区，这些王国包括琐巴、比特-利合、玛迦、基述、大马士革、哈马斯；幼发拉底河中游的有比特-阿古西、比特-哈卢普和比特-阿迪尼，底格里斯河上游的比特-扎马尼，以及美索不达米亚北部的比特-巴希阿尼。（可以通过它们的名字来说明其部落起源，比特的意思是"家庭"或"家族"。）公元前 10 至前 8 世纪标志着阿拉姆人政治命运的顶点，这反映在《旧约·列王纪》的多次记述中，以色列人和犹太人的君主都与大马士革的阿拉姆、阿拉姆-琐巴和阿拉姆-贝丝-（比特）利合的君主保持着既友好又敌对的关系。

但是，到了公元前 9 世纪，亚述人开始复兴，逐渐把阿拉姆人的王国纳入亚述的行省制度中。帝国把被征服民族的群体从家园里赶走，然后把他们重新安置在更远的东部地区，这一政策使许多说阿拉姆语的人来到亚述帝国的心脏地带。公元前 11 世纪初以来，阿拉姆部落就在巴比伦王国定居，他们的语言显著地影响了当地人的语言用法。因此，阿拉姆人的政权的结束就是其语言占支配地位的开始，因为阿拉姆语开始慢慢地被接受，成为亚述的主要语言，然后成为巴比伦帝国的主要语言。

所以，原先只有阿拉姆人使用的阿拉姆语变得无比重要，远非说这种语言的人的数量所能比拟。这种与希伯来语、阿卡德语和阿拉伯语有亲缘关系的闪米特语，其书写像希伯来语和其他使用有辅音字母表的西闪米特语一样。这就是说，书面语中没有元音，间或有长元音，则用半辅音表示，这是阿拉姆人的一个创新：用 w 表示 û 或 ô，y 表示 î 或 ê，h 或 "'" 表示词尾的 â。因此，阿拉姆语远比亚述的楔形文字易写，因为后者需要懂几百个字母。所以，随着阿拉姆王国的解体，阿拉姆人被驱逐出境，亚述人在帝国内部开始以阿拉姆语为交流工具。

主要官方语言从阿卡德语过渡到阿拉姆语的时期，可以由以下两个纪念碑说明。首先，来自费赫叶山丘（Tell Fekherye）的一座公元前8世纪的人身雕像上有一段双语铭文，正面是新亚述语，背面是阿拉姆语，这可能说明阿拉姆语在这一时期只是次要的。提格拉-帕拉萨三世（公元前745—前727）的一座浮雕展现了两位书吏，一位在泥板上写，另一位在某种易腐烂的材料上写，用的语言可能是阿拉姆语。这突出说明了阿拉姆语的另一优势：它可以写在几乎所有的材料上，而楔形文字需要泥板或蜡板。这一过渡时期的一个普遍现象是在楔形文字的泥板上附有阿拉姆语的议事日程或记录，作为原文的摘要翻译。

另一个紧密联系的标志体现在表示职业的词语上，阿拉姆语的这些词语模仿阿卡德语中表示职业的名词中常见的 qaṭṭāl 构词方式。

虽然楔形文字的使用一直延续到塞琉古时期，但阿拉姆语在新巴比伦帝国（公元前626—前539）日渐成为官方语言，以便于沟通，正像当今世界非英语国家使用英语一样。例如，在《列王纪下》第18章第26节，希西家王的大臣请求围攻耶路撒冷的亚述军队用他们能懂的阿拉姆语和他们讲话，以免说希伯来语的民众受亚述人的威胁而惊恐。这件事发生在公元前701年。虽然这一时期主要只有上层社会的人使用阿拉姆语，但它逐渐成为许多不同人群的日常语言。事实上，巴比伦王国的民众最早采用这种语言。

然而，是阿契美尼德帝国（公元前539—前330）特别提倡把阿拉姆语当作共同语使用，因为伊朗征服者发现这种文字既简单又在其新领土上被广泛使用。这一地区的识字人口都用阿拉姆语书写，快速的书写风格促进了草体的发展。尽管阿拉姆语的使用在某种程度上使阿卡德语黯然失色，但要注意到阿卡德语也极大地影响了阿拉姆语。这种影响体现在阿拉姆语的音系学、词法学和句法学上，尤其在自然科学、艺术、宗教和法律领域，阿卡德语提供了许多外来语。此外，按照希腊人、埃及人和犹太人的资料，阿拉姆语的文字本身带有亚述文字的属性，因为人们没有忘记它在亚述时期得到了发展。

在波斯的波斯波利斯、上埃及的伊里芬丁岛和土耳其西北部的达斯基

图 7.1　来自叙利亚东北部费赫叶山丘的一座当地统治者雕像，上面有阿卡德语和阿拉姆语双语铭文

图 7.2　提格拉-帕拉萨的书吏。左侧书吏用阿卡德语在泥板上书写,右侧书吏用阿拉姆语在纸莎草纸上书写。
公元前 8 世纪

图 7.3　如公元前 7 世纪中期的一座阿淑尔巴尼帕雕像所示,一名书吏用阿卡德语将战利品记录在可以折叠
的写字板上,另一名用阿拉姆语记录在卷轴上

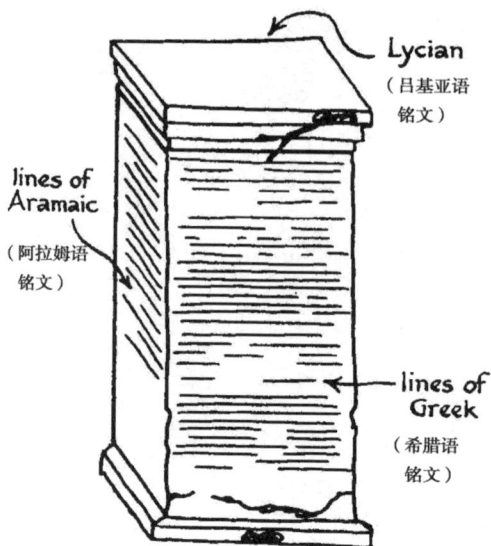

图 7.4 土耳其南部桑索托斯的祭坛，上面用阿拉姆语、希腊语和吕基亚语铭刻着三语对照铭文

勒昂这样相距遥远的地方，发现了阿契美尼德时期的阿拉姆语文献，大部分来自公元前 5 世纪。在达斯基勒昂地区出土了带楔形文字或阿拉姆语铭文的印玺（bullae），该印玺主要属于薛西斯时期，一块同时期的阿拉姆语墓葬铭刻也被发现，上面的内容是请求巴比伦的神贝尔和尼布保护这座坟墓。在吕基亚的西南海岸上的桑索托斯，考古学家发现了公元前 4 世纪中期的一块长方形石碑上的三语对照铭文。石碑的两个阔面上刻着吕基亚人和希腊人的土著语言文字，讲述了勒托（阿波罗和阿尔忒弥斯的母亲）的圣堂附近建立起一种新的崇拜仪式的历史形势。面向观看者的较窄一侧则是阿拉姆语文字，写的是总督大臣批准了这种新的崇拜仪式。

在印度，由旃陀罗笈多国王在塞琉古一世时期建立的伟大帝国孔雀王朝，与巴比伦宫廷建立了联系。公元前 303 年，旃陀罗笈多与塞琉古签订同盟条约，前者的继任者请求安条克一世给他派一名智者。伟大的阿育王皈依佛教，他在岩石和柱子上用阿拉姆语雕刻铭文，其中以约公元前 256 年在塔克西拉的铭文最为出名。在阿富汗发现的部分铭文还附有希腊语或古印度语。所以，书面阿拉姆语是国际交流的主要语言，用古印度语写的法令要译成阿拉姆语。

20 世纪末最奇怪的一个发现是塞琉古时期乌鲁克的一段阿拉姆语驱魔

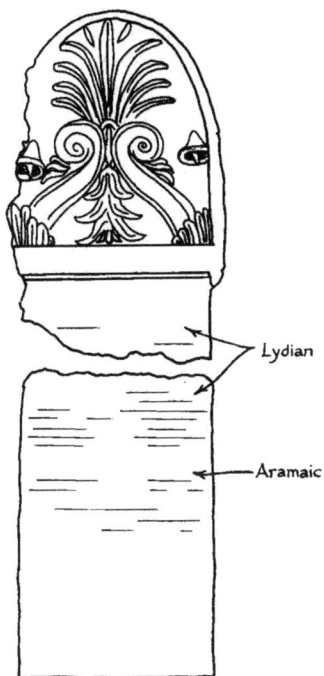

图 7.5 来自土耳其西部萨迪斯的大理石花状平纹，刻有吕底亚语和阿拉姆语铭文，公元前 394 年。高 0.80 米

图 7.6 来自印度恒河沿岸贝那拉斯附近萨尔纳特（鹿野苑）的柱头，该设计的要素在日期上早于亚历山大大帝时期。公元前 3 世纪，阿育王用阿拉姆语、希腊语和古印度语给这类柱子刻上了诏书

文字，却是用楔形文字书写的。这段文字十分重要，它既展示了这一晚近时期楔形文字的使用情况，又可以指导该地区阿拉姆语的发音，因为楔形文字的音节书写比阿拉姆语的辅音符号能更好地表现元音。

遗憾的是，几乎没有官方或纯文学的阿拉姆语文本留存下来，因为被用来书写该语言的材料——羊皮纸和莎草纸——容易腐烂。我们仅有的文本要么雕刻在不易腐烂的介质上，要么像死海地区和埃及伊里芬丁岛上的阿拉姆语文献一样，由于气候和地理等偶然因素被意外保存下来。伊里芬丁岛上发现了很多法律文件，其中的术语常受巴比伦语和亚述语的习惯用语影响，而且与埃及通俗的法律语体有关。

亚历山大大帝在公元前 4 世纪末征服中东以后，阿拉姆语作为国际语言的影响慢慢开始变小，希腊语逐渐取代阿拉姆语成为这一地区的共同语言。但那时，阿拉姆语已成为包括巴勒斯坦的犹太人在内的好几个民族的方言。现存的大量阿拉姆语文本本质为宗教文献，因经常抄写和虔诚保管而得以保存下来。其中有犹太人、基督徒和曼达教[1]徒的宝贵文本。这一时期，即公元前 300 年到公元 600 年的阿拉姆语在方言和文字上很不相同。犹太人使用阿拉姆语或"亚述语"方形字体，不仅用它们写阿拉姆语，还用来写希伯来语，这一做法一直延续到现在。巴勒斯坦和巴比伦的犹太人使用不同的阿拉姆语。基督徒使用埃德萨城的方言，即古叙利亚语，后来这一语言成为叙利亚—美索不达米亚地区基督徒的共同语言，颇似基督徒在中世纪的欧洲用拉丁语交流。古叙利亚语文字属于半草写体，随时间的流逝发展为东部和西部两种形式。曼达教徒的语言和巴比伦犹太人的语言相近，但其书写体更近似于古叙利亚语。

除了宗教团体使用阿拉姆语之外，在希腊化时期，一些独立城市和国家也使用这种语言。这些地方包括巴尔米拉（塔德穆尔）、哈特拉的帕提亚城和都城位于佩特拉的阿拉伯国家纳巴泰。在阿淑尔也发现了这一时期的阿拉姆语铭文。

在成为叙利亚、美索不达米亚和巴勒斯坦许多地区的方言以前，阿拉姆语是政府间沟通的语言，所以它一直在传播亚述人和巴比伦人的早期文化，尽管其晚近时期的许多使用者是一神论者或是受到古希腊文化影响的

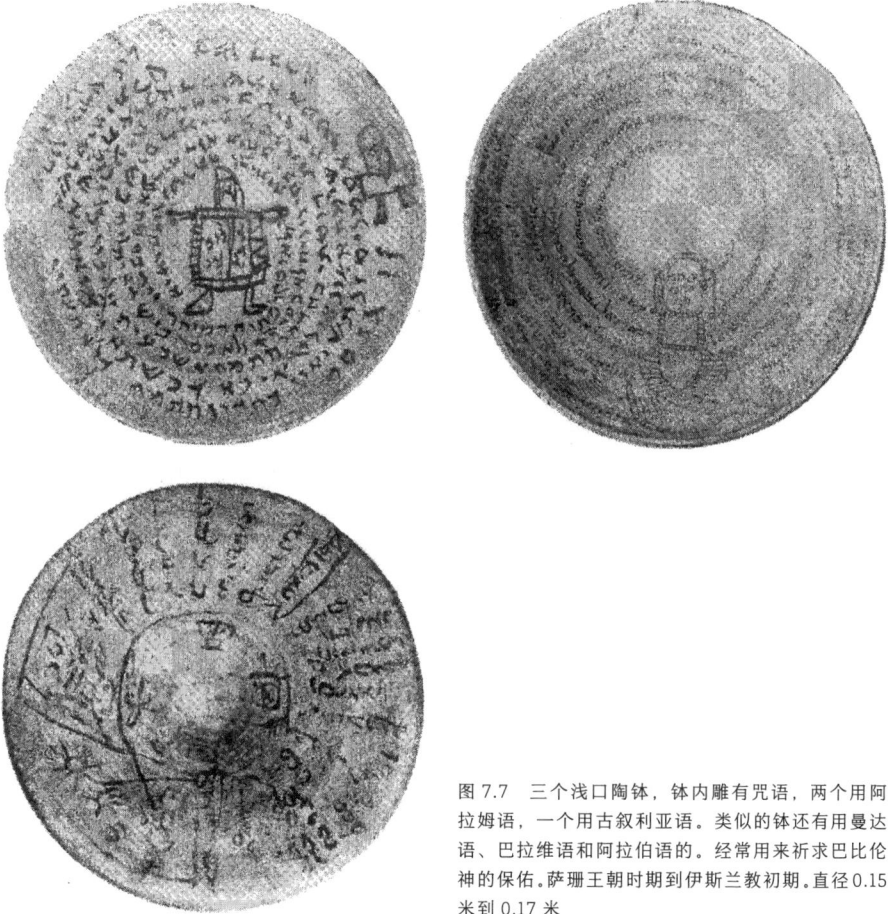

图 7.7　三个浅口陶钵，钵内雕有咒语，两个用阿
拉姆语，一个用古叙利亚语。类似的钵还有用曼达
语、巴拉维语和阿拉伯语的。经常用来祈求巴比伦
神的保佑。萨珊王朝时期到伊斯兰教初期。直径 0.15
米到 0.17 米

人群。各种阿拉姆语资料中的附加评论揭示了美索不达米亚宗教思想传播到国外的程度。例如，来自伊里芬丁岛的卫戍部队的一块陶片，上面文字的作者祈求贝尔、尼布、沙玛什和内尔伽勒（古巴比伦的神）保佑弟弟哈该身体健康；该地区还发现一封信说伊里芬丁岛上有一座尼布神庙，早期基督教时期也发现了类似的证据。最值得注意的是约在公元6—7世纪的三个羊皮纸护身符，它们是用古希腊语写给一位伊朗顾客的，说明了当时一种高度调和与折中的宗教态度。两个护身符的开头用了基督教的三位一体惯用表达，但三个护身符都请求与巴比伦、埃及和曼达教有关的各种神灵和天神的帮助，包括尼布、贝尔、沙玛什、内尔伽勒和德丽巴特——迪尔巴特的伊什塔尔，即晨星。

现在还有许多例子证明在魔法和迷信的宗教中，多神崇拜仍持续到今天。在尼泊尔挖掘出可以追溯到伊斯兰征服（公元7世纪中期）前的许多驱魔咒语转筒。虽然大多数咒语转筒可以很容易通过上面不同字体和祈求的神灵追溯出它们是属于基督徒、犹太人还是曼达教徒，但其中一个转筒上的内容是纳奈、内尔伽勒、辛、沙玛什和贝尔的神谕[2]，用以对抗一种导致贫瘠荒芜的鬼魂。他们被称为"神圣天使"而不是神，也和后来曼达教把他们设想为七颗行星的恶灵大不相同。早期曼达教的护身符中也能找到相似的想法，该护身符仍然称"沙玛什、贝尔和内尔伽勒"为仁慈的。从外来词如古叙利亚语的"āthaliyā"和曼达教的 tāliā 可以看到宗教和占星术之间的重叠，这两个词的意思是"蚀"，常指在美索不达米亚人看来因其头和脚遮盖月亮而引起月食的飞龙。两个词都源自阿卡德语的 antalû（蚀）。此外，古叙利亚语用以表示基督的词 sām hayyē（生活中的医学）取自阿卡德语的词组 šam balāti。

对话诗

除宗教思想外，从亚述和巴比伦文化中得以留存的一些题材、雕像和风俗画，在后期的文学中也有出现，它们甚至影响了欧洲文学。对话诗是深深扎根于古代美索不达米亚的一种具有悠久历史的体裁，是发生在两个或两个以上主人公之间的通常以诗歌为形式的争论。这些主人公常常是非人的或抽象特性的化身。主题是主人公的功过和价值，以辩论的形式透彻地讨论。结论要么通过巧妙的辩论达成，要么由外部权威决定。大部分特点与公元前 2000 年初以苏美尔语的楔形文字留存下来的形式相同。这些特征在两千五百年后体现在古叙利亚语中，这一阿拉姆语的埃德萨方言成为近东基督徒的文学语言。另外，中世纪的许多诗歌是用希伯来语、阿拉伯语、犹太-波斯语、拉丁语等其他语言写的，但它们归根结底都起源于这同一个对话诗体裁。西班牙和普罗旺斯的争论诗是其另一种相近形式。

最早的争论诗是用苏美尔语写的，可以追溯到古巴比伦时期，诗中描写了自然界中的相对事物，如夏与冬、牲口与粮食、鸟与鱼、镐与犁、树枝与芦苇、银与铜、上磨盘与下磨盘、苍鹭与甲鱼、鹅与渡鸦、牧民与农民。有些诗完整地留存下来，有 300 行之长；有些残缺不全。从古巴比伦到新亚述时期，我们能找到用阿卡德语讨论柽柳与棕榈、牛与马、小麦与谷物女神的争论诗。这些诗的大多数都清楚地表现了农业情况。

每首诗的基本结构如下：先用简短的叙述介绍主要当事人、争议事项和争议本身，每个主角赞美自己，诋毁对手。到此时可能会记叙一些动作，然后由第三方补全整篇诗。有时双方会和解。这种模式有许多变体，但辩论部分通常相似。例如，叙利亚的圣艾弗冷（St. Ephrem the Syrian）的古叙利亚语争论诗写于 4 世纪，其结构与两千年前的争论诗的结构相似。

但也存在着缺失的环节。尽管我们期望在皇家阿拉姆语中找到清楚表明这种体裁的例子，但几乎没有。这毫无疑问是因为阿拉姆语往往书写在易腐材料上，不像苏美尔语和阿卡德语的遗存文字那样保留在楔形文字泥板上。不过，一些《圣经》段落与对话诗有关。有人认为，《约伯记》中约伯与朋友的对话可能基于与一位对手辩论的短小讲话的形式；自然，这场辩论最后由上帝解决。另外的例子可以从《雅歌》中的情人对话或《箴言》第 7 至 9 章中的智慧与愚蠢之争中找到。

以阿拉姆语书写的《阿希家书》中提到黑莓果和石榴的方式暗含着一种争论诗的形式。用犹太阿拉姆语书写的《塔古姆》，即《圣经注疏》，常插入《创世记》第 4 章第 8 节中该隐与亚伯的争论和《创世记》第 22 章

第 1 节中以撒与以实玛利的争论。在这些语境里，争议有助于解释简洁的叙事，很可能反映出对话体裁的影响，而不是对关于这个话题的已有争论诗的改编。《塔古姆》中有更清楚的争论，如某些手抄本的《出埃及记》第 12 章第 2 节中关于哪一月为年首的争论，《出埃及记》第 14 章第 29—31 节中摩西与大海之间的争论，以及关于应该把淹死的埃及人的遗体葬在海里还是陆上的争论。在《士师记》第 5 章第 5 节，泰伯山、赫尔蒙山和迦密山争论哪座山能与上帝的荣光同在，但最终被选中的是西奈山。按照《以斯帖记》第 7 章第 10 节的阿拉姆语译文，有 11 或 12 棵树讨论恶棍哈曼将被吊死在哪一棵上。还有对于字母表上字母的争论，《圣经》的第一节到底是应该由字母 A（阿尔法）还是字母 B（贝塔）开始。

中古波斯语里有一首叫《巴比伦之树》的诗，很像早期阿卡德语诗《柽柳和枣椰》，但这首诗中的争论发生在枣椰树和山羊之间，其创作可以追溯到本纪元之交[3]。

但是，与苏美尔语和阿卡德语的争论诗最为相似的是古叙利亚语诗。古叙利亚语的诗能留存下来主要是因为它们很受欢迎，经常被抄写，所以流传甚广。有些手抄诗只包含争论一方的观点，这就说明这些诗在某些场合下可能作为教堂里圣餐仪式的一部分进行表演，一半合唱队表现一位主角，另一半表现另一位主角。

古叙利亚语的诗主要有两种形式：争论诗（drasha）和对话诗（soghitha，复数形式是 soghyatha）。圣艾弗冷用争论诗的形式表现死亡与撒旦、死亡与人、童贞与婚姻中的禁欲之间的争论，还有可以起教导作用的重复句。（两种不同生活方式之间的争论，在很大程度上可能归因于希腊修辞学校的练习、斯多葛派的谴责与犬儒派的道德说教，如纳齐安的格列高利［公元 329—389］的《彼翁比较》中的内容。）

古叙利亚语对话诗的形式包含某些叙述元素，其中的对话富于戏剧性，但并不总是针锋相对。它们常常是匿名作品，详述《圣经》或神学的题材。每个诗节都按字母表的字母顺序开始的字母离合诗非常常见。这可能说明它与犹太教和《圣经》的内容有关，因为某些《诗篇》有这种特点；或者与早得多的的巴比伦的音节离合诗（公元前 13 世纪到前 12 世纪）有关[4]。如果公演的话——它们似乎已经公演过，争论诗一定很接近宗教剧。对话诗常有悲剧的弦外之音，如该隐与亚伯的对话；或令人产生幽默的联想，如关于智天使与小偷的对话诗。后者讲的是在耶稣受难日被钉死在十字架上的小偷，忏悔后应基督的允诺企图进入天堂，但守在入口的智天使起初拒绝让他通过。还有基督教会与犹太教会、身心之间，甚至神学对手聂斯托利与亚历山大城的西里尔之间的对话——和其他对话一样，这场争论也是虚构的。

智慧文学与官廷叙事

阿希家[5]

　　远古时期智慧文学在全中东都是十分重要的体裁。各种各样的寓言集和格言集在流传，意在教育年轻人特别是那些立志做民事工作的年轻人。这种近东的古代智慧文学有许多作品仍然在流传，包括《吉尔伽美什》中的段落、《圣经》的《箴言》以及彼得罗·阿尔丰索在 12 世纪的拉丁语作品《教士的训诫》中的言论。考虑到古代近东对英雄豪杰智慧言论和故事的热情，其中一个流传得最久的故事讲的是亚述朝臣阿希家贤哲就不足为奇了。

　　阿希家的故事有许多不同版本，从《天方夜谭》里大臣海卡的故事，到《伊索寓言》中奴隶伊索，还有古叙利亚语、埃塞俄比亚语、亚美尼亚语、土耳其语、格鲁吉亚语、斯拉夫语、俄语、罗马尼亚语和塞尔维亚语等不同语言版本。不能确定是否属于《圣经》[6]的《托比特书》（见下文）也提到了阿希家的故事，大多数以一两句谚语的形式出现，据说是阿希家为了教育他桀骜不驯的侄子讲的。

　　阿希家的故事基本形式如下：阿希家是亚述国王辛那赫里布的顾问，享有很高的地位和影响力，但是令阿希家极其悲伤的是，他没有儿子。他收养了侄子纳丹，培养他做继承人。但是，纳丹忘恩负义，不珍惜给他的机会。他向国王诬告阿希家，使国王决心处死这位前大臣，派了一位叫尼波苏密斯昆的官员去杀阿希家。但是，尼波苏密斯昆认出对方就是当初国王以他为敌时救了他性命的人。所以，他将阿希家藏起来，杀了一个奴隶来替他死。因为人们以为阿希家已死，埃及法老用这个机会来试探亚述国王，请他派能完成明显不可能完成的任务的人来，埃及愿为此付出三年的进贡；如果这个人失败了，亚述王必须给埃及支付相同数量的贡金。绝望中，国王就开始怀念这位聪明的阿希家，这给了尼波苏密斯昆将阿希家带回宫廷的机会。国王很高兴，派阿希家去埃及执行法老的任务。阿希家成功了，法老无法索要进贡。阿希家回到亚述后惩罚纳丹，用另一组箴言教训他。最终纳丹浑身浮肿，不久后去世。

阿希家的故事究竟起源何处曾经争论不休，但 20 世纪的两个考古发现使得答案水落石出。第一个发现是在埃及的伊里芬丁岛找到了残缺不全的阿拉姆语莎草纸。这项发现于 1911 年首次发表，而这份莎草纸可以追溯到公元前 5 世纪，上面有阿希家故事第一部分的简单版本，提到神灵埃尔、沙玛什，可能还有沙玛因。因为古写本不可能再现该故事的原始手稿，可以推断的是，这类故事中的某个阿拉姆语故事以我们所知道的许多不同版本为依据，后来的编辑和翻译家统一采用了一神论。但是，阿拉姆语中有迹象表明，故事与箴言起初是分开的，后来又被人合在一起，故事用官方阿拉姆语，箴言用先有的西部方言。有人认为阿拉姆语的阿希家故事本身译自阿卡德语，但另有人相信至少箴言是阿拉姆语的原作，理由是阿拉姆语里表示"箭"和"罪"的词很相像，因而形成双关语。

第二个考古发现是瓦尔卡（又名乌鲁克）的泥板楔形文字，挖掘时间在 1959 年或 1960 年冬。虽然可以追溯到塞琉古纪元 147 年（即公元前165 年），算是近期的文本，但它提供了关于古代国王及其哲人——阿普卡鲁或温玛努——的一部分清单。最后一个完整条目是阿萨尔哈东及其温玛努，"阿巴-恩里勒-达里，阿拉姆人称他为阿希家"。该传记信息与阿拉姆语的阿希家故事中的信息相符，提供了几个可能性：阿希家可能是亚述宫廷里的某个历史人物；阿希家这个名字说明他是阿拉姆人（所以他的阿拉姆语和古叙利亚语故事很受欢迎）；他的出现可能是因为辛那赫里布的阿拉姆妻子和阿萨尔哈东的母亲那齐娅太后；阿希家故事的前身可能是阿卡德语的。我们还从楔形文字资料知道一位名叫纳布-舒姆-伊什昆的官员曾供职于辛那赫里布的宫廷。可以肯定的是，与这个叙事融为一体的故事和各组箴言在政治和文化两个方面说明了亚述人与阿拉姆人之间的共生关系。

托比特

阿希家的故事如此有名，以至于其他作家觉得可以自由地引用它，把阿希家作为次要人物收到他们自己的作品中。《新约外传》中的《托比特书》起初可能是用阿拉姆语写的，《死海古卷》中有阿希家故事的阿拉姆语片段，但全文只以希腊语译文留存下来。它是一个犹太人的作品，讲述了亚述国王沙尔曼尼撒尔五世统治时期（公元前 727—前 722）被流放到尼尼微的以色列人托比特的故事。在故事中，托比特由于埋葬被处死的以色列人而激怒了撒缦以色五世的接班人辛那赫里布（公元前 705—前 681）[7]，托比特在财产被没收后逃跑了。辛那赫里布很快被儿子杀害，阿萨尔哈东登上王位（公元前 681—前 669）。他委任阿希家即托比特兄弟的儿子管理王室税收，阿希家于是请托比特回到尼尼微。据记载，阿希家是辛那赫里布和阿萨尔哈东统治时期的"主要侍臣、玉玺保管人、审计长和出纳"。托比特意外地被麻雀粪弄瞎后，阿希家照顾了他两年，然后去了埃利迈斯。在故事的结尾，当托比特的儿子托比亚斯带着新娘回到家里治好了父亲的瞎眼时，阿希家和纳达布（即纳丹）[8]来看望他。

阿希家短暂的露面只是为了给托比亚斯的重要冒险提供背景，但作者为了证实自己的叙述而操纵阿希家的人物性格，并把他变成以色列人，这似乎有些大胆。不过，作者可能受到约瑟和但以理这两个人物的影响（尽管《圣经》中的《但以理书》那时还不存在）：他们俩都是凭借神赋予的智慧担任有影响力的职务的希伯来人。

《托比特书》（4：4—21，12：6—11）中的箴言也被犹太化了，尽管把酒倒在死者坟墓上的说法与《圣经》相去甚远。《托比特书》第 4 章第 10、12、15、17、18 节中的说法与其第 8 章第 41 节，第 2 章第 5—6、10、43 节中阿希家故事的古叙利亚语版本有些地方是一致的。

最后，托比亚斯的孝顺与纳丹的忘恩负义形成强烈的对照：托比特临死前，提醒托比亚斯，纳丹对将他抚养成人的阿希家的所作所为——逼阿希家藏在坟墓里，还讲了阿希家怎样幸存下来，看到上帝将纳丹打入永恒的黑暗来惩罚他。托比特甚至将阿希家摆脱纳丹的陷阱归因于他自己的施舍！道德教训是，仁慈使人大难不死，而邪恶导致毁灭。这样，《托比特书》的作者不仅改造了阿希家这个人物，而且赋予其故事彻头彻尾的犹太化的解释和色彩。

伊　索

阿希家的故事还极大地影响了希腊传统中貌丑但聪明的奴隶伊索的故事。从希罗多德[9]时期起的许多希腊作家都提到这个人物，其一生的完整故事被修订过三次，其原型可能上溯到公元 2 世纪，尽管这个传说可以追溯到公元前 5 世纪。人们公认伊索创作了富有智慧的寓言，它们经常不依赖伊索的叙述而流传。公元 1 世纪，费德鲁斯（Phaedrus）用拉丁语创作了最完善最著名的寓言形式，它构成了 17 世纪拉·封丹的法语寓言的基础。

《伊索的一生》描写了萨摩斯岛上的一个色雷斯奴隶的命运。这个奴隶的智慧胜过他的敌人和主人，通过为萨摩斯人解释预兆而获得自由。他们派他到吕底亚当使节。他赢得了克罗伊索斯的青睐，为后者写寓言。

于是，伊索前往巴比伦国王利库尔戈斯的宫廷，阿希家的故事一定是从这里套入的。国王参与了与其他国王的猜谜竞赛，在伊索的帮助下，他赢了。伊索娶了妻子，但没有生子，所以收养了贵族出身的年轻人阿伊努斯。后来伊索发现，阿伊努斯忘恩负义，想暗算自己。后来利库尔戈斯以背叛为名下令处死伊索，伊索被一位官员赫米普斯秘密地救下了，这位官员把他藏在一座空墓里，一直藏到民族危机发生、利库尔戈斯后悔自己的行为。伊索恢复了地位，阿伊努斯的背信弃义被揭露。不过伊索宽恕了他，用智慧的箴言教导他。他还化解了埃及国王奈科坦尼布要求在半空中建造一座塔楼而引起的危机，并亲自到埃及去回答奈科坦尼布挑战利库尔戈斯的任何问题。埃及的部分事件与阿希家故事中的事件不同，但伊索终于满载礼物回到巴比伦。

当伊索回到希腊，德尔斐人诬告他犯有渎圣罪，伊索被处死，故事回归到用希腊语来叙述。他试图通过讲寓言故事来活命，但被扔下悬崖处死。

德尔斐城后来遭受瘟疫时，市民竖起一座纪念碑来纪念他，发布了惩罚凶手的命令。

有论者指出，以巴比伦和埃及为背景的伊索故事的中间部分，没有直接取材于阿希家的故事，因为这两个寓言故事的背景如此不同。相反，伊索和阿希家的故事在公元前 6 世纪至前 5 世纪的地中海东部地区各自独立诞生。鉴于故事情节上的极大相似性，这极不可能。更为可能的是，在每种情况下都受欢迎的箴言和寓言的不同选本在叙述的适当时候被补充到故事中。

其他宫廷叙事

阿希家和托比特的故事以公元前 8 世纪到前 7 世纪亚述统治下的最后两个世纪为背景。最近，在埃及发现的一个古写本上出现了同一背景的另一个故事，用的是阿拉姆语，但用埃及语的通俗字体书写。它讲述了尼尼微国王亚述巴尼拔与其弟弟巴比伦国王沙玛什-舒姆-乌金之间的对抗，故事以阿淑尔巴尼帕包围并攻占巴比伦和其弟之死而告终。它说明亚述宫廷的故事是多么地受欢迎，埃及的受众又是多么喜爱这些故事。这种喜爱不一定需要犹太因素。

大约一个世纪以后，以尼布甲尼撒和居鲁士在巴比伦的宫廷为中心的所有故事似乎都聚焦于犹太人，特别是永恒的贤哲但以理。[10] 因为《圣经》中的《但以理书》把叙事与启示录结合在一起，所以学者们很迷惑不解；虽然它开头使用希伯来语，但中间部分采用了亚述帝国、新巴比伦帝国和阿契美尼德帝国用作官方交流工具的革新后的阿拉姆语，然而体裁的变化赶不上语言的变化。

书的开头部分涉及一位在巴比伦流亡并善于观察的犹太人的命运，其智慧使他能成为朝廷中受尊敬的成员。尼布甲尼撒被梦所困时，只有但以理能描述并解释这个梦，所以国王让他当巴比伦王国的总督和哲人领袖。但以理为尼布甲尼撒解释了又一个烦心的梦，警告他如果不认识到是上帝授予人类君权，该梦将变成现实。国王刚愎自用，所以神的威胁降临：尼布甲尼撒失去了自己的帝国，他被赶出人类社会，变得像野兽似的，像牛一样地吃草，一副湿透了的肮脏样子。说好的七年过去后，他恢复了神智，承认上帝拥有至高无上的权力。他的国家被归还于他，他赞美天国之王（《但以理书》4：16—33）。

我们手头的《但以理书》再现了公元 2 世纪初流传的早期传统的演变过程，这个传统即安条克四世埃皮法尼斯所鼓励的对犹太人的迫害，但有些细节比如对尼布甲尼撒的描写可以追溯到很久以前。在库姆兰的《死海古卷》中发现的阿拉姆语小碎片即《那波尼德的祈祷》是一个线索。这个文本可以追溯到公元前 1 世纪，它自称是"七年来巴比伦国王那波尼德患上要命的溃疡时根据上帝在特曼发布的命令祈祷的祷告词"。国王说他向银神、金神、木神、石神和土神祈祷，但只有通过祈求上帝他才会被饶恕。一位犹太占卜师让他"为了给上帝之名增光而详细地讲，做好记录"。

这当然使人想起尼布甲尼撒被赶出人类社会流亡的七年，如《圣经》所描述的那样，他向但以理请教梦的解析。国王的名字变了，他以第一人称说话，事件的次序也稍微不同。但库姆兰残篇和《但以理书》看起来对什么是基本上共同的传说有不同的侧重。

历史上的那波尼德的确离开过巴比伦一段时间，主要在阿拉伯半岛的泰玛生活了十年（公元前 553—前 543）。由他在哈兰竖起的一块石碑上，他宣称受他的神，辛（Sin），即众神之王的委托，他"在遥远的广阔土地上过着隐居的生活，与世隔绝"；在规定的时间即十年以后，辛说他可以回去。但是，连对那波尼德不利的资料都没有提到他发疯或生过病。

不仅《但以理书》以巴比伦为背景，苏珊娜的故事、贝尔和飞龙（现在属于《新约外传》的一部分）的传说也都发生在那里。以现在的形式流传的所有的但以理故事都写于希腊化时期，发生在它们自称所描述事件的发生时间很久之后，所以有些细节从历史角度看并不准确。这在另一部伪经《犹滴传》（Judith）中尤为明显，它将尼布甲尼撒刻画为亚述王，而不是巴比伦王！

巴 兰

在《民数记》第22章第4节，摩西时代的摩押王号召毗夺（Pethor）的占卜人巴兰诅咒入侵其土地的以色列人。在执行命令的过程中，巴兰遇见了耶和华的一位天使，天使坚决要求他只说上帝叫他说的话。结果，他开口时就无法诅咒以色列人，反倒祝福起他们。《旧约》传说中的其他部分更为负面地看待巴兰，把他与以色列在荒野中流浪时的叛教者联系起来；后来，《新约》作家把他与贪婪和放荡而不是占卜术相联系。

《民数记》第23章第7节和《申命记》第23章第4节都认为，巴兰是美索不达米亚北部人。巴兰的故乡毗夺被认为是亚述的皮特鲁（Pitru），该城位于叙利亚卡赫美士以南的幼发拉底河的转弯处。青铜器时代，这里以巴比伦文化为主，受迦南文化和赫梯文化影响很大。沿幼发拉底河在皮特鲁以南的埃马尔发掘出了许多可以追溯到公元前12世纪的巴比伦楔形文字泥板。

巴兰作为预言家的遗迹，可以由《旧约》之外的公元前8世纪末刻有铭文的粉刷墙面来独立证明，这面墙属于阿拉（'Alla）在巴勒斯坦的一座非以色列人的神殿。该文本包含用阿拉姆语写的与《旧约》文本有关的预言。所有这些迹象表明，《圣经》将巴兰描绘为美索不达米亚的占卜人，或者叫巴鲁（bārû）。[11]

《旧约》中的另一人物以诺可能也是美索不达米亚的占卜人。在后来被弄错了作者[12]的《以诺书上》的传说中，以诺成为天与地的中间人。在《死海古卷》中找到了以《守望者之书》闻名的阿拉姆语的《以诺书上》第一卷的最早形式，它的开头选自《圣经》文本中与巴兰有关的词语（《民数记》22）。

最近，很大一部分《雅尼和佯庇之伪书》重见天日。这两个人的名字出现在《提摩太后书》第3章第8节，他们怎样抵挡摩西，就怎样抵挡真理。这一说法很不符合《出埃及记》第7章第11节中的描述，按照《出埃及记》的说法，"埃及的博士和术士"复制了摩西的奇迹。在开罗的藏经库找到的《大马士革文献》中，他们也可能以"雅尼（Jannes，也可能

图 7.8 肯尼科特《圣经》图版中的手握观象仪的巴兰。绘制于西班牙西北部的科伦纳，公元 1476 年

叫 Jochanan）与其弟弟"的形象出现；在库姆兰的《死海古卷》里，他们是摩西和亚伦的邪恶对手，是叛教的以色列人在埃及的领袖。[13] 这个传说在中世纪的犹太人资料中一直都有，按照这些资料，雅尼和佯庇率领"混杂的人群"离开埃及，他们引导了百姓对金牛犊的崇拜。老普林尼在公元 1 世纪将摩西、雅尼和佯庇描述为犹太人中的魔法师，卢修斯·阿普留斯在其后的世纪也列出类似的名单。公元 2 世纪，阿帕米亚的努美纽斯认为他们是埃及的魔法师和神圣的书吏，但犹太的资料认为他们是巴兰的儿子或助手，是在埃及从事魔法专业的迦勒底首领。

有些学者认为，这两个法师可能与《古兰经》（第二章，即黄牛章）中的人物哈鲁特和马鲁特有关，他们在《古兰经》中被描述为巴比伦的两位天使，受过某些艺术启蒙。评注者解释说，这两位天使相信如果他们成为人，他们要在世界上传播良好行为，但是，他们下凡以后经不住诱惑而堕落了，还传授巫术。惩罚他们的方式是将他们悬吊在尘世与天国之间，而阿拉伯作家基萨伊（生活在约公元 1200 年）说他们被倒悬在巴比伦的一口井里。

《雅尼和佯庇之伪书》也把这两位法师看作巴兰的儿子。它被公认为属于描述法师传说的体裁，与《吉尔伽美什》和《布卢吉亚的故事》有许多共同特征。[14] 该伪书的两个主题可能与《吉尔伽美什》有关：进入天堂并砍树的闯入者，有罪还在临死时诅咒妓女的顽固不化的哲人。

所以，巴兰的原型很有可能是美索不达米亚的术士。把雅尼和佯庇当作巴兰的两个懂法术的儿子，这一近东传说也可以追溯到远古的美索不达米亚。换句话说，后来的犹太传说可能把三者联系起来，因为他们都是术士，也是以色列及其真正宗教的敌人。

阿淑尔和哈特拉

后来的楔形文字图书馆、学术研究院和外国霸主所在的大城市都坐落在美索不达米亚南部地区，相当于现在的巴比伦王国。相反，在美索不达米亚北部地区的亚述贫困城市，很早以前就放弃了楔形文字。楔形文字几乎完全被阿拉姆语取代，而且希腊语的影响极小。在阿拉姆语的法律文本里，

图 7.9 来自哈特拉第五神庙的神像，大概是太阳神沙玛什-贝尔。高约 1.05 米

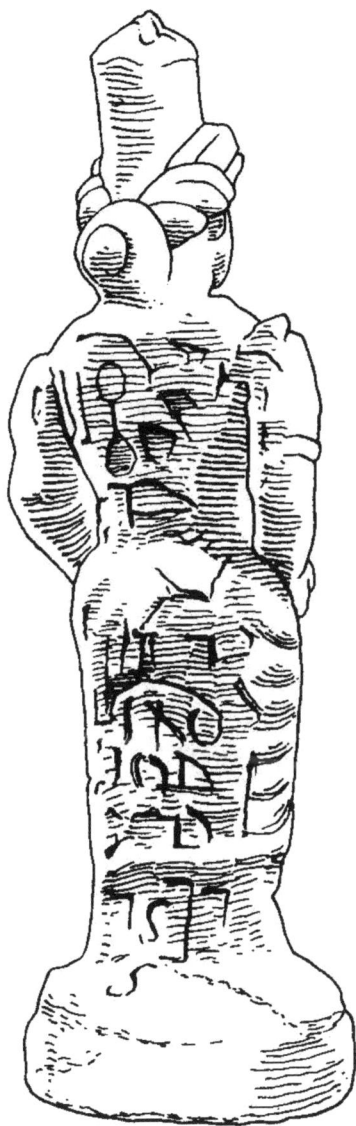

图 7.10　哈特拉的纳奈雕像，上有阿拉姆语铭文，公元 2 至 3 世纪。高 0.90 米

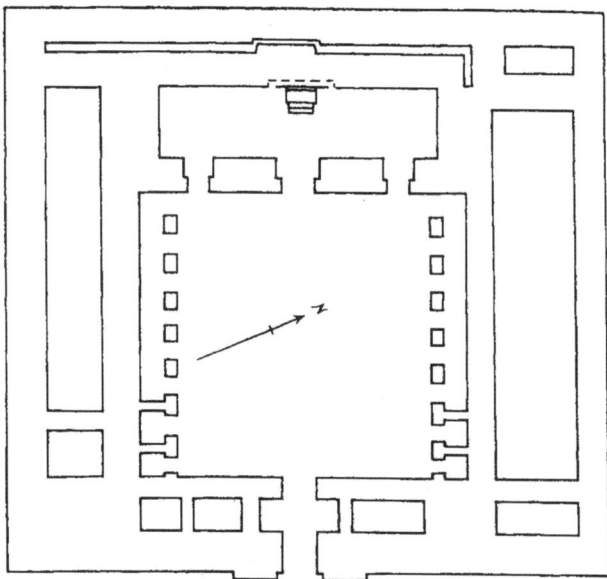

图 7.11 阿淑尔的帕特亚神庙平面图。神庙用于庆贺新年佳节

有些术语被公认为源自亚述语而不是巴比伦语。

在公元前 612 年亚述帝国灭亡以后的几个世纪，阿淑尔城一直被忽视，但后来当其西面约 50 公里处的哈特拉城被建为帕提亚国王的主要中心城市时，阿淑尔便又时来运转了。哈特拉早期的历史不见经传，公元 97 年或 98 年的最早有日期的铭文可能比最早的纪念性建筑物还要晚两三个世纪。最新证据显示，公元 240 年，哈特拉被波斯萨珊国王阿尔达希尔摧毁。阿淑尔城在大约同一时期似乎步入彻底的衰落。阿淑尔和哈特拉都有许多可以追溯到帕提亚时期的阿拉姆语铭文。

透过阿淑尔的两个公共建筑可以认识亚述的遗产，所以在此需要特别留意一下。在阿淑尔大神庙的对面修建了一座帕提亚风格的新神庙，带有长过道，但它沿袭了古神庙的排列和朝向。阿拉姆语的还愿铭文说明，它是献给阿淑尔及其配偶希瑞阿的。[15] 希瑞阿是一位女神，在亚述帝国时期以国家之神的配偶的身份与穆里苏（希罗多德笔下的“米利塔”）竞争。对宗教仪式的传承更重要的是重建矗立在城墙外面的庆贺新年的神庙。公元前 7 世纪初，辛那赫里布将这座神庙整修得辉煌壮丽。帕提亚统治下的阿淑尔居民按照古代平面图将它重建，之所以这样做，是因为庆贺新年的仪式仍然重要。

在哈特拉，铭文中一位名叫伊萨尔-贝尔的神灵很突出。这个名字首先使人想起阿淑尔，现在可以有把握地确定这是一位女神，可能与早期亚述的伊萨尔（Issar）有关。伊萨尔是伊什塔尔（Ishtar）的方言形式。贝尔这一令人意外的男性绰号也许与她在新年仪式中的角色有关。此外，位于哈特拉的献给太阳神的大神庙叫埃萨吉拉，即马尔杜克在巴比伦的神庙的名称。[16]

巴比伦和亚述的其他神在这两座城里仍受崇拜。这说明远古的节日和信仰流传下来了。纳布是很常见的人名，例如，在阿淑尔，我们见到纳布-阿奇布，意思是"纳布庇佑"。内尔伽勒是多个精美雕像、雕刻和题献的主题。纳奈女神连同男神和小孩一家三口被描画并标示在陶器碎片上。纳奈的石雕像通常会在其背部标注出名字。

哈兰和埃德萨

埃德萨和哈兰只相距 50 公里，希腊化时期是敌对国家，在中世纪时期同在伊斯兰教的统治下。提到哈兰的材料可以追溯到公元前 2000 年，如果认为古代的埃德萨是公元前 18 世纪楔形文字旅行日程表中提到的哈兰附近的商队驿站，那么它也有悠久的历史。塞琉古一世尼卡特于公元前 304 年在那里的一座古城堡的遗址上建立了一座新城，可能是仿照马其顿的都城，将其命名为埃德萨。但当今，哈兰遗址无人居住，这便于考古学家探索该城的历史，而埃德萨则是现在土耳其南部的乌尔法市，离叙利亚北部边界约 65 公里。

公元初的几世纪里，这两座城对基督教这一新宗教有截然不同的态度。埃德萨如果不是美索不达米亚地区的古叙利亚基督教的发源地，至少也是它的中心，而哈兰一直保持非基督教传统，以至于公元 361 年一位被指派到哈兰城的主教选择住在埃德萨。恰好在同一时期，"叛教者"尤利安皇帝出发征战波斯，他避开埃德萨而去哈兰，[17] 仅仅因为埃德萨信仰基督教。
教会历史学家狄奥多勒说，哈兰"是个野蛮之地，遍布异教的荆棘"，朝
圣的修女阿尔忒里亚不愿来这里，因为直到公元 384 年，那里几乎都没有
基督徒。古代宗教崇拜在哈兰的强势地位，以及基督教在埃德萨的成功传播，
在某种程度上可以用其不同的历史来解释。

哈　兰

　　哈兰这一名称涉及阿卡德语中的"商队旅行路线"，因为它地处重要
的贸易路线。哈兰与《圣经》故事有关，因为据说亚伯拉罕从"迦勒底人的"
乌尔移居到哈兰；他家族里的人名使人回想起附近的地名，这些地名在亚
述的楔形文字文本中已有记载。[18]

　　哈兰还是月神辛崇拜的重要中心。埃博拉的泥板（约公元前 2500 年）
和玛里的泥板（公元前 1800 年）都提到哈兰。那里敬奉辛的神庙以胡胡
（Ehulhul）对亚述国王撒缦以色三世和阿淑尔巴尼帕都很重要，所以值得
恢复重建。这座多年来被忽视的神庙在公元前 6 世纪被那波尼德（公元前
555—前 539）修复了，他曾梦见辛并按照月神的指示最终重建了它。

　　至于这座城市本身的早期，萨尔贡二世免除了它的税费，约在尼尼微
陷落时，它成了亚述末代国王的驻地。亚述时期，一条著名的神谕源于此地。

　　在罗马帝国，根据其当时的发音，哈兰被称为卡雷（Carrhae）。它与
三位皇帝都有不祥的联系：在这里，克拉苏在公元前 55 年被帕提亚人击
败；[19] 卡拉卡拉于公元 217 年参加完祭月活动后不久被暗杀；[20] 尤利安于
公元 363 年灾难性地远征波斯时，停驻在这里给月亮献祭。[21]

　　因为月亮在贝都因和纳巴泰的阿拉伯宗教中具有举足轻重的地位，所
以前罗马时期有阿拉伯血统的哈兰统治者可能鼓励月亮崇拜。但是，按照
希腊作家和拉丁语作家的清楚记载，直至基督教时期，哈兰一直很重视对
辛的崇拜，其重要性不仅限于地方性崇拜。事实上，波斯皇帝霍斯劳于公
元 549 年远征拜占庭时就免除了埃德萨向哈兰征收的贡赋，原因是这座城
市不像他的敌人那样相信基督教，而相信"古老宗教"。

　　除了辛，这里还崇拜其他神。狄奥多西皇帝于 382 年下令摧毁了一座

可能位于哈兰的太阳神庙。[22] 根据可以追溯到 5 世纪初的匿名的古叙利亚语作品《阿戴的教义》，哈兰人不仅崇拜太阳和月亮，还崇拜"巴斯·尼卡勒"，即宁伽勒的女儿 [23]。古叙利亚语作家安条克的艾萨克说，沙玛什、辛和贝尔-夏明都是哈兰的神灵。[24] 萨拉格的雅各布（451—521）提到许多城市的神灵，包括哈兰的神，他把该神叫作贝尔-夏明，是天上的主，也许和辛是同一人；发光者的儿子巴-奈姆纳大概就是沙玛什，他有时是美索不达米亚神话里辛的儿子，或是巴比伦的火神努斯库，据信他是辛在哈兰的儿子，有人甚至认为他就是尼布；叙利亚的伟大女神塔拉特，即阿塔加蒂斯；"我主与其犬"，是内尔伽勒的地方性称谓，他是冥界的统治者和辛的兄长；以及盖德拉特，阿拉伯女神。但是，从该信息出现的语境来看，雅各布显然是从历史视角讲的，他的评论也许反映不出他那一时期的哈兰地区的宗教信仰。[25]

苏玛塔·哈拉贝西

从读到的古典作品来看，哈兰人的一些重要神殿似乎都在城外，所以在苏玛塔·哈拉贝西的发现可能与此有关。苏玛塔·哈拉贝西位于哈兰东北 50 公里、埃德萨东南 60 公里的地方。在那里发现的古叙利亚语铭文可以追溯到公元 164 年或 165 年，上面有给 MR'LH' 的题献，MR'LH' 可以理解为 Marilaha，"主神"，或者意思是耶和华或"神之主"Marelahe，"诸神之主"。这个题献可能与月神辛有关，因为此地出产过一些象征月亮的符号，例如，置于柱顶上的角状的月牙。此外，来自哈特拉的硬币上有"Sin MR'LH'"的铭文。西格尔把 Marilaha 等同于贝尔-夏明，即"天神"，起初是西闪米特人的神，于是这个称号成了当地所有万神殿里的最高神灵的通称。这个名字和萨拉格的雅各布列出的哈兰神灵名单很像。另一方面，可以把该铭文读作 Marelahe，"诸神之主"，相当于阿卡德语中贝尔-拉尼（Bēl ilāni）的称号，也适用于那波尼德铭文里的辛，也被用来称呼当地万神殿里的主神。MR'LH' 在苏玛塔·哈拉贝西铭文中的上下文说明，当地人把神看作政治权力的赋予者，这也是月神为人所知的功能，体现在那波尼德在早先时代对辛的感激中。

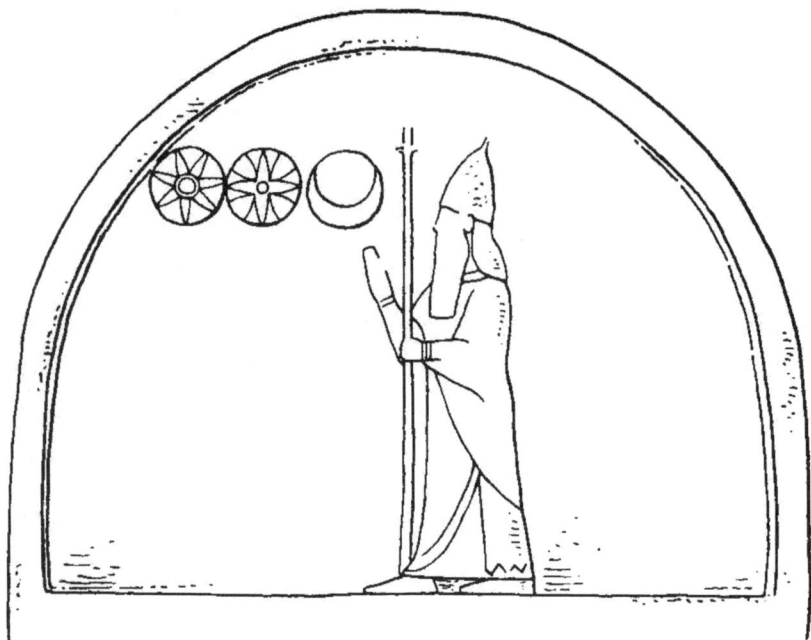

图 7.12　保存在哈兰地区的倭马亚清真寺东入口处的那波尼德石碑

苏玛塔·哈拉贝西地区发掘出的建筑物更使人感兴趣。共有八组遗迹，其中的六组形成一座建筑遗迹，建在一个地下岩洞的顶部，其入口朝向一座中心山脉。前文所述的辛的古叙利亚语铭文和符号就来自这里，说明这个地方在公元 2 世纪中后期专门用于崇拜辛。

有人猜想，这些建筑可能是阿拉伯语作家马苏迪笔下的哈兰拜星教徒的神殿，他们在穆斯林的统治下享受对异教徒的宽容待遇，他们的神殿代表着作为至高无上存在之使者的七颗行星。[26] 阿拉伯人把这种宗教称为"迦勒底的异教"，这可能说明中世纪的拜星教崇拜是从哈兰的 Marilaha 崇拜发展而来的，其中掺杂了古代巴比伦的星象宗教、古希腊赫尔墨斯主义的思想和印度的影响。动物作为牺牲在大众宗教中仍然非常重要。但一种更理智类型的拜星教也被阿拉伯作家所熟知，在这种教派中，希腊哲学和赫尔墨斯主义的成分是至高无上的。这毫无疑问是新柏拉图主义哲学家的遗产，6 世纪时，他们看起来是因为不能忍受拜占庭皇帝的东正教而来到哈兰避难。9 世纪至 10 世纪的一位拜星教徒萨比特·本·古拉见证了基督教在影响哈兰文化方面的持续失败，他说，"这个受保佑的城郭从来没有被拿撒勒的错误玷污"，并自豪地谈及哈兰人对异教的传播。

埃德萨

许多埃德萨人很有可能长途跋涉来到苏玛塔·哈拉贝西来学习多神教仪式，这可能有助于解释为什么基督教能在这座城的内部壮大起来。但是，在埃德萨，东正教过了一些时间才在其他宗教如异教和犹太教中流行起来，基督教思想不同变体的各个教派在不同时期发挥着影响。巴戴桑（154—222）是与埃德萨有密切联系的著名基督徒，但是我们所知道的他的教义带有美索不达米亚占星术和赫尔墨斯神秘主义的强烈烙印。虽然巴戴桑不同意行星具有至高无上的权力并且控制着个体的人的生活，但他的宇宙观中并非完全不存在占星术的痕迹。他仍然认为，占星术算出的命运对人类事务有影响，不过，它的权威归根结底来自至高无上的神，并不影响道德的选择。4 世纪的基督徒诗人艾弗冷在其有生之年的最后十年住在埃德萨，他说，巴戴桑视太阳为生命之父，月亮为生命之母，巴戴桑及其弟子下到山洞里唱圣歌，讲述他们的学说。没错，这可能与苏玛塔·哈拉贝西的山洞又有某种联系。虽然不能把艾弗冷当作是巴戴桑教义的可靠来源，但是他的意见可能多少反映了后来追随者的想法。可以肯定的是，认为命运与星宿在人生中起作用（即使作用有限），这一观念受到东正教的强烈反对，后者憎恶占星术，支持自由意志的教义。

尽管《阿戴的教义》声称大部分埃德萨人在公元 1 世纪皈依基督教，但 2 世纪的铭文和文献中仍出现了许多源于异教的神名，如沙玛什-杰拉姆、阿马斯-辛、阿巴德-沙玛什、夏贝尔。在埃德萨，有一座大门叫贝思-施玛什（Beth Shemesh），属于以前那里矗立着的一座太阳神庙；该地君主政权时期的硬币上还有新月和星星，虽然在埃德萨公元 3 世纪中期最终成为罗马殖民地后，该君主政权终结了。这一时期的一座洞穴墓的底部有一幅俄耳甫斯主题的镶嵌画，有些学者认为这座墓与尼布神有关；根据公元 2 世纪末的《伪梅利托的辩解》，[27] 尼布神就是希拉波利斯-玛巴格（门贝洁）

城的俄耳甫斯，叙利亚伟大的女神在这里受到崇拜。其他文献资料说明，尼布在埃德萨的基督教时期一直很重要。他是马尔杜克或贝尔的儿子，也许从阿淑尔移民而来，逐渐成为该城的庇护人和保卫者。人们把他与其他宗教里的英明人物联系起来，如赫尔墨斯、透特、波斯神霍尚、阿波罗、以诺、伊德里斯和俄耳甫斯。贝尔是另一个屡次出现在古叙利亚语文献资料中的神，也是巴比伦的神。

《阿戴的教义》本身暗示说，多神教崇拜继续存在，它说该城皈依基督教时，尼布和贝尔的崇高地位下降了，只保留了城中间的大祭坛。[28]《殉道者夏贝尔行传》声称，图拉真在位第十五年，埃德萨的基督徒于尼散月第8天举行的盛宴上被迫向尼布和贝尔献祭。但是，其历史真实性并不可靠。[29]萨拉格的雅各布（约519年去世）提到对尼布、贝尔等其他许多神的崇拜，虽然这可能是指过去的宗教情况。[30]但是，狄奥多西皇帝在公元382年的敕令允许埃德萨人在万神殿聚会，尽管不允许献祭。这意味着多神教教徒在埃德萨的影响十分巨大，所以皇帝才做出这种让步。5世纪初，狂热的主教拉布拉捣毁了一些多神教神殿；在同一世纪末，修行者约书亚记录了庆祝春节的盛况。以弗所的约翰记述说，579年，埃德萨的总督安纳托利奥斯在该城秘密地向"宙斯"献祭时被当场抓住，这可能说明对贝尔的崇拜一直在地下进行。[31]

所以，我们可以看到，虽然哈兰和埃德萨的宗教道路在公元初的几世纪里就很不相同，但这两座城市并没有走向完全对立的两极。甚至在穆斯林的征服以及随后大规模皈依伊斯兰教后的几个世纪里，亚述—巴比伦的概念仍然深深嵌入哈兰人的宗教里，也没有在信仰基督教的埃德萨轻易消失。

有证据表明，基督教时代起初的几个世纪里，美索不达米亚其他地方的情形也相仿。特别有趣的是，正是基督教的文献资料记载了对远古神灵如纳奈等的持续崇拜，《殉道者凯卡行传》认为，纳奈仍然是梅桑（Meisan）居民的崇拜对象。[32]古叙利亚语的《马尔-马英行传》在描写杜拉-欧罗普斯城周边的事件时提到对纳奈、贝尔和尼布的崇拜，说幼发拉底河附近举行庆祝活动时山顶上有崇拜尼布的祭坛。另一个圣徒传记文本《夏贝尔行传》提到与贝尔崇拜有关的重大春季庆祝活动。在5世纪，安条克的艾萨克讲述了由哈兰人创建的尼西比斯城附近的贝思-胡尔镇的诸神："维纳斯"，即贝尔提／巴尔提、盖德拉特、沙玛什和辛。[33]

巴比伦《塔木德》里的遗产

巴比伦的《塔木德》汇总了犹太法律中的法律辩论和判决，它成书于公元 5 世纪，使用巴比伦语。其语言混杂了希伯来语和阿拉姆语，体现了了不起的犹太法学学校或犹太高等学校（yeshivoth）里的辩论，这些学校集中在幼发拉底河下游的巴比伦，特别是蓬贝迪塔和苏拉地区。这些法律辩论里的旁枝末节和逸闻趣事说明，美索不达米亚的异教崇拜和信仰持续到了这一时期。

将油滴到水上，解释由此产生的图案从而预测吉凶祸福，这种占卜术在古代美索不达米亚的历史非常久远。巴比伦的《塔木德》里的短文描写过这种占卜术，即下达带有圣歌和祷辞的宗教仪式指令，这一方式可以用历史悠久的楔形文字手册证明。阿拉姆语文本通过把阿卡德神灵的名字转变为犹太人的用法，如伊阿变为西阿，辛、沙玛什和马尔杜克变为三位泰斗。而且犹太教的赞美诗和祈祷辞被异教的赞美诗和祈祷辞代替。

阿卡德语手册具体说明了某些类型的石头，像神灵一样，这些石头经过犹太教的改造变得不具体了。古代美索不达米亚人既为了治病也为了占卜，发展了关于石头的"科学"，在整个塞琉古时期这种传统都非常有声望，那时巴比伦学者苏狄涅斯享有盛名，到公元 2 世纪撒迦利亚将此传统传承下来。[34]

召亡魂问卜，特别是向头盖骨请教以联系幽灵的巫术在亚述文本中人人皆知。巴比伦的《塔木德》和《密什那》虽然并不总是赞成，但都提到过这种巫术，希伯来《圣经》用以表示一种媒介的词（ba'alath'ov，《撒母耳记上》第 28 章）在某些拉比教义文学里被当作"请教头盖骨的人"来使用。介于楔形文字资料和《塔木德》资料之间的，是在尼普尔发现的头盖骨这一证据，头盖骨上显然刻着用残缺不全的阿拉姆语写的驱魔咒语。它提到莉莉丝，即原先来自荒原的苏美尔女恶魔，在苏美尔语里，lil 的意思是"风"。后来由她派生出来的魔鬼攻击孕妇和婴儿，使男青年阳痿；所以就连犹太人和基督徒也为了避开其影响而戴上护身符。莉莉丝这个名字出现在《以赛亚书》第34章第14节，尽管不同译本有不同译法；其希伯来语对应词源自阿卡德语的lilītu，是lilu的阴性形式。关于她的许多传说后来在犹太教徒中广为流传，一个特别的说法是，用亚当的肋骨造出夏娃以前，她是亚当的第一任妻子，《塔木德》也提到过她。[35]

巴比伦的犹太教拉比接受巴比伦的占星术和魔法所基于的原则，但他们对犹太人应当在何种程度上运用这些占卜术存在分歧。天文学是无争议的，因为它使犹太教拉比能设置闰年并确定庆祝闰年的事宜。对星象的态度有些模棱两可。有些人认为，人人都有一个自己的Mazzāl（阿卡德语manzaltu，"恒星的位置"），会影响人的命运的个人之星。有位拉比听了占星术士的话，甚至放弃了巴比伦著名的蓬贝迪塔学院的院长职位。但其他人否认犹太人受日月星辰的控制，他们相信决定人生的是诫命（mitzvoth），做善事甚至一定程度上可以避免占星所预见的死亡。

犹太人也知道亚述人要庆祝卡努尼（Kanuni）和马胡尔（Mahur）的节日，在亚述，它们至少从公元前2000年以来就是月份的名字，其变体有基努努姆（Kinūnum）和马胡尔·伊犁或木胡尔·伊拉尼。同样在哈特拉，卡农（Kanun）在公元2世纪仍然是月份的名字，它在古叙利亚语中一直沿用到今天。

"哈伽达方法"

犹太教的学术在美索不达米亚和巴勒斯坦的犹太人大型学校里得到发展。几个世纪以来，学者们编制了所谓的"哈伽达方法"，即揭示《圣经》内在意义的32条规则，包括一种用替换字母来加密的方法（如A=Z，B=Y）；双关语、发声游戏、寓言；缩写词或首字母缩写；用字母替换数字（如A=1，B=2等）。它使巴别塔和罗马城在希伯来语里共有同一个数字系统，因而把它们都等同于"邪恶的帝国"（比较《启示录》第13章第18节，其中数字666暗指尼禄，是其名字的数字形式）。希腊人还用类似方法来解释梦和神谕。

从青铜器时代（约公元前1000年以前）的阿卡德语楔形文字中，现在可以辨识出某些解释方法，特别是数字代替字母法和首字母缩写法。有些可以追溯到公元前3000年，而且延续到铁器时代。原始形式的数字代替字母法和首字母缩写法源自楔形文字的使用及其双语（苏美尔语或阿卡德语）结构。这种解经方法一定在公元前8世纪到前7世纪的楔形文字文本中出现过，数字变换法在亚述语中称为 arû。

虽然数字代替字母法和首字母缩写法这些术语源自希腊语，但不必假设希腊人作为中间人促使这些方法出现在犹太人的解释学里，因为犹太人和希腊人都可能从美索不达米亚的楔形文字借用了"哈伽达方法"，将它们改编为自己的拼音文字，为了自己的某些解经需要而加以发展。

古叙利亚人眼中的亚述人

用古叙利亚语写作的基督徒作家对这一遗产的态度褒贬不一。一方面，他们反对传统崇拜，无论碰上的是巴比伦的、亚述的、叙利亚的还是阿拉伯的神，他们都不崇拜。此外，美索不达米亚南部的基督徒不认为自己在延续巴比伦人的传统；对他们来说，"迦勒底人"与"占星术士"是同义词。但在北部地区，情形大不相同，来自哈迪亚布（Hadyab）、贝思-伽麦、阿比尔（Irbil）和卡尔卡·德-贝丝·塞露克（Kirkuk）的基督徒把亚述和亚述人（Athor 和 Athoraye）的名字用作地名。例如，在6世纪后期，来自埃尔比勒的一位副主教为"亚述人的"大都市签署了宗教会议文件。从更为个人的层面上看，据信，4世纪传奇的殉道者卡达格（Kardagh）的祖先来自亚述王国，他的母亲是辛那赫里布的后裔，而圣徒贝南及其妹妹也声称他们是辛那赫里布的直系后裔。古叙利亚语的《卡尔卡·德·贝丝·塞露克城的历史》把该城的建立归功于桑尔布之子萨达纳国王（也即辛那赫里布之子阿萨尔哈东国王），"其王国占地球上全部居住面积的三分之一，全世界的人都害怕他"。这部史书声称，这位国王通过发布悔悟斋戒令来响应约拿在尼尼微的布道。事实上，古叙利亚北部的基督徒对约拿的故事很着迷。有些作品认为，尼尼微人及其亚述"祖先"是最早皈依基督教的

图 7.13　迦勒底人离开亚述教堂后，在阿勒颇用新亚述风格建造的教堂

异教徒，因为约拿被看作基督的预示。6 世纪后期，是卡尔卡·德·贝丝·塞露克城里的人将尼尼微人的斋戒引入东部教会的教会历法。如此看来，生活在美索不达米亚北部的基督徒与古代亚述人的联系可以追溯到《列王纪下》第 18 章第 9—12 节，其中写道，亚述国王把许多以色列人流放到美索不达米亚的北部。《列王纪下》第 19 章第 36—37 节同样记载了辛那赫里布在尼尼微的神庙里敬神的时候，其子亚得米勒和沙利色将他杀死，然后逃往"亚拉腊地"（Ararat），即亚美尼亚。现在，这个记载通过公元前 7 世纪初的楔形文字文本得到部分证实；按照这个记载，其子名为阿尔达-穆利斯（Arda-Mulissi），这就与《圣经》和贝罗索斯所给出的形式吻合，分别是亚得米勒（Adramelech）和阿得拉梅勒斯（Adramelos）。犹太的传说取材于这件事情，两个逃亡的儿子释放了犹太俘虏，因而成了声名远扬的英雄。亚美尼亚人也用过这一传说，叙利亚人米迦勒在 12 世纪将其写进编年史。

　　即使今天，来自伊拉克北部的叙利亚基督徒有时称自己儿子为辛那赫

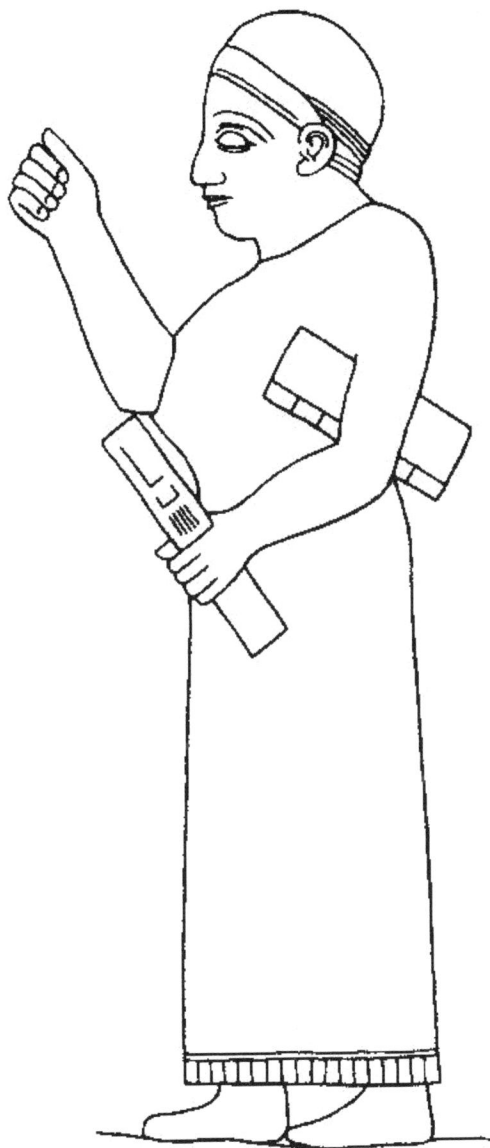

图 7.14　来自叙利亚北部尼拉伯的书吏，公元前 6 世纪。他的折叠写字板适合写阿卡德语楔形
文字和阿拉姆语

里布或萨尔贡，有意识地认同自己为"亚述人"（Athorayē）而不是"叙利亚人"（Surāyē）。这种民族主义态度是由圣公会传教士在 19 世纪向该地区的聂斯托利教会灌输的，英国人又在 20 世纪 40 年代末进一步宣扬。这种认同感满足了对民族感、对古代文明成就的强大自豪感和由《圣经》联系起来的家族感的需要。这种思想现在已传播到其他教派的一些叙利亚基督徒中。

结　论

　　巴比伦文明和亚述文明对阿拉姆语文化的影响主要体现在两方面——宗教和文学。在说阿拉姆语的美索不达米亚北部地区，古叙利亚语作家作品中的考古发现和评论说明了古代信仰非常悠久。诸如辛和尼布这样的神，与叙利亚本地的和引进的古希腊神一起一直被崇拜到基督教时代。占星术和天文学尤其有影响力，在苏玛塔·哈拉贝西的敬神崇拜中被持续使用，也被犹太人当作一种科学。

　　这些美索不达米亚传统也被吸收到阿拉姆语和古叙利亚语中。阿拉姆语连同阿卡德语的楔形文字在当时的宫廷里使用了 150 多年，之后成为阿契美尼德大臣的主要语言；它们彻底地浸润到美索不达米亚的不同文学体裁中，帮助形成和发扬了阿拉姆语的宫廷叙事和对话诗。美索不达米亚传统的多神教兴旺的时候，使用的是阿拉姆语和古叙利亚语，所以多神教和占星术的专门词汇有时在基督徒的古叙利亚语作品中出现。

　　阿拉姆语的书写材料写起来虽然方便，但极易腐烂，所以一定有更多的东西没有流传到现在。只有从抄写到传播这一过程未被打断时（如《圣经》的情况），或由于某种偶然的气候事件（如伊里芬丁岛上的莎草纸），清楚的证据才会流传下来。即便在文学形式和人物被犹太化或基督教化的时候，如《托比书》中描写的阿希家和古叙利亚语的对话诗，它们的巴比伦语和阿卡德语渊源也是显而易见的。

注　释

1. 曼达教是美索不达米亚南部一个属于诺斯替教而非基督教的洗礼教派。

2. 蒙哥马利（J. Montgomery）：《来自尼普尔的阿拉姆人的诅咒钵》（*Aramaic Incantation Bowls from Nippur*）（费城，1913），no. 36。

3. 另见第八章第 231 页。

4. 另见第三章第 131 页。

5. 另见第五章第 210 页。

6. 被罗马天主教会作为《圣经》的一部分接受下来，但其感应说被其他教会拒绝。

7. 这种年表基于《旧约》的年表，没有提萨尔贡。

8. B 和 N 在阿拉姆语文字里很容易被抄错。

9. 2.134.

10. 关于《以斯帖记》，另见第三章第 109 页。

11. 另见第三章第 103 页。

12. 错误地指认作者的作品，即指认某一名人为其作者，以使作品具有权威性和真实性。

13. 加西亚·马丁尼兹（F. García Martinez）：《死海卷轴译文：用英语写的库姆兰文本》（*The Dead Sea Scrolls Translated: The Qumran Texts in English*）（莱顿，1994 年），第 36、50 页。

14. 见第八章第 316—318 页。

15. 例如，阿古拉（B. Aggoula）：《亚述的亚美尼亚语铭文和涂鸦》（*Inscriptions et graffites araméens d'Assour*）（那不勒斯，1985 年），第 24 页。

16. 见阿古拉：《哈特拉的铭文清单》（巴黎，1991 年），第 107 页；另见第 191、192、225、244、245 页。

17. 苏祖门（Sozomen）：《历史》（*Hist*），《旧约·传道书》（6.1）。

18. 见第三章第 116 页。

19. 普鲁塔克：《克拉苏的人生》（*Life of Crassus*）。

20. 希律人 4.13，斯巴达人 6.4，迪奥·卡西乌斯 8.4。

21. 阿米阿努斯·马塞利努斯，23.3。

22. 利巴尼乌斯（Libanius）：《反对祭司》（*Against the Priests*）。

23. 但是，有些人认为，该文本应读作 "Beth Nikkal"（贝丝·尼克尔），"house of Ningal"（宁伽尔之屋）。

24. 《作品全集》（*Opera omnia*）第一卷，Hom, xi—xii，比克尔（Bickell）编（吉赛，1873 年）。

25. 神的言（Memra）论及偶像的坠落，《来自塞鲁格的雅各比所做的讲道选集》（*Homiliae*

Selectae Mar Jacobi Sarugensis），第三卷，贝江（P. Bedja）（编）（巴黎和莱比锡，1907年），第797页 f.

26．见第八章第309页。

27．丘尔顿（W. Cureton）：《古叙利亚语搜求汇集》（*Spicilegium Syriacum*）（伦敦，1855年），LL. 12—13。

28．霍华德：《阿戴的教义》（*The Teaching of Addai*），SBL 文本和翻译16。早期基督教文学丛书4（奇科市，加利福尼亚，1981年）。

29．W. 丘尔顿：《远古叙利亚语文件》（伦敦和爱丁堡，1864年），第41—42页。

30．神的言论及偶像的坠落，《来自塞鲁格的雅各比所做的讲道选集》，第三卷，第797页 f.

31．《历史》，《旧约·传道书》第3章第28节。

32．位于波斯湾，大致在现在的科威特北部。

33．阿拉伯人征服贝丝–胡尔时的讲道（比克尔，第167—170页）。

34．另见第二章第81页。

35．Nidd. 24b, BB. 73a, Shabb. 151b, 'Erub. 100b。

延伸阅读

1.Aramaic and Syriac: Background

Abou Assaf, A., Bordreuil, P., and Millard, A. R., *La Statue de Tell Fekherye et son inscription bilingue assyro-araméenne* (Paris, 1982) [redated by Spycket and Sader, below].

Azarpay, G., and Kilmer, A., 'The Eclipse Dragon on an Arabic Frontispiece-Miniature', *Journal of the American Oriental Society 98* (1978), 363–74.

Balkan, K., 'Inscribed Bullae from Daskyleion-Ergili', *Anatolia* 4 (1959), 123–8.

Beyer, K., *The Aramaic Language* (English tr. J. F. Healey; Göttingen, 1986).

Bongard-Levin, G. M., *Mauryan India* (English version, Calcutta, 1986).

Brinkman, J. A., *Prelude to Empire: Babylonian Society and Politics 747–626 B.C.* (Philadelphia, 1984), 12–14.

Brock, S. P., 'Three Thousand Years of Aramaic Literature', *ARAM 1* (1989), 11–23.

Fales, F. M., *Aramaic Epigraphs on Clay Tablets of the Neo–Assyrian Period = Studisemitici NS 2* (Rome, 1986).

Furla ni, G., 'Tre trattati astrologici siriaci sulle eclissi solare e lunare', *Atti della Accademia Nazionale dei Lincei, Anno CCCXLIV Series VIII, Rendinconti, Classe di Scienze morali, storiche e filologiche, 2* (1947), 569–606.

Garelli, P., 'Importance et rôle des Araméens dans l'administration de l'empire assyrien', in H. Kühne, H.-J. Nissen, and J. Renger (eds.), *Mesopotamien und seine Nachbarn. Politische und Kulturelle*

Wechselbeziehungen im Alten Vorderasien vom 4. bis 1. Jahrtausend v. Chr. (Berlin, 1982), 437–47.

Gignoux, P., *Incantations magiques syriaques* (Collection de la Revue des Études Juives; Louvain, 1987).

Gordon, C. H. 'The Aramaic Incantation in Cuneiform,' *AfO 12* (1937–9), 105–17.

Greenfield, J. C., 'Aramaic in the Achaemenian Empire', *Cambridge History of Iran* ii. 698–71.

—— 'Babylonian-Aramaic Relationship', in H. Kühne, H.-J. Nissen, and J. Renger (eds.), *Mesopotatnien und seine Nachbarn. Politische und Kulturelle Wechselbeziehungen im Alten Vorderasien vom 4. bis 1. Jahrtausend v. Chr.* (Berlin, 1982), 471–82.

Healey, J. F., 'Ancient Aramaic Culture and the Bible', *ARAM 1* (1989), 31–7.

Kaufman, S. A., *The Akkadian Influences on Aramaic* (Assyriological Studies 19; Chicago, 1974).

——'Languages (Aramaic）', *Anchor Bible Dictionary* iv. 173–8.

Metzger, H., *et al.*, *Fouilles de Xanthos VI. La Stèle Trilingue du Létôon* (Paris, 1979).

Millard, A. R., 'Mesopotamia and the Bible', *ARAM 1* (1989), 24–30.

Montgomery, J., *Aramaic Incantation Bowls from Nippur* (Philadelphia, 1913).

Naveh, J., 'Aramaic Script', *Anchor Bible Dictionary* i. 342–5.

Naveh, J., and Shaked, Sh., Amulets and Magic Bowls: *Aramaic Incantations of Late Antiquity* (Jerusalem, 1985).

Oates, J., 'The Arameans', *CAH*[2] iii: 2. 184–6.

Oelsner, J., Materialen zur babylonischen Gesellschaft und Kultur in hellenistischer Zeit (Budapest, 1986).

Postgate, N., 'Ancient Assyria—A Multi Racial State', *ARAM 1* (1989), 1–10.

Sader, A. Les *États araméens de Syrie* (Beirut, 1987), 23–9.

Spycket, A., 'La Statue bilingue de Tell Fekheriyé', *Revue d'Assyriologie 79* (1985), 67–68.

Stol, M., 'The Moon as Seen by the Babylonians', in D. J. W. Meijer (ed.), *Natural Phenomena, their Meaning, Depiction and Description in the Ancient Near East* (Amsterdam and New York, 1992), 245–76.

Tadmor, H., 'The Aramaization of Assyria: Aspects of Western Impact', in Kühne, H., Nissen, H.-J., and Renger, J. (eds.), *Mesopotamien und seine Nachbarn. Politische und Kulturelle Wechselbeziehungen im Alten Vorderasien vom 4. bis 1. Jahrtausend v. Chr.* (Berlin, 1982), 449–70.

Widengren, G., 'Aramaica et Syriaca', *in Hommages à André Dupont-Sommer* (Paris, 1971), 221–31.

Yaron, R., 'Aramaic Deeds of Conveyance', *Biblica 41 (1960)*, 248–74, 379–94.

2. Dialogue Poetry

Brock, S. P., 'Dramatic Dialogue Poems', in H. J. W. Drijvers *et al.* (eds.), *IV Symposium Syriacum* (Orientalia Christiana Analecta 229; Rome, 1987), 135–47.

Gordon, E. I., 'A New Look at the Wisdom of Sumer and Akkad', *Bibliotheca Orientalis 17* (1960), 122–52, esp. 144–7.

Lambert, W. G., *Babylonian Wisdom Literature* (Oxford, 1960), ch. 7.

Murray, R., 'Aramaic and Syriac Dispute-Poems and their Connections' [presented at the Aramaic conference, London, 1991].

Reinink, G. J., and Vanstiphout, H. L. J. (eds.), *Dispute and Dialogue Poems in the Ancient and Medieval Near East* (Leuven, 1991).

Vanstiphout, H. L. J., 'The Mesopotamian Debate Poems: A General Presentation. Part I', *Acta Sumerologica 12* (1990), 271–318; 'Part II', 14 (1992), 339–67.

3. Wisdom Literature and Court Narratives: Ahiqar and Tobit

Introductory Reading

Charles, R. H., *The Apocrypha and Pseudepigrapha of the Old Testament in English*, ii (Oxford, 1913), 715–84.

Conybeare, F. C., Harris, J. R., and Smith Lewis, A., *The Story of Ahikar from the Syriac, Arabic, Armenian, Ethiopic, Greek and Slavonic Versions* (London, 1898).

García martinez, F., *The Dead Sea Scrolls Translated: The Qumran Texts in English* (Leiden, 1994), 293–9.

Jones, J. R., and Keller, J. E., *The Scholar's Guide: A Translation of the Twelfth Century Disciplina Clericalis of Pedro Alfonso* (Toronto, 1969).

Lindenberg, J. M., 'Ahiqar', in J. H. Charlesworth (ed.), *The Old Testament Pseudepigrapha* (London, 1985) ii. 479–507.

Moore, C. A, 'Tobit, the Book of', *Anchor Bible Dictionary* (New York, 1992) vi. 585–94.

Schürer, E., *The History of the Jewish People in the Age of Jesus Christ* (rev. edn., ed. G. Vermes, F. Millar, and M. Goodman; Edinburg, 1986) iii: 1, 232–9

More Specialized Reading

Cazelles, H., 'Le Personnage d'Achior dans le livre de Judith', *Recherche de science religieuse 39* (1951), 125–37, 324–7.

Cowley, A. E., *Aramaic Papyri of the Fifth Century B.C.* (Oxford, 1923), 204–48.

Greenfield, J. C., 'Ahiqar in the Book of Tobit', in J. Doré, P. Grelot, and M. Carrez (eds.), *De la Torah au Messie* (Paris, 1981), 329–36.

Grelot, P., 'Histoire et sagesse d'Ahiqar l'assyrien', *Documents araméens d'Égypte* (Paris, 1972), 425–52.

Harris, J. R., Conybeare, F. C., and Lewis. A. S., *The Story of Ahikar* (Cambridge, 1913).

Kottsieper, I., *Die Sprache der Ahiqarsprüche*, BZAW 194 (Berlin, 1990).

Lindenberger, J. M., *The Aramaic Proverbs of Ahiqar* (Baltimore and London, 1983).

Nau, F., *Histoire et Sagesse d'Ahiqar l 'Assyrien* (Paris, 1909).

Reiner, E., 'The Etiological Myth of the Seven Sages', *Orientalia NS 30* (1961), 1–11.

Ruppert, L., 'Zur Funktion der Achikar-Notizen im Buch Tobias', *Biblische Zeitschrift NS 20* (1976),

232–7.

Van Dijk, J., *XVIII Vorläufiger Bericht... Ausgrabungen in Uruk-Warka, Winter 1959/60*, Deutsche Orient Gesellschaft Abhandlungen 7 (Berlin, 1962), 43–52.

Aesop

Daly, L. W., *Aesop without Morals* (New York and London, 1961).

Grotanelli, C., 'Aesop in Babylon', in H. Kühne, H.-J. Nissen, and J. Renger (eds.), *Mesopotamien und seine Nachbarn: Politische und Kulturelle Wechselbeziehungen im Alten Vorderasien vom 4. bis 1. Jahrtausend v. Chr.* (Berlin, 1982), 555–72.

Perry, B. E., *Babrius and Phaedrus* (Cambridge, Mass., 1965).

Other Court Narratives

Coxon, P., 'Mother Look at Nebuchadnezzar's Madness', in A. S. Van der Woude (ed.), *The Book of Daniel in the Light of New Findings* (Leuven, 1993), 211–22.

Collins, J. J., 'Prayer of Nabonidus', *Anchor Bible Dictionary*, iv. 976–7.

Fitzmyer, J. A., and Harrington, D. J., *A Manual of Palestinian Aramaic Texts* (Rome, 1978): Prayer of Nabonidus, 2–4.

Gadd, C. J., 'The Harran inscriptions of Nabonidus', *Anatolian Studies 8* (1958), 58.

García Martinez, F., *The Dead Sea Scrolls Translated: The Qumran Texts in English* (Leiden, 1994), 288–90.

Pigulevskaya, N., *Les Villes de l'état iranien aux époques parthe et sassanide* (Paris, 1963).

Sack, R. H., 'Nabonidus', *Anchor Bible Dictionary*, iv. 973–6.

Steiner, R. C., and Nims, C. F, 'Ashurbanipal and Shamash shum–ukin: A Tale of Two Brothers from the Aramaic Text in Demotic Script', *Revue Biblique 92: 1* (1985), 60–81.

Vermes, G., *The Dead Sea Scrolls in English* (3rd edn., Sheffield, 1987), 274–5.

4. Balaam

Daiches, S., 'Balaam—A Babylonian bārû: The Episode of Num. 22, 2–22, 24 and some Babylonian Parallels', in *Hilprecht Anniversary Volume: Studies in Assyriology and Archaeology* (Leipzig, 1909), 60–70.

García Martinez, F., The Dead Sea Scrolls Translated: The Qumran Texts in English (Leiden, 1994), 246–59.

Hoftijzer, J., and Van der Kooij, G., (eds.), *The Balaam Text from Deir'Alla Reconsidered* (Leiden, 1991).

Horovitz, J., *Koranische Untersuchungen* (Berlin and Leipzig, 1926), 146–8.

Largement, R., 'Les Oracles de Bile'am et la mantique suméro-akkadienne', *École des langues orientales anciennes de l'Institut Catholique de Paris: Mémorial du cinquantenaire 1914–1964* (Paris,

1964), 37–50.

Margoliouth, D. S., 'Harut and Marut', *Moslem World 18* (1928), 67–79.

Thackston, W. M., *The Tales of the Prophets of al-Kisa'i* (Boston, 1978).

Pietersma, A., *The Apocryphon of Jannes and Jambres the Magicians*, P. Chester Beatty XVI (1994).

Vanderkam, J. C., *Enoch and the Growth of an Apocalyptic Tradition* (Washington, 1984), 33–43, 114–18.

5. Ashur and Hatra

Aggoula, B., *Inscriptions et graffites araméens d'Assour* (Naples, 1985).

——*Inventaire des inscriptions hatréennes* (Paris, 1991).

Dalley, S., 'Nineveh after 612 BC', *Altorientalische Forschungen 20* (1993), 134–47.

Ingholt, H., *Parthian Statues from Hatra* (New Haven, 1954).

Pomponio，F., Nabû. *Il culto e la figura di un dio del Pantheon babilonese ed assiro*, Studi Semitica 51 (Rome, 1978).

6. Harran and Edessa

Aggoula, B., 'Divinités phéniciennes dans un passage du Fihrist d'Ibn Al-Nadim', *Journal Asiatique 278* (1990), 1–12.

Archi, A., 'Harran in the Third Millenium B.C.', *Ugarit Forschungen 20* (1989), 1–8.

Athanassiadi, P., Persecution and Response in Late Paganism', *JHS 113* (1993), 1–29.

Drijvers, H. J. W., *Bardaisan's Book of the Laws of the Countries* (Assen, 1965).

——*Bardaisan of Edessa* (Assen, 1966).

——*Old Syriac (Edessean) Inscriptions* (Leiden, 1972).

——*Cults and Beliefs at Edessa* (Leiden, 1980).

——'Bardaisan of Edessa and the Hermetica: The Aramaic Philosopher and the Philosophy of His Time', *Jaarbericht van het vooraziatisch–egyptisch genootschap Ex Oriente Lux 21* (Leiden, 1970), 190–210, repr. in *East of Antioch: Studies in Early Syriac Christianity* (London, 1984) xi.

——'The Persistence of Pagan Cults in Christian Syria', in N. Garsoian, T. Mathews, and R. Thomson (eds.), *East of Byzantium: Syria and Armenia in the Formative Period* (Washington, DC, 1982), 35–43, repr. in *East of Antioch: Studies in Early Syriac Christianity* (London, 1984) xvi.

——'Hatra, Palmyra and Edessa', *in ANRW 11.8* (Berlin and New York, 1977), 799–906.

Gignoux, P., 'Incantations magiques syriaques', *Revue des Etudes Juives* (1987).

Green, T., *The City of the Moon God: Religious Traditions of Harran* (Leiden, 1992).

Hadot, I., 'La Vie et l'oeuvre de Simplicius', in I. Hadot, (ed.), *Simplicius: Sa vie, son oeuvre, sa survie*, Actes du colloque international de Paris, 1985 (Berlin, 1987), 3–39.

Harrak, A., 'The Ancient Name of Edessa', *JNES 51* (1992), 209–14.

Lloyd, S., and Brice, W., 'Harran', *Anatolian Studies*, Journal of the British Institute of Archaeology at Ankara 1 (1951), 77–112.

Millar, F., *The Roman Near East 31 BC-AD 337* (Cambridge, Mass., and London, 1993).

Pingree, D., 'Indian Planetary Images and the Tradition of Astral Magic', *Journal of the Warburg and Courtauld Institutes 52* (1982), 1–13.

Pomponio, F., Nabû: *Il culto e la figura di un dio del Pantheon babilonese ed assiro*, Studi Semitica 51 (Rome, 1978).

Segal, J. B., 'Pagan Syriac Monuments in the Vilayet of Urfa', *Anatolian Studies 3* (1953), 97–119.

——'Some Syriac Inscriptions of the Second to Third Centuries AD.', *Bulletin of the School of Oriental and African Studies 16* (1954), 13–36.

——*Edessa, the Blessed City* (Oxford, 1970).

'Harran', *in Reallexicon für Antike und Christentum xiii*. 634 ff.

7. Legacy in the Babylonian Talmud

Alt, A., 'Astrology', *Encyclopedia Judaica* iii. 788–95.

Cavigneaux, A., 'Aux sources du Midrash, l'hermeneutique babylonienne', *Aula Orientalis 5* (1987), 243–56.

Daiches, S., *Babylonian Oil Omens and the Talmud* (London, 1913).

Farber, W, and Porada, E., 'Lilî, Lilitu, Ardat–lilî', *RLA* vii (1987–90).

Finkel, I. L., 'Necromancy in Ancient Mesopotamia', *Archiv für Orientforschung 29–30* (1983–84), 1–17, esp. Excursus II, 'The use of a skull in Mesopotamian magical texts, and Jewish parallels for the use of necromancy'.

Handy, L. K., 'Lilith', *Anchor Bible Dictionary* iv. 325.

Hunger, H., 'Kalendar', *RLA* v (1976–80).

Lieberman, S. J., 'A Mesopotamian Background for the SoCalled Aggadic"Measures" of Biblical Hermeneutics?', *Hebrew Union College Annual 58* (1987), 157–225.

Neusner, J., *Judaism, Christianity and Zoroastrianism in Talmudic Babylonia* (New York and London, 1986), esp. 59–62.

Tigay, J., 'An Early Technique of Aggadic Exegesis', in H. Tadmor and M. Weinfeld (eds.), *History, Historiography and Interpretation* (1983), 169–89.

8. Syriac Views of the Assyrians

History of Karka de Beth Selokh, in P. Bedjan (ed.), *Acta Martyrum et Sanctorum* ii. 507.

Acta Mar Behnam, in P. Bedjan (ed.), *Acta Martyrum et Sanctorum ii*. 397–441.

Brock, S. P., 'Christians in the Sassanian Empire: A Case of Divided Loyalties', in S. Mews (ed.), *Religion and National Identity: Studies in Church History XVIII* (Oxford, 1982), repr. in S. P. Brock, *Syriac Perspective on Late Antiquity* (London, 1984) vi, section v1.

Coakley, J. F., *The Church of the East and the Church of England: A History of the Archbishop of*

Canterbury's Assyrian Mission (Oxford, 1992).

Fiey, J. M., "'Assyriens' ou 'Araméens'", *L'Orient Syrien 10* (Paris, 1965), 141—60.

——*Assyrie chrétienne 3* (Beirut, 1968), 20–2.

Joseph, J., *The Nestorians and their Muslim Neighbours* (Princeton, 1961).

Acts of Kardagh, ed. J. B. Abbeloos, *Analecta Bollandiana 9* (1890), 5–106.

Narsai's Eighth Memra on Jonah [Syriac], in A. Mingana (ed.), *Narsai Doctoris Syri Homiliae et Carmina I* (Mosul, 1905), 134–49.

Parpola, S., 'The Murder of Sennacherib', in B. Alster (ed.), *Death in Mesopotamia: Papers read at the XXVI Rencontre assyriologique internationale* (Copenhagen, 1980) = *Mesopotamia 38*. 171–82.

Pigulevskaya, N., *Les Villes de l'étatiranien aux époques parthe et sassanide* (Paris, 1963).

Wiessner, G., 'Die Behnām-Legende', in G. Wiessner (ed.), *Synkretismus-Forschung: Theorie und Praxis*, (Wiesbaden, 1978), 119–33 = Göttinger Orientforschung 1.

Yonan, G., *Assyrer heute* (Hamburg, 1978).

第八章

萨珊王朝时期和早期伊斯兰

（约公元 224—651 年）

斯蒂芬妮·达利

（Stephanie Dalley）

到帕提亚人让位，萨珊人成为美索不达米亚的统治者时，楔形文字和图书馆作为实体已经终结。这种变化有时被视为与古代彻底决裂的标志，但也有清楚的证据表明，有些重要教派继续存在；这些证据被记录在巴比伦《塔木德》中拉夫（Rav）的言论中，拉夫于 219 年以后开始在美索不达米亚讲学，在美索不达米亚的苏拉地区创建了一所新学院。

> 有五座指定的偶像崇拜庙，它们是位于巴比伦的贝尔神庙、博尔西帕地区的纳布神庙……（其他三座神庙，不在巴比伦也不在亚述）我们说这些神庙是指定的，意味着什么？……通常全年这些神庙都有崇拜活动（《异教徒的崇拜》［Ābodah zarah］11b）[1]

古代传统的影响继续存在，但由于翻译和不断使用而有所改变，因为

---

[1] 此段出自《塔木德》第 4 章第 1 节。编注。

巴尔米拉和阿帕米亚地区的贝尔、埃尔比勒地区的伊什塔尔、阿淑尔地区的阿淑尔-贝尔、哈特拉地区的沙玛什-贝尔以及哈兰地区的辛的崇拜和神谕确保了人们对迦勒底传统的兴趣在广大地区延续下来。在叛教者尤利安的统治下（331—363），异教知识在罗马曾在短期内得到官方的支持。

在基督教时代初期的几个世纪里，不同形式的异教与新兴的一神教之间展开了激烈的斗争。摩尼教、琐罗亚斯德教（拜火教）、诺斯替教与基督教的各个教派争夺教徒。各个教派都极力主张自己的优越性，称自己能更好地解释世界是怎样创造的，为什么创造的。对所有这些教派来说，邪恶的根源和本质就是问题。如果只有一个至善全能的神，他怎么会允许邪恶的产生？能否找到一种宇宙论来解释这个悖论？人是自己选择了自己的生活方式，抑或只是命运的棋子？

迦勒底人和古代早期的其他异教徒在许多记载中描写了天地万物的起源，以不同说法来解决这些问题。在巴比伦的《创世史诗》里，远古时期的一对神灵连续创造了几代人，这几代人的行为都不完美。巴比伦人和亚述人认为，人担负着微妙的保持平衡的任务，即不断地维护既定的秩序并制止混乱。所以，国王在每年庆祝新年朗诵《创世史诗》时都击败了制造混乱的力量。他抓住战神贝尔（在巴比伦是马尔杜克，但在哈兰是月神辛）的手，亲自承担起维护好与坏、秩序与混乱之间的平衡的责任。这样，古代美索不达米亚人的信仰体现了原教旨上的二神论，与波斯人的信仰没有多少差别，其信仰是远古先哲琐罗亚斯德。

霍斯劳一世宫廷里的《创世史诗》

人们对巴比伦传统的了解和兴趣在楔形文字消失很久以后经久不衰，其证据出现在萨珊王朝末期；霍斯劳一世（531—579）攻占了安条克以后，在他新建的都城即巴比伦附近的泰西封建立了一个世界性的朝廷。霍斯劳一世心胸宽广，有教养；霍斯劳一世于公元529年禁止信异教的雅典哲学家在雅典学园讲学时，曾在其宫廷接见过他们，包括该学园的首领达马希乌斯（458—538）。他在论基本原理的作品中汇集了古代的宇宙起源学说，其中一篇短文讲到美索不达米亚人对创世的理解。这部作品表明，达马希乌斯不是从贝罗索斯而是从罗德的欧德莫斯那里了解到巴比伦人的创世史诗的故事，而早在800多年前，欧德莫斯曾在雅典与亚里士多德共事过。

> 巴比伦人假设了"二"（作为宇宙原则）：陶特（Tauthe）（＝迪亚马特）和阿帕森（Apason）（＝阿普苏），让阿帕森成为陶特的丈夫，称呼陶特为众神之母。这对夫妇生了一个独生子，穆米斯（Moumis）（＝穆木［Mummu］）……由他们产生了又一代人：达彻（Dache）、达科斯（Dachos）（＝拉赫穆［Lahmu］和拉哈穆［Lahamu］）。他们又生了另一代人：吉萨尔（Kissare）、阿索罗斯（Assoros）（＝基沙尔［Kishar］和安沙尔［Anshar］）；他们生了三个孩子：阿诺斯（Anos）（＝安努）、伊利诺斯（Illinos）（＝恩里勒）和奥斯（Aos）（＝伊阿）。奥斯和道客（Dauke）（＝达姆基那［Damkina］）生了个儿子叫贝尔。

所以，在最后一块已知的楔形文字泥板写成以后的将近500年后，巴比伦文学、宗教仪式和哲学的核心内容不仅仍然为人所知，而且雅典的哲学家依然认为它是一种创世理论而对它感兴趣。

摩尼教经文中的巴比伦遗产

约公元216年，在巴比伦出生了一个新的世界宗教的创始人。他的名字叫摩尼。他是一位出色的画家兼插画家，认为图画书对大众教育极具潜力；由他开始，形成了一个传统，在波斯细密画、佛教和耆那教经文，以及流动的宗教教师使用的亚麻布卷轴画唐卡中，现在仍可见一斑。在10世纪以来的波斯诗人中，他是传说中的艺术家；伊斯兰作家常以摩尼的画作为比拟来描写细腻的美，尽管他也集中体现了偶像崇拜。

摩尼的父亲属于厄勒克塞教派，这些浸礼教徒的教义，在图拉真执政时期由奥龙特斯河边的阿帕米亚地区的阿尔基比阿德斯（Alkibiades）带到罗马。摩尼脱离了这一教派，建立了自己的宗教组织，并在 240 年开始自己的传教工作，与巴比伦的犹太教拉比拉夫同时。根据拉夫的记载，虽然巴比伦仍然是一个重要的偶像崇拜中心，但摩尼的灵感来自巴戴桑（Bardaisan，154—222），他是一位宗教哲学家，在哈兰附近的埃德萨工作；根据不同记载，他是诺斯替教徒、[1] 基督教人道主义者、"一个巴比伦人"。巴戴桑发展了一种宇宙起源学说来说明善良与邪恶从创世以来就一直存在，他的想法被摩尼接受并加以阐述。

摩尼最得意的弟子阿驮（Adda）创作了许多好经文，他用一种基于巴尔米拉装饰性文字的书法字体书写。他还是一位医生，在巴尔米拉地区的芝诺比阿的宫廷里待过一段时间，治愈了芝诺比阿妹妹的病，而这种病别人治不了。由于她的庇护，有时在摩尼教文献里可以发现"塔德莫尔（Tadmer）女王"这个名字。这一时期流传下来的一个故事在《天方夜谭》里叫"黄铜之城"，专门描写了塔德莫尔女王。阿驮从巴尔米拉向南传教到阿拉伯拉赫姆（Lakhmid）王国的首都希拉（al-Hira），因为这里的文学和宗教自由繁荣。

摩尼教提倡自由、宽容、和平。它完全抵制《旧约》，认为《新约》里的文句讹误百出，但承认耶稣基督是上帝的先知。这就使得诋毁摩尼教的人蔑称它为基督教的异端邪说，摩尼本人也被嘲笑是有随身携带巴比伦图书习惯的人。他的信仰培养了一批禁欲主义的精英。他们似乎既没有建立教会或修道院，也没有树立上帝或圣人的雕像，这就是说，几乎无法用考古手段找到他们的踪迹。惯于征战的统治者不喜欢它所主张的反战主义和节制生育，这个信条隐藏在远古史诗《阿特拉-哈西斯》中，其目的明确，为了防止人口过剩。福音派基督徒以及后来的穆斯林都憎恨它，因为它极为成功地在世界范围内赢得了皈依者。在基督教帝国里压制摩尼教曾被认为是"宗教不宽容的矛头"。

希波的圣奥古斯丁于 383 年从摩尼教皈依到基督教时，曾指责摩尼教徒的宿命论。基督徒用人的自由意志这一概念来回避邪恶根源的问题，他们指责对手相信阻碍人的选择自由的宿命论。不同作家如希罗多德和西奥多·巴尔·库尼（Theodore bar Koni）[2] 认为，这是迦勒底人的信念。事实上，巴比伦人不相信人的一生完全由恒星或神的旨意决定，尽管他们在试图回避命运方面是机械论者。各种各样的卜卦和先兆都有严格的有效性限制。连《命运泥板》也只一般地讲了这块土地上来年可能发生的事件。只有正确地理解先兆，近期的可能危害才可能通过适当的宗教仪式加以避免，但这些预兆常模糊不清。所以，许多避邪的仪式和赎罪行为都不具体明确。如果神不喜欢一个人的行为，那么他就会随时作出新的决定。如巴比伦的第欧根尼所说的那样，一模一样的双胞胎的不同生活和职业证明，命运不是与生俱来一成不变的。此外，恶魔的存在可以解释疾病和飞来横祸，他们反复无常，不断地威胁人的福祉和伟大的神的计划。

摩尼教徒的圣书之一叫《大力士经》，讲述了吉尔伽美什和他的怪物对手洪巴巴的故事，包括世界是如何被出身于神的贪婪巨人玷污的。这就包含了赫梯语版本的《吉尔伽美什》的元素，其中把吉尔伽美什和恩奇都描写为巨人，也反映了强调吉尔伽美什的贪欲的阿卡德人的故事。《大力士经》里还有讲述大洪水故事的场景，因建造一只方舟而幸存下来的英雄是一位巴比伦人，叫乌特-纳比西丁，而不是犹太教和基督教的挪亚。早在摩尼出生很久以前，《大力士经》的早期版本也把吉尔伽美什、洪巴巴和以诺描述为恩奇都；从成书于耶稣时代以前的《死海古卷》的零星片段来看，它被收编到阿拉姆语版本的《以诺书》中。我们从中亚戈壁沙漠里的洞穴和寺庙里找到的更小的零星片段中知道了摩尼教的版本。以诺本人有几分像大洪水前的西帕尔国王恩美杜兰基，所以神给他透露了占卜的秘密；他还有几分像《吉尔伽美什》里的恩奇都。即使在巴戴桑所处的时代，以诺也被认为是占星术和占卜的鼻祖。以诺与摩尼教徒之间的关系有助于解释为什么后者被判定为不过是魔法师和占星家而已，他们对命运的辩护是仪式上的。在基督徒使用的《以诺书》中，关于巨人和吉尔伽美什的章节被删除。圣奥古斯丁讲了这样做的原因：

> 我们现在不能否认，某些东西是以诺在神的启示下写成的……但有充分的理由不把这些作品包括在圣典的真作中，这些真作由一代代的牧师仔细地保存在希伯来民族的神庙里……因此，有眼

力的权威人士得出的这一判断是正确的：以以诺的名义提出的有
关非人父所生的巨人的作品不应归于他。同样地，信奉邪说的人
也提供了许多作品。

直到最近，摩尼教的经文还只能从诋毁者的歪曲中得知。许多学者认
为，它本质上是伊朗的，部分原因是美索不达米亚长久以来由伊朗国王统治，
起初是阿契美尼德人、帕提亚人，后来是萨珊人。但是，新近的莎草纸证
据澄清了其中的巴比伦成分。

尽管摩尼本人在萨珊王朝早期的宫廷里时常受到宠幸，但约在277年，
他还是被狂热崇拜琐罗亚斯德教的统治者残忍地处死；他忠心耿耿的信徒
大多成为殉教者。官方残酷地迫害信徒，如戴克里先在297年取缔摩尼教；
其后，圣奥古斯丁也这样做。奥古斯丁撰写了猛烈抨击并广泛散布的反对
摩尼教的文章，集中攻击摩尼教的主教浮士德，在其畅销的《忏悔录》中
将他描写为"魔鬼般的大陷阱""害死了许许多多的人"。很快就兴起了
一种流行的文学体裁，其中"持异端邪说"的主教是恶棍、巫士；西欧关
于浮士德的传说可能起源于这一名闻遐迩的争论，它为大规模地不合理地
歪曲巴比伦和摩尼教的信仰提供了帮助。

有些摩尼教组织隐退到上埃及，他们在那里可以与各种宽容的诺斯替
教派分享巴比伦人的自然科学和占星学思想体系。其他组织则逃到东部地
区，加入中亚的宗教团体，因为他们与佛教徒有许多共同之处：从佛陀的
祖师时期起，佛教徒就浸染了迦勒底人的真知灼见。[3]有些组织继续旅行来
到中国，在这里，由于要把摩尼教经典翻译为受当地人欢迎的语言，所以
其中吉尔伽美什的故事的微弱回声通过《大力士经》进入了中国的传说。

尽管摩尼教在争取其他宗教的信徒方面取得了巨大的成功，尽管他们
的文学传统很悠久，最终还是被基督徒、穆斯林和琐罗亚斯德教徒清除了，
他们的经典被毁灭。公元923年，十四个装满摩尼教书籍的袋子在巴格达
被烧毁，油画熔化后从火中流淌出一滴滴银和金。忠诚的信徒被迫皈依其
他宗教或死去。摩尼拥护的美索不达米亚的古老传统为世界上的其他民族
所讨厌，后来被全部清除。是这些事件，而不是阿卡德语楔形文字的废弃，

解释了巴比伦文学完全消失了大约 1500 年之久的原因。15 世纪末欧洲的古典文学研究家试图复苏基督教以前的知识时，在希腊、罗马和以色列的传说外发现不了明显的巴比伦传说。凡是流传下来的残余都被贬斥为假冒。只有过去两个世纪的考古研究能够复苏巴比伦和尼尼微的成就。

《圣经》与《命运泥板》的思想

美索不达米亚信仰中的一个中心思想是：神有一块神圣的泥板，它常被描述为由青金石制成，神在上天把人在世间一生的命运写在泥板上面。《安组史诗》和《创世史诗》这两部神话聚焦于《命运泥板》的占有权。只要拥有它就能控制宇宙，如果失去它就无能为力。邪恶的敌人把它偷走时，神十分狼狈，因为这时他们必须在不可能的条件下打败敌人。铁器时代的一个传说认为，写作和智慧之神纳布控制着《命运泥板》，由七位贤哲守护，用命运印章密封。神写在泥板上的话有时通过献祭动物的肝和肺上的纹理泄露给人类，因此，能读出预兆的肝脏就被称为"神的泥板"。神圣的经书和占卜就这样被紧密地联系在一起。

犹太传说中也有这种思想。摩西以两块石板的形式直接从神那里获得了犹太教的《妥拉》①，石板的两面是上帝用手指写下的法律和训诫。《以诺书》和《禧年书》提到过"天书"（heavenly tablets），它不仅包括法律和同一时期事件的记事，而且含有对未来的预测或启示。

按照被认为是赫尔墨斯所作的诺斯替教文献，赫尔墨斯·特利斯墨吉斯忒斯的绿宝石石板上刻有神的秘密，据说有时上面还盖有赫尔墨斯的印章。赫尔墨斯也被称为"伟大三倍的"特利斯墨吉斯忒斯，因为人们认为他体现了三位古代贤哲的智慧：希腊的赫尔墨斯、美索不达米亚—犹太的以诺，以及埃及的智慧和文字之神透特。这种混杂体现在巴戴桑的理解中，他认为，巴比伦人与埃及人的文章没有多少区别。

伊斯兰教继承了神圣泥板的思想。这种思想见于苏尤蒂（Al-Suyuti）

---

① 即《摩西五经》。编注。

的宇宙论，他描写了神的泥板和手写笔，神通过在泥板上书写来进行创造，而且神将继续这样做，直到审判日到来。这块泥板的一面是由"红锆石"制成，另一面由绿色的"祖母绿石"制成，载有法律和神圣的判决。这就是《古兰经》第85章提到的《命运书》，被视为由加百列从天国的泥板直接传授给穆罕默德的经文。在基萨伊（Al-Kisa'i）的笔下，由白珍珠制成的"被保存的泥板"和由巨大的宝石制成的笔是上帝创造的最初几样东西。阿拉伯的传说认为，巴比伦人的知识传入埃及，说赫尔墨斯·特利斯墨吉斯忒斯是住在埃及的巴比伦人。

这一重要思想有文献记载已有很长时间了，见于多种不同语言和宗教，包括多神教和一神教。《命运泥板》以西欧文学中的《命运之书》留传下来。莎士比亚在《亨利四世》中感叹说（《亨利四世》下，第三幕上）：

> 哦，上帝！有人可能会读《命运之书》，
>
> 看到时代的革命！

亚历山大·蒲柏在其著名的《人论》中也提到过它：

> 天堂隐藏着万物的《命运之书》，
>
> 除了规定的那一页外，都是他们的现状。

伊斯兰教在区分"经书民族"（people of the book）即犹太人、基督徒、拜星教徒与信仰错误宗教的民族时，其判断部分地基于远古的这一构想，即上帝的意志首先通过文字传播开来。拜星教徒是在哈兰信仰异教的人，他们面临穆斯林的挑战时，认为赫尔墨斯的作品是他们真正的经书。虽然有些学者认为，他们是为了免受迫害而虚构了这个观点，但事实上有理由认为这个观点是真实的。

赫尔墨斯作品中的巴比伦成分

古代晚期的赫尔墨斯作品宣称其作者是赫尔墨斯·特利斯墨吉斯忒斯，内容包括哲学祈祷和对话、魔法公式和炼金术。其中的很多作品被诺斯替教徒用过，可以确定的是，诺斯替教徒认为，人可以通过学习和沉思，在禁欲方法与某些魔法和礼仪的加持下达到更高的生存水平，改变自己的命运。他们介绍了一种自然科学理论，按照这种理论，自然力量和人的命运是由七个"行星"即太阳、月亮和现代意义上的五颗真实行星塑造的，它们是宇宙的主宰。地球上的植物、矿石和化学元素都与这七颗行星有各自的联系。人可以使用炼金术、交感魔法和咒语来操纵这些联系，在一定程度上把这种主宰力为自己的物质文明和精神文明所用。在我们看来，他们的知识储备中的任何一项都是迷信，但如果视之为对规则的系统而且灵活的运用，则属于已有数千年发展史的严肃而不朽的科学。按照哲学家杨布里科斯的话说：

> 魔法研究地球上所有东西的本质、力量和性质，即它们的化学元素及其局部，包括动物、各种植物及其果实、石头和草本植物；总而言之，魔法探索所有东西的本质和力量。所以，其效果即来源于此。

按照巴比伦人和埃及人的说法，魔法部分地基于对词、音节和楔形文字或象形文字符号的操纵，[4] 所以被译成用拼音字母书写的语言时，它变得一团糟。要不是按照希腊哲学的品位和风格完全重写的话，它会成为贻笑大方的笑柄。问题是以字母的形式描述的：

> 首先，那些持相反原则的人会说，行文风格模糊，意义含混。后来，当希腊人认为应把这些作品从我们的语言译成他们的语言时，就越发觉得它模糊不清。翻译会极大地歪曲作品的意思，使意义更模糊。（《赫尔墨斯总集》，第16卷）

但是，这门科学在其前希腊形式下，在重要技术领域取得了巨大进步，这似乎证明了其合理性。金工（特别是合金和铸造）、上釉、制玻璃和石雕都达到了很高的技艺水平，在古代早期就有很高的标准。只有现在通过考古科学和费力而缓慢地重建美索不达米亚的科技文献，如制玻璃和制釉的标准配方，才能找到并了解它们。巴比伦的"自然科学"将物理学、天文学、化学和地质学整合为一个思想体系。中世纪的《哲人集会》（*Turba Philosophorum*）承认了这个传统，它声称，公元前 5 世纪阐述过原子理论的德谟克利特从巴比伦人那里习得了自然科学。

现在很常见的情况是按照赫尔墨斯传统将哲学作品与炼金术作品分割开来，但这应归因于现代的分类方法而不是对古代思想体系的理解。阿拉伯炼金术文本《皮卡特立克斯》（*Picatrix*）是以宇宙论的方式引入的，与巴比伦人对付牙痛的咒语相同。据说，它们出自佐西默斯之手，这位大名鼎鼎的炼金术士生活在 3 世纪至 4 世纪上埃及的艾赫米姆，曾被迫公开否认自己是摩尼教徒，他的作品既有哲学材料又有炼金术材料。有篇炼金术专著里嵌入了佐西默斯到天涯海角英勇冒险的故事，表明他与吉尔伽美什一样通过旅行和忍耐获得了智慧。这个故事证明了佐西默斯作为先贤和炼丹家的资格。[5] 赫尔墨斯作品的声望是建立在这一思想上的：该作品记录了古代的大部分智慧，它们一度失传，后来被重新发现。据称，赫尔墨斯的作品时常被不经意地发现，给发现者带来启迪。认为先贤所写的古老传说一度消失，不料后来被重新发现，这样的想法不见于埃及、以色列和犹大王国的早期文学，但古代的巴比伦提出了这一想法。在巴比伦，它与大洪水的故事有极其复杂的关系。据我们所知，其原因是贝罗索斯转述了美索不达米亚的这一传说：大洪水以前的作品被埋在西帕尔附近以便保护起来，大洪水过后又挖掘出来。某些巴比伦史诗和"科学"著作的扉页上说：作者是生活在大洪水之前的第一先贤奥安尼斯-阿达帕（Oannes-Adapa）；整个这一类的楔形文字叙事文学，包括《吉尔伽美什》和《纳拉姆-辛的库塔传奇》（*Cuthean Legend of Naram-Sin*），其开头都显示这个故事是主人公本人的秘密作品，藏在一个箱子里：

去找铜板箱，

解开它的铜锁，

打开它的秘密之门，

抬起青金石板，然后读上面的文字，

那个叫吉尔伽美什的人的故事，

他经历过各种各样的磨难。

古代晚期的埃及人可能意识到，他们的古老传说不能解释赫尔墨斯作品中的这一重要方面。后来，有人试图逆推这些传说，以此强化他们将作品归于赫尔墨斯·特利斯墨吉斯忒斯的主张，这可以从塞特尼·卡穆阿斯（Setne Khamuas）的通俗故事中显示出来；卡穆阿斯为梅内普塔（Merneptah）的独生子上坟扫墓，试图从墓室里获得透特所写的古代魔法书。托勒密王朝时期的这份文献的作者无疑认为梅内普塔（公元前1224—前1214）只代表了很早的时期，但从埃及全部王朝史的视角来看，他却是后辈。《吉尔伽美什》的序言也把这个传奇与大洪水以前的时期联系起来，说：

有完整阅历的人得到全部的智慧，

他了解事物的奥秘并揭露暗藏的事物，

他带来大洪水以前各个时期的故事。

埃及祭司曼涅托（Manetho）为其希腊赞助人托勒密·费拉德尔弗斯记述埃及的传说时，就在与比其稍年长的同代人贝罗索斯竞争。基于这个原因，也因为亚历山大城的犹太人非常想把《出埃及记》的《圣经》故事与埃及的本地传说联系起来，他在叙述中引入了大洪水的日期，以此作为早期朝代的基准。这个日期很有用，以此为起点可以把神或半神半人的统治者与其人类接班人区别开来，但它又给叙事引入了重要的外来因素。

不容易看出属于赫尔墨斯传统的哲学文献中的美索不达米亚成分，也不容易从那些属于埃及和犹太传统的哲学文献中看出它们。如《完美之词》（*Perfect Word*，成书年代不迟于公元 300 年》和《赫尔墨斯总集》的第一章《人类牧人》（*Poimandres*）之类的经典，似乎至少按照希腊化时代的偏好改造过，因此人们怀疑甚至完全拒绝这些经典的早先版本，就丝毫不足为奇。在埃及象形文字或巴比伦楔形文字被破解之前很早的时候，文艺复兴时期才华横溢的希腊学者艾萨克·卡索邦（Isaac Casaubon，乔治·艾略特的小说《米德尔马契》中的卡索邦先生的名字就源于此人）在 1614 年"证明"，赫尔墨斯的对话是假创作，他的这一指责从那时起就一直被认可。现在有了两个世纪的研究，我们可以用更坚实客观的基础来作出不同的判断。

近来，有人把《人类牧人》这本以与赫尔墨斯对话的人物名字命名的小册子，与斯拉夫语的《以诺书》（实际是好久以前的《以诺书》翻版，它与美索不达米亚之间的联系已经讨论过了）进行了仔细且令人信服的对比。现在可以证明，"Poimandres"这个名称本身源自埃及语，而不是像以前所想的那样源自希腊语。赫尔墨斯与阿斯克勒庇俄斯的对话录《完美之词》专门提到一位神的名字，人们普遍认为可能源自近东。[6] 这些典型的赫尔墨斯对话发生在赫尔墨斯神与其儿子（可能是阿斯克勒庇俄斯，或塔特，也即透特，埃及神）之间，儿子从父亲那里得到智慧而获得悟性。这可能是从苏美尔和巴比伦魔法文学中发现的简短对话的非常详尽的希腊化版本，在这篇对话里，伊阿神与其儿子马尔杜克-阿萨鲁赫谈话，授权给他治疗一种特殊疾病。其中一个版本来自咒语系列《苏尔普》（*Surpu*）中的第七块泥板。在其中，一个被所谓"狄米图"（dimītu）疾病折磨的病人被详加描述，然后：

> 阿萨鲁赫看着病人，来到父亲伊阿的屋里，大叫说："父亲，狄米图病从深渊出来了。"他还说："我该怎么办？我不认识那个人，他怎么才能得救？"伊阿答复他儿子马尔杜克说："我的儿子，你怎能不认识？我还能为你多说什么？马尔杜克，你不懂什么？我能为你贡献些什么？我所知道的，你也知道。"

已经证明，不难找到巴比伦对归于赫尔墨斯·特利斯墨吉斯忒斯的炼金术的影响。希腊魔法莎草纸上写的保密禁令可与巴比伦语扉页而不是埃及文献中的内容逐词对应。希腊的魔法莎草纸里还发现了苏美尔阴间女神的名字埃列什基伽勒。包括太阳和月亮在内的七大行星的构想在巴比伦的标准天文学文献《楔形文字天文汇编》（MUL.APIN）中得到证实，该文本的部分内容至少可以追溯到公元前 2000 年。这份文献还表明，七行星被赋予不同的颜色；星相中的迷信色彩主要源自于此。行星的运动产生先兆这一观念，在铁器时代初期的巴比伦文献里就有翔实记载。

　　《完美之词》里面提到怎样通过仪式使神的雕像起死回生并赋予其神圣力量。巴比伦人用叫作"洗口"和"张口"的仪式，使神像在作坊里制作并被转移到神庙时，注入神的生命。埃及人也有这种据信来自美索不达米亚的仪式，后被伊拉克南部的曼达安教徒继承。

　　这种感应魔法在赫尔墨斯的科学里无处不在，它基于某一特殊行星与某些植物、矿物和动物之间的本质联系。除了神不一定等同于行星外，这种认识可以从不晚于公元前 7 世纪的美索不达米亚文献里找到，如：

柽柳	安努
椰枣核	杜穆兹
皂用植物	伊阿
银	安格尔（Angal）
金	恩美沙拉（Enmesharra）
铜	伊阿
红玛瑙	宁利勒（Ninlil）
青金石	迪丽巴特（Dilibat，维纳斯）

　　在适用于辟邪的形象的描写背后，有着类似的神秘感应或联系，巴比伦时期和中世纪时期的文字可以与之对比。文本的格式相同，许多细节如颜色、服饰以及手中所持的物品也相同。名字可以根据周围环境用类似于

阿卡德语神秘文本中的方法替换，写成"我，某某人之子某某"，以便插入适合某一特殊场合的合适名字。

> 从外形上看，柽柳的纳鲁达（Narudda）满身是红色的浆糊，携带着专门的设备；你可以用黄色浆糊的图案来表示她腰部的饰带；她头上戴着红色的头饰；你可以在她的左侧悬挂一把竖琴。（F. A. 魏格曼［Wiggermann］），《美索不达米亚的保护神》，格罗宁根［Groningen］，1992，12）

> 维纳斯的形象：从外形上看，这位女性披头散发地骑在牡鹿上，右手拿着苹果，左手握着花儿，一袭白衣。（《皮卡特立克斯》2：12）

佐西默斯传承了其中的一些传统，但没有改变这些神名。例如，当他将贝尔等同于锡、贝尔提（Bilati / Belti）等同于铜、尼布（纳布）等同于水银时，他只是围绕同一个主题变来变去，类似于巴比伦文献中将宁玛赫（Ninmah）女神等同于锡，将伊阿神等同于铜。

近来在埃及出土的用科普特语（晚期阶段的古埃及语）保存在莎草纸上的大量诺斯替教文本，已开始彻底改变我们对产生基督教、中世纪犹太教和伊斯兰教的宗教环境的理解。现在，除了其他贡献外，研究人员正在努力寻找巴比伦和摩尼教对诺斯替文学和信仰的贡献。

《亚历山大传奇》与生命之水

《吉尔伽美什》中的主题被纳入到《亚历山大传奇》里，后者是古代晚期和中世纪最有名的虚构小说之一。有些版本的形成可以追溯到埃及亚历山大城里的犹太人团体。这一传奇由一系列情节组成，从伊朗到西欧有许多版本，用多种语言写成。材料当然取自这位伟人的各种传记，但其组成也严重依赖标准信函，它显然用希腊—埃及修辞学派的风格写成，可能在亚里士多德与亚历山大大帝之间传递，也可能在亚历山大大帝与其母亲奥林匹亚斯之间传递。从很早的时候起，这种信函就用楔形文字写成，有一封信字面上看是由吉尔伽美什本人写的，记载在公元前7世纪的一块泥板上。

像吉尔伽美什和更早时期的其他英雄一样，《亚历山大传奇》中的英雄总有一位神灵家长；他们通过远征海外所经历的磨难、到已知世界的尽头以外的地方旅行或拜访在世的或作古的且更远古的先贤而获得智慧。在不同的版本里，这位先贤的名字可能是普罗透斯（Proteus）、以诺、所罗门和阿尔蒂诺俄斯（Altinoos），后者可能是《奥德赛》中菲西亚人（Phaeacian）的国王阿尔喀诺俄斯（Alkinoos）的变形。我们从历史上知道，像吉尔伽美什一样，亚历山大被授予神圣的英雄或次级神应得的荣耀。但是，这两位主人公之间的联系，以及其相关叙述之间的联系显然更为紧密，因为有篇文章写道，亚历山大见到了"穿绿衣服的"基德尔（Al-Khidr），他被认为是阿特拉-哈西斯（乌特-纳比西丁的别名）的后裔；这位智慧的老人引导亚历山大穿过黑暗寻找生命之水。基德尔找到了生命之水，一饮而尽，终于长生不老，但亚历山大迷了路，永远地痛失良机。

这一情节结合了美索不达米亚不同神话中的两个主题。在《阿达帕神话》记述的故事中，神让凡人有机会喝生命之水以便长生不老；《吉尔伽美什》记述了这位主人公是怎样从大海深处获得使人青春永驻的植物，植物却被蛇偷吃了。在基德尔的故事里，我们发现只有这位伊斯兰教的先贤或半神从多神教时期幸存到一神教时期，而没有明显地违反伊斯兰教的一神论；的确，他的一直存在使得与大洪水以前的联系有了权威性，这种联系对早期的伊斯兰教有重要价值。

在生命之水中，我们发现了与浸洗礼有关的主题。多种宗教组织都认为，某种特殊的圣水可以使人长生不老。在基督所在时代之前的位于库姆兰的社会团体、摩尼成长于其中的厄勒克塞教派以及许多其他组织里，浸洗是一种使人接近神的启蒙仪式。有两种浸洗礼：完全浸入式和洒水式；每种浸洗礼都能在亚述人为了净化人和使人免受邪魔和诅咒的仪式中找到先例，因为水带走了人身上的邪恶。这两种浸洗礼在两种有紧密联系的仪式上得到再现：bīt rimki（浴室）和 bīt sala'amê（洒水室），它们都由念咒祭司或魔法师（masmassu）主持。一系列周密的动作还涉及通过连续的七座"房子"，或许是排列在一起的相当简单的房间或小屋，因为浸洗礼往往在野外进行。

希腊语的《亚历山大传奇》基本上抹杀了其与更悠久的闪米特语叙事传说的联系，与生命之水的联系也不太清楚。基德尔被更名为安德里亚斯（Andreas），我们必须用阿拉伯语和波斯语版本来通过姓名和随附的花纹图案寻找这个人物的家世祖先。但是，有两个希伯来语版本补充了与亚述传说的联系，因为这些版本描写了亚历山大与亚述国王时代的难民的会面，不同的是亚述国王为辛那赫里布或撒缦以色。这暗示了亚述国王后期大规模实施的放逐政策对传播巴比伦传说的重要性。

生命之水的概念最早见于青铜器时代末期的巴比伦文献中的阿达帕神话，对诺斯替教派来说，它不仅在入会和净化仪式中很重要，而且在炼金术上也非常重要。古代晚期的化学师把蒸馏水叫作"theion hudor"，意思是圣水和硫黄水。它被认为与用作浸洗礼的长生不老水有关，并且与混沌之水的宇宙源不同。长生不老水这个术语被翻译后叫生命之水（aqua vitae）和威士忌（盖尔语中的 uisgebeatha，即生命之水）。

《布卢吉亚的故事》

阿拉伯语版的《亚历山大传奇》保留在了西班牙语的一份手稿中，内容是一篇篇的故事，几乎每字每句都与《天方夜谭》中的《布卢吉亚的故事》相同；这个故事是《吉尔伽美什》在阿拉伯语中的遥远后裔。主人公的名字似乎是"比尔伽马什"的简写，是"吉尔伽美什"的已知变体。如同《亚历山大传奇》的近东版一样，在这个故事里，基德尔在主人公航行七海结束后才出现。他聪明的伙伴阿凡（Affan）已经死于非命，原因是他在所罗门的墓前干了鲁莽却勇敢的事。布卢吉亚被带上真正天启式的天国之旅，之后终于回家。《吉尔伽美什》中护卫松林的凶暴巨人洪巴巴可能就是护卫天堂树的巨人。英明的毒蛇王后给主人公的忠告里面提到了这种能使人返老还童的植物，这与乌特-纳比西丁的妻子向吉尔伽美什透露该植物的存在非常相似。

故事首先讲了被隐藏文献的发现，这些文献向主人公透露了新先知穆罕默德即将崛起的秘密；主人公为了长生不老历尽千难万险，以便目睹穆罕默德亲自来临。这样，伊斯兰教与吉尔伽美什和阿特拉-哈西斯就有了某种关联，从而驳斥了基督徒认为穆罕默德的来临从未被预言过的观点。布卢吉亚是以色列人的子孙的国王，在开罗进行统治。完全抛开把《吉尔伽美什》与《布卢吉亚的故事》联系起来的故事细节不说，后者还包含了很多可以追溯到巴比伦时期的重要构想。

如前所述，披露秘密文献这个主题引进了楔形文字文学里的英雄传记体裁。未来的英雄必须甘冒风险长途跋涉越过七个大海，到达神圣的所罗门的坟墓，这种宇宙安排在美索不达米亚的《伊什塔尔下阴间》中也有对应的情节，在该文献的描绘中，女神下行穿过七道门，每道门都有恶魔守护，最后与阴间统治者进行对话。

布卢吉亚阅读新发现的文献时，认识到父亲向他隐瞒了摩西五经中本应有的信息；这样一来，现在版本的《圣经》就是故意地有瑕疵。伊斯兰教称此为经文篡改（tahrif），这种想法使某些远古犹太传说被并入伊斯兰教的学说中，而且说明《旧约》的文本属于一个被破坏了的文学传统。伊斯兰教通常把这些讹误归因于以斯拉（Ezra），因为他在流亡时凭记忆重写了《圣经》，但《布卢吉亚的故事》认为这些讹误发生在此前一个世纪的约西亚时期。同样的关注点，即文字传说应该在没有删节或添加的情况下传达上帝的话，还见于巴比伦公元前 7 世纪的《埃拉与伊舜史诗》（*Epic of Erra and Ishum*）：

> 把有关他（埃拉）的诗编纂成一册的人是达比比（Dabibi）的儿子卡博替-伊拉尼-马尔杜克（Kabti-ilani-Marduk）。他（上帝）在半夜给他神的启示，他醒来后朗诵时没有增减一个词。埃拉闻知此事后给予认可。

布卢吉亚回家以前先短暂地去了趟天国，就像吉尔伽美什的灵魂被送回乌鲁克之前，他来到乌特-纳比西丁与其妻子和船夫享受长生不老生活的近天堂（near-Paradise）一样。讲述他升天的叙事模式是很有争议的主题，因为这种模式还被用来描写伊斯兰教中穆罕默德的升天（mi'raj）和但丁《神曲》中诗人的升天。布卢吉亚和吉尔伽美什的这两种记载，关于哪个在先、哪个有新颖创见，有着激烈的争论。学者们碰到了一些难题，这既因为难以给出这部作品（现存手稿晚于但丁时期）的准确日期，还因为对既非基督教又非伊斯兰教的文学传统知之甚少，它们的历史要久远得多。

布卢吉亚的名字还见于另一个相当不同的作品，即基督教僧侣布卢卡亚（Bulukhya）的故事。故事说，这位僧侣知道摩西五经为什么不提穆罕默德来临的秘密，而且把这秘密透露给一位来自也门的很聪明的犹太人卡巴尔-阿赫巴（Ka'bal-ahbar）；后来，卡巴尔-阿赫巴在晚年皈依了伊斯兰教。这个故事以及早期的阿拉伯语作家塔拉比（Thalabi）版本的《布卢吉亚的故事》，包含了该故事受苏菲派神秘主义者欢迎并有很高声望的证据。因为早期的许多苏菲派信徒在美索不达米亚中部和南部生活，是神秘主义者和巫师，所以显而易见这就是布卢卡亚/布卢吉亚的故事兴起的背景之一。

透过《布卢吉亚的故事》可以追踪到的其他联系是魔法和法术，能够娴熟施展魔法和法术的人可以与上帝直接交谈。在基督教和伊斯兰教排挤多神教和摩尼教的中世纪，仍在传播的魔法文献和仪式主要属于犹太教和曼达安教。因为犹太神秘哲学使用的希伯来字母表和不计其数的天使和恶魔与《以诺书》中的名字一样，所以这种认定似乎是可靠的。可是，设想上帝有人身，坐在战车或王位上，住在王宫里，就令人局促不安，因为正统的巴勒斯坦犹太教神学拒绝这种本质上是多神教的信仰。对于被称作赫哈洛特"宫殿"和默卡巴"战车"之类的法术类型，人们显示出不自在的接受或彻底的拒绝。[7] 这个法术中的许多成分太危险，以至于无法书面记录或无法以连贯的形式写出来，因而现代对这种法术的研究步履维艰；但是，中世纪有一类质量略低的文献，人们都称之为《所罗门之钥》。该类作品的研究与浮士德的传奇有特殊关系。浮士德为了寻欢作乐和扩大权力将灵魂出卖给魔鬼，到后来无法再把它收回。

吉尔伽美什的名字在伊斯兰教时期仍然闻名。西奥多·巴尔·库尼称他为大洪水以后的第十位国王，苏尤蒂在 15 世纪记录下来的一篇阿拉伯语咒语也援引了吉尔伽美什的名字。

另一个可以追溯到汉谟拉比时期的楔形文字的美索不达米亚故事《尼普尔的穷人》被认为是《天方夜谭》中一个故事的早期版本。它讲了握有大权的骗子怎样被他的受害者报复、欺骗和殴打的故事，在古巴比伦和亚述很受欢迎。到公元 6 世纪，这个故事经过适当改编，成为梵语的《五卷书》，到 13 世纪以其他语言在欧洲流传。《五卷书》无确切年代，汇编了伊索式的动物寓言，据了解，远古美索不达米亚对《伊索寓言》产生了影响。[8]

波斯故事中的美索不达米亚主题

波斯故事偶尔含有来自远古美索不达米亚的主题。需要特别指出的是，关于传说中的国王贾姆希德（Jamshid，又称伊摩）的两个故事就显示出了这种影响。在其中一个故事中（记述在《阿维斯陀》[Avesta]即《波斯古经》的《亚什特》第 19 篇），贾姆希德把全世界治理得很太平，人们都很健康，但是，300 年以后，人口太稠密，所以他扩充世界要为他们创造更多空间。这个继发事件在 600 年后和 900 年后分别重复了两次，可以追溯到约公元前 1700 年的巴比伦史诗《阿特拉-哈西斯》，其中也记述了一系列这样的事件：世界人口每隔 600 年过剩一次，共过剩了三次。像贾姆希德一样，阿特拉-哈西斯经历了这三次人口过剩，但他解决问题的办法大不相同，神每一次使人口减员时都用不同的毁灭手段：饥荒、瘟疫和洪水。

在另一个故事中，贾姆希德继承了阿特拉-哈西斯的一些功绩，这记述在《万迪达德》（Vendidad，约 2—3 世纪）中。贾姆希德统治了一千年，直到神用天寒地冻规划了异常巨大的磨难。得到神的警告后，贾姆希德挑选了几对动植物，将其保护在洞穴里，直到神动了怜悯之心、温暖的天气回归大地。洞穴取代了方舟，严寒取代了大洪水，但在其他方面，人们承

图 8.1　萨珊王朝时期银钵上所示的波斯神话中能思考会说话的巨鸟。狮子的头和耳朵长在鸟身上，表明这只鸟是神话中的美索不达米亚安组鸟

认该故事的巴比伦起源。[9]

另一个颇不相同的文学作品被追溯到美索不达米亚的前身。该作品用巴拉维语文字间杂一些帕提亚语词写成，提到贾姆希德曾长期执政，但执政地在亚述大地上。该文本主要由一棵会说话的椰枣树与一只山羊之间的对话组成。波斯文学的其他作品中没有著名的动植物寓言，但在美索不达米亚从很早的年代起就有了。该作品在格式和内容上被认为是巴比伦闻名的《棕榈树与柽柳之争》的后世作品，公元前 2000 年以后的一千年间，它在西亚非常有名。在波斯语版本里，山羊取代了一棵树，摩尼教徒可能借此讽刺琐罗亚斯德教徒的做事方法，更有力地嘲笑了讽刺的对象。

苏美尔和巴比伦的几个神话中都有宇宙中的安组鸟的身影：它狮头鹰身，有狮子的耳朵和锯齿一样的喙，以其刺耳的叫声和一大片黑云似的形象而臭名昭著。形形色色的故事中有的将这种动物描述为善良的父母，在太阳升起的世界边缘守护双子山，它替苏美尔万神庙里的主神恩里勒行事，并将它表现为在底格里斯河和幼发拉底河源头的上空盘旋的大雾；另一方面，这些故事认为安组鸟是邪恶的，它背信弃义，从合法持有人手里夺取《命运泥板》，必须在一场宇宙大战中击败它。在波斯的传说中，一些类似故事也讲过西摩格（Simurgh 或 Saēna）鸟（波斯神话中的不死神鸟），它也有狮子头鹰身。在萨珊王朝的波斯，这只巨鸟常被描绘得像西亚早期狮身鹫首的怪物一样，但在中国，它就变成了一种更有装饰性的鸟，尾部羽毛像雉鸡。在《列王纪》（Shahname）的故事里，有两只不同的西摩格鸟，虽然都被描绘得很像巨大的乌云。善良的那只不是琐罗亚斯德教出身，是英雄的守护神，帮助扎尔（Zal）和他的儿子罗斯坦（Rustam）。而邪恶的巨鸟穷凶极恶，是被埃斯凡迪亚尔（Isfandiyar）在他的七次探险中所杀的怪物。在库尔德人的民间故事中，西摩格鸟的幼崽在树上的巢里被蛇吃了，于是，它就成了英雄的守护者。像巴比伦埃塔纳神话中的鹰一样，库尔德人故事里的西摩格鸟将英雄背上了天。

美索不达米亚神话里有个阻止分娩、伤害婴儿和幼童的恶魔拉玛什图。在波斯故事里，无论从名字还是本性来看，她就是阿尔玛斯蒂（Almasti）。

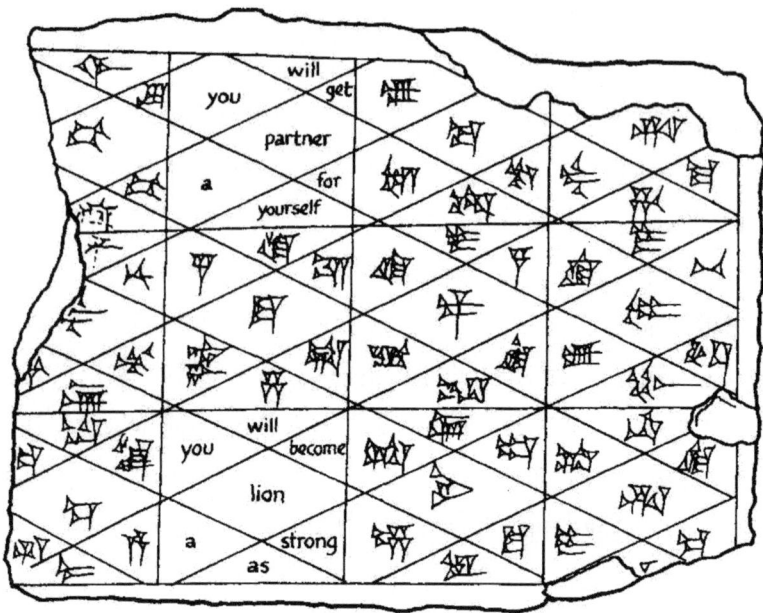

图 8.2　用于占卜的楔形文字泥板。塞琉古时期

秘密之书

巴比伦文献中的秘密知识，在其扉页上明确提示，持书者的小圈子之外禁止流通相关内容。从罗马时期开始，这种提示页被转换到在埃及发现的希腊魔法莎草纸上。秘密的楔形文字文献包含限定范围内的信息，初看相当广泛：神、恒星和崇拜对象的名单及其对应的矿物或植物、去除疾病的符咒、给神雕像和修复神像的仪式、宇宙论和神学思想、数学文献和占卜文本，等等。它们似乎努力使物质世界系统化，通过与思想、文字或数字的联想找到物质世界与神的世界之间的关系。上述文献出现在从亚述萨尔贡王朝的国王开始执政的公元前 8 世纪，往往首先简要地介绍宇宙的起源。学者们仍然连理解其表面的东西都比较勉强，更不用说理解这些联想所依据的神秘方法。

楔形文字消失以后很久，各种秘密或神秘的书籍用许多不同语言以书面形式传播。在某些情况下能表明这些书有阿卡德语基础，尽管它们以不同方式发展到阿卡德语以外的地方。有些书被称为"秘密之书"，但没有提示为什么它们的内容经常被贬低和混淆，却具有应当保密的价值。

摩尼教有七部经书，有一部叫《秘密之书》；虽然其内容仍然不详，但其使用时间能弥补楔形文字和中世纪之间漫长的时间差距。

在拉丁语和阿拉伯语中，被称为"皮卡特立克斯"或者"加亚"（Ghaya）的复合文本的来源可以追溯到塞琉古时期的乌鲁克。在那里，一份楔形文字文献将黄道十二宫与一个神庙或一座城市联系起来，也同树、植物和石头联系起来。但是，其间交织的影响是显而易见的，因为穿插了这些名字：亚里士多德、亚历山大和（提亚纳的）阿波罗尼乌斯；有些联系与生活在公元1世纪的"巴比伦的"图克罗斯的作品中的特点很相似。[10] 阿拉伯的炼金术士使用了阿拉伯语中关于宇宙论的作品。

阿拉伯语作品《秘密的秘密》（Sirr al-asrar）材料混乱，但它一开始就声明，每一种现象都既有隐藏的又有公开的原因。从最早的10世纪的一份手稿里得知，这本书也提供了亚里士多德与亚历山大的往来信函。

犹太人的《秘密之书》（Sefer ha-Razim）约在公元1至4世纪之间成书于巴勒斯坦，部分章节讲了制作小雕像的仪式和规程，这些都有确定了的美索不达米亚习俗。用阿拉姆语在13世纪末写于西班牙的《光明篇》（Zohar）的一部分叫《神秘书》（Book of the Mystery），是卡巴拉教派神秘主义的核心著作。斯拉夫语的《以诺的秘密之书》也叫《赫哈洛特书》，明确地表达了选择某类知识的原因。这些知识包括以诺写下的天体和地上物体的名称和尺寸："自创世以来就有很多书，到世界的末日仍会有很多书，但没有一本书能像我的书那样使你知识渊博。"

虽然只有斯拉夫语版本留存下来，但有明显的迹象表明，该书是在公元初的几个世纪用希腊语和希伯来语写成的。埃塞俄比亚语的《天地之谜》主要讲述宇宙学和早期历史。该书的作者据说是巴凯伊拉·米卡尔（Bakhayla Mika'al），书中说他与佐西默斯是同一人，大概就是艾赫米姆-帕纳波利斯（Akhmim-Panopolis）的伟大的神秘主义者和炼金术士，据说他写了许多炼金术内容的文章。

最后但也并非不重要的一点是，"秘密之书"附加了大阿尔伯特的名字。该书约于公元 1550 年从拉丁语译为英语，用现在无人能懂的"迦勒底语"称呼动植物的名称时仍有其原文中混乱的痕迹。它还包含关于行星和世界奇迹的信息。现世的窍门和骗术取代了能给雕像赋予神的生命的古老仪式。在伊丽莎白时代，这种体裁在百科全书式的作品中很流行，这些作品包含受过良好教育的人应该知道的有关通俗科学的全部信息；它们是一位叫托马斯·希尔的人写的，他常常把这些通俗科学信息称为"秘密"，声称它们是从赫尔墨斯等古代先贤的作品中引用过来的。"秘密"这一标签起源于真正的迦勒底人的深奥背景，如果不了解这个背景，它就非常费解。"如果把这块石头捣碎撒在房子四个角落的木炭上，正在屋里睡觉的人就应当逃离"，诸如此类的指令与阿卡德语的指令在格式和细节上都如出一辙。

魔法师与萨满教巫师

"magic"（魔法）和"magician"（魔法师）这两个词是由波斯语词 magus 派生而来的，但常有人说，在希腊语里迦勒底人（Chaldaeans）这个表示占星家或魔法师的词可以和表示魔法师的 Magi 互换使用。因为没有波斯语书写的早期文献资料，很难评估伊斯兰教时期以前波斯的影响；探索远古美索不达米亚的影响时，必须将此牢记于心。

一种名为"魔法师传奇"（magus legend）的广为流传的传记，可以通过归纳得出以下特点：主人公起源于超自然或神秘的力量，开始时历尽磨难和考验，流浪到遥远的地方，经历有魔力的激烈竞赛，被审判或迫害，遭遇暴力、不公或神秘的死亡，以及复活。经了解，该传奇讲述的是琐罗亚斯德、居鲁士、毕达哥拉斯、摩西、所罗门、麦基洗德、提亚纳的阿波罗尼乌斯和拿撒勒的耶稣的生活。这些关键特点有几个在楔形文字文献中可以找到，可理解为促成后来模式的先导。《萨尔贡出生的传说》类似于《出埃及记》里的摩西的故事，《吉尔伽美什》中讲的恩奇都的生活符合该模式，在《创世史诗》以及《马尔杜克的审判》（在这篇奇怪的文本中善良的神被囚禁）中，英雄神似乎按照魔法师传奇过日子。埃及神话中的冥王俄塞里斯（Osiris）的传说与叙利亚有紧密的联系，也有许多上述特点。

　　萨满教巫师尤见于亚洲北部的突厥民族中，其范围从芬兰延伸到萨哈林群岛。他们是为了创始萨满教、获得奇异的力量而被挑选出来的，可以到天国去，也可以到阴间去。这一神秘旅程与这些人的英雄事迹的史诗叙述紧密相连。这一现象主要见于不识字的民族，直到近来才有描述和记载，因而只能猜测其历史有多悠久，尽管希罗多德在公元前5世纪就记述过萨满教的部分习俗。

　　萨满叙述的某些主题与苏美尔和阿卡德的神话主题惊人地相似。世界树、宇宙鹰和毒蛇在萨满教巫师达到其超越尘世目标的过程中经常一起出现，正如它们在伊南娜和哈鲁布（halub）树的故事、《卢伽尔班达神话》和《埃塔纳传说》中一样。后一个故事还远播芬兰。萨满教巫师经常寻找生命之水与活命食物，让人联想到阿达帕竭尽全力求得长生不老。

　　很难有把握地解释这些相似性。在研究的早期阶段，人们认为文明的传播扩散可以解释这些相似性，但在所有的人都能独立地想象出相似的故事的假设下，这种观点已经过时。你可能设想，萨满教起源于北亚，有着极其古老的历史，所以在某种意义上，它从根本上影响了美索不达米亚的神话基础。但是，你可以有其他选择，认为美索不达米亚的神话和仪式通过不同时期的贸易和流放传播到国外；它们一开始被融入佛教，最后由受迫害的摩尼教徒的扩散而传播，产生了许久以后萨满教巫师记载的一些现象。这个观点因为对美索不达米亚的历史有了新的理解而被强化，回归到早先学者的智慧中，且意味着某些形式的萨满教接纳了美索不达米亚的元素。

伊斯兰教的学校

　　美索不达米亚的前伊斯兰教学校的教学大纲在转为伊斯兰教后依然存在。长期以来的一个观点是，希腊教育进入了阿拉伯学术界，特别是哲学、数学和医学。鲜为人知的是，其中还有可以追溯到古巴比伦时期的楔形文字学校的那些内容。

《测量书》（*Liber Mensurationum*）由一名叫阿布·贝克尔（Abu Bakr）的身份不明的作者写成，目前只以拉丁语译文的形式留存。书里包括了美索不达米亚测量员培训的基础材料，它包括几何证明方法和如何设置并无实际用途的谜一样的代数题来培训计算方法。制定问题的方式以及用拉丁语表达，这些都严格遵守巴比伦的手册和学校教材。

格式也是希波克拉底誓言起源的关键。比较下文：

我对阿淑尔、希瑞阿（Sherua）……
以及所有的亚述神起誓，
愿这些神成为我们的证人
在天空与大地的伟大诸神面前。
我将遵守这个协议的誓言，

我愿永远服务（国王和加冕的王子）
以真切而适当的仪态
并保护他们。
我不会做（任何）对（国王）
邪恶和不适当的事情。

无论谁改变、蔑视、违反或抹除该泥板上的誓言……
愿阿淑尔……让他遭厄运。
（公元前 7 世纪亚述的契约和效忠誓言）

我对阿斯克勒庇俄斯发誓
我还对上帝的所有圣人发誓
无论男女
我呼吁所有的人
来作证
我愿实现这个誓言

和这个条件

我愿让（我的老师）

分享我的生计

可能伤害（病人）的东西

以及冤屈，我愿尽我所能地避免

凡是遵守该誓言

且无论如何不败坏它的人

所有的人今后将不断地称赞他。

凡是违反它的人都将受到惩罚。

（伊本·阿比·乌赛比阿［Ibn Abi Usaibi'ah］，《有关各类医生信息的来源》［*Uyun al-anba*］第一卷）

人们普遍认为，阿拉伯医生接受了属于希波克拉底的希腊医学著作；但是，《希波克拉底文集》的一些章节与巴比伦的医学文献在形式和内容上有明显的密切的相似性，如按从头到脚的顺序描述症状的编写方式，而与埃及的医学文献的相似性则少得多。

公元前 4 世纪，希腊尼多斯古城医生克特西亚斯为阿契美尼德国王阿尔塔薛西斯二世治病，他的经历可能是文明向美索不达米亚传播和从美索不达米亚传播的一个因素。但是，很久以前，安纳托利亚的赫梯人已翻译了阿卡德语的许多医学文献，他们认为这些文献是他们自己本土的。美索不达米亚的医学文献肯定是所有文献中最早的，但在青铜器时代末期，许多不同国家的国王都需要优秀医生，不论他来自哪个国家；医生们从四面八方的那些遥远的地域获取植物和矿物。所以，有一种复杂的情形就是，大多数国家把巴比伦的医学著作添加到他们自己的知识领域。因此，一些阿拉伯的医学知识可能来源于阿卡德人的实践，无论是否有希腊文本作为中介。

古代美索不达米亚课程设置的一个重要组成部分是数量测量的培训，其中大部分很实用：单位面积的土地需要多少谷物种子，需要挖掘多少土石方量的灌溉沟渠，耗费多少工时等。有篇名为《纳巴泰人的农业》

的文章由名为阿布·贝克尔·伊本·瓦希亚·卡斯丹尼（Abu Bakr ibn Wahshiya al-Kasdani）的"迦勒底人"在伊斯兰教早期从一种仍然不为人知的语言译为阿拉伯语，文章声称是写于"一个迦南王朝统治巴比伦的时期"。这样的描述符合说西闪米特语的亚摩利人统治古巴比伦的时期，其中包括巴比伦伟大的汉谟拉比。这份文献详尽地论述了土地经济，其中包含了和时代不符的插补内容，导致一些学者否认它与青铜器时代有任何联系，认为它伪造了早先穆斯林的日期。但是，其他学者更倾向于认为是后来的编纂者在其真实的核心基础上进行了润色。早在 1859 年，楔形文字研究处于初期阶段时，学者奇沃尔松（Chwolson）发现，《纳巴泰人的农业》像某些巴比伦医学方剂被归功于国王如汉谟拉比或纳拉姆-辛一样，将某些药用植物的引进归功于有名有姓的巴比伦国王。从巴比伦的楔形文字记载来看，某些农业部分的内容被列入《伊括-伊普斯》（Iqqur īpuš）系列和类似的年鉴式汇编中的许多其他部分。考虑到古巴比伦数学文献与阿拉伯数学文献之间的明显联系，很可能阿拉伯语的汇编本包含真正的，虽然是在很大程度上加工过的阿卡德语材料。

《纳巴泰人的农业》在 10 世纪的欧洲得到广泛传播，它是影响西方园艺发展的作品之一。近来，对中世纪花园的研究认为，其灵感和设计受阿拉伯和波斯而不是古希腊的影响。因为巴比伦的《塔木德》提到巴比伦的许多植物名称，所以巴比伦的犹太学院可能发挥了重要的传播作用。但更简单地说，因为阿拉伯语里表示"农业税征收员"的词 makis 是源自阿卡德语的外来词，所以不间断的农业传统以及随之而来的国家官僚机构可能就是伊斯兰时期的文明遗产。

早期阿拉伯人笔下的世界

近来发现的一份简略世界地图可以追溯到大约公元前 8 世纪末。这是一份画在泥板上的有楔形文字标记的晚近抄本，现藏于大英博物馆。它把巴比伦标在一个地区的中心位置，该地区包括幼发拉底河和亚述。该地区四面环海，周边的地区数不确定，可能共有七个，呈锐角三角形向海外辐射，

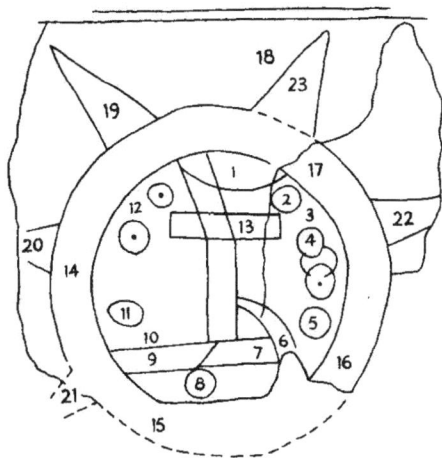

1	Mountain（山）	13	Babylon（巴比伦）
2	City（城市）	14	
3	Urartu（乌拉尔图）	15	Salt river（咸水河）
4	Assyria（亚述）	16	
5	Der（德尔）	17	
6	(unreadable)（无法辨认）	18	Region.3 leagues between（其他地区，与不见天日之地
7	Marsh（沼泽）		Where sun is not seen 相距3里格①）
8	Susa（苏萨）	19	Region.6 leagues between（其他地区，6里格宽）
9	Channel ?（海峡？）	20	(unreadable)（无法辨认）
10	Bit Yakin（比特·雅金）	21	(　"　)
11	City ?（城市？）	22	Region.8 leagues between（其他地区，8里格宽）
12	Habban（哈班）	23	Great Wall（巨墙）

图8.3 黏土上的世界地图，标有阿卡德语楔形文字，补充了新发现的一段"巨墙"。
复制自约公元前700年的原件

"间距"的计量单位为里格①，以"两小时的路程"计算。该地区的许多细节在更远古的楔形文字文学中都可以找到，值得注意的是，巴比伦在亚述帝国时期没有被阿淑尔或尼尼微取代，这就意味着该地图起源于巴比伦而不是亚述。《伊利亚特》第18章中的阿喀琉斯的盾牌也显示世界的四周是海洋：赫菲斯托斯"在巧妙地制造出来的盾牌的最远边缘周围设置了洋流"；由米利都的阿那克西曼德绘制的一份早期希腊地图显示，地球的周围同样是海洋。

① 里格（league），在英美约为3英里或3海里。编注。

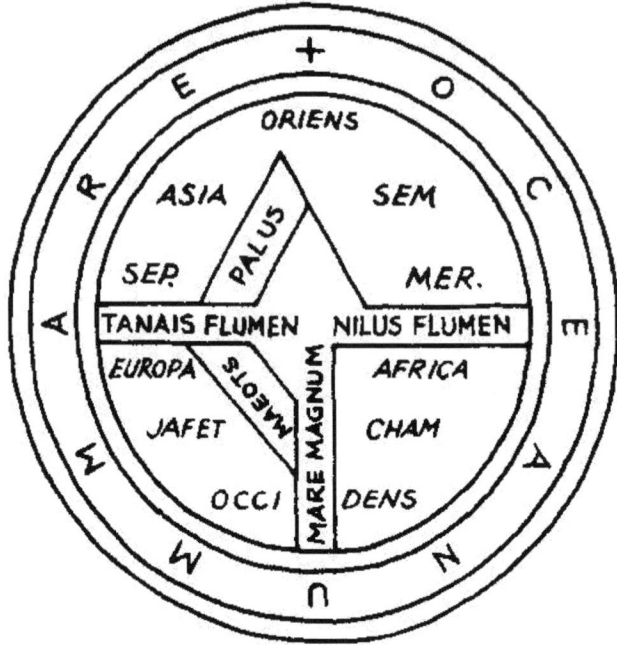

TANAIS FLUMEN = R. DON
PALUS MAEOTIS = SEA OF AZOV

图 8.4 世界地图，依据塞维利亚的伊西多尔

　　地理学家托勒密（约 100—178）在其《占星四书》中描述了类似的方案。据此，为了星象占卜，世界上各个地区被划分为七个地带，叫气候带（klimata），它是二十四个气候带的简化方案。阿拉伯早期作家归功于托勒密的其他相似之处从现有作品无法确认，但包括现在从巴比伦地图可知的很多细节：地球的四周环绕着大海和无比巨大的高山；每个气候带的大小为 900 帕勒桑（parasang）。克利马（Klima）的意思是由太阳升起的时间确定的纬度带，所以与白昼的长度有关，根据巴比伦人发明的日晷测出的阴影。汇集了非常古老知识的通俗百科全书《词源》的作者塞维利亚的伊西多尔（约 565—636）也使用了类似的方案，阿加皮乌斯（Agapios）亦是如此。后者于公元 941 年或 942 年去世，他来自叙利亚的希拉波利斯-曼比季，异教在那里一直存在到很晚。

图 8.5 公元 4 至 5 世纪的两枚玉髓印章，显示长翅膀的人面牛

　　阿拉伯人的早先描述说明他们所继承的传统来自巴比伦。马苏迪（Al-Mas'udi）等人（用从希腊语引入阿拉伯语的词）描述了七种"气候带"，每种气候带都与黄道十二宫对应，且对应于七颗行星中的一颗，其面积各为 700 帕勒桑见方，但该气候方案的中心仍然是巴比伦。马苏迪认为巴比伦是世界的中心，将它比拟为人身体里的心脏，其他六个地区就像人的肢体。所以，他传达了至少可以追溯到伟大的亚述国王时代的远古传说。波斯的伊斯兰教将世界划分为叫作基什瓦（kishvar）的区域，这些区域与"气候带"混淆或对应，在一个叫作巴比伦的中心区域周围有六个区域。有些学者认为，印度的宇宙学归根结底源自巴比伦。

建筑和艺术

　　在伊斯兰教兴起的起初几个世纪里，巴比伦和亚述的许多纪念性建筑依然清晰可见，尽管其结构已经有了损坏。由萨尔贡二世在公元前 8 世纪末在豪尔萨巴德（Khorsabad）修建的古庙塔有从外部环绕而上的楼梯，据说，萨迈拉（Samarra）也有一座尖塔建筑是从它那里得到灵感，其外部同样有盘旋而上的楼梯。萨迈拉宫殿的平面图也和亚述国王的宫殿平面图相似。在拉赫姆王朝的所在地希拉，早期基督教教堂在建筑方案上几乎与古巴比伦的神庙一样。

1904 年，威廉·莱瑟比（W. R. Lethaby）写道，"古代艺术的发展和变革中的许多联系一定因为东方城市的破坏而无法挽回地丢失了"。他指的是在巴勒贝克（Baalbek）和巴尔米拉的非常壮观的石制建筑遗迹，它们影响了拜占庭的建筑装饰和西欧的罗马式建筑风格。那时，谁也不知道将从美索不达米亚的远古神庙里发掘出泥砖外墙，这些外墙的柱子就像树干一样，从树冠上长出茂盛的叶子。1934 年，J. 巴尔特鲁塞蒂斯（J. Baltrusaitis）指出，西欧的许多罗马式花纹图样似乎或多或少地直接来自更古老的美索不达米亚样式，特别是小物件，比如石质印章。有些是由十字军将士作为贵重纪念品带回来的。其中至少有一个还可以在巴勒莫的大教堂看到，被视为来自圣地的文物。但巴尔特鲁塞蒂斯认为，这种传播始于公元前 800 年左右，且从那时起断断续续地传下来。人们可以记录下亚历山大大帝时期的凯尔特雇佣兵的存在，以及凯尔特大使团抵达巴比伦的事件；但更困难的是确立亚美尼亚人，包括异教徒和基督徒，后来在传播远古美索不达米亚的图案样式中所发挥的作用。众所周知，11 世纪，挪威人组成了瓦兰吉（Varangian）护卫队在拜占庭服役，他们可能在君士坦丁堡和其他地方看见过在近东各城市中公开展览的战利品和稀奇古董等古代文物。有些冒险家可能带回了纪念品和出征期间所听到的故事，因为那时候行军途中的武士习惯于互相讲述有关辉煌过去的故事。"在这些人身边骑着马的是亚兰·西纳（Yalan Sina）和武士伊扎德·戈沙普（Izad Goshasp），他们指挥部队通过人迹罕至的道路，给他们讲述古代国王的历险记"（《列王纪》363）。人们认为这能解释古代美索不达米亚图像的传播痕迹，如北欧传奇中长人头的公牛。

注　释

1. 关于诺斯替教的定义，见第八章第 302 页。

2. 西奥多·巴尔·库尼是 6 世纪至 7 世纪的基督徒作家，他详细记述了主要的异教，描述了摩尼教的宇宙起源理论。

3．见第二章第 64 页和第六章第 238 页。

4．比较第二章第 77 页描述的斯多葛派技巧。

5．关于塞琉西亚的阿波罗多洛斯，另见第二章第 80 页。

6．见第四章第 158 页。

7．另见第二章第 72 页。

8．另见第四章第 175 页和第七章第 272 页。

9．古尔杰夫（Gurcljieff）所说的 20 世纪初在亚美尼亚从他的父亲那里听到的《吉尔伽美什》是假的，因为它转述了早期学者在翻译某些词语时出现的错误，这些错误最近已经得到纠正。古尔杰夫在两次世界大战之间与苏联考古学家一起在美索不达米亚旅行。

10．见第二章第 80 页。

延伸阅读

1. The Epic of Creation at the Court of Khosroes 1

Damascius, *Traité des premiers principes*, text L. G. Westerink, trans. J. Combés (Paris, 1986), iii. 165.

Goldschmidt, L., *Der babylonische Talmud* (Haag, Martinus Nijoff, 1933), vii.

Krebernik, M., 'Mummu', *RLA* viii (1995), 415–16.

Wehrli, F., *Eudemos von Rhodos: Die Schule des Aristoteles VIII* (Basle, 1955),

2. Babylonian Legacy in Manichaean Scripture

Arnold, T. W., *Painting in Islam* (Oxford, 1928), esp. 61.

Augustine of Hippo, *City of God* 15. 23, and *Confessions*.

Brown, P., 'Sorcery, Demons and the Rise of Christianity', in *Religion and Society in the Age of Saint Augustine* (London, I972), 119–46.

Cameron, R., and Dewey, A. J., *The Cologne Mani Codex: 'Concerning the Origin of his Body'* (Missoula, Scholars Press, 1979).

Drijvers, H. J. W., 'Bardaisan of Edessa and the Hermetica: The Aramaic Philosopher and the Philosophy of his Time', *Jaarbericht Ex Oriente Lux* 21 (1970), 190–210 (and Variorum Repr., London, 1984).

——'Mani und Bardaisan, ein Beitrag zur Vorgeschichte des Manichaismus', in *Mélanges d'histoire des religions offerts à H-C. Puech* (Paris, 1974) (=no. XIII *in East of Antioch*, Variorum Repr. 459–69)

—— 'The Persistence of Pagan Cults and Practices in Christian Syria', in N. Garsoian *et al.* (eds.), *East of Byzantium* (Dumbarton Oaks, 1982) (and Variorum Repr.).

Kvanvig, H. S., *The Mesopotamian Background of the Enoch Figure and of the Son of Man* (Neukirchener Verla g, 1988).

Lieu, S. N. C., *Manichaeism in the Later Roman Empire and Mediaeval China Manchester*, rev. edn. (Tubingen, 1992), 33–85.

——'From Mesopotamia to the Roman East', ch. 2 in collected articles, *Manichaeism in Mesopotamia and the Roman East* (Leiden, 1994), 22–130.

Reeves, J. C., *Jewish Lore in Manichaean Cosmogony, Studies in the Book of Giants Traditions* (Cincinnati, 1992).

——'Ut-napishtim in the Book of Giants?', *Journal of Biblical Literature* 112 (1993), 110–15.

Rudolph, K., *Gnosis: The Nature and History of Gnosticism*, trans. R. M. Wilson (San Francisco, 1983).

Sistani, F., Divan (ed.), *'Ali 'Abd al-Rasuli* (Tehran, 1937).

Tardieu, M., 'L'Arrivèe des manichéens à al-Hira', in P. Canivet and J.-P. Coquais (eds.), *La Syrie de Byzance à l'Islam* (Institut francais de Damas, 1992), 15–24.

Teixidor, J., *Bardesane d'Edesse: La Première Philosophe syriaque* (Paris, 1992), esp. 71.

3. The Idea of Holy Scripture and the Tablet of Destinies

Dalley, S., *Myths from Mesopotamia* (Oxford, 1989).

Foster, B. R., 'Wisdom and the Gods in Ancient Mesopotamia', *Orientalia* 43 (1974), 344–54.

George, A., 'Sennacherib and the Tablet of Destinies', *Iraq* 48 (1986), 133–46.

Shakespeare, W. *2 Henry IV* 111.

Starr, I. *The Rituals of the Diviner* (Bibliotheca Mesopotamica 12, Malibu 1983) esp. 16.

Thackston, W. M., *The Tales of the Prophets of al-Kisa'i* (Boston, 1978).

Vanderkam, J. C., *Enoch and the Growth of an Apocalyptic Tradition*, CBQ monography series 16 (Washington, DC, 1984).

4. A Babylonian Component in Hermetic Writings

Baigent, M., *From the Omens of Babylon* (Penguin, 1994).

Barb, A. A., 'The Survival of Magic Arts', in A. Momigliano (ed.), *The Conflict between Paganism and Christianity in the Fourth Century* (Oxford, 1963), 100–25.

Berthelot, H., *La Chimie au Moyen Age*, 3 vols. (Paris, 1893). i, p. xv (and compare Livingstone, below, p. 176).

Best, M. R., and Brightman, F. H., *The Book of Secrets of Albertus Magnus* (Oxford, 1973).

Eliade, M., 'Hermes Trismegistos', in *Encyclopaedia of Religion* (New York, 1987).

Falkenstein, A., *Die Haupttypen der sumerischen Beschwörung* (Leipzig, 1931), esp. 53 ff.

Fowden, G., *The Egyptian Hermes* (Cambridge, 1986), esp. 67.

Hunger, H., and Pingree, D., MUL.APIN (Archiv für Orientforschung, Beiheft 24, 1989).

Kingsley, P., 'Poimandres: The Etymology of the Name and the Origins of the Hermetica', *Journal of the Warburg and Courtauld Institutes* 56 (1993), 1–24.

Lichtheim, M., *Ancient Egyptian Literature*, iii: *The Late Period* (Los Angeles, Calif., 1980), 125–50.

Livingstone, A., *Mystical and Mythological Explanatory Works of Assyrian and Babylonian Scholars* (Oxford, 1986), esp. 176–9.

Manetho, *Aegyptiaca*, trans. W. G. Waddell, Loeb edn.(Harvard, 1940).

Mez, A., *Die Renaissance des Islams* (Heidelberg, 1922), 167.

Pearson, B. A., *Gnosticism, Judaism and Egyptian Christianity* (Minneapolis, 1990), 136 ff.

Plessner, M., 'Hermes Trismegistos and Arab Science', S*tudia Islamica* 2 (1954), 45–59.

Ruska, J., *Tabula Smaragdina* (Heidelberg, 1926).

Starr, I., *The Rituals of the Diviner* (Bibliotheca Mesopotamica 12, Malibu 1983), esp. 16–24.

Taylor, T, *Iamblichus on the Mysteries of the Egyptians, Chaldeans and Assyrians*, 3rd edn. (London, 1968).

Thompson, R. Campbell, *A Dictionary of Assyrian Chemistry and Geology* (Oxford, 1936).

Walker, C. B. F., 'The Second Tablet of tupšenna pitema', *JCS* 33 (1981), 191–5.

Wendel, C., *Die griechisch-römische Buchbeschreibung verglichen mit der des vorderen Orients* (Halle, 1949).

Wiggermann, F. A., *Mesopotamian Protective Spirits: The Ritual Texts* (Groningen, 1992).

Yates, F. A., *Giordano Bruno and the Hermetic Tradition* (London, 1964).

Zimmern, H., 'Das vermutliche babylonische Vorbild des Pehtā und Mambūhā der Mandäer', *Orientalische Studien Theodor Nöldeke gewidmet*(Giessen, 1906), 959 ff.

5. *Alexander Romance* and the Water of Life

Dalley. S., 'The Tale of Buluqiya and the Alexander Romance in Jewish and Sufi Mystical Circles', in, J. C. Reeves (ed.), *Tracing the Threads* (Atlanta, 1994).

Gurney, O. R., 'The Sultantepe Tablets (continued) VI, A Letter of Gilgamesh', *Anatolian Studies* 7 (1957), 127–36.

—— 'The Tale of the Poor Man of Nippur and its Folktale Parallels', *Anatolian Studies* 22 (1972), 149–58.

Laessoe, J., *Studies on the Assyrian Ritual and Series* bīt rimki (Copenhagen 1955).

Röllig, W., 'Literatur' 4.5 Literarische Briefe, *RLA* vii (1987–90), 57–8.

Wilson, C. A., 'Philosophers, Iōsis and the Water of Life', *Proceedings of the Leeds Philosophical and Literary Society* 19:5 (Leeds, 1984), 103–209.

6. *Tale of Buluqiya*

Dalley, S., 'Gilgamesh in the Arabian Nights', *Journal of the Royal Asiatic Society 1* (1991), 1–17.

—— 'The Gilgamesh Epic and Manichaean Themes', *Aram* 3 (1991), 23–33.

7. Mesopotamian Themes in Persian Stories

Aro, J., 'Anzu and Simurgh', in B. L. Eichler (ed.), *Kramer Anniversary vol.*, Alte Orient und Altes Testament 25 (Neukirchen-Vluyn, 1976) 25–8.

Brunner, C. J., 'The Fable of the Babylonian Tree', *JNES* 39 (1980), 191–202, 291–302.

Curtis, V., *Persian Myths* (London, 1993).

Hinnells, J, R., *Persian Mythology*, (London, 1973, 1985).

8. Book of Secrets

Best, M. R. and Brightman, F. H., *The Book of Secrets of Albertus Magnus* (Oxford, 1973).

Borger, R., 'Geheimwissen', *RLA* iii (1957–71).

Budge, E. A. Wallis, *The Book of the Mysteries of the Heavens and the Earth* (Oxford, 1935).

Greenfield, J. C., 'Prolegemenon', in H. Odeberg (ed.), *3 Enoch, or the Hebrew Book of Enoch* (New York, 1973).

Hunger, H., "Noch ein 'Kalendertext'", *Zeitschrift für Assyriologie* 64 (1975), 40–3.

Manzalaoui, M., 'The Pseudo-Aristotelean Kitab Sirr al-asrar', *Oriens* 23 (1974), 147–255.

Morfill, W. R., and Charles, R. H., *The Book of the Secrets of Enoch* (Oxford 1906).

Neusner, J., *A History of the Jews in Babylonia: Later Sassanian Times* (Leiden, 1970), esp. 344–67.

Pingree, D., 'Some Sources of the Ghayat al-Hakim', *Journal of the Warburg and Courtauld Institutes* 43 (1980), 1–15.

Plessner, M., 'Hermes Trismegistus and Arab Science', *Studia Islamica* 2 (1954), 45–59.

Ruska, J., *Tabula Smaragdina* (Heidelberg, 1926).

Wright, L. B., *Middle Class Culture in Elisabethan England* (Methuen 1935, Cornell 1964), esp. 562.

9. Magicians and Shamans

Hatto, A. T., *Shamanism and Epic Poetry in Northern Asia* (London, School of Oriental and African Studies, 1970).

Butler, E. M, *The Myth of the Magus* (London, 1948/93).

Foster, B., *Before the Muses: An Anthology of Akkadian Literature* (Bethesda, Md., 1993).

10. Islamic schools

Chwolson, D., *Über die Überreste der altbabylonischen Literatur in arabischen Übersetzungen* (St Petersburg, 1859). *Encyclopaedia of Islam*, 2nd edn. s.v. Ibn Wahshiyya.

Geller, M., 'Akkadian medicine in the Babylonian Talmud', in D. Cohn-Sherbock (ed.), *A Traditional Quest: Essays in honour of Louis Jacobs* (Sheffield, 1991).

Goltz, D., *Studien zur altorientalischen und griechischen Heilkunde* (Wiesbaden, 1974).

Harvey, J., *Mediaeval Gardens* (Batsford, 1981).

Hoyrup, J., 'Al-Khwarizmi, Ibn Turk and the Liber Mensurationum: On the Origins of Islamic Algebra', *Erdem* 2 (Ankara, 1986), 445–84.

——'Sub-Scientific Mathematics: Observations on a Pre-Modern Phenomenon', *History of Science* 28 (1990), 63–86.

——'On the Mensuration of the Liber Mensurationum', *Max-Planck Institute for the History of Science* (Berlin, 1995).

——"'The Four Sides and the Area', Oblique Light on the Prehistory of Algebra", in *History of Mathematics: Sources, Studies and Pedagogic Integration* (Washington, DC,1995 or 1996).

Khoury, R., 'Babylon in der ältesten Version über die Geschichte der Propheten im Islam', in G. Mauer *et al.* (eds.), *Ad bene et fideliter seminandum, Festschrift for K-H. Deller*, Alte Orient und Altes Testament 220 (Neukirchen-Vluyn, 1988), 123–44.

Labat, R., *Traité akkadien de diagnostics et prognostics médicaux* I (Paris and Leiden, 1952), esp. pp. xxxv–xlv.

Sezgin, F., *Geschichte des arabischen Schrifttums*, iv (Leiden, 1971), 318 on Ibn Wahshiya.

Winckler, H. A., *Salomo und die Karina: Eine orientalische Legende von der Bezwingung einer Kindbett dämonin durch einigen heiligen Helden* (Stuttgart, 1931), 25.

11. Early Arabic Descriptions of the World

Brehaut, E., *An Encyclopaedia of the Dark Ages: Isidore of Seville* (New York,1912).

Harley, J. B., and Woodward, D., *The History of Cartography*, i–ii (Chicago, 1987–92).

Horowitz, W., 'The Babylonian Map of the World', *Iraq* 50 (1988), 147–65.

Milik, J. T., *The Books of Enoch: Aramaic Fragments of Qumran, Cave 4* (Oxford, 1976), esp. 15–16 n. 3.

Pingree, D., *The Thousands of Abū Ma'shar* (Warburg Institute, London, 1968).

Ptolemy, CL., *Tetrabiblos*, trans. F. E. Robbins, Loeb edn. (Harvard, 1940).

Radtke, B., *Weltgeschichte und Weltbeschreibung im mittelalterlichen Islam,* Beiruter Texte und Studien, 51 (Beirut, 1992).

12. Architecture and Art

Baltrusaitis, J., *Art sumérien, art roman* (Paris, 1934).

Collon, D., *'Well-Travelled Seals' First Impressions* (London 1987, rev. 1993), ch. 18.

Lethaby, W. R., *Mediaeval Art from the Peace of the Church to the Eve of the Renaissance* (Oxford, 1904; rev. D. Talbot Rice, 1949).

Levy, R. (ed.), *The Epic of Kings: Shah-nama the National Epic of Persia*, by Ferdowsi (London, 1967).

Mundt, M., *Zur Adaption orientalischer Bilder in den Fornaldarsögur Nordrla nda* (Peter Lang, Frankfurt, 1993).

《巴别塔》，彼得·勃鲁盖尔绘

第九章

重见天日与后世影响

亨里埃塔·麦考尔

（Henrietta McCall）

　　一只不到 1 平方米的箱子囊括了存留下来的一切，不只有伟大的城市尼尼微，还有巴比伦本身！

　　奥斯丁·亨利·莱亚德（Austen Henry Layard）1848 年在切尔滕纳姆这样写道，他描述的是大英博物馆内为数不多的能再现远古美索不达米亚的藏品。当时，人们对亚述艺术一无所知，相比之下，对尼尼微和巴比伦的建筑也只是猜测而已，对楔形文字的解读还处于早期阶段。但是，在莱亚德从尼姆鲁德最早托运的一批箱子到达前夕，人们的期望就很高。大英博物馆的乔治·史密斯后来回忆说，这批箱子的到来会激发如此之大的兴趣和激情，是因为对学者和阅读《圣经》的大众来说，它们是人类最早的传说中的家园，是人们想象中的伊甸园的所在地，有些城市比大洪水还要古老，是宗教史的实际发祥地。巴比伦是"第一个文明国家"，在史密斯看来，其艺术和科学是希腊人的，因而也是"我们自己的"。

　　同样在法国，虽然只有少数几枚未归类的圆筒印章见证了远古美索不达米亚，却振奋了其民族自豪感。人们对保罗-埃米尔·博塔在豪尔萨巴德遗址的发掘非常感兴趣，大幅报道了第一批巨大的装饰泥板首次抵达法国的消息。欧洲学者已设法破译陌生的巴比伦楔形文字，他们几乎没有认识到他们的成功会给已经被接受的宗教传统带来什么样的挑战。

18世纪的后半世纪，大众对古代世界的兴趣与日俱增。在某种意义上，有关古希腊的知识的确从未失传，且在文艺复兴时期再度流行。詹姆斯·斯图尔特和尼古拉斯·雷维特的《雅典古物》（*The Antiquities of Athens*）所提供的有关雅典建筑和装饰的新证据令人着迷，其四卷本的第一卷于1762年出版。从那以后一直持续到下一世纪，欧洲人给予希腊的品位极高的赞扬，包括建筑、家具、服装和文学风格以及绘画的高雅背景。18世纪末，拿破仑派研究小组到尼罗河，让他们把所有的古迹记录下来，他们的著作《埃及记述》（*Description de l'Égypte*，又译《埃及纪行》）于1809年至1822年间出版，这使人们对古埃及的兴趣日益浓厚。对古埃及的兴趣并未削减人们全身心地投入古希腊的激情，实际上，作为对古典时期广泛探索的一部分，这种兴趣常以一种不稳定的和谐方式为人所接受。狮身人面像、方尖碑和（字面上）很奇怪的象形文字增加了某些异域元素。

有关远古美索不达米亚即将被重新发现的知识，实际上比大英博物馆里可怜的展览所展示的更多，也更丰富多彩。它有两个不同来源：一方面来自《圣经》和古典作家；另一方面源于已出版的作品，如巴泰勒米·德埃贝洛（Bartholomé D'Herbelot）的《东方学目录》（1697）和《天方夜谭》（*Arabian Nights*），它们的英文版大约最早出现在1712年。德埃贝洛的大清单（按字母顺序排列）自称包含"所有东方各民族的知识，他们的历史和传统，真实或虚构的一切"。《天方夜谭》迎合了人们对东方幻想的偏爱，其中的许多故事与理查德·伯顿爵士把强大的哈里发时代的巴格达描述为"巴比伦和尼尼微的杰出后继者"一致。

说《旧约》和古典作家的作品对远古美索不达米亚的认识莫衷一是，显得有些轻描淡写。如本书第四章所述，历史事件的年代和顺序出现得有些随意，依据常常是臆测和假设。有些作家更关注娱乐而不是教导，往往不拘一格，为迎合自己的论述需要而解释历史事件，从传说中提取名称和事件。《圣经》同样有选择性，亚述人被视作嗜杀成性的好战者，这种名声在很大程度上归因于有些事件的带有倾向性的记述。在古代美索不达米亚人自己的记录被破译，逐渐迫使人们对历史事件进行零星修正之前，这些记述确立的传统大体上没有引起争论。

希罗多德在其《历史》第一卷中的记载，是我们现有最早涉及古代美索不达米亚的资料。他的记述始于波斯国王居鲁士（公元前559—前530）及其征服"亚述""最强大最有名的"城市巴比伦的时代。这座庞大而壮丽的大都会被幼发拉底河从中间分隔开来，包括王宫和贝尔神庙这两座宏伟的建筑。书中对此有较详细的描述："它的中心有一座实心塔，面积为一平方化朗①，其上建有另一座塔，塔上又有塔，共有八层塔。这八层塔都可以从外面盘旋而上的楼梯登上去，大约登到一半时，有座位供登塔者休息。在最上层塔的顶部矗立着一座大神庙。"直到19世纪，这些文字对于作家、旅行家和艺术家如菲舍尔·冯·埃拉赫（J. B. Fischer von ERIA ch）和约翰·马丁等人而言，都是关于巴比伦的一个更详细而严肃的描述。古代和后来的历史学家一直认为希罗多德本人是可靠的资料来源，他们参考和传抄他的作品，直到英国亚述学家A. H. 塞斯（Sayce）在19世纪末开始质疑希罗多德这位名副其实的历史之父的名声。希罗多德还最早提到传说中的王后塞弥拉弥斯，她在巴比伦王国的远古史中发挥了极其重要的作用。他还提供了有关巴比伦服装的一些有趣细节："亚麻布长衫及脚，外面再套一件毛衫，最上面穿白色短斗篷……他们留长头发，戴头巾，全身都洒香水；每个人都有自己特制的印章和拐杖。"他描绘过巴比伦的婚姻市场（两千年后，埃德温·朗［Edwin Long］将其作用发挥到了极致）。但是，他一次也没提到空中花园，他写亚述史的诺言从未实现。

我们现有的亚述和巴比伦最早的正史是由克特西亚斯写的，他是波斯阿尔塔薛西斯二世（公元前404—前359）宫廷的希腊医生。虽然他的部分记述不可靠，但其中的信息令人着迷，部分内容在西西里的狄奥多罗斯和佛提乌（Photius）的著作里被保存下来。克特西亚斯肯定至少去过一次巴比伦：在公元前401年的库纳克萨（Cunaxa）战役中，阿尔塔薛西斯受了伤，

---

① fürlong，等于五分之一平方千米。译注。

《巴比伦的婚姻市场》，埃德温·朗绘，1875 年

克特西亚斯去那里照顾他。但他描绘的巴比伦是尼布甲尼撒二世（公元前604—前 562）的巴比伦，不过他把这些壮丽的建筑归功于塞弥拉弥斯。克特西亚斯非常详细地描述了塞弥拉弥斯和萨达那帕拉的性格和举动，他们在古典文学中的声誉极大地超过了他们在美索不达米亚历史中实际发挥的作用，其行为的放纵和荒淫被他夸大了。

克特西亚斯是狄奥多罗斯的《世界历史》（共四十卷）中关于美索不达米亚的内容的主要信息来源，狄奥多罗斯的这部著作激励了他的同时代人，在历史上经久不衰，直到楔形文字的文献资料被破译。但他的著作还包罗了克莱塔丘斯（Kleitarchos，这位伴随亚历山大左右的历史学家把亚历山大的功绩表现为浪漫而辉煌的历险）等人的记述，因为后者描绘过巴比伦的城墙和空中花园。在他的笔下，萨达那帕拉的堕落还表现在——"他比他所有的前任还奢侈懒惰……，过着女人的生活……无节制地既像男人又像女人地性放纵"，他不满足于仅仅把自己扔在火葬的柴堆上烧死，把金银和衣橱里的漂亮衣服扔到柴堆上烧掉，还把他的妃子和太监也烧死，这些堕落表现是从阿里斯托布鲁斯（Aristobulos）和波利比乌斯（Polybios）那里搜集的。他用很长的篇幅记述塞弥拉弥斯及其重建巴比伦的历史，但认为空中花园是"后来的叙利亚国王"为讨好其波斯妻子而修建的，因为她想念"波斯独特的山水风景"。狄奥多罗斯认为，亚述史和希腊史（如他在第一卷所说）"根本不是同一回事"，但至于编年史，他放弃这方面的任何尝试，"不需要专门给出所有的国王的姓名和他们执政了多少年，因为他们没有干任何值得一提的事情"（第二卷）。

后来记述历史的还有斯特拉博，他在其《地理学》第 16 卷中描述过巴比伦及其城墙，将空中花园列为"世界七大奇迹"之一。在他写作的年代，"由于年代久远，也由于波斯人的破坏"，该城已荒废，尽管在希腊人的眼里，泥砖在任何时候无疑都不起眼。昆图斯·库尔提乌斯·鲁弗斯（Quintus Curtius Rufus）把空中花园描述为"希腊故事所赞美的奇迹"。普林尼的《博物志》发表于公元 77 年，曾提到空中花园，但作者另著一书专写空中花园的诺言没有实现。他没有提到萨达那帕拉，却说塞弥拉弥斯与自己的马有过性交。阿里安引用安科阿勒地区的萨达那帕拉墓上粗俗的铭文对其进行了描述。希腊人和罗马人就这样形成了有关放纵的野蛮的成见，并被后来的基督徒作家采纳，显然他们没有去质疑什么；对他们来说，巴比伦和尼尼微、塞弥拉弥斯和萨达那帕拉之类的名字与异教徒的堕落和邪恶是同义的。

所以，基督徒哲学家雅典那哥拉（Athenagoras）于 177 年所著的《基督徒使团》把塞弥拉弥斯描写为"淫荡的女人和杀人犯"，其信息来源是克特西亚斯。2 世纪末生活在罗马著有《智者之宴》的阿特纳奥斯（Athenaios）记述过萨达那帕拉，这个记述使以前所有对堕落的叙述都显得相对克制：

> 国王的脸上覆着白铅粉，女人似的穿金戴银，梳着紫色的头发，有妃子陪伴左右，双膝上举地坐在她们中间，他的眉毛染得很黑，穿着女人的衣服，胡须齐根刮得很干净，面部用浮石擦洗抛光（他比牛奶还白，眼睑上也涂着彩妆）。

他还详细地描绘了国王的火葬柴堆：

他在一百多米高的柴堆上放了金躺椅和金案桌，各一百五十张。在柴堆上，他建了一座三十多米长的小木屋，里面摆着他的躺椅，他在上面躺着，同一把躺椅上躺着的不只有他，还有他的王后，妃子们躺在别的躺椅上……然后，他在小屋上面架了巨大的厚梁来建屋顶，周围堆了许多厚木板，以堵住所有的出口。他在屋里放了一千万塔兰特（talent）的金、一亿塔兰特的银、衣服、紫色布和各式各样的礼服。然后，他下令将柴堆点燃，火烧了十五天。

历史学家查士丁（Justinus，公元 3 世纪）用拉丁语缩写了有"雄辩绅士"之称的特罗古斯·庞培（Trogus Pompeius）所著的四十四卷本《腓力史》（*Historiae Philippicae*）。查士丁说自己"选录了所有最值得了解的内容……实际上，我已形成了一个小小的花束"。这花束（连同其他有关巴比伦和亚述的震撼信息）将萨达那帕拉描写为"比女人更堕落的男人……他在妓女的陪伴下按照女人的习惯在纺纱杆上纺织大红羊毛，他的身体比所有女人都要柔软，他的眼睛比所有女人都要放荡"，他带着所有财富死在焚尸柴堆上。后来，这些记述相继为拜伦和画家德拉克洛瓦带来灵感。

似乎古希腊的文献资料还不够庞杂丰富，以这一地区为背景的两本早期小说也加入进来；它们没有揭示亚述或巴比伦文明的本质，相反，它们强调了这两种文明的迥异和奇怪。由一位姓名不详的作家作于约公元前 1 世纪且以亚述为背景的《尼诺斯罗曼史》只留存零星的片段。这本小说的男主人公是 17 岁的尼诺斯国王，女主人公是他的表妹塞弥拉弥斯，但这些仅仅是海难、战争和恋爱场面构成的浪漫情节里的历史记号。扬布里科的《巴比伦尼亚志》（*Babyloniaka*，9 世纪末被拜占庭学者和牧首佛提乌引用）讲述了一对恋人斯诺尼斯和罗达尼斯的故事，他们试图逃脱两名太监大马士和萨卡在巴比伦国王嘉尔摩斯（Garmus）指挥下的抓捕，因为国王爱上了斯诺尼斯。该小说描写了各种各样的魔法，涉及巴比伦的背景都很可怕，有坟墓、洞窟和杀手的巢穴。对这两部小说所面向的希腊读者来说，亚述和巴比伦完全是小说所需要的装饰性背景：小说要杂糅心理学、修辞和历史背景。读者大众对人的心理运作、人内心的和公开的（可以提高演讲能力的）思想的形成，以及对最好由古希腊历史学家提出的历史框架感兴趣。

在古典作家和第一个到访过美索不达米亚并记录其印象的西方人之间，去过东方的旅行者显得沉默。这第一个西方人是图德拉（Tudela）的拉比本雅明，他出生于纳瓦拉（Navarre）王国，可能是一位商人。在 1160 年到 1173 年间，他史诗般地从西班牙游历到中国，途经欧洲、非洲和亚洲。其《本雅明行纪》直到 1543 年才首次印刷，尽管它从 13 世纪起就在学者中广为流传。他对途中到过的地方和城市的选择无疑受《圣经》的影响。他去过的摩苏尔"地域辽阔，有非常悠久的历史"，尼尼微"已成为废墟"，巴比伦有尼布甲尼撒二世的宫殿遗址（"因为毒蛇和蝎子大批出没于宫殿，人们不敢入内"），巴别塔"是用砖建造的……一条盘旋而上的甬道……将人引到山顶，从那里可以看到近五十公里远的地方"。拉比本杰明的描述可能基于豪尔萨巴德地区的庙塔遗址。《本雅明行纪》的出版可能给老彼得·勃鲁盖尔所作的两幅巴别塔名画提供了灵感。虽被云朵部分地遮蔽，但从勃鲁盖尔画面中两座被毁的巴别塔的塔顶望去，可以看见周围广袤的农村远景，而幼发拉底河上的人和船显得较小。

另一位发现巴别塔的人是荷兰医生、植物收藏家莱昂哈德·劳沃尔夫（Leonhardt Rauwolff），他说塔里"满是害虫"。他于 1574 年 10 月到访过巴比伦，但感到失望。要不是"这座强大的城市"有"几处悠久而脆弱的远古遗址，虽然一片荒凉却仍然屹立在附近"，他就不会认出它来。这些古迹包括希罗多德所描绘的桥梁以及劳沃尔夫认为的巴别塔，按照后者的详细描述，"塔内的害虫是一种蜥蜴类昆虫，有三个头，剧毒，背上长着五颜六色的斑"；这种描述使他的英文翻译约翰·雷强烈反对说，这是不可能的，"劳沃尔夫在这里太过轻信"。该遗址使劳沃尔夫惆怅地反思说，"这个例子极大地震慑了所有邪恶而傲慢的暴君……假如该遗址不屈服于时间，摆脱其暴君……全能的上帝也会发现它的"。当年 12 月，他还游览了"坚固的尼尼微城……直到辛那赫里布及其儿子的时代以前，它一直是亚述的首府……"，但他又指出"看不到任何古物"。尼尼微成了废墟，正如那鸿（Nahum）、西番雅（Zephaniah）和虔诚的托比亚斯所预言的那样。最终，帖木儿"通过猛攻占领了尼尼微，将它烧为灰烬……后来，这块地上长出了豆子"。

整个 17 世纪，源源不断的数量稳定的旅行家紧跟图德拉的拉比本雅明和劳沃尔夫博士的脚步来到巴比伦和尼尼微的废墟；他们的想象荡气回肠，现实却令人压抑。波斯国王派往基督教国家的大使安东尼·雪利爵士于 1613 年到访了巴比伦，目睹了废墟中的巴别塔，"好像任何地上建筑……可以永久地矗立……"。在尼尼微，"一石不立"。这就是问题所在：与希腊和罗马不同，与当时鲜有人涉足的埃及也不同，尼尼微没有大规模的不朽的石头废墟，没有触目惊心的断壁残垣或垮塌的山墙。泥砖在地上留下了没人感兴趣的遗产。

约五十年后 [①]，彼得罗·德拉·瓦莱（Pietro della Valle）去了巴格达，1625 年 6 月，他在附近发现了刻有铭文的砖和有楔形文字铭文的"坚硬而质优"的黑色大理石片段。他认出了两个符号——"一个向上的棱锥形……和一个八点星"，但对铭文的含义仍然毫无头绪。他的旅行游记《东印度和阿拉伯沙漠游记》（*Travels into East India and Arabia Deserta*）于 1650 年到 1663 年间问世。最后一卷附有插图，但可惜未曾面世，后来的译本附有来历不明的雕版画。

另一个荷兰医生、植物收集家奥弗特·达波（Olfert Dapper）于 1680 年出版了两卷本的《亚洲风物记》（*Naukeurige beschryving van Asie*）。第二卷描写了远古美索不达米亚的历史及其遗迹，用极富想象力的铜版画表现了尼尼微、巴比伦和巴别塔，与之形成对比的是，描绘巴格达和士麦那的铜版画无疑准确地再现了达波的实地目睹。奥地利美泉皇宫的建筑师 J. B. 菲舍尔·冯·埃拉赫做了另一个极其优美的尝试来描写美索不达米亚的历史，他在这方面的作品是《为了再现远古和现代外国最著名的民用建筑和历史建筑的计划》。该书共分五册，第一册包括"埋藏在被暴力摧毁的废墟中……后来复原才得以重见真面目"的 22 块古迹雕版，包括空中花园（雕版 3）和尼尼微神庙（雕版 10）。第一册里的插图据称很准确，因

---

① 指相对于前文所说莱昂哈德·劳沃尔夫的到访时间。编注。

为描绘插图的人精通他能参阅的古代书面文献资料。为了说明巴比伦，他援引了克特西亚斯、昆图斯·库尔提乌斯、斯特拉博、普林尼、希吉努斯（Hyginus）、卡西乌斯·狄奥和希罗多德。关于尼尼微神庙，他援引如下：

"按照鉴赏家的看法，在埃及一木乃伊附近发现的一枚勋章出自一座尼尼微的神庙。"

17 世纪后半期，古希腊的文献资料戏剧性地表现了美索不达米亚，但这些作品产生了什么样的重要影响，仍然不清楚。1647 年，有两部关于塞弥拉弥斯的戏剧，即德方丹（Desfontaines）的《真实的塞弥拉弥斯》（*La Veritable Semiramis*）和加百利·吉尔伯特的《塞弥拉弥斯》；1699 年，大卫·林格尔巴赫（Lingelbach）的《萨达那帕拉》问世。毫无疑问，这些相当平凡的标题达到了它们的目的：这两个人物仅凭其名字就使人想起那个已经被人们感知到的、残暴而迷人的古老文明的精神。

但是，到了此时，不仅去过美索不达米亚乃至更远地方，而且曾经进入奥斯曼帝国宫廷的旅行家，他们的如实记载补充了《圣经》和古典作家的相关记述，《东方学目录》（1697）和《天方夜谭》（约 1712）的影响开始改变在此之前流行的对巴比伦和尼尼微的看法。恶毒的苏丹王、魔毯和会说话的动物等，这样令人惊奇的场景设置大受欢迎，在基督徒读者看来似乎是东方乐趣的缩影。一幅奇怪但很有吸引力的场景出现了，美索不达米亚和阿拉伯，正是在这些地方，《圣经》中的巴比伦和尼尼微在伟大的哈里发时代繁荣昌盛。

现在，那些雄伟的城墙围绕着旅馆、挂天蓝色帐幔的楼阁、凉亭、丝绸帐篷和市场；妖娆的天堂女神慵懒地躺在空中花园，她们的黑眼睛脉脉含情，散发出最感性的诱惑。巴别塔周围，喷泉喷着晶莹的水。模拟的战场配着号角声和浮夸的设备，流淌的"血液"紫得像用实心金樽畅饮的酒一样。奢侈和放纵随处可见，微风携带着肉桂和甘松的甜味。骆驼和大象列队走进上百个黄铜色大门，穿过两边有墨绿色人行道的大街。扬琴、鲁特琴、竖琴和铙钹奏响着，青春年少的女奴的雪白双手挥舞着羽毛扇子，明眸善睐的妃子在表演性感的舞蹈。

伏尔泰是在这种神话背景下织造大众想象的人之一。他自由地借鉴扬布里科（借由佛提乌）的《巴比伦尼亚志》、《古兰经》和《东方学目录》，于 1748 年写成小说《查第格》。尽管有这些文献资料，该书的巴比伦背景依然缺少真实性。他的戏剧《塞弥拉弥斯》同年问世，在法兰西喜剧院上演，取得了重要成功。第一幕发生在塞弥拉弥斯的宫殿前，以空中花园为背景，宫殿的右侧为祭司庙，左侧为装饰有方尖碑的陵墓。到第五幕时，塞弥拉弥斯下到她丈夫尼诺斯的墓里，报复他的阴魂，却死在墓穴里。后来，这部剧为吉奥阿基诺·罗西尼的《塞米拉米德》提供了灵感，该剧于 1823 年 2 月 3 日在威尼斯首次上演，1842 年在科文特花园用英语上演，1845 年在纽约上演。伏尔泰在 1768 年出版了《巴比伦公主》，其背景也是巴比伦——虽是从《天方夜谭》中得到灵感的巴比伦，但它严格按照狄奥多罗斯的记载来描写空中花园。

威廉·贝克福德抱着同样的想法写了《哈里发瓦泰克的故事》（*The History of the Caliph Vathek*），原稿用法语于 1787 年出版，1784 年用英语匿名出版。贝克福德从《天方夜谭》得到灵感，以巴比伦为背景，幻想出了 9 世纪的哈里发瓦泰克，他非常热衷于女人和酒桌之乐；在一个可憎的陌生人的诱导下，他背弃穆罕默德，投入世俗。遗憾的是，该书几乎没有提到巴比伦本身，但流传到后来给拜伦提供了灵感，他说："这是我早先就很喜爱的故事之一。喜爱它的服装之得体、描写之美妙和想象力之强大，它远远超过了所有……模仿之作。"

同时，那些喜欢目睹更具体的尼尼微和巴比伦的人，获得了更加无可辩驳的事实；这样的尼尼微和巴比伦虽有些衰败，但不只是童话故事背景中的地方。吉恩·沃特（Jean Otter）在伏尔泰出版《塞弥拉弥斯》的同一年出版了《土耳其和波斯之行》（*Voyage en Turquie et en Perse*）；该书附有地图，描写了底格里斯河和幼发拉底河，描写了尼尼微。但是，富有实际意义的是卡斯滕·尼布尔（Carsten Niebuhr）在 1774 年至 1787 年间出版的《阿拉伯旅行记》（*Reisebeschreibung nach Arabien*），载有来自波斯波利斯的精美浮雕的图片。石头遗址，即由大流士和薛西斯用优质而坚硬的灰色大理石建造的宏伟宫殿的遗存，终于在此书中获得呈现。西方人第一次从这些画上看到蓄胡须的官员人物像和一幅幅长翅膀的牛的画像，它们很像不久之后在美索不达米亚的地下发现的激起人们极大兴趣的那些画。虽然尼布尔也到过巴比伦和尼尼微，但他此时可以提供的唯一证据是一幅平面图和一幅大土丘的轮廓图。该书的英译本（罗伯特·希伦［Robert Heron］译）于 1792 年首次面世。东方学家 G. E. 格罗特芬德（G. E. Grotefend，1775—1853）开始研究尼布尔的铭文，到 1802 年就发表了他对 12 个符号的首次解读。

但是，当时的幻想作品比有关遗址的图片更能吸引读者大众的注意力。对西方人认识东方最有影响的一位人物即将登场。1815 年，拜伦发表了《希伯来歌谣》，诗集中收录了《辛那赫里布的覆灭》，该诗的前两行非常著名："亚述人来了，像狼扑羊群，他的军队迸射着紫焰金光"。此前一年，他写过《伯沙撒所见的异象》（"不具备为王的资格，要么活着，要么死去"）；这首诗后来又为两首闻名遐迩的诗歌和两幅众口称赞的绘画提供了灵感。拜伦可能是从 1745 年 3 月 27 日首演的亨德尔的歌剧《伯沙撒》得到这一主题的启示的。这部歌剧并不成功，只演了三场。但有位批评家喜欢无礼而颓废的巴比伦人的"轻蔑笑声"，而不喜欢被描绘得壮实而毫不妥协的波斯人和严肃、耐心、庄重的希伯来人。歌剧脚本的依据是希罗多德和《圣经》，最好的一幕是灾祸将临的预兆。

伯沙撒也是 1818 年发表的一首获奖诗歌中的主人公。T. S. 休斯（T. S. Hughes）牧师的《伯沙撒的盛宴》（*Belshazzar's Feast*）包括了"关于巴比伦帝国和亚述帝国的历史的注释"。他还列了一份令人印象深刻的文献资料清单，不仅包括《旧约》和古希腊作家如斯特拉博、希罗多德和西西里的狄奥多罗斯，而且表明他读过所有到过该地区的最时新的旅行家如 C. J. 里奇（C. J. Rich，著有《巴比伦遗址实录》［*Memoir on the Ruins of Babylon*，1815］）和 T. 莫里斯（著有《关于巴比伦遗址的观察》［*Observations on the Ruins cf Babylon*，1816］）的作品。他还细读了雅各布·布莱恩特（Jacob Bryant）的《古代神话分析》（*An Analysis of Ancient Mythology*，1774）和 J. B. 布尔吉农·德·安维尔（J. B. Bourguignon D'anville）的几本关于该地区的地形地貌的书。遗憾的是，所有这些博大的研究没有阻止他将亚述表现为"珊瑚红的嘴唇吹送出更软的叹息"，并把幼发拉底河表现为婀娜多姿的溪流，也没有阻止他保持很高的道德标准，认为一种"持续的负罪的骄傲"将在亚述的"逆袭"中击垮它自己。

但是，正是拜伦在1821年发表的浪漫悲剧《萨达那帕拉》在普及古代美索不达米亚的颓废和辉煌方面发挥了最大作用。这首诗抓住了公众的想象力，虽然拜伦从未想过将它搬上舞台，但查尔斯·基恩把它改编后于1853年演出，其后它为许多滑稽剧提供了灵感。剧情紧扣狄奥多罗斯的记述。拜伦也认可威廉·米特福德的《希腊史》（1784—1818），因为它温和地看待被革命推翻的一个王朝的末代国王："紧随其继任者及其党羽的政策的，自然是毁谤与之相关的回忆"。这体现在拜伦的悲剧作品里，因为萨达那帕拉虽然淫荡又无男子汉气概，却偶尔会记起他的国王身份，并努力履行其职责。

该悲剧发生在萨达那帕拉生命最后的日子里，他注定要在一场宫廷阴谋中失去王位。起初，这个"桑蚕"（silk worm）在危险面前只是显得轻率，但是当战败之势愈发明显的时候，他将妻儿安排到安全的地方；然后他威严地指挥官员、侍臣和奴隶搬来柴捆、松果、枯叶、雪松、贵重药材、香料、结实的木板、乳香和没药，堆起一座巨大的火葬柴堆。他的继任者，新国王阿拉巴瑟斯（Arabaces）派信使说可以给他们提供安全的避难所，条件是放弃年幼的王子们，让他们成为人质。萨达那帕拉要求再给一个时辰，假装愿意考虑这个提议。他发表了最后的演讲，身边只留下自始至终都支持他的爱奥尼亚女奴密耳拉（Myrrha）：

> ——这光芒
> 最具皇家风范的火葬柴堆将
> 不只是云和火的柱子，
> 在地平线上燃烧了一天的烽火，
> 然后是一堆灰烬，却是一束光
> 来削弱时代，抵抗国家和
> 贪婪的王子。

时间将淬炼很多人

将一个民族的记录和一位英雄的行为完全湮灭;

像扫除这第一个帝国一样扫除一个又一个帝国

帝国不复存在;但即便到那时

我的这一行为,也会得到宽恕,并且被当作

没有人敢于模仿、更没有人敢于轻视的难题。

　　密耳拉将一杯祭酒递给他,他喝了。他们告别。萨达那帕拉登上火葬柴堆,密耳拉用她手中的火把将它点燃。她跳到火焰上面。诗到此结束。

　　第二年,牛津大学诗学教授 H. H. 米尔曼(H. H. Milman)牧师发表了戏剧诗《伯沙撒》。诗人在序言中说,虽然他严格遵守《圣经》(《但以理书》)的纲要,但他也利用了世俗历史学家,特别是希罗多德和西西里的狄奥多罗斯的记述中符合他目的的内容。然而据他所言,英国人对巴比伦最完整的记述,是在博学的普里多院长(Dean Prideaux)于 1715 年首次发表的《〈旧约〉与〈新约〉之间的联系》(*Connection of the Old and New Testaments*)一书里。该书第二卷讨论了尼布甲尼撒二世在巴比伦的统治和建筑,描述了被很深的护城河围绕的宏伟而结实的城墙、全部用实心黄铜制成的 100 座大门、空中花园以及巴别塔——“整个范围有半英里(大约 800 米),由八座塔层层相叠组成……每座塔约 75 英尺(约 23 米)高,有许多大房间,拱形屋顶由柱子支撑”。这座巴比伦城充斥着黄铜做的柱子和容器,以及雄伟的黄金雕像和塑像,这些都如实地体现在米尔曼的诗里。这样一个不虔诚的创造,怎能期待它比孟斐斯、有上百座门的底比斯或亚述的尼尼微更长久呢:

巴比伦!巴比伦!在自豪和荣耀中醒来

却要在无形的废墟里沉睡。

　　不成形的废墟对于艺术家约翰·马丁来说是一个尴尬的难题,因为他是按照读过《圣经》的人们的想象,来创作以远古美索不达米亚为题材的

图 9.1 约翰·马丁的版画印刷品，描绘巴比伦的陷落，1819 年

图 9.2 约翰·马丁的版画印刷品，表现尼尼微的陷落，1828 年

三大名画的:《巴比伦的陷落》(1819)、《伯沙撒的盛宴》(1820)和《尼尼微的陷落》(1828)。"尼尼微和巴比伦这些雄伟的城市已成为过去,"他写道,"有关它们的伟大和辉煌的叙述可能被夸大了。但是,在严格的事实不那么重要的情况下,人们会在沉思默想这些壮观和奇妙中感受到乐趣。我们要看到的是古代的庄严景象,而不必苛求事实的清晰日光。"马丁在画中试图重现他想象中的处于全盛时期的巴比伦和尼尼微的王宫,但他必定极度依赖想象力,虽然他也充分利用了已有的文字描述。

为达此目的,他首先寻求《旧约》和古希腊作家的帮助,但它们都没有提供他所需要的准确细节。1815 年和 1816 年,C. J. 里奇和 T. 莫里斯发表了他们在巴比伦的所见所闻。里奇提供了一幅有用的幼发拉底河地图,上面有仍然存在的巴比伦土丘,他以此为根据找到了希罗多德描述的建筑物的位置。马丁显然也熟悉图德拉的拉比本杰明、劳沃尔夫、彼得罗·德拉·瓦莱、尼布尔、沃特和博尚(Beauchamp)的早先游记,但尽管如此,巴比伦或亚述建筑的实际外观在后来的四分之一世纪都保持着神秘,直到莱亚德和博塔的发掘使尝试性的重建成为可能。

《伯沙撒的盛宴》,约翰·马丁绘,1820 年

马丁毫不气馁，在想象力的驱使下，或许在某种程度上被童年时代所看到的哈德良城墙点燃了激情，他于 1819 年完成了他的第一幅关于美索不达米亚的大幅油画《巴比伦的陷落》。它同年在大不列颠美术促进会（British Institution）展览，很快以 400 几尼的价格卖出。由于人们对生动的古代史有强烈的偏爱，所以它吸引了大批观众。普通的伦敦人应该都熟悉该画的某些元素：低暗的天空下，用坚固的黑石修筑的巨大堤岸，人字形山墙和露天阶梯看台。这是泰晤士河岸边的巴比伦，从修建之日起持续到现在。尽管如此，还有一些元素是从散文的生动描绘中忠实地临摹和研究出来的，如画中的桥来自希罗多德和西西里的狄奥多罗斯的描写，马丁的图书馆收藏了他们的多部作品的抄本。他在描绘多级式塔或亚述金字形神塔（Ziggurat）时也非常重视忠于史实。

《伯沙撒的盛宴》从 T. S. 休斯的同名诗得到灵感，于 1821 年在大不列颠美术促进会展出。这幅画再次受到欢迎，大获成功，以至在它前面必须竖起围栏来阻止蜂拥的观众与它靠得太近。它成为这一年的年度名画，后来用作《圣经》插画。马丁创作这幅画时查阅的资料类似于创作《巴比伦的陷落》时查阅的资料，但他初步尝试用印度艺术补充了资料，他这样为此辩护：

> 埃及和印度的征服者尼布甲尼撒二世的习惯是，从这两个地方给巴比伦引进各种各样的建筑师、科学家和手工艺人……所以，我认为把印度的人才以及埃及和巴比伦的建筑师联合起来才营造了那些建筑。

这是一种便捷方法，由于关于美索不达米亚建筑的知识有限，他便利用自己所了解的印度建筑形式来扩充相关知识，他在塞津科特（Sezincote）大宅里研究过这些建筑形式，这座大宅位于科茨沃尔德（Cotswold），是盎格鲁-印度式的。他于 1817 年完成的素描簿里有四十幅是在那里所画。当然，与王宫远端的柱子相连的多级拱门和厚重的柱廊组成的圆形柱顶看上去是印度式的，但亚述金字形神塔看上去与前莱亚德时代的塔又惊人地毫无二致。人物的服饰是：男人穿深色长外套或带袖子的长袍，女人穿白色套服，留着飘逸的长发或整齐扎起。这与希罗多德所描写的相符，也与仍然埋在土丘下面的大浮雕所描绘的相同。

他的最后一幅油画也是他最有抱负的一幅，风格高雅，画的是庞大的古建筑。《尼尼微的陷落》于1828年在伯林顿连拱画廊展出，描绘了那位最有名的无所不在的古亚述人萨达那帕拉。马丁描绘了最奇异的城市，作为中心场景的背景的，是这位末代国王的火葬柴堆。获胜的敌人在相继通过即将垮塌的露天阶梯看台和柱廊时被巨大的闪电照亮，吓得失魂落魄。马丁在随附于该画的小册子上解释了他的灵感：

> 建筑风格，一方面是埃及风格，另一方面是最古老的印度风格。
> 这个城市介于两个国家之间，与之有频繁互通，也必定有最适合
> 的风格被发明出来。

这又是一种便捷方法，回避了萨达那帕拉的王宫究竟什么样这一核心问题。

19世纪20年代末，马丁放弃了古代史题材，转向设计适合发展中的工业国家的现代建筑、泰晤士河堤岸和人行道方案。例如，他的画作以宏大的视角，给刚开始修建的大铁路提供了适当的造型，例如利物浦艾基山（Edge Hill）的埭口（与《伯沙撒的盛宴》极其相似）、马蹄拱门和利物浦至曼彻斯特铁路的终点站。远古亚述的真正遗址被发现后，马丁的画不再受欢迎；罗斯金（Ruskin）反对艺术作品对已逝时代的戏剧性复活，建议艺术家关注当下。

法国画家欧仁·德拉克洛瓦也从远古美索不达米亚，更具体地说是从拜伦那里得到灵感。他的画作《萨达那帕拉之死》于1827年完成，展现了令人眼花缭乱的繁忙屠杀场面：占满前景的是五个裸体或半裸体的已死或将死的女人、黑奴和挥舞匕首的太监，巨大的金钵，串满绿宝石、红宝石和珍珠的大绳；占据整幅画面中心的是戴着头巾的萨达那帕拉，他用肘支撑着身子躺在一张大床上，床的基底部饰有象头。右上角盘旋纷飞的浓烟模糊了德拉克洛瓦想象中的尼尼微的建筑特点，但人字形山墙隐约可辨，

影影绰绰地令人联想起约翰·马丁的画风。拜伦创作的悲剧已于 1822 年至 1825 年间被阿梅德·皮绍（Amedee Pichot）译成法语，德拉克洛瓦这位公认的拜伦崇拜者，立即被这部作品打动。

近来的研究表明，虽然拜伦毫无疑问为这幅画提供了灵感，但此画的来源更为纷繁复杂。德拉克洛瓦查阅过西西里的狄奥多罗斯和阿特纳奥斯的作品，两人都从克特西亚斯处获取信息，所以将萨达那帕拉描述为无男子汉气概，放荡，沉溺于奢侈和荒淫。德拉克洛瓦也读过较详细地记述波斯波利斯的废墟的新游记书籍，可能参考过关于伊特鲁里亚悠久历史的多卷版画，它们当时非常流行。1864 年，德拉克洛瓦得到更多可靠的参考资料，为波旁宫的图书馆设计穹隅，作品名为《巴比伦的囚徒》（*La Captivité à Babylone*）。

塞缪尔·科尔曼（1780—1845）在 1828 年创作了绘画《弥赛亚的到来和巴比伦的覆灭》，约在 1832 年画了《伯沙撒的盛宴》。他生于布里斯托尔，是不信奉国教的新教徒，虽然他画了五幅毫无疑问以《圣经》为题材的画作，但与马丁不同的是，他这些画作在其所处的时代基本上无人理睬。《弥赛亚的到来和巴比伦的覆灭》描绘了阴影中摇摇欲坠的巴别塔，所以很难把它的灵感归结于谁；画中的士兵穿着现代服饰，向被围困的巴比伦进军。这幅画或许可以作更宽泛的解读。但《伯沙撒的盛宴》确实与马丁的作品一脉相承，包括涉及《但以理书》《以斯拉记》和《以赛亚书》所描绘内容的多个场面：伯沙撒用从耶路撒冷神庙偷来的金杯狂饮，但以理对着墙比画灾祸将临的兆头；画的右边是居鲁士率领胜利的军队到来。毫无疑问，科尔曼熟悉（马丁于 1825 年在布里斯托尔展出的）《伯沙撒的盛宴》，因为他的大殿的布局在很大程度上参考了前作，而且他画的缠着毒蛇的柱头也可能是受《尼尼微的陷落》的影响。历史上的某一时期，这幅画上的大胆签名是"约翰·马丁 RA 1830"[1]，但现在的正确看法是它是科尔曼的画作。

《尼尼微的陷落》也给埃德温·阿瑟斯通于同一年（1828 年）创作的一首同名诗提供了灵感。这也许是有关这个主题的幻想诗歌的最后盛况，

---

① RA 指皇家艺术学院。译注。

是这一体裁的当之无愧的绝唱。虽然诗人承认该诗的思想源泉是普里多的《联系》（Connection）、《圣经》（《历代志》《以斯帖记》《但以理书》《列王纪》《士师记》）、兰西尔（Landseer）的《示巴研究》（Sabaean Researches）和色诺芬的《居鲁士的教育》，但该诗是三十卷本的想象力的杰出成果，写了穿叮咚作响的脚镯的活泼少女、"高高堆起的"王宫、醉人的音乐和无数双任性地跳来跳去的脚。但是，其寓意是清楚的：统治者只有凭借美德才能左右人心；美德失效时，伟大的帝国也随之崩溃。诗歌在结尾处适当善意地提到：

> 在这里，昔日的
> 王宫、高塔和神庙；城垛
> 以及磐石般的城墙，被视为永恒，矗立着
> 现在，缓慢燃烧的灰烬散落在黑色废墟上
> 那个辉煌的尼尼微就这样沉没在无尽的黑夜里！

19 世纪中期出现了有时间和条件的普通人纯粹为娱乐和教育而进行的喜闻乐见的旅游。几十年来，到欧洲大陆观光旅行当然是上流社会生活方式的一部分，特别是年轻人受教育的一部分。突然，地位更低微的人可以到国外旅行。这部分是因为欧洲的长期和平带来了稳定和繁荣，还因为铁路延伸的触角使国外旅行变得可行。看到这个潜力的先驱是最早的旅行代理托马斯·库克。他生于 1808 年，快到二十岁时成了主张戒酒的福音传教士，开始遍游全国以促进福音传教事业。仅一年之内，他就徒步旅行 2962 英里，这就促使他思考，一定有更容易的旅行方式。他的第一次旅行是这样安排的：包一列火车，带上戒酒的人从莱斯特到拉夫堡，往返票价为一先令。从 1845 年起，他就准备组织第一次到利物浦和斯诺登尼亚的旅行，其唯一目的是娱乐。从那时起，旅游业从未停滞过。1851 年，库克将 16.5 万名参观者送到万国博览会，他们肯定看了从莱亚德的大发现中得到灵感的珠宝。1877 年，库克安排了他的首次环球旅游，这次周游穿过了美索不达米亚，但当时与现在一样，易垮塌的泥砖无法与意大利、埃及、希腊、土耳其和

新大陆的辉煌的石头遗址相媲美，在该地区工作的专业旅行者和专家继续向国内发送令人十分遗憾的报告。

1815 年，英属东印度公司常驻巴格达的帕夏宫廷的高级领事克劳狄乌斯·詹姆斯·里奇（Claudius James Rich）发表了《巴比伦遗址实录》，其中附有三块泥板的插图，包括一块土丘泥板、堤岸图和东方遗址图。里奇非常博学，深谙古典作品、当代的相关记述和巴格达地区本身，但他悲伤地断定，虽然他"本该分辨出巴比伦的许多建筑物的一些踪迹，无论它们有多不完美"，但它们最终都是"一系列的毫无用处的垃圾堆"。第二年，这份报告被大英博物馆图书馆助理馆员托马斯·莫里斯牧师在其《就克劳狄乌斯·詹姆斯·里奇先生最近对巴比伦遗迹的所见所写的评论》中确认：

> 无论是声名远播的空中花园，还是地下穹隆或隧道，也不用管后者出自谁手，塞弥拉弥斯也好，尼托克里斯也好，也有可能是出自巴比伦的缔造者之手，这些我们都无须详述，因为每一个遗迹，除了旅行家空想出来的，都一定在很久以前就消失了。

1821 年至 1822 年，罗伯特·克尔·波特爵士分两册出版了《格鲁吉亚、亚美尼亚、古巴比伦等地游记》。第一册收录了许多精美的图片和对波斯波利斯的描述。第二册描述贝希斯敦、亚述和巴比伦，包括巴别塔及其遗迹的平面图，还有一些关于铭文和圆筒印章的插图。克尔·波特熟悉里奇的早期作品。1827 年，詹姆斯·白金汉在《美索不达米亚游记：对尼尼微、巴比伦和其他古代城市遗址的研究》中很好地使用了已发表的关于这一地区的全部信息。他孜孜不倦地尽最大努力（有天半夜气温高达 46 度）整理所有的远古资料，他借此理解了更接近现时代的旅行家如图德拉的拉比本雅明、劳沃尔夫、德拉·瓦莱、尼布尔和里奇。他称尼尼微的摩苏尔城"毫无疑问非常大，而且……在其最辉煌的时期，是邪恶的和可憎的沉沦"；他也描述了巴比伦，在那里他尽极大努力去辨认巴别塔、空中花园遗址、古城墙和塞弥拉弥斯建造的幼发拉底河河底的隧洞。1829 年，他发表了《亚述、米底和波斯游记》，记述他从巴格达到扎格罗斯山最后到波斯波利斯的游历。此外，他努力将他的所见所闻与古代文献资料联系起来，特别是阿里安和西西里的狄奥多罗斯所记述的塞弥拉弥斯在该地区的活动。该书收录了许多漂亮的插图，还有一幅作者在旅途中穿着紫色马裤、绿色外套、红色斗篷和白色大头巾的彩图。

毫无疑问，朱塞佩·威尔第在创作歌剧《纳布科》时从《圣经》得到了启发，尽管对东方和罗西尼的《塞米拉米德》与日俱增的兴趣也可能影响了他对主题的选择。《纳布科》最早于1842年3月在米兰演出，在伦敦和纽约演出的时间分别是1846年和1848年。威尔第几乎不可能为其歌剧挑选出比这更热门的主题了。1845年，莱亚德在尼姆鲁德即《圣经》里的迦拉开始发掘；1846年5月，他终于得到期待已久的许可，可以挖掘古文物并运送到英国。7月，他写信给在伦敦的姑妈萨拉·奥斯汀，"这一发现已经开始在欧洲引起轰动，邮递员每来一次都给我送来希望了解更多情况的信……我只希望英国也像欧洲大陆一样对这一发现感兴趣"。不久以后，十二箱文物被打包，放在了用杨树桁条制成的大木筏上，下面是充气的皮囊。大英博物馆没有真正认识到莱亚德发现的意义，也没有认识到发掘和运输所需要的巨额费用，而是给了莱亚德一个迟来且吝啬的正式帮助提议，其条件使他感觉自己似乎比一个"砌墙师傅"好不了多少。他的姑父甚至建议他将其发现赠送给法国人："大英博物馆活该"。但莱亚德固执己见，这年年底，他姑父和姑妈因为住在大英博物馆附近，出入于上流社会，所以能够向他通报消息，"现在人人都跟我们谈论你的研究"。到1847年3月23日从尼姆鲁德首次运送来的浅浮雕在大英博物馆陈列展出时，谈论变成了人声鼎沸。莱亚德本人一露面，这位"尼尼微人"很快就成了社交圈的时兴人物，受邀出席各种场合。约翰·默里（John Murray）立即就这些发现与他签署了出版书籍的合同。

早在孩提时代，莱亚德就受本杰明·迪斯雷利的影响，后者是他姑妈的密友。迪斯雷利对土耳其和圣地巴勒斯坦的生动描写令莱亚德着迷。迪斯雷利还从拜伦和《天方夜谭》得到灵感。但莱亚德广泛地涉猎近东的古代历史，从《圣经》、古典作品中精选材料，向吉本了解罗马人、向拉博德了解十字军，向伯克哈特了解纳巴泰人；他还了解里奇发表的最新信息，

图 9.3　约 1850 年受莱亚德所托绘制的尼尼微复原图

这些信息使他后来的游记创作得心应手。1840 年，他对叔父资助的法律事业的前景感到绝望，与朋友一起前往印度，但他未到目的地时，命运就插足干涉了，他发现自己正在注视的是古代美索不达米亚、阿淑尔、尼姆鲁德和尼尼微的巨大土丘，从而萌发了发掘它们的激情。他与博塔及其同事弗兰丁（Flandin）和科斯特（Coste）的相遇增强了他对该地区文物的兴趣，后者此时在塔奇－布斯坦（Taq-i-Bustan）登记记录萨珊王朝的雕塑。莱亚德在贝希斯敦看到巨大的岩石铭刻后，放弃了去印度的想法；他的朋友独自前往。莱亚德装扮成波斯人模样去苏萨探险。几个月后，莱亚德从敌对部落死里逃生，同时获得了有关他们的野心和意图的第一手宝贵知识，还较流利地掌握了他们的语言；他现身于君士坦丁堡，给英国大使斯特拉特福德·坎宁爵士汇报第一手资料。坎宁看中莱亚德所做的事情，建议他非正式地与自己一起从事外交工作。两年以后，从美索不达米亚传来博塔在豪尔萨巴德进行发掘的消息，于是莱亚德决定放弃麻烦不断的外交工作，孤注一掷地从事考古。坎宁慷慨地表示愿负担他的费用，至少是短期内的费用。

与此同时，东印度公司在孟买教区的乔治·巴杰牧师亲自去了尼姆鲁德。他在《聂斯托利教徒及其仪式》一书中之所以较高地评价莱亚德，是因为后者去尼姆鲁德亲自向斯特拉特福德·坎宁爵士生动地描述了差不多撒满地面的砖头碎片，上面满是楔形文字铭文。这直接促使坎宁"慷慨地"赞助莱亚德，"我们相信，只要这些记录被证实和《圣经》经典所记载的史实有任何关系，它们都会为《旧约》经文的真实性提供更多的重要证据"。

大概主要因为坎宁，也有巴杰的影响，莱亚德才能再次凝视尼姆鲁德的巨大土丘，想象着"地下宫殿、庞然大物、人物雕像和无穷的铭文"。他不会感到失望。只用六个人工作了一天，他就发现了这座古城的两处最重要的宫殿，分别叫"西北宫"和"西南宫"。果然不出所料，到第一个月月底，他就发现了想象中的这些庞然大物和塑像。从那时起，他的所有努力都带来了好运和赞誉，如他所愿。

巴格达当时的行政长官是享利·克莱斯维克·罗林森（Henry Creswicke Rawlinson），他在古巴比伦文字的解读中发挥了重要作用。莱亚德当时连阿淑尔巴尼帕或阿萨尔哈东的名字都不会读，就向驻地的罗林森求助。罗林森 1827 年离开英国，就职于东印度公司。他当时对东方的语言和历史一无所知。但他一到印度就自学梵语、阿维斯陀语和波斯语，1833 年供职于波斯。他在波斯波利斯抄写铭文，两年后在克尔曼沙阿担任伊朗沙阿（Shah，即君主）的弟弟的军事顾问。克尔曼沙阿在贝希斯敦以西仅 35 公里处，那里一个离地 122 米高的岩壁上刻写着重要的铭文。从下面可以非常清楚地看到一条人物浮雕带：波斯国王大流士在审判九个叛匪首领。铭文用三种语言写成：古波斯语、阿拉姆语和巴比伦语。前两种语言的铭文可以灵巧地攀登靠近，虽然有些危险；但最上部的巴比伦语铭文只能使用绳索和梯子才能靠近，所以直到 1847 年才完成抄写。不满于当前的挖掘情况，罗林森回到贝希斯敦，劝说一名库尔德青年爬到将巴比伦语铭文与其他语铭文分隔开来的岩架上，按照罗林森在下面喊叫的指示将铭文拓印到纸上。令人惊奇的是，该方法很有作用：这些拓印件终于到达大英博物馆并及时被破解。五十年后它们被老鼠啃光了。

1837 年，罗林森翻译了第一部分古波斯语铭文和阿拉姆语铭文，将其译文寄到皇家亚洲学会。1846 年至 1850 年间，爱尔兰牧师爱德华·希克斯（1792—1866）也在研究该批铭文。他编印了巴比伦语和亚述语的字音表，证明（他称为"阿卡德语"的）这种语言是音节语言而不是字母语言，其书面形式也结合了有表意和限定作用的符号。他的工作使罗林森得以翻译完成《论贝希斯敦的宏伟波斯语铭文的巴比伦语翻译》的第三部分，并于 1851 年出版。

早在 1845 年初，莱亚德就见过尤金·弗兰丁从 1844 年 5 月以来在豪尔萨巴德创作的绘画。他在《马耳他时报》上就这些绘画写了系列文章，随即被英国报纸转载，产生了较大的轰动。莱亚德始终认为，是法国人在豪尔萨巴德的这些发掘使欧洲人对远古美索不达米亚非常感兴趣，但他仍热切地希望英国首先展览文物。但是，由于英国政府不理解这些发掘的重要性而采取拖延态度，实际上是卢浮宫比大英博物馆早大约三个月展览美索不达米亚的文物。博塔和弗兰丁的工作得到慷慨补偿，但与他们不同的是，莱亚德刚开始工作时，除了坎宁的赞助和后来微不足道的酬金以外，没有得到丝毫补偿。

博塔从豪尔萨巴德发运的第一批文物于 1847 年 2 月到达勒阿弗尔港，卢浮宫里新开出两间房屋用于展示亚述文物，路易·菲利普国王于同年在其生日 5 月 1 日举行了有精挑细选的学者参加的开幕式。热门畅销杂志《画报》5 月 15 日刊登热情洋溢的文章，称赞石灰石平板上的精微细节，皇家人物、军事和家庭生活的细节等远古亚述的画面。一年后，《绘画杂志》（*Le Magasin Pittoresque*）概述了截至目前的这一伟大发现，刊印了一幅叫《吉尔伽美什》的人物版画，该版画理所当然成为该杂志中最受欢迎的一幅画。但是，民众还是不来：尽管有自己的专门机构即东方文物博物馆，但这些发掘没有被很好地展出，也没有书面导语，更没有导游来解释大多数未加标识的展品。

无论如何，政治即将超越考古。亚述文物展室在 1848 年革命的几个月期间停止开放，直到 1849 年 3 月 18 日才重新开放；革命结束后，《绘画杂志》上的另一篇文章有些缺乏热情，在略加赞扬的同时批评亚述人观察和再现大自然的能力（屡次出错，人物呆板，不生动逼真），尤其与以下表述形成鲜明对比："伟大的比例科学指导着埃及人""希腊人的风格与生活的奇妙和谐"。

　　显然，尽管外界的氛围更和平，从 1857 年到 1867 年开设了更多的亚述展室，但内部气氛仍然悲哀忧郁，冷淡凄凉。爱弥尔·左拉在关于第二帝国时期一个家族的自然社会史的小说《小酒店》（1877）里讲了一群粗俗的婚礼客人参观卢浮宫的经过。他们到卢浮宫里来是为了躲雨，不经意间发现自己来到亚述博物馆，馆里很冷，千疮百孔，全是巨大的石头人，鸦雀无声，黑色的大理石神像，穷凶恶煞的野兽，半猫半人的女人。（这听上去更像这群人此时闯入了埃及展室，碰上了赛克美特［Sekhmet］的几座雕像。）它们肯定没有给人留下印象："他们发现这太难看。"至于用腓尼基文字写的铭文，这是不可能的，"没有人能读懂这本像天书一样难懂的书"（难以辨认的潦草字迹）。

　　直到 1883 年初，豪尔萨巴德的浮雕才配置了更令人愉悦也更有知识性的背景介绍。建筑师埃德蒙·纪尧姆（Edmond Guillaume，1826—1894）就展品的安排布置提出过建议，此前，当时著名的艺术家费利克斯·托马斯（1815—1875）根据维克多·普拉斯（Victor Place）的描述以波斯风格设计过装饰品：长翅膀的牛、狮子和鹰。实际上，托马斯在 1853 年去过美索不达米亚，去巴比伦的路上遇见普拉斯。托马斯依据其游记画了两幅油画：《出现在豪尔萨巴德大城门的公牛》和《尼尼微废墟前面的哨兵》（它们实际上是豪尔萨巴德的废墟，但尼尼微听起来更浪漫）。

　　相反，莱亚德的伟大发现运抵英国后立即引起了广泛的兴趣，尽管某些高贵名流有保留意见。威廉·汉密尔顿，大英博物馆的受托理事之一，曾部分地负责购置罗塞塔石碑和埃尔金石雕（他被当时一位手稿保存者公开描述为一个"偏颇的坏脾气的同伙"），他把莱亚德的发现称为"一堆垃圾"，"真想把它们都扔进海底"。实际上，他差点就实现了自己的愿望：来自尼姆鲁德西北宫的 12 箱浮雕从尼姆鲁德到巴格达，又经巴士拉和波斯湾，再到孟买，然后到伦敦，虽然浸入过海水，但最终完整无损地到达目的地。汉密尔顿断定，没有合适的房间来存放它们，大英博物馆希望保持希腊文物的"纯净"。

图 9.4　尼尼微的辛那赫里布王宫里的亚述翼牛，约公元前 700 年。这种塑像往往高四米多

　　幸运的是，他的这一想法被驳回；这些文物一有空间就被陈列出来。《伦敦新闻画报》（*The Illustrated London News*）横贯两个版面的文章以兴奋的笔调描述了将要展出的文物，公众受到鼓舞，蜂拥而至，前来观看一个民族庞大而野蛮的代表之物，这些人认为自己在阅读《圣经》时就对这个民族有所了解了。其魅力部分在于展品的巨大尺寸，庞大的五脚有翼公牛和狮子，尺寸比真人大的长胡子的塑像；魅力还在于这些形象的从容和沉着，及其对自身价值的强大信念。

　　起初，这些雕塑在新吕西亚展厅下的地下室展出，讲解员显然需要一刻不停地陪同不断前来的观众观看。这就是它们在 1850 年末所释放的魅力，来自阿淑尔纳西尔帕王宫的长翅膀的牛和长翅膀的狮子被摆在前厅，正对前门；它们将许多参观者成功地吸引到博物馆。诗人但丁·加百利·罗塞蒂（Dante Gabriel Rossetti）在其中一个"来自尼尼微的长翅膀怪兽"、"刻着磨损了的漆黑符文"映入眼帘时，自称经历了一次神秘体验。

翼牛似乎抓住了人们的想象力，1851年2月8日，《家常话》（*Household Words*）发表了 W. H. 斯通（其身份不明）的独白；独白说，这头翼牛讲述了自己的身世、它所看到的文明兴亡和它被运送到一个陌生地方的经过。无论斯通是谁，他显然通晓古代史，懂得以前一度强大的帝国化为乌有的悲哀；他传递的信息足以警示后人。

> 我是来自尼尼微的牛。我出生在一条大河旁边的石坑里……因为我是一块没有形状的石头长成的，只不过长得恰到好处，这得力于伶俐的工匠的巧手制造了我；……凿子刻出了我的耳朵，所以我能听见；凿子切开了我的眼睛，所以我能看见……我旁边是像我自己一样的伙伴；我们俩护卫着门槛……我认为，我本人就是这个国家的历史的守卫者，是权力的象征；这个想法铭刻在我微笑的脸形上，这脸形迄今还在：既自豪又庄严……［萨达那帕拉继承了王位］……音乐的声音敲击我的耳朵，还有歌声和妖娆的舞蹈；没有了战车、军队的轰隆声和胜利者的喊叫声……［基亚克萨雷斯（Cyaxares）来到后，阿淑尔陷落。］异族人长时间占据了我们；远古建筑的美丽逐渐褪去：墙垮塌了，屋顶损坏了……最后，这座建筑摇摇欲坠，坍塌了；在其他地方，大火完成了征服者的工作；给我们留下寂静的废墟……［时间在消逝，游客远道而来；于是他再次出现］……最后，起防护作用的土掉到地上……一会儿来了一个人，好像是神……他注视我时脸上充满欢乐……他无言地沉稳地注视时，我认识到我变化了的境况……我长眠不醒，醒来又觉得可耻，感觉每况愈下。我很难过，因为我越来越没有自豪感。我被击倒在属于自己的古河旁边……我在波涛汹涌的水上颠簸了好多天。现在我站在一个陌生的地方……他们说，我离我破败的家很远，我在一个比故乡更令人自豪、更壮丽辉煌的城市，但不要吹牛，你们这些短命的自以为了不起的动物。我

已超越了许多强大的王国，或许我可能注定要再超越一个。

坎宁也发现，长翅膀的怪兽有当代意义。他写信给莱亚德，"长人头的巨牛——正适合大英博物馆"。关于莱亚德即将出版的著作的主题，英国驻君士坦丁堡大使馆的东方事务秘书查尔斯·艾利森（Charles Alison）爵士给他提了一些不错的建议："用许多泥板写一部弥天大谎（他写道），搜出古老的传说和逸闻趣事，你若能以任何办法哄人相信你确证了《圣经》中的任何要点，你就将功成名就。"

艾利森的忠告有先见之明：莱亚德的《尼尼微及其遗存》（*Nineveh and Its Remains*）在 1849 年发表时，评论界欣喜若狂。印刷几乎赶不上需求。《泰晤士报》称其为"当代最非凡的作品……我们读他的作品，心思不可能不全神贯注，对那一时期及其艺术作品的发展水平感到惊奇"。不仅文物本身被人们关注，这本书的发行也遍布全国，且供不应求，前四年就卖出两万册。它仅次于《尼尼微古迹》（*Monuments of Nineveh*），一本由在尼姆鲁德发现的 71 块泥板上的浮雕、装饰品和文物（包括象牙制品）图片组成的小册子。第二年，大英博物馆的 W. S. W. 沃克斯（Vaux）出版了《尼尼微与波斯波利斯》；1851 年 5 月，莱亚德出版了《在尼尼微发现的文物之通俗解释》（*A Popular Account of Discoveries at Nineveh*），在万国博览会上很畅销。1853 年，他出版了《尼尼微和巴比伦遗址中的发现》（*Discoveries in the Ruins of Nineveh and Babylon*）。

但有些人仍然持怀疑态度。皇家艺术学院的雕塑教授，也是大英博物馆山墙上《文明的进步》的作者理查德·韦斯特马科特（Richard Westmacott）爵士，在 1853 年（"尼尼微画廊"在大英博物馆开办的同一年）召开的国家美术馆特别委员会上，被理查德·蒙克顿·米尔恩（Richard Monckton Milnes）严厉质问："尼尼微的雕塑是否会降低民众的品位，从而使他们不像先前那样更倾向于研究具有重要文物价值和伟大艺术价值的作品？"针对这个问题，韦斯特马科特回答说："我认为，任何艺术家都不可能把尼尼微石雕视为供研究的作品，它们当然不是用于研究的；像古埃及艺术作品一样，它们是规范（prescriptive）艺术之作。没有人会考虑研究古埃及艺术。"当被问及与埃尔金大理石石雕相比，人们是否会对尼尼微石雕更感兴趣时，他说："不，人们看尼尼微大理石石雕时，会想起他们的《圣经》。他们会认为这些石雕是他们非常感兴趣的一个时代的令人好奇的纪念品，但人们对埃尔金石雕感兴趣的原因在于，埃尔金石雕作为艺术品是卓越的。"令人好奇但并不伟大的艺术，对学术精英来说，并不能撼动古希腊的地位。

苏格兰建筑师亚历山大·汤姆森（Alexander Thomson）以其希腊复古式建筑风格的作品闻名于世，所以获得了"希腊人"的绰号；他为格拉斯哥设计了一些亚述风格的建筑，至少有一座建筑至今依然矗立，即位于亚皆老街 63 号的青年首领大楼（Buck's Head Building）。其第一二层用亚述圆柱连接，圆柱的一端有宽大的支架状柱顶，用来支撑沉重的铸铁阳台。汤姆森修建这座楼及其他亚述和巴比伦装饰建筑的灵感来自詹姆斯·弗格森（James Ferguson）于 1855 年出版的《建筑学插图手册》，书中写道：

> 我们现在很熟悉亚述的建筑……1843 年以来，我们的建筑史增加了全新的一章，它所引起的兴趣当然不容低估，不仅因为其自身的内在价值和多种美丽的形式，还因为其历史价值……它是所有爱奥尼亚建筑的源泉。

在法国，学术界致力于理解新发现的文明，出版了莱亚德的老朋友保罗-埃米尔·博塔、尤金·弗兰丁和帕斯卡·科斯特所著的关于法国人的考古发掘的书，这些书非常精美，也极为昂贵。亚洲学会会长朱利叶斯·莫尔（Julius Mohl）对美索不达米亚的出土文物富有热情和兴趣。他的英国妻子每星期五晚上在位于巴克街 120 号的公寓里举行沙龙，在这里，她丈夫的来自不同学科的学者同事聚集在一起自由地交换思想。这无疑与法国人在研究古代美索不达米亚时的良好组织方式有关，尤其是莫尔每年都会向亚洲学会提交年度报告，借此他在全欧洲的所有同事都能了解最新形势。

博塔首次被提及是在 1841—1842 年的年度报告里，法国政府决定把这些极为有趣的发现带到法国来。1844 年，博塔在豪尔萨巴德的发现激励了整个欧洲；人们期待巴黎很快拥有很多雕塑，来为塞弥拉弥斯的帝国提供实质性证明。莫尔在 1849 年的报告里主要讲了莱亚德及其出版的作品。他说到《尼尼微及其遗存》的巨大成功，然后以相当长的篇幅详述了描绘尼姆鲁德的主要浮雕和铭刻的《尼尼微古迹》。莫尔对这本大英博物馆赞助的包含铭文图片的书赞不绝口。该书有很多可取之处，他说，尽管它不是什么宏大的作品，但是莱亚德的书应人手一本。博塔的书只有少数特权阶层能拥有。两年后他重申了这一观点，说"这部太过华丽的作品形式不便，价格过高"，限制了大量的读者群。他还报告了莱亚德在科永吉克（Koyundjik）土丘的发现，包括他认为的亚述皇家档案。他希望这些发现能完整无损地运抵英国，丰富大英博物馆里的亚述馆藏，以便学者们加以利用。它们的确扩大了大英博物馆的泥板收藏，其绝对数量已经给亚述学家带来并将继续带来艰巨的任务。成千上万的泥板（许多已残缺破碎）来到西欧，放在博物馆里，但没有人力、时间和空间来处理。E. A. 沃利斯·巴奇（E. A. Wallis Budge）爵士在 1925 年估计，大英博物馆仅来自尼尼微的泥板就有 25 000 件，还不包括那些残缺破碎的。从那时以来，对这些泥板以及来自美索不达米亚其他遗址的数以千计的泥板所做的工作从未停止，但要得到所有这些泥板的秘密，还有无限多的工作要做。

莱亚德的《尼尼微和巴比伦遗址中的发现》出版时，莫尔再次慷慨地表达了对英国人所做努力的感激。英国人为法国人树立了榜样，让法国人可以很好地效仿。两国在亚述文物上花费的资金大致相当。但是，虽然法国在发掘上有巨大优势，英国的收藏却更丰富，因为他们把钱明智地花在文物挖掘上，在图书出版上却很克制，而法国反其道而行之。实际上，英国公众买得起有关这些发掘的书，而且在图书馆可以借到。这些美观的法国书只在大图书馆可以借到（"向旅行者展示的珍品"），价格昂贵得连世界上最值得拥有它们的两人即莱亚德和罗林森也买不起。这可能是真的，但不可过高地称赞法国的出版成就：这些极其美丽的泥板经受了时间的考验，远胜于那些对原件的复制或描绘。

1849 年至 1850 年间出版的《尼尼微古迹》（*Monument de Ninive*）有五个部分。前两卷收录了来自豪尔萨巴德的华丽图版，有建筑物外墙、高台和浅浮雕，有些有残余色，还有皇冠、珠宝、瞽头和武器等物品的细节。第三、四卷专门讲楔形文字铭文。第五卷讲述了关于亚述人的迄今为止不完整的、矛盾的以及传说的信息，主要原因是《圣经》展示了一个"在战争方面如同在艺术方面一样出色"的民族。1851 年，弗兰丁和科斯特的《波斯之旅》（*Voyage en Perse*）面世，也有五卷。几乎所有这些泥板虽然都与波斯波利斯有关，却呈现了当时的爱好者和学者都熟悉的主题：长翅膀的牛和狮子、棕榈叶图案和蔷薇花图案、穿有穗带长袍的大胡子官员。直到 1867 年至 1870 年间，最后一卷法文版巨著才问世，即维克多·普拉

图 9.5 坎福德学校的尼尼微门廊里的亚述式铁门

斯的三卷本《尼尼微与亚述》（*Ninive et l'Assyrie*）。在第一卷的引言中，普拉斯讲了大约二十年前的早期发掘，然后进行了总结。他在第二卷发表了既有音译又有转译的楔形文字铭文。第三卷收录的泥板确实鼓舞人心，有的颜色鲜艳，很多泥板都是对古迹的想象性的重建。他同样配了圆筒印章和泥板的插图。

虽然莱亚德命中注定不会一直留在英国在美索不达米亚的文物发掘工作前线，但是他的名字会永远与亚述学联系在一起。早在 1851 年，他就对发掘感到了厌倦，尽管他还在继续详细记述他的发现，他的新书《尼尼微与巴比伦》（*Nineveh and Babylon*）于 1867 年出版。除了他出版的图书，他还留下一件建筑纪念品：位于多塞特郡伯恩茅斯附近的坎福德宅第（Canford Court）的"尼尼微门廊"；该宅第是约翰·盖斯特（John Guest）爵士及其妻子夏洛特的家，她是莱亚德的表姐，他们后来成了他的岳父母。这座尼尼微门廊实际上是与该房子相连的小博物馆。入口两侧有来自尼姆鲁德的庞大的有翼牛和有翼狮，其后是一对巨大而精美的铁制大门，上面是维多利亚女王时代首次亚述复兴时的流行装饰。每扇门上都有三个又大又圆的有翼牛图案，每个圆形图案被放进着亚述环形装饰的正方形里。正方形的每个角上都有真实花卉的图案。两扇门的上方有半圆形拱顶，上面绘有长翅膀的日轮和两头跪着的翼牛，没有皇冠和颌毛。博物馆内部有一扇精美的彩色玻璃窗，其上绘有棕叶饰和莲花纹，制作得红蓝相间，鲜艳亮丽，与大门在形状和构思上相呼应。木制天花板的着色为深蓝色，绘有金色的棕叶饰、月牙和星星。铁制品的装饰和图样以在莱亚德的《尼尼微古迹》中再现的尼姆鲁德西北宫殿里的 B 室和 C 室中的装饰和图样为基础。博物馆陈列了来自尼姆鲁德的一小部分文物藏品，入口处两侧的墙上悬挂着至少七件大幅浅浮雕，它们显然来自辛那赫里布的尼尼微宫殿。

坎福德宅第在第一次世界大战前夕出售，后来成了一所男校。尼尼微门廊成了该校的食品店，现在仍然是食品店。彩色玻璃窗和彩绘天花板保存了下来，这些壮丽的大门也仍然矗立着，外观轮廓仍然可以追溯出莱亚德的贡献。但是，有翼的庞然大物、浅浮雕和其他装饰品，几乎什么都没有留下。庞然大物现在在纽约大都会博物馆，浅浮雕作品则只有伦纳德·伍利（Leonard Woolley）爵士 1956 年参观该男校时见过的其中一件。由于涂了多层白漆，浅浮雕几乎无法辨认，于 1959 年以 14 000 英镑的价格售出。有关那里的藏品下落的故事现在已出版。其他浅浮雕于 1994 年被重新发现，同年 7 月 6 日在伦敦以 7 701 500 英镑的价格出售给了一家日本宗教团体。

修建尼尼微门廊时，莱亚德的未来新娘只有 3 岁；1869 年莱亚德与她结婚时她 25 岁，时年他 52 岁；婚后不久他给妻子送了一只亚述手镯，后来又送了一条亚述风格的大项链，还有与之相配套的耳环。莱亚德太太在 1869 年 3 月 23 日的日记里描述这只手镯说："今天，亨利给我一只手镯，上面有他在尼尼微发现的阿萨尔哈东的印章，由菲利浦斯公司镶造的。"这只重手镯的中心有一枚美丽的大红玛瑙圆筒印章，两边的狮子头由用铰链接合的半圆形金环连接。几乎可以肯定地说，这枚印章不是阿萨尔哈东的，可能是在尼姆鲁德（阿萨尔哈东的西南宫殿里）发现的，而莱亚德认为是在尼尼微。项链和耳环是为了与手镯配套而制作的，这一整套首饰装在一只令人印象深刻的新月形盒子里。这条重项链由 11 枚圆筒印章和 4 枚戳形印章组成，质地为玉髓、玛瑙和赤铁，色差很大，但主要是白色、浅灰色、蓝色和褐色。每枚圆筒印章的顶端用金包裹，用有突出的荷花芽的金珠与相邻的印章分开。三枚戳形印章悬挂在项链的底端，用吊在狮子头上的金环包裹。第四枚戳印形成扣项链的钩子，镶在绞合的金边里。耳环由另两个裹金的玉髓圆筒印章组成，都是玉髓悬挂在与项链相同的狮子头上。每个印章下面悬挂着一个金松果。最后一个图案特别表明珠宝的设计师和制造人仔细研究了大英博物馆里的亚述浮雕，因为以前从未有过这种特殊形状的珠宝。

1870 年，莱亚德太太请西班牙画家维森特·冈萨雷斯（Vicente Palmaroli y Gonzalez）在马德里给她画像时，就戴着这一整套首饰。每次两小时，她坐在那里请画家画像，先后进行了 23 次才完成。她穿着绿色方领天鹅绒连衣裙，很好地衬托出这些珠宝的粗犷壮丽。据说，莱亚德夫妇 1873 年 7 月去奥斯本（Osborne）赴宴时，维多利亚女王对这件珠宝评价很高。莱亚德太太在日记中写道："我戴着非常令人羡慕的尼尼微项链，

图 9.6　重现亚述风格的珠宝，黄金制品，19 世纪中期，灵感来自收藏在大英博物馆里的源自尼尼微的雕刻

手镯也不断被人传看。"整套首饰装在原有的首饰盒里于 1912 年赠送给了大英博物馆。

　　莱亚德的珠宝虽然灿烂辉煌，但与 1851 年万国博览会前后开始制作的那种亚述式珠宝的款式十分不同，后者一直流行到 19 世纪 70 年代。这种珠宝直接受到了大英博物馆和卢浮宫里的大型浅浮雕的影响，与它们的微缩版并无二致，大部分都是金饰，上面有微小的浮雕复制品。这些复制品有时涂上原色的珐琅，通常金饰的边上饰以看上去很真实的亚述图案，有时只饰以假颗粒。金饰很容易被做成胸针、耳环和手镯，有时做成一整套。有时图案中嵌有宝石。

　　19 世纪的总体特点是对考古主题风格的珠宝的喜爱，即为了复兴古希腊和其他古老题材而制作的珠宝。F. P. 卡斯泰拉尼（F. P. Castellani）从位于武尔奇（Vulci）的伊特鲁里亚人陵墓里的发现得到灵感，于 19 世纪 40

年代在罗马创建了一所考古珠宝学校。但不只是伊特鲁里亚的发现给珠宝商提供了灵感，世界各地的考古发现都激发了人们对希腊、埃及以及亚述风格珠宝的兴趣。19世纪60年代，卡斯泰拉尼的儿子亚历山德罗来到伦敦，在皮卡迪利（Piccadilly）开了一家很成功的商店。他的同乡卡洛·朱利亚诺（Carlo Giuliano）同时来到这里，在福瑞斯街很快又开了一家商店。讨论复兴古风的珠宝时，意大利人卡斯泰拉尼和朱利亚诺当然是最值得关注的名字，但1842年至1885年从事这项工作的英国人约翰·布罗格登（John Brogden）更直接地受莱亚德的发现的影响，在复兴亚述古风的珠宝方面更为突出，因为英国人对这些发现极度自豪。亚述古风珠宝由杰拉德公司于1851年在万国博览会展出，该公司展出了一只"抛光金手镯，其镶有红宝石的圆形中心上有来自尼姆鲁德的雕塑"。另一家公司即亨特和罗斯克尔（Hunt and Roskell）公司有"仿尼尼微大理石的祖母绿、钻石、红宝石等做的耳环样品"。当然有许多准确的关于耳环样品的信息可供参考，设计师肯定会去大英博物馆或查阅有关书籍以获取细节。例如，约1860年由约翰·布罗格登制作的一只手镯装饰着阿淑尔巴尼帕将祭酒倒在被宰杀的猎物上的场景，这是放在大英博物馆里的来自尼尼微的几个猎狮浮雕中的一幅。类似款式的首饰还有一枚由匿名制作人制作的胸针，展现的是国王猎狮后胜利归来的场景：在宫廷官员、士兵和乐师的陪伴下，国王将祭酒倒在一头死狮上，虽然在原始浮雕里是一头公牛。整幅浮雕的顶部是一只带翼的狮子头，周围是装饰性图案。此浮雕图片在《尼尼微古迹》（1849）里出现过。伦敦的 J. E. 拜克斯公司（后为拜克斯和施特劳斯公司［Backes & Strauss］）为了避免被复制，于1872年7月在专利局注册了七幅图案，其中四幅图案的灵感来自美索不达米亚的浅浮雕。基于其中一种图案的手镯现存于大英博物馆，描绘了猎狮的场景，其灵感来自尼尼微的阿淑尔巴尼帕宫殿里的浮雕，但有所添补，如头顶上飞过的鸟。另两幅图案很难直接找到源头，一幅展现了国王的两侧分立着两个全尺寸的手提松果和水桶的精灵，再两边是两位官员的画像；另一幅的中间画的是带翅膀的牛，长翅膀的精灵分立两侧，还有更多带剑的官员。但是，在《尼尼微古迹》中也有类似的图案。还有一个图案看上去显然很亚述：穿着正式的官员提着悬挂在粗竿上的死狮，跟在提着另一只死狮子头的国王的后面，但这种场景不是真实的重现，尽管其主题（使人想起撒缦以色三世的黑色方尖碑里的类似情景）和风格当然是可能的。迟至 1872 年的伦敦国际博览会，斯卡伯勒（Scarborough）市的一家叫布莱特父子（Bright & Sons）的珠宝公司还在宣传"亚述风格"的珠宝，但人们对它的兴趣却已经开始下降。

1857 年，约瑟夫·博洛米（Joseph Bonomi）汇总了截至当时有关美索不达米亚考古发现的故事，出版了一本建设性的纲要作品，附有人们想知道的每件事的梗概、236 幅插图和地图，书名为《尼尼微及其宫殿：博塔和莱亚德的发现，〈圣经〉解释应用》。由于这部纲要和莱亚德自己发表的作品与《圣经》有各种各样的不可抗拒的联系，所以有助于许多英国民众认真关注远古美索不达米亚；人们成群结队地涌到为万国博览会建造的水晶宫里的尼尼微宫殿。

亨利·莱亚德亲自为水晶宫公司写参考手册，约翰·默里从莱亚德已发表作品里截取插图，法国政府和英国政府允许按照卢浮宫和大英博物馆里展出的亚述雕塑浇铸模型，在尼尼微宫殿里展览。宫殿本身长 126 英尺（约 38.4 米），进深 63 英尺（约 19 米）。其正面有五个吊窗，进深方向有两个吊窗。宫殿分为两个房间，大的用尼姆鲁德西北宫殿里发现的雕塑铸件装饰，小的则"在房间尺寸允许的范围内"重建尼姆鲁德的一个大厅，浮雕尽可能按照出土时的顺序排列。莱亚德有能力向游客保证他仔细研究过布局和颜色对比，以求给他们提供非常有吸引力的补充信息，如亚述人追捕狮子和野牛的方式及其攻城方法（附有对破城槌和人造塔的描述）。如果不与《圣经》的记载做参照，维多利亚时代的游客当然会有种被欺骗的感觉，而上述参考手册可以使人确信，这些近期发现"十足地印证了"《圣经》的记载。

位于水晶宫的尼尼微皇宫为至少三幅全景画提供了灵感，它们在那个前电影时代大受欢迎：一幅在莱斯特广场（Leicester Square）的全景画展览上，叫作《尼姆鲁德，尼尼微城的一部分》（*Nimroud, Part of the City of Nineveh*），由罗伯特·伯福德（Robert Burford）在 H. C. 塞卢斯（H. C. Selous）的帮助下绘制；另一幅叫《巴比伦平原上的金色景象》

图 9.7　悲剧《亚述国王萨达那帕拉》中的宁录殿堂，公主剧院，1853 年

（*Golden Image in the Plain of Babylon*）；第三幅在格罗夫纳街（Grosvenor Street）3 号展出，叫《哥特式大厅的日常生活》（*Daily at the Gothic Hall*），表现了"尼尼微的大型移动立体画"，由大英博物馆托管理事会派遣的艺术家 F. C. 库柏（F. C. Cooper）"协助莱亚德博士"绘制。库柏先生还举办了解释性讲座，入场费一先令。

　　与此同时，非凡的演员经理查尔斯·基恩（Charles Kean）通过制作五幕悲剧《亚述国王萨达那帕拉》，将对远古美索不达米亚的这种兴趣搬到剧院现场，于 1853 年 6 月 13 日星期一首演。该剧基于拜伦的诗，但其布景和服饰详细地体现了莱亚德在尼尼微的发现，甚至得到"最有资格对这一极其有趣的主题发表权威意见的专家的认可"，该评判人即莱亚德本人。有两个主要布景是由戈登、劳埃德和戴斯先生制作的，他们在大英博物馆花费很多时间绘草图，所绘景观极大地暗示了这座衰落的"城市女王""由于过度奢侈和辉煌"而加速衰落。这些草图展示了底格里斯河岸上的尼尼微的壮丽微缩立体布景，王宫里的尼姆鲁德殿"注定被焚为灰烬"，里面有长翅膀的狮子和雕绘精细的雕塑。

基恩非常乐意承认他受惠于莱亚德和博塔的伟大发现。这些发现埋在地下 3000 年，揭示了远古亚述人"如此真实的"服饰、建筑和风俗。他说，大英博物馆里的雕塑"被严格地模仿"，所以才能将拜伦勋爵的悲剧诗恰当地改编成戏剧，而在此之前这毫无可能，因为"我们不懂亚述人的建筑和服饰"。他认为自己非常幸运的一点是，有幸把"闻名遐迩的英国人的重大发现与另一位英国人的诗歌创作联系起来"。

为了达到他想要的效果，他的确不遗余力，不惜代价。迎接他的评论也绝大部分都表达了惊喜和赞叹。《伦敦新闻画报》（*Illustrated London News*）在 6 月 18 日的一篇评论里声称，这是"最华丽的舞台表演"，"是英国国家舞台的荣耀"。查尔斯·基恩饰演的萨达那帕拉，留的胡子像古老雕塑里的人物的胡须，看上去绝对真实，但该杂志（在其保留意见中）怀疑，他模仿那些刻板的形象时肢体和身体的角度位置是否有些过分热情。"东方人的动作并不能证明这种角度位置是对的"（该杂志说），"他们的举止一般都比较轻盈圆融"。这篇文章没有提到舞女，基恩在《莱西演出脚本》（*Lacy's Acting Edition*）中十分详细地描述了她们的服饰："白色美利奴羊毛连衣裙及踝，宽大，但没有里衣。"我们也不知道拜伦会将他从未打算上演的诗歌改编成什么样的剧本，他大约三十年前在迈索隆吉（Missolonghi）死于高烧。

在法国，卢浮宫里的宏伟雕塑所散发的艺术影响，更加难以估量。古斯塔夫·多雷（Gustave Doré，1832—1883）费了十五年多的时间研究他为 1856 年出版的《圣经》法语版绘制的插图。接着其他欧洲语言的版本和希伯来语版本相继出版，第二年，英国的卡塞尔（Cassell）公司发明了一种新的电镀工艺，使得原先昂贵的木刻可以有质量保证地无限复制，英文版《圣经》因而获得了庞大的市场。它在整个英语世界确实成了畅销书。

《旧约》的插图非常讨人喜欢，富有表现力：《历代志下》第 9 章第 1 节说，接待示巴女王的所罗门拥有奇怪的有翼畜牲；《以斯帖记》第 1 章第 10、11 节说，拒绝服从亚哈随鲁王指挥的王后瓦实提拥有真正的翼牛，同样还有《但以理书》解释灾祸将临的预兆（《但以理书》5：5、25）和约拿向尼尼微人布道（《约拿书》3:3—4）。特别是"以斯帖在国王面

图 9.8　古斯塔夫·多雷为《圣经》插图《约拿向尼尼微人说教》而作的版画印刷品，1856 年

前"（Esther Before the King，《以斯帖记》15：6—7），"但以理挫败贝尔的祭司"（Daniel Confounding the Priests of Bel，《贝尔与龙》7）和"玛他提亚以及叛教者"（Mattathias and the Apostate，《玛加伯上》2：23—24），波斯波利斯遗址通过双头柱和有翼圆盘表现出来。"巴比伦陷落"（Babylon Fallen）描绘了更奇异的有翼野兽以及凶猛的大象（《启示录》18：5）。多雷可能熟悉约翰·马丁的作品，他在"以赛亚眼中巴比伦的倾覆"（Isaiah's Vision of the Destruction of Babylon，《以赛亚书》13:20—22）中描绘的遥远的巴比伦塔楼和在"阿尔塔薛西斯给予犹太人自由"（Artaxerxes Granting Liberty to the Jews，《以斯拉记》7:13）中描绘的尼尼微露天阶梯看台都得益于早先的艺术家。

另一方面，埃德加·德加（Edgar Dégas）的绘画《塞弥拉弥斯修建巴比伦》（*Sémiramis construisant Babylone*，1860）与卢浮宫里的雕塑没有任何关系。这幅有些朦胧的绘画看上去更像埃及绘画（荷花饰带）而不像亚述绘画。维克托林·德·琼西尔斯（Victorin de Joncieres）和亨利·贝克（Henri

图9.9　亚述式白色细瓷塑像，1851年

Becque）创作的歌剧《萨达那帕拉》于 1867 年 2 月在巴黎上演，其埃及背景也有荷花柱头和象形文字铭文（以及几个希腊陶罐）。唯一的亚述特征是国王蓄着独特的胡子。

19 世纪，人们往往用半身像和大理石雕像永久纪念当时的重大事件及伟人。起初，由于大理石价格昂贵，只有富人能得到这些纪念品。约在 1843 年，科普兰瓷器公司的艺术总监托马斯·巴特拉姆（Thomas Battram）发明了（至少他被认为是发明者）一种新的陶瓷产品，它非常成功地模仿了白色大理石，未上釉彩，有很细的粒状光洁度。科普兰将他们的新产品命名为"雕塑瓷"，但后来改名为"帕罗斯瓷"（Parian Ware），以赋予它古典的声誉，宣称它非常像来自希腊帕罗斯岛上的白色大理石。这种新产品容易使用，它还很结实，可以塑造出最精确的细节。最主要的是，它很便宜。它在 1851 年的万国博览会上向公众展示，此后给许多独特而大胆的设计提供了灵感。维多利亚女王时代的大部分重要人物，包括维多利亚女王本人和查尔斯·狄更斯也有这种白色细瓷器材质的雕像，它也被用在例如纪念美国废除奴隶制的大型制作中。1868 年，大英博物馆东方部的职工 A. 海斯（A. Hays）直到此时才被公认为雕塑家，他基于该博物馆里的浅浮雕仿造了许多亚述雕塑。第一组只包括两人，即辛那赫里布和阿淑尔巴尼帕（或萨达那帕拉，由于该名字富有魔幻魅力，广告很快把它也加上）。此外，还增加了萨达那帕拉王后的雕像、一座叫作"尼姆鲁德的头"的翼牛头形状的小花瓶，以及狮子图案的纹章，上面刻有用楔形文字写的辛那赫里布的名字，和一行腓尼基文字。1883 年，海斯完成了一组雕像，由有翼人头牛和有翼人头狮组成。1894 年，欧文·黑尔（Owen Hale）设计了一块花园景观的牌匾（22 × 8.5 英寸），描绘阿淑尔巴尼帕及其王后在花园里饮宴作乐的情景，其实这幅精密的浅浮雕是对莱亚德发现的现藏大英博物馆的浮雕的复制。此后，全套塑像由阿尔弗雷德·贾维斯（Altred Jarvis）重新发行，昂贵到每套 11 几尼，但每件作品可以单独购买。一个有翼人头狮或有翼人头牛的雕像的价格是 2 几尼，但一个狮子纹章只值 7 先令 6 便士。

从一开始，这些雕像模型就备受推崇。《艺术杂志》（*Art Journal*）

说它们是"会客室和闺房里最惬意的装饰品"。1883 年 10 月的《美国古文物学家》(*American Antiquarian*) 说它们"忠实地再现了亚述艺术,讲演者和教师可以放心地使用"。连莱亚德在尼姆鲁德的接班人霍姆兹德·拉萨姆(Hormuzd Rassam)也认为,他可以将这些雕塑模型推荐给那些希望拥有类似纪念品的人,"他们希望拥有独特的,能表现著名的亚述帝王,如辛那赫里布和萨达那帕拉的陶瓷雕像,也想拥有其他物品的瓷器摆件,尤其是众所周知的尼尼微人头狮和人头牛。它们反映了设计师的高明技艺和良好的艺术品鉴赏力,尤其是设计师为它们确定的公平价格"。

但是,也许埃德温·朗于 1875 年(即他从埃及和圣地巴勒斯坦旅行回来后的那一年)所画的《巴比伦的婚姻市场》,最能体现维多利亚女王时代对美索不达米亚的狂热。这幅迷人的油画在风格上完全不同于严肃而精确的帕罗斯瓷上的画像,也不同于有着华丽却粗陋的浮雕的纯金首饰,其迷人之处更多地归因于想象力而非精确的研究,尽管作者肯定也做了研究。其结果就是画面所呈现的一个诱人的场景:漂亮的和不怎么漂亮的姑娘被拍卖给一群一群的男人。朗逃避到古老的东方世界,这种令当代人震惊的事件在那里是预料之中的。他的主题取自巴比伦的婚姻市场,因为他读了希罗多德(I. 196)有关它的一些记述,但不可避免地给它赋予了个人色彩。理查德·詹金斯(Richard Jenkyns)认为,这幅画中描绘的妇女是受害者,但这在当时似乎是非常自然的。令亚述学家感兴趣的是对近来已有文献资料的准确研究,其规模有目共睹。背景中棕榈树和狮子的瓦面装饰直接取自大英博物馆的浅浮雕。棕榈树可能来自辛那赫里布在尼尼微的王宫,狮子似乎有些温顺,来自阿淑尔巴尼帕的王宫。整个门楣看起来与尼布甲尼撒二世建造的巴比伦南部城堡的主要正殿——直到本世纪初才展现给西方人——中重建的釉面砖饰板有着神秘的相似性。参与竞拍的男人们无论容貌还是服饰都被描绘得非常逼真。姑娘们问题更大,与古埃及艺术经常将女性描绘得苗条而富有曲线不同,再现美索不达米亚妇女的画作很少,仅有的一些看起来有点可怕。朗的画作中的漂亮少女用来吸引目光,画的右边不太漂亮的少女(正如希罗多德对拍卖的描述一样,画的顺序也是漂亮的在前)用以激起人的同情或嘲笑,视观者的性情而定。但少女们穿的衣服都很相似，均为轻薄而贴身的白裙子。金手镯紧扣她们的露臂，镶嵌宝石的发带束住她们编成发辫的头发（至少看起来逼真）。她们浑身都是少女的气息：一个用带手柄的镜子欣赏自己的影像，还有两个在一起窃窃私语。她们紧抱双膝，坐在虎皮上，静候自己被拍卖。

据说这幅画由爱德华·赫蒙（Edward Hermon）出资 1700 几尼委托创作，在皇家艺术学院展出。斯莱德美术学院教授约翰·罗斯金用了大量篇幅，将它描述为"有很多优点的画作，非常值得人类学学会购买"，但有些简洁地得出结论说，没有什么真正的变化："就像在亚述宣布拍卖最美丽最奇妙的少女的身体，每年，我们最奇妙的少女的灵魂不也是在巴黎和伦敦以精神性的方式进行拍卖，以获得社会地位上的精神优势吗？"

该画在 1882 年以 6300 几尼的价格卖出，创下了英国在世艺术家作品的拍卖价格记录。买主是托马斯·霍洛威（Thomas Holloway），他发明了霍洛威药丸和霍洛威软膏。该画仍由皇家霍洛威学院收藏。埃德温·朗于 1891 年去世，是皇家艺术学院最受欢迎的会员之一。他还于 1880 年画了《一个亚述俘虏》（An Assyrian Captive）。

不是每个人都对美索不达米亚图案抱有同样热情。莱顿（Leighton）勋爵在 1883 年 12 月 10 日对皇家艺术学院学生发表的演说中傲慢地声称："亚述或迦勒底雕像在外形上没有给我们留下什么可以被认为是有严肃价值的东西。"他说，亚述艺术"有些粗野"，他还抱怨其浮雕特别是狮子像"冷酷地夸张"。他得出结论，5 世纪希腊的雅利安精神是无与伦比的，因为它代表了简洁和真理，而且至高无上。

然而，艺术家、作曲家和建筑师仍然从美索不达米亚的资料和浮雕中寻找灵感。在法国，乔治·罗什格罗斯（Georges Rochegrosse）于 1886 年画了《发疯的尼布甲尼撒王》（La Folie du Roi Nabuchodonosor）；1891 年，他画了《巴比伦的末日》（La Fin de Babylone）。安托南·普鲁斯特（Antonin Proust）在《1891 年的画廊》（Le Salon de 1891）这本书里称赞了这两幅画丰富的细节和所做的考古学研究。罗什格罗斯还在第二年为居斯塔夫·福楼拜的《希罗底》（Herodias）作了插画，这些画作都表现了某些显著的巴比伦建筑特征。常驻巴黎的两名陶艺家埃米尔·米勒（Emile Muller）和莱昂·帕维莱（Leon Parvillae）当时正在设计装饰性的门楣和用于地板以及建筑物的外表和内景的瓷砖。埃米尔·米勒设想使用仿苏萨的阿尔塔薛西斯宫殿的瓷砖门楣，而帕维莱兄弟公司可以买到亚述瓷砖，用于制作边框、围栏，甚至地板和烟囱装饰，在室内和室外使用。在英国，劳伦斯·阿尔玛-塔德玛（Lawrence Alma-Tadema）爵士画了《春天》（*Spring*，1894），上面有约翰·马丁和古斯塔夫·多雷风格的高耸门廊和柱子；艾萨克·斯诺曼（Isaac Snowman）于 1900 年在皇家艺术学院展出了一幅叫《萨达那帕拉》的画；E. A. 布里奇曼（E. A. Bridgman）在 1901 年画了《尼尼微的皇家消遣》（*A Royal Pastime in Nineveh*），上面有仔细研究过的青铜大门。1875 年 3 月 10 日，卡尔·戈德马克（Carl Goldmark）的歌剧《示巴女王》（*Die Konigin von Saba*）在维也纳首次公演。它于 1885 年在纽约上演，1910 年在伦敦上演。虽然其音乐很平常，景色却非常奇特，有助于该剧的成功。设计师显然做足了功课：两套宏伟的舞台布景展示了翼牛、长胡子的人、日轮和巴比伦的吼狮。故事的背景是公元前 10 世纪的耶路撒冷，其时示巴女王引诱已与所罗门王女儿订婚的阿萨德（Assad）。

图 9.10 1903 年 5 月在阿代尔夫人假面舞会上装扮成塞弥拉弥斯的华威伯爵夫人

还有一个同样宏伟的布景，依据的是伟大的德国亚述学家弗里德里希·德利奇（Friedrich Delitzsch）的作品，出现于1908年在柏林演出的名为《萨达那帕拉》的"宏大的历史布景舞台剧"中。釉彩面板直接取自柏林博物馆里不久前重建的伊什塔尔大门，还有一对看上去明显是赫梯风格的狮子在背墙上怒目而视。

亚述题材甚至进入了英国的社交场景，因为人们争相取悦社交界的焦点人物，即未来的爱德华七世。这是一个奢侈的化装舞会的时代，因为历史题材很受欢迎，而可以穿成克利奥帕特拉的人数量有限，所以塞弥拉弥斯是一个更微妙的选择。华威夫人（Lady Warwick）是王子早期的情妇之一，她装扮成爱德华／亚述女王，蜂腰，身着珠宝饰物，胸前有翼形的圆盘装饰。她显然读过狄奥多罗斯，因为其服饰上有由大白鸽组成的头饰。

在赶时髦地狂热追求所有与亚述有关的事物的同时，学者们在解读深奥的楔形文字方面取得了巨大的进展。他们的成功非但没有证实人们已接受的信念，反而引出了一些更棘手的问题。《圣经》里的部分人物是亚述人，但他们必须说的话与《旧约》的记载不同，需要重新修改。科里（I. P. Cory）的《古代残篇》（Ancient Fragment）于1876年以"新近增订版"再版，序言说，大约五十年前该书首次出版时，"楔形文字研究还没有出现"，"尼尼微仅仅有名无实，巴比伦还很抽象"。1872年，乔治·史密斯拼接尼尼微的阿淑尔巴尼帕图书馆里的残篇断简时，突然意识到他在注视某些很熟悉的东西：关于大洪水的记载，这场大洪水淹没了所有人，除了乌特-纳比西丁及其妻子，以及存放在一艘大木船里的一些生物的种子。这次可怕的洪水持续了六天七夜，洪水过后船停在坚实的泥土上。乌特-纳比西丁先派出一只鸽子，然后派出一只燕子，最后派出大乌鸦，但大乌鸦没有回来，因为它发现了洪水退去后的陆地。1872年12月，史密斯向《圣经》考古学会宣读这一报告时，听众半是入迷半是惊恐。这太不正统了。人们激动万分，所以《每日电讯报》的老板埃德温·阿诺德（Edwin Arnold）爵士给大英博物馆出资1000几尼，让史密斯去尼尼微寻找其他泥板。

在德国，同样的争执即将爆发，且后果相当严重，涉及人格诽谤、前途尽毁、名声扫地，甚至波及威廉二世本人。德国在美索不达米亚的挖掘工作中起步较晚，直到 1899 年，新成立的德国东方学会才开始研究巴比伦废墟。1903 年，他们在阿淑尔开始工作，从此，这处遗址将永远与德国联系在一起；1924 年起，他们在最伟大的神话英雄吉尔伽美什的家乡乌鲁克（《圣经》中的以力）工作。但在语言学领域，德国学者一直处在最前沿。19 世纪 90 年代，一个研究闪米特语，由优秀的研究人员组成的小组（包括内尔德克［Noldeke］和德利奇）努力破解楔形文字记录。虽然他们的工作使人们更好理解了《旧约》，但是这种解释与其字面解释很不一致。有些人走得很远：亚述学家兼神学家雨果·温克勒（Hugo Winckler）提出一个叫泛巴比伦主义的思想，该流派基于这样一种观点，即"各个地方的所有神话都可看作公元前 3000 年在巴比伦发展起来的体系的反射，大部分都是扭曲的"。那么，《旧约》仅仅是一部古老神话集，没有宗教价值或真实性吗？彼得·延森（Peter Jense）解释了古代史诗《吉尔伽美什》，认为它是世界文学中所有神话故事的起源，《旧约》和《新约》都不应作为宗教文献而存在。耶稣基督本人就是以色列的吉尔伽美什。但是，最强烈的攻击是由弗里德里希·德利奇于 1902 年发起的。在美其名曰《巴别塔和〈圣经〉》（*Babel und Bibel*）的讲稿中，他试图用新的视角看《圣经》，认为巴比伦是《旧约》中许多故事和习俗的起源。这份讲稿引起了一场大辩论，以至于直到一年后，德利奇又把它搬上讲台向听众演讲时，这场争议仍在持续发酵。面对台下听众——包括德国皇帝和德国东方学会的全体会员，他声称必须否认《旧约》是神授意的书或神的启示。这样一来，皇帝受不了了，他赶快与这种异端邪说划清界限，宣称"宗教从来都不是科学的结果"；他建议德利奇今后应继续研究亚述学，不要再管神学。

在美国，有两所大学接受了近东语言的挑战，它们先研究希伯来语，然后研究阿拉伯语、古叙利亚语、科普特语，最后研究楔形文字泥板上的苏美尔语和阿卡德语。宾夕法尼亚大学在 19 世纪 80 年代首先设立语言学院，从 1888 年到 1889 年向巴比伦派出最早的探险队。很快，尼普尔地区的重大发掘工作，从神庙图书馆得到了大量的各类铭文泥板。芝加哥大学在田野考古方面屈居第二，但在出版的专业态度和工作人员的薪资方面表现得无与伦比，1919 年，芝加哥大学建立了东方学研究所，从那时起负责编撰《芝加哥亚述词典》（*Chicago Assyrian Dictionary*）。芝加哥的研究所还向美索不达米亚派出卓有成效的考察团。

与此同时，在英国，公众对这种新发现的已消失的语言十分感兴趣，所以，牛津大学亚述学教授阿奇博尔德·H.塞斯（*Archibald H. Sayce*）牧师被说服为初学者写了一本手册《亚述语基础语法》（*Elementary Assyrian Grammar*）。1902 年，A. J. 布思（*A. J. Booth*）在《三语对照的楔形文字铭文的发现和破译》（*The Discovery and Decipherment of Trilingual Cuneiform Inscriptions*）中描绘了"演讲是怎样在各省开始的……争论在许多方面展开，新的发现是否会倾向于证实古代的记录，或者是否会迫使人们修改所珍视的信仰，讨论远远超出了学术团体的范围"。

美索不达米亚题材和装饰被成功搬上舞台以后，不可避免地被当作电影素材使用，而当时电影刚开始成为一种商业活动。意大利诗人加布里埃莱·邓南遮（Gabriele d'Annunzio）为 1914 年发行的电影《卡比利亚》（*Cabiria*）确定了剧情和字幕，其背景是，公元前 3 世纪，汉尼拔（Hannibal）翻越阿尔卑斯山，阿基米德纵火烧船。尽管题材如此，该电影的静物摄影描绘了一些很精美的翼牛，浮雕上的勇士看起来像是按照亚述人的形象设计的，证明这些形象仍在激发大众的想象力。

但是，《党同伐异》（*Intolerance*）这部电影的每一个细节都值得仔细研究和关注，它是空前绝后的。该影片长达三小时，反映了人与人之间的党同伐异这一题材，它由四个不同故事组成，其中一个背景是伯沙撒王时代的巴比伦。约在公元前 539 年，巴比伦落入波斯王居鲁士手里。其他故事的背景是耶稣被钉死在十字架上、1572 年圣巴托洛缪大屠杀和当代美国。导演大卫·沃克·格里菲思（David Wark Griffith）及其助理导演约瑟夫·赫纳波里（Joseph Henabery，他还在影片中扮演几个小角色）仅对巴比伦部分所做的研究就促成了一本八磅多重的剪贴书的编纂。这一鸿篇巨制包括从其他书里剪下的插图，主要反映了一些具体的物品，如甲胄、战车、武器，还有一些不久前画的画，它们很容易使人想起格里菲思想要表现的巴比伦景象。毫无疑问，最深刻地影响过他的三幅绘画是约翰·马丁的《伯沙撒的盛宴》、埃德温·朗的《巴比伦的婚姻市场》和乔治·罗什格罗斯

图 9.11　电影《党同伐异》的两个场景，将巴比伦人表现为有教养的人

的《巴比伦的末日》。最后一幅画被挂在纽约一家饭店的显眼处，格里菲思可能在那里见过它。

在追求细节精准的同时，这部电影也追求整体上的准确。格里菲思真的在好莱坞日落大道附近重建了古巴比伦。那时的土地间杂着田野和半荒漠，在一块约 1 平方千米的土地上，格里菲思开始大兴土木。他最初尝试在离主摄影棚 800 米处建立城墙，但想到这个距离太近，就把城墙往远处移了 1.6 千米。重建后的巴比伦城拐角处的塔楼，数公里外都可以看见，直到 1931 年仍有遗迹矗立着。但最重要的建筑是可以一次容纳 5000 人而不拥挤的伯沙撒大殿。剧组还搭建了伊什塔尔的巨型雕像、阶梯式台阶、约 15 米高的柱子，柱子顶部站着比真实大象还大的大象，挥舞着一条粗壮的前腿。除了主要男女演员外，影片还雇用了 4000 名群众演员，用 16 000 名临时演员演绎居鲁士向巴比伦进军和巴比伦陷落的场景，从而形成该电影最大的人群场面。格里菲思没有按照脚本拍摄，这部马拉松式的史诗电影也没有剧本。

尽管影片很长，在过了四分之三个世纪后的今天来看，质量也难免欠佳，但是对于亚述学家来说，这是一场盛宴。虽然很难始终追踪所有的详细细节，因为场景在不断地变化，但全部细节都有，如巴比伦城门、叫作伊姆古尔-贝尔（Imgur-Bel）的城墙、翼狮和翼牛、伯沙撒将圆筒印章盖在湿泥板上、直接取自波斯波利斯的浮雕上的波斯士兵、来自熟悉的亚述镶嵌板上的战斗场景，等等。人物的形象看上去很符合历史（尽管女人太迷人了一些）——蓄胡子的官员、大祭司、戴尖角头盔的士兵。一个令人难忘的情景是，当一个山村姑娘（被带到巴比伦拍卖给合适的丈夫）愤怒地向潜在买主吐唾沫，然后不慌不忙地咬着一根青葱时，她被微服私访的伯沙撒救出；这个情景直接取自埃德温·朗的绘画。仅此一回，讲述巴比伦人的口吻是同情的，他们或许有些颓废且生活奢侈，但又是掠夺成性、杀人如麻者的不幸的牺牲品。

这部电影在第一次世界大战时在美国上映，一战结束后在欧洲发行。A.H. 塞斯欣喜若狂。看了这部电影的第二天，他写信给格里菲思：

图 9.12　从电影《党同伐异》得到启发，从而在 1917 年流行的美国时尚服饰

> 这部电影很震撼……巴比伦的场景很壮观，且符合事实。对细节的准确性的关注给我留下了深刻印象。其戏剧性具有多方面的教育意义，它肯定激发了人们对巴比伦历史的兴趣，作为亚述学家我感到特别高兴。

电影还首次用服装来制造早先时代的幻觉。对所有演员服饰的研究非常艰巨，男人穿着绣有很多装饰的羊毛长袍，看上去像士兵、祭司和国王一样，十分逼真；但女人的打扮却像朗画笔下的少女：她们被按照现代品味来打扮，轻薄的长袍紧贴在身上，或用珠宝裙裾勾勒出身形。在西方人眼里，只有这样，这些女人才会被看作是"巴比伦人"，有异域情调、神秘、美丽，往往悠闲地走在铺有虎皮的地上。对亚述学家来说，她们只不过看起来像东方人。但是，妇女的服装如此成功以至于激发了"回到巴比伦"的热潮；1997 年 4 月的《电影剧》（*Photoplay*）杂志刊登过这些服装的设计草图，所以手艺灵巧的人可以在家里自己做。

第一次世界大战造成的惨状和更多现代时期帝国的崩溃，使人们无暇顾及对亚述和巴比伦等远古文明的兴趣。格特鲁德·贝尔（Gertrude Bell）记录的她在贝都因部落的冒险旅行确实恢复了人们对该地区的好奇心。第一、二次世界大战之间，考古学家 R. 坎贝尔-汤普森（R. Campbell-Thompson，伦纳德·伍利和麦克斯·马洛温［Max Mallowan］曾与其一起工作）重新激发了人们的考古兴趣。自莱亚德在尼姆鲁德的发现以来，最吸引公众想象力的地点是伍利在乌尔的挖掘工作。乌尔的王陵出土了一些工艺精湛的宝物，伍利写这些宝物的书《迦勒底的乌尔》（*Ur of the Chaldees*，1929）六年间重印了八次。但是，霍华德·卡特（Howard Carter）发现图坦卡蒙墓后，乌尔的吸引力及其意义大打折扣。连伍利在卡赫美士的最浪漫的助手 T. E. 劳伦斯（T. E. Lawrence），这位骑在骆驼背上的风流人物也没有燃起对该地区的长久激情。

古埃及的重新发现引发了对古埃及学和古埃及的狂热，即对所有埃及风格的事物的疯狂迷恋。莱亚德和博塔在亚述的发掘催生了亚述学，即关于远古亚述和巴比伦的科学，但没有出现能与埃及狂热相抗衡的亚述狂热。

令人痛心的是，古代美索不达米亚缺乏引人注目的物证，像古埃及一样易于理解、具有现代性和趣味性的人文元素也很欠缺。可以肯定的是，亚述学在 19 世纪的复兴中没有任何轻浮或幻想的元素；它是冷静的，单色调的，准确地将原始材料复制到重要物件上，且经久不衰。20 世纪的新艺术和装饰艺术无法与亚述的雕刻自然和谐地相处。与先前在艺术和文学中的苍白描绘不同，真实的古代美索不达米亚人在人们的心目中是结实的、野蛮的、阴郁的，他们的社会是专制的、压迫性的，最不认可香烟、雷格泰姆音乐和饼干盒。他们的文明一直是一个专门的主题。

　　然而，把美索不达米亚与古埃及相比较，的确遮蔽了美索不达米亚文明对现代世界的意义。在美索不达米亚最早挖掘出宫殿、神庙和泥板时，

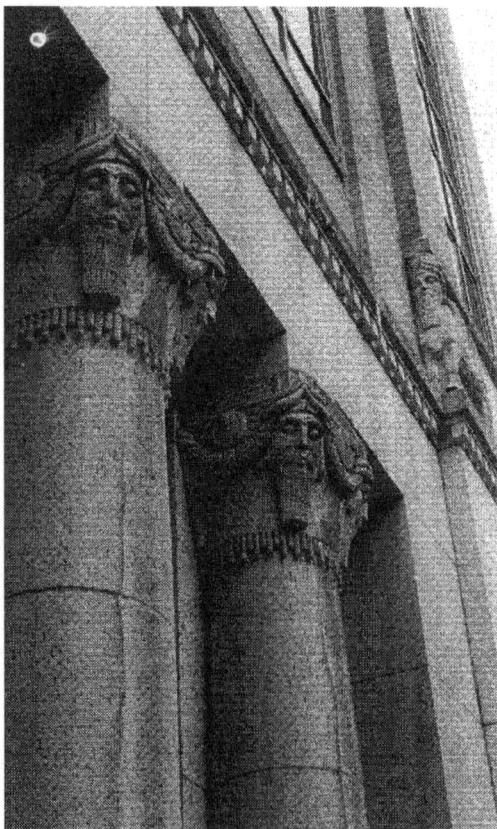

图 9.13　纽约的皮提亚式建筑上的亚述图案，建筑师托马斯·兰姆 1926 年设计建造

谁也不曾预见尼尼微和巴比伦将产生多么广泛而复杂的影响。经过五代学者的努力才将这些遗产拼凑起来。而今，它的全貌才开始出现；随着大规模的探索持续进行，更多大幕将要拉开。凡是关注西方文明起源的人都不能轻视其美索不达米亚源头和它遗留给我们的传奇。

哪怕地面上没有留下什么，没有金字塔，没有神庙，没有连柱厅，没有剧院或竞技场，没有公共会场，没有柱廊，只有几座垮塌的古庙塔的遗迹，这些都无关紧要。虽然自豪的巴比伦和强大的尼尼微的引人注目的光辉可能已消失在视线之外，但依然存在的尘封的土堆继续保持着与有记载的历史开端之间的联系。所以，它们的遗产是不容置疑的；它们的名声是不可磨灭的，会永久留传，熠熠生辉。

延伸阅读

Atherstone, Edwin, *The Fall of Nineveh* (London, 1828).

Atterbury, Paul, *The Parian Phenomenon* (Shepton Beauchamp, 1989).

Auberger, Janick, *Ctésias histoires de l'orient* (Paris, 1991).

Aulanier, Christiane, 'Histoire du Palais et du Musee du Louvre', *Le Pavilion de l'Horloge et le Departement des Antiquités Orientales*, no. 9 (Paris, 1964).

Badger, Revd George, *The Nestorians and Their Rituals with the Narrative of a Mission to Mesopotamia and Coordistan in 1842–1844* (London, 1852).

Barker, Dennis, *Parian Ware* (Aylesbury, 1985).

Barnet, R. D., 'Canford and Cuneiform: A Century of Assyriology', *The Museums Journal* 60:8 (Nov. 1960), 192–200.

—— 'Archaeology in the Levant', in R. Moorey (ed.), *Essays for Kathleen Kenyon* (Warminster, 1978), 172–9.

Beckford, William Thomas, *The History of the Caliph Vathek*, ed. R. Lonsdale (Oxford, 1970).

Benjamin, Rabbi of Tudela, *Travels* (Constantinople, 1543),

Bigwood, J. M. 'Diodorus & Ctesias', *Phoenix* 34 (1980), 195–207.

——'Ctesias' Description of Babylon', *American Journal of Ancient History* 3–5: 1 (1978–80), 32–58.

Bohrer, Frederick N., 'Assyria as Art: A Perspective on the Early Reception of Ancient Near Eastern Artifacts', *Culture & History* 4 (1989), 7–33.

—— 'The Printed Orient: The Production of A. H. Layard's Earliest Works', *Culture & History* 11 (1982), 85–105.

Bonomi, Joseph, *Nineveh and its Palace, the Discoveries of Botta and Layard applied to the Elucidation of Holy Writ* (London, 1852).

Booth, A. J., *The Discovery and Decipherment of Trilingual Cuneiform Inscriptions* (London, 1902).

Botta, P.-É., *Monument de Ninive* (Paris, 1849).

——*Letters on the Discoveries at Nineveh.* trans. Lady Catherine Tobin (London,1850).

Bryan, Bruce, 'Movie Realism and Archaeological Fact', *Art & Archaeology* 18:4 (Oct. 1924), 131 ff.

Buchingham, J. S., *Travels in Mesopotamia... with Researches on the Ruins of Nineveh, Babylon, and Other Ancient Cities* (London, 1827).

—— *Travels in Assyria, Media and Persia* (London, 1829).

Budge, Sir E. A. Wallis, *The Rise and Progress of Assyriology* (London, 1925).

Burstein, Stanly M., *The Babyloniaca of Berossus*, Sources from the Ancient Near East 1, fasc. 5 (1978), 5–40.

Burton, Richard Francis, *Love, War and Fancy, the Customs and Manners of the East from Writings on the Arabian Nights*, ed. William Kimber (London, 1964).

Cooper, Jerrold S., 'Posing the Sumerian Question: Race and Scholarship in the Early History of Assyria', *Analecta Orientalia* 9: Festschrift for Miguel Civil (1991), 46–66.

Cory, I. R., *Ancient Fragments*, ed. E. Richmond Hodges (London, 1876).

Drews, Robert, 'Assyria in Classical Universal Histories', *Historia* 14:2 (April 1965), 129–42.

Dunlop, John Colin, *History of Prose Fiction* (London, 1888).

Farwell, Beatrice, 'Sources for Delacroix's *Death of Sardanapalus*', *Art Bulletin* 40 (March 1958). 66–71.

Feaver, William, *The Art of John Martin* (Oxford, 1975).

Fischer von Erlach, Johann Bernard, *Entwurff einer Historischen Architektur* (Vienna, 1721).

Gadd, C. J., *The Stones of Assyria* (London, 1936).

Gere, Charlotte, *Victorian Jewellery Design* (London, 1972).

Gordon, Cyrus H., *The Pennsylvania Tradition of Semitics* (Atlanta, 1986).

Hägg, Tomas, *The Novel in Antiquity* (Oxford, 1983).

Hanson, Bernard, 'D. W. Griffith: Some Sources', *Art Bulletin* 54 (Dec. 1972), 493–501.

Haskel, Francis, *Rediscoveries in Art: Some Aspects of Taste, Fashion & Collecting in England & France* (Oxford, 1980).

Howard, Lilian, 'Back to Babylon for New Fashions', *Photoplay Magazine* (April 1917), 39–40.

Hughes, Revd. T. S., *Belshazzar's Feast* (Cambridge, 1818).

Jenkins, Ian, *Archaeologists and Aesthetes* (London, 1992).

Jenkyns, Richard, *Dignity and Decadence: Victorian Art and the Classical Inheritance* (London, 1991).

Johnson, Lee, 'The Etruscan Sources of Delacroix's *Death of Sardanapalus*', *Art Bulletin* 62 (Dec. 1960), 296–300.

Jullian, Philippe, *D'Annunzio* (London, 1972).

Keates, Jonathan, *Handel The Man and His Music* (London, 1985).

Klingender, Francis D., *Art and the Industrial Revolution* (London, 1947).

Larsen, Mogens Trolle, 'Orientalism and The Ancient Near East', *Culture & History* 2 (1987), 96–115.

—— 'Secing Mesopotamia', *Culture & History* II (1992), 107–32.

Layard, Austen Henry, *Nineveh and Its Remains* (London, 1849).

—— *The Nineveh Court in the Crystal Palace* (London, 1854).

Leighton, Frederic Lord, *Addresses Delivered to the Students of the Royal Academy by the late Lord Leighton* (London, 1896).

Lewy, Hildegarde, 'Nitocris—Naqi'a', *JNES* 11 (Oct. 1952). 264–86.

Macginnis, J. D. A., 'Ctesias and the Fall of Nineveh', *Illinois Classical Studies* 13:1 (Spring 1988), 37–41.

Maeder, Edward, *Hollywood and History Costume Design in Film* (London, 1987).

Miller Edward, *That Noble Cabinet: A History of the British Museum* (London, 1973).

Milman, Revd. H. H., *Belshazzar A Dramatic Poem* (London,1822).

Mohl, Julius, *Vingt-sept ans d'histoire des études orientales* (Paris, 1879).

Monckton, Norah, 'Architectural Backgrounds in the Pictures of John Martin', *Architectural Review* (August 1948), 81–4.

Munn, Geoffrey C., *Castellani and Guiliano Revivalist Jewellers of the Nineteenth Century* (London, 1984).

Phillips, E. D, 'Semiramis at Behistun', *Classica et Mediaevalia* 28–9 (1972), 162–8.

Prideaux, Humphrey, *Prideaux's Connection of the Old and New Testaments* (London, 1858).

Proust, Antonin, *Le Salon de 1891* (Paris, 1891).

Ray, John (trans.) *Doctor Leonhart Rauwolff's Travels into the Eastern Countries* (London, 1693).

Rhodes, Anthony, *The Poet as Superman: A Life of Gabriele d'Annunzio* (London, 1959).

Rudoe, Judy, 'Assyrian Style Jewellery', *The Antique Collector* (April 1989), 42–8.

——'The Layards, Cortelzazzo and Castellani: New Information from the Diaries of Lady Layard', *Jewellery Studies* I (1983–4), 59–82.

Ruskin, John, *Notes on some of the Principal Pictures Exhibited in the Rooms of the Royal Academy* (London, 1875).

Russel, J. M., *Nineveh at Canford Manor, Dorset: The Story of the Nineveh Porch and the Metropolitan Museum Assyrian Sculptures* (Yale, 1996).

Scarisbrick, Diana, 'Jewelled Tribute to the Past', *Country Life* (29 Jan. 1981), 244–6.

Simpson, M. C. M., *Letters and Recollections of Julius and Mary Mohl* (Orpington, 1887).

Smith, George, *Assyrian Discoveries, an Account of Explorations and Discoveries on the Site of Nineveh during 1873 & 1874* (London, 1875).

Stern, Seymour, 'An Index to the Creative Work of David Wark Griffith', Supplement to *Sight & Sound* (April 1944).

Stone, W. H., 'The Nineveh Bull', *Household Words* 46 (8 Feb. 1851), 468–9.

Strange, Edward F., 'The Scenery of Charles Kean's Plays and The Great Scene—Painters of his Day', *Magazine of Art* (1902), 454–9.

Swanson, Vern G., *Sir Lawrence Alma-Tadema the Painter of the Victorian Vision of the Ancient World* (London, 1977).

Wade Meade, C., *Road to Babylon: Development of U.S. Assyriology* (Leiden, 1974).

Waterfield, Gordon, *Layard of Nineveh* (London, 1963).

Whidden, Margaret, *Samuel Colman, Belshazzar's Feast, A Painting in its Context* (Oldham, 1981).

Aaron，亚伦（摩西的哥哥）

Abad-Shamash（man of Edessa），阿巴德-沙玛什（埃德萨人）

Aba-Enlil-dari（sage of Esarhaddon，aka Ahiqar），阿巴-恩里勒-达里（阿萨尔哈东的先贤，又名阿希家）

Abbasid，阿拔斯

Abdalonymos（substitute king of Paphos），阿布达洛尼摩斯（帕福斯的替身国王）

Abdera（city in Thrace），阿布德拉（色雷斯的城市）

Abel，亚伯（亚当的儿子）

Abi-Nerglos（king of Characene），阿比-涅格罗斯（查拉西尼国王）

abnu šikinšu（*manual on stones*），《石头的本质》（《石头手册》）

Abraham（patriarch，aka Abram），亚伯拉罕（始祖，又名亚伯拉姆）

Abu Bakr（Arabic writer；see also *Liber* *Mensurationum*；*Nabataean Agriculture*）阿布·贝克尔（阿拉伯作家；另见《测量书》；《纳巴泰人的农业》）

Abydenos，阿比德诺斯（历史学家）

Abydos（city in upper Egypt），阿比多斯（上埃及的城市）

Abyss（see also Apsu），深渊（另见阿普苏）

Achaea（n），亚该亚（说希腊语的地区）

Achaemenid（s），阿契美尼德（波斯皇族）

Achilles，阿喀琉斯（《荷马史诗》中的英雄）

Acts of the Martyr Sharbel，《殉道者夏贝尔行传》

Acts of the Martyrs of Karkha，《殉道者凯卡行传》

Acts of Mar Ma'in，《马尔-马英行传》

Adad（Mesopotamian storm-god），阿达德（美索不达米亚风暴神）

Adad-iabos（man of Dura-Europos），阿达德-伊阿波斯（杜拉-欧罗普斯人）

Adad-nadin-ahe（father of king of Chara-
cene），阿达德-纳丁-阿亥（查拉西尼国王的
父亲）

Adad-nirari III（king of Assyria），阿达德-尼
拉里三世（亚述国王，公元前810—前783年）

Adad-šum-uṣur（chief scribe and exorcist of
Esarhaddon），阿达德-萨姆-乌苏乌尔（阿萨
尔哈东的首席书吏兼驱魔师）

Adana（city in Cilicia; see also Danuna），
阿达纳（西里西亚的城市；另见达努纳）

Adapa（the first sage, aka Oannes, see
Myth of Adapa; Oannes），阿达帕（第一先贤，
又名奥安尼斯，见《阿达帕神话》；奥安尼斯）

Adbhuta-brāhmaṇa，《阿浮陀达梵书》

Adbhutaśanti of the Atharvaveda-pariśiṣṭa，《阿
阅婆吠陀-帕里西斯塔》的《阿浮陀达桑蒂》

Adda（disciple of Mani），阿驮（摩尼的弟子）

Addai（see *Teaching of Addai*），阿戴（见《阿
戴的教义》）

Adiabene（region in NE Iraq, aka Had-
yab），阿迪亚波纳（伊拉克东北部地区，又
名哈迪亚布）

'DM'（early name of Edessa），'DM'（埃
德萨的早先名称）

Adonis（Greek writing of west Semitic
'Lord'），阿多尼斯（西闪米特语"神"的希
腊语写法）

Adrammelech （son of Sennacherib, aka
Arda-Mulissi, Adramelech, Adramelos），
亚得米勒（辛那赫里布的儿子，又名阿尔达-
穆利斯，亚得米勒，阿得拉梅勒斯）

Aegina，埃伊纳（希腊沿海的海岛）

Aelian，埃利安（希腊作家，约公元170—
235年）

Aemilius（philosopher of Apamea），埃米利

乌斯（阿帕米亚的哲学家，生活年代在公元
270年）

Aesop，伊索

Aetheria，阿尔忒里亚（朝圣的修女）

Aetios，爱底奥斯（作家，生活年代在公元
110年）

Affan（sage, companion of Buluqiya），阿
凡（贤人，布卢吉亚的伙伴）

Agade，阿加德（伊拉克中部城市，又名阿卡
德 Akkad）

Agapios of Membidj，曼比季的阿加皮乌斯
（作家，卒于公元941年或942年）

Aglibol（moon-god of Palmyra），阿戈黎
波（巴尔米拉的月亮神）

Ahasuerus，亚哈随鲁（波斯国王）

Ahaz（king of Judah），亚哈斯（犹大国王，
约公元前737—前722年）

Ahhiyawa（region west of Hittites），阿希亚
瓦（赫梯以西地区）

Ahiqar（sage of Esarhaddon, aka Ahuqar,
Haykar, Akikaros），阿希家（阿萨尔哈东的
先贤，又名阿胡家、海卡、阿克卡洛斯）

Ahlamu（Aramaean tribe），阿拉姆人（阿拉
姆部落）

Ahura-Mazda（Iranian god, 'Lord Light'），
阿胡拉-马兹达（伊朗神，"光之神"）

Ai Khanum（site in Afghanistan），阿伊哈
努姆（阿富汗境内的遗址）

Ainos，阿伊努斯（伊索的养子）

Aischylos，埃斯库罗斯（希腊剧作家，公元
前525—前456年）

Akhmim（town in upper Egypt, aka Pan-
opolis），艾赫米姆（上埃及的城镇，又名帕
纳波利斯）

Akīkaros（see also Ahiqar），阿克卡洛斯（另

见阿希家）

Akitu-festival（see New Year festival），亚基突节（见新年）

Akkad（region in central Iraq），阿卡德（伊拉克中部地区）

Akku（Acre，port in N Israel），阿库（阿克里，以色列北部港口）

Alaksandu（king of Wilusa），阿拉克桑都斯（维鲁萨国王，生活年代在公元前 1280 年）

Alalakh（city in N Syria），阿拉拉赫（叙利亚北部城市）

Albertus Magnus，大阿尔伯特（作家，炼金术士，卒于公元 1279 年）

Aleppo（city in Syria，ancient Halab），阿勒颇（叙利亚城市，古代哈拉布）

Alexander the Great（see also Isfandiyar；Dhul al-Qarnayn），亚历山大大帝（公元前 356—前 323 年；另见埃斯凡迪亚尔；左勒-盖尔奈英）

Alexander Polyhistor of Miletos，米利都的亚历山大·波里希斯托（历史学家，生活年代在公元前 100 年）

Alexander Romance，《亚历山大传奇》

Alexandretta（port N of Antioch-on-Orontes），亚历山大勒塔（奥龙特斯河上的安条克以北港口）

Alexandria，亚历山大城（埃及城市）

Alexius of Byzantium，拜占庭的亚历克修斯（翻译家，生活年代在公元 1245 年）

Al-Hira（city in S Iraq），希拉（伊拉克南部城市）

Alison，Sir Charles，查尔斯·艾利森爵士（外交官）

Alkaios of Lesbos，莱斯博斯岛的阿尔卡埃乌斯（诗人，生活年代在公元前 600 年）

Al-Kasdani（'The Chaldaean'，see *Nabataean Agriculture*，卡斯丹尼（"迦勒底人"，见《纳巴泰人的农业》）

Al-Khidr（'the evergreen one'），基德尔（"穿绿衣服的人"）

Alkibiades of Apamea（Elchesaite preacher，fl. 100 AD），阿帕米亚的阿尔基比阿德斯（厄勒克塞的传道士，生活年代在公元 100 年）

Alkinoos（Homeric king of Phaeacians；see also Altinoos），阿尔喀诺俄斯（《荷马史诗》中菲西亚人的国王；另见阿尔蒂诺俄斯）

Al-Kisa'i，基萨伊（阿拉伯语作家，生活年代在公元 1200 年）

Almagest（by Ptolemy），《天文学大成》（托勒密著）

Almanacs（Babylonian），《年鉴》（巴比伦）

Al-Mas'ūdī，马苏迪（作家，卒于公元 956 年）

Almasti（demon，aka Albasti），阿尔玛斯蒂（恶魔，又名阿尔巴斯蒂）

Alma-Tadema，Sir Lawrence（artist），劳伦斯·阿尔玛-塔德玛爵士（艺术家）

Al-Mina（port in Syria），阿尔米纳（叙利亚的港口）

alpha Lyrae，阿尔法天琴座

alpha Scorpii，阿尔法天蝎座

Al-Suyūtī，苏尤蒂（作家，公元 1445—1505 年）

Altaic（group of languages），阿尔泰语系

Altinoos（corruption of Alkinoos?），阿尔蒂诺俄斯（阿尔喀诺俄斯的变形？）

aluzinnu（Akkadian bawdy entertainer），娱乐的吹牛小丑（阿卡德粗俗的演艺人）

Alyattes（king of Lydia），阿尔亚特斯（吕底亚国王，生活年代在公元前 620 年）

Al-Zarqalī（astronomer of Toledo），查尔卡利（托莱多的天文学家，公元 11 世纪）

Amanus mountains，阿曼诺斯山

Amarna letters/period（see also El-Amarna），阿玛尔纳书简 / 时期（另见阿玛尔纳）

Amaseia（town in E Turkey），阿马西亚（土耳其东部城镇）

Amasis，阿玛西斯（埃及国王，公元前 570—前 526 年）

Amath-Sin（woman of Edessa），阿马斯-辛（埃德萨妇女）

Amenophis III，IV，阿梅诺菲斯三世（埃及国王，公元前 1391—前 1353 年）；四世（埃及国王，公元前 1353—前 1335 年）

Amil-Marduk（king of Babylon，aka Evil-Merodach），阿米尔-马尔杜克（巴比伦国王，公元前 561—前 560 年，又名以未-米罗达）

Ammianus Marcellinus，阿米阿努斯·马塞利努斯（罗马历史学家，约公元 330—395 年）

Ammistamru（king of Ugarit），阿米塔姆鲁（乌加里特国王）

Ammon（region E of Dead Sea），亚扪（死海东部地区）

Ammonios of Alexandria（scholar，teacher of Damaskios），亚历山大城的阿摩尼乌斯（学者，达马希乌斯的老师，公元 6 世纪）

Amorgos（Cycladic island），阿莫尔戈斯（基克拉迪群岛）

Amorite（s）（W Semitic people of Bronze Age），亚摩利人（青铜器时代的西闪米特人）

Amos，阿摩司（先知，生活年代在公元前 760 年）

Ampe，安普（伊拉克南部的城镇）

Amran，阿姆兰（巴比伦一地区）

Amraphel（'king of Shinar'），暗拉非（"示拿地的王"）

Amurru，阿穆鲁（叙利亚一地区）

'Ana（town on middle Euphrates），阿那（幼发拉底河中游的城镇）

Anakyndaraxes（father of Sardanapalos），阿那金达拉薛斯（萨达那帕拉的父亲）

Analysis of Ancient Mythology（by Jacob Briant），《古代神话分析》（雅各布·布莱恩特著）

Anammelech（son of Sennacherib），亚拿米勒（辛那赫里布的儿子）

Anat（goddess of Ana），阿娜特（阿那的女神）

Anatolia，安纳托利亚

Anatolios（governor of Edessa），安纳托利奥斯（埃德萨总督，生活年代在公元 6 世纪）

Anaximander of Miletos，米利都的阿那克西曼德（哲学家，约公元前 610—前 545 年）

Anaximenes，阿那克西美尼（阿那克西曼德的学生，生活年代在公元前 546 年）

Anchiale（town in Cilicia），安科阿勒（西里西亚的城镇）

Ancient Fragments（by Cory），《古代残篇》（科里著）

Ancona（port in NE Italy），安科纳（意大利东北部港口）

Andreas（character in *Alexander Romance*），安德里亚斯（《亚历山大传奇》中的人物）

Andronikos of Rhodes，罗德的安德洛尼卡（哲学家，生活年代在公元前 70 年）

andurāru（Akkadian 'freedom'，aka durāru，Hebrew deror），自由（阿卡德语意为"自由"，又名 duraru，希伯来语 deror）

Angal（Sumerian god），安格尔（苏美尔神）

d'Annunzio，Gabriele，加布里埃莱·邓南遮（作家）

Anos（see Anu），阿诺斯（参见安努）

Anshan（city in SW Iran，modern Malyan），安善（伊朗西南部城市，现代的马尔彦）

Anthologies（by Vettius Valens），《占星文选》（维提乌斯·瓦伦斯著）

Antimenes of Rhodes，罗德的安提米尼斯（巴比伦的塞琉古王朝官员）

Antioch-on-Orontes，奥龙特斯河上的安条克

Antiochos I Soter，安条克斯一世索特尔（公元前281—前261年，共同摄政）

Antiochos II Theos，安条克二世塞奥斯（公元前261—前246年）

Antiochos III Megas，安条克三世麦加斯（公元前222—前187年）

Antiochos IV Epiphanes，安条克四世埃皮法尼斯（公元前175—前164年）

Antipater of Membidj，曼比季的安提帕特（迦勒底天文学家）

Antiquities of Athens（by Stuart and Revett），《雅典古物》（斯图尔特和雷维特著）

Antu（sky-goddess，consort of Anu），安图（天空女神，安努的配偶）

Anu（Babylonian sky-god，aka Anum，Anos），安努（巴比伦的天空神，又名安努姆，阿诺斯）

Anu-uballit Kephalon（Seleucid governor of Uruk），安努-乌巴利特·科法隆（乌鲁克的塞琉古王朝总督）

Anu-uballit Nikarchos，安努-乌巴利特·尼卡科斯

Anzaba（river Zab in N Iraq），安扎巴（伊拉克北部的扎卜河）

Anzu（composite creature，*Epic of Anzu*），安组（组合生灵，《安组》史诗）

Aos（see also Ea），奥斯（另见伊阿）

Apamea-on-Orontes，奥龙特斯河上的阿帕米亚

Apasas（capital of Arzawa，Ephesos in W Turkey），阿帕萨司（阿尔萨瓦的首府，土耳其西部的以弗所）

Aphek（see Tell Aphek），亚弗（另见亚弗山丘）

Aphlad（see Apil-Adad），阿弗拉德（另见阿佩尔-阿达德）

Aphrodisias（city in Caria，SW Turkey），阿佛洛狄西亚（土耳其西南部卡里亚的城市）

Aphrodite（Greek goddess，aka Ourania），阿佛洛狄忒（希腊女神，又名乌拉尼亚）

Apil-Adad（Babylonian god，son of Adad，aka Apladad，Aphlad），阿佩尔-阿达德（巴比伦神，阿达德之子，又名阿普拉达德，阿弗拉德）

Apocalypse of Daniel，《但以理启示录》

Apocrypha，《新约外传》

Apocryphon of Jannes and Jambres，《雅尼和佯庇之伪书》

Apollo，阿波罗（希腊神）

Apollodoros of Athens（pupil of Diogenes of Babylon），雅典的阿波罗多洛斯（巴比伦的第欧根尼的学生，公元前3世纪）

Apollonios of Myndos，明多斯的阿波罗尼乌斯（学者）

Apollonios of Tyana，提亚纳的阿波罗尼乌斯（宗教领袖，公元1世纪）

Apology of Pseudo-Melito，《伪梅利托的辩解》

Apotelesmatika（by Hephaistion of Thebes），《占星四书》（底比斯的赫费斯提翁著）

Apries，阿普里伊（埃及国王，公元前589—前570年）

Apsu（place and god of sweet water，aka Apason，abyss），阿普苏（甜水之地，也是神名，

又名阿帕森，深渊）

apu（Akkadian 'hole through earth to Underworld'），阿普（阿卡德语中"穿过地球来到阴间"的洞）

Apuleius，阿普留斯（作家，生活年代约公元155年）

Ara，阿拉（传说中的亚美尼亚国王）

Arabaces（Median king in Byron's *Sardanapalus*），阿拉巴瑟斯（拜伦的《萨达那帕拉》）中的米底国王）

Arabian Gulf，阿拉伯湾

Arabian Nights（*Tale of Haykar*；*City of Brass*；*Tale of Buluqiya*；*Poor Man of Nippur*），《天方夜谭》（《海卡的故事》；《黄铜之城》；《布卢吉亚的故事》；《尼普尔的穷人》）

Aram（region of Damascus），阿拉姆（大马士革地区）

Aramaean（s），阿拉姆人

Aram-Beth-Rehob（region in N Syria），阿拉姆-贝丝-利合（叙利亚北部地区）

Aramaic，阿拉姆语

Aram-Zobah，阿拉姆-琐巴

Ararat（Urartu，mountain in NE Turkey），亚拉腊地，又译阿拉拉特（乌拉尔图，土耳其东北部的山地）

Aratos of Soloi，索罗伊的阿拉托斯（作家，约公元前315—前240年）

Arbela（city in NE Iraq，aka Erbil，Irbil），埃尔比勒（伊拉克东北部城市，又名埃尔比勒，阿比尔）

Archidemos of Tarsos，塔尔苏斯的阿奇德莫斯（哲学家，生活年代在公元前3世纪）

Archilochos of Paros，帕罗斯岛的阿基罗库斯（诗人，生活年代在公元前650年）

Archimedes of Syracuse，锡拉库萨的阿基米德（数学家，约公元前287—前212年）

Arcturus（constellation），大角星座（星座）

Ardashir I（Sassanian king），阿尔达希尔一世（萨珊王朝国王，公元224—241年）

Arderikka（town in N Iraq），阿德利卡（伊拉克北部的城镇）

Ares，阿瑞斯（希腊战神）

Argos，阿尔戈斯（希腊城邦）

Aries（constellation），白羊座（星座）

Ariok（'king of Ellasar'），亚略王（"以拉撒地的王"）

Aristarchos（scholar of Samothrace），阿里斯塔克斯（萨莫色雷斯岛的学者，约公元前215—前143年）

Aristobulos，阿里斯托布鲁斯（希腊历史学家，公元前4世纪）

Armenia（n）（region in E Turkey and Caucasus，language），亚美尼亚（土耳其东部地区和高加索），亚美尼亚语

Arnold，Sir Edwin，埃德温·阿诺德爵士（《每日电讯报》编辑）

Arrian of Bithynia，比提尼亚的阿里安（希腊历史学家，生活年代在公元130年）

Arsacid（Parthian dynastic line），阿萨息斯（帕提亚王朝谱系）

Artaxerxes I（Achaemenid king），阿尔塔薛西斯I（阿契美尼德国王，公元前464—前424年）

Artaxerxes II，阿尔塔薛西斯二世（公元前404—前359年）

Artemidoros of Lydia，吕底亚的阿特米多鲁斯（作家，公元2世纪）

Artemidoros of Parium，帕里昂的阿特米多鲁斯（学者，生活年代不详）

Artemis，阿尔忒弥斯（希腊女神）

arû，阿鲁（阿卡德语，操作数字的方法）

Arukku，阿鲁库（居鲁士一世的儿子，生活年代在公元前 640 年）

Arvad，阿瓦德（叙利亚沿海岛屿）

Arzawa（kingdom around Ephesos），阿尔萨瓦（以弗所周边的王国）

Asalluhi（Sumerian god of magic and healing, name of Marduk），阿萨鲁赫（苏美尔的魔法和医疗神，马尔杜克的名字）

Asalluhi-mansum（sage of Hammurabi），阿萨鲁赫－曼苏姆（汉谟拉比的贤哲）

asgelatas（Greek title of Apollo at Anaphe），光明四射神（阿波罗在阿纳斐的希腊语称号）

Ashdod（Philistine city in S Palestine），亚实突（巴勒斯坦南部非利士人的城市）

Asherah（W Semitic goddess），亚舍拉（西闪米特人的女神）

Ashima（deity of Hamath），阿什玛（哈马的神灵）

Ashkelon（Philistine city in S Palestine），阿什凯隆（巴勒斯坦南部非利士人的城市）

Ashtaroth（W Semitic goddess），亚斯他录（西闪米特女神）

Ashur（city in N Iraq），阿淑尔（伊拉克北部城市）

Ashur（god of Assyria; see also Bel），阿淑尔（亚述神；另见贝尔）

Ashurbanipal（Assyrian king），阿淑尔巴尼帕（亚述国王，公元前 668—前 627 年）

Ashur-bel-kala（Assyrian king），阿淑尔－贝尔－卡拉（亚述国王，公元前 1073—前 1056 年）

Ashur-dan II（Assyrian king），阿淑尔－丹二世（亚述国王，公元前 934—前 912 年）

Ashurnasirpal II（Assyrian king），阿淑尔纳西尔帕二世（亚述国王，公元前 883—前 859 年）

Ashur-uballit II（Assyrian king），阿淑尔－乌巴里特二世（亚述国王，公元前 611—前 609 年）

Asklepios，阿斯克勒庇俄斯（神）

Asoka（emperor of India），阿育王（印度皇帝，约公元前 270—前 230 年）

Aspendos（port in S Turkey），阿斯潘多斯（土耳其南部的港口）

Assara-Mazaš（Persian god?），阿萨拉－马扎斯（波斯神？）

Assoros（Greek writing of Anshar, god），阿索罗斯（安沙尔的希腊语写法，神）

Assyrian Church，亚述教堂

Assyriology, Assyriologists，亚述学，亚述学家

Astrolabe B，《天体观测 B》

Astrolabes，星盘

Astronomica（by Marcus Manilius），《天文学》（马库斯·曼尼里乌斯著）

Astronomical Diaries，《天文学日记》

Āśvalāyanagr̥hyapariśiṣṭa，《阿湿婆罗衍那家祭经》

Atambish（Flood hero; see also Ut-napishtim），阿塔姆必什（大洪水中的英雄；另见乌特-纳比西丁）

Atargatis（W Semitic goddess, aka Tar'atha），阿塔加蒂斯（西闪米特女神，又名塔拉特）

'Atbash（see aggadic measures），阿特巴希（另见阿加德的计量单位）

Athaliyā（eclipse dragon, aka tāliā, antalû），亚她利雅（日蚀龙，又名塔利亚，即蚀）

Atharvaveda，《阿闼婆吠陀》

Athenagoras，雅典那哥拉（公元 2 世纪）

Athenaios of Naukratis，瑙克拉提斯的阿特纳奥斯（作家，生活年代在公元 200 年）

Atherstone, Edwin，埃德温·阿瑟斯通（诗人）

Atra-hasis (Flood hero)，*Epic of Atrahasis*，阿塔拉-哈西斯（大洪水中的英雄），《阿特拉-哈西斯》史诗

Attalos I (king of Pergamon)，阿塔罗斯一世（帕加马的国王，公元前 241—前 197 年）

Attambelos (king of Characene)，阿塔姆贝罗斯（查拉西尼国王）

Augustine (Bishop of Hippo) 奥古斯丁（希波的主教，公元 354–430 年）

Augustus，奥古斯都（罗马皇帝，公元前 63—前公元 14 年）

Aurelian (Roman emperor)，奥勒留（罗马皇帝，公元 270—275 年）

Aurelius Belios Philippos (priest of Bel at Apamea)，奥勒留·贝里奥斯·腓力普斯（贝尔在阿帕米亚的祭司）

Austen, Sara，萨拉·奥斯汀

Avesta，Avestan (Old Persian religious writings and their language)，《阿维斯陀》，阿维斯陀语（古波斯宗教著作及语言）

Avvites，亚瓦人

Awan (city in W Iran, aka Avva)，阿旺（伊朗西部城市，又名亚瓦）

Azazel (god of scapegoat)，阿撒泻勒（替罪羊之神）

'Azīz，阿奇兹（书吏）

azugallatu (Akkadian 'great lady-doctor' epithet of Gula)，大医师（阿卡德语中"大女医"古拉的称呼）

Ba'al ('Lord', W Semitic, aka Be'el)，巴力（西闪米特语中代表"神"，又称贝尔）

Ba'al-shamayn (see Be'el-shamin)，巴力-沙玛因（见贝尔-沙玛因）

Baal-perazim (Philistine town in Palestine)，巴力-毗拉心（巴勒斯坦的非利士人城镇）

Baalbek (city in Lebanon)，巴勒贝克（黎巴嫩城市）

Babel, Babil (name of Babylon used in Hebrew and Arabic)，巴别，巴比勒（希伯来语和阿拉伯语对巴比伦的称呼）

Babylonia (region of central and S Iraq)，巴比伦尼亚（伊拉克中部和南部地区），

Babyloniaka (by Berossos)，《巴比伦尼亚志》（贝罗索斯著）

Babyloniaka (by Iamblichos)，《巴比伦尼亚志》（扬布里科著）

Babylonian *Talmud*，巴比伦语《塔木德》

Babylonian Tree (Middle Persian poem)，《巴比伦之树》（中古波斯语诗歌）

Babylonius (horse)，巴比伦尼乌斯（马）

Badger, Rev. George，乔治·巴杰牧师

Bad-tibira (city in S Iraq)，巴德-提比拉（伊拉克南部城市）

Bakhayla Mika'al (see also Zosimos)，巴凯伊拉·米卡尔（学者，公元 3—4 世纪；另见佐西默斯）

Balaam (seer)，巴兰（预言家）

Balawat gates，巴拉瓦特大门

Baltrusaitis, J.，J. 巴尔特鲁塞蒂斯（学者）

Bardaisan of Edessa，埃德萨的巴戴桑（宗教领袖，公元 154—222 年）

Barlaam and Ioasaph，《贝尔拉姆与约瑟伐特》（佛陀生平）

Bar-nemre (divine epithet)，巴-奈姆纳（神的称号）

Bar-rakkab（king of Sam'al），巴-拉卡布（萨马尔国王，生活年代在公元前 760 年）

Basra（city in S Iraq），巴士拉（伊拉克南部城市）

Bath Nikkal（goddess of Harran），巴斯·尼卡勒（哈兰的女神）

Battram, Thomas（inventor of Parian Ware），托马斯·巴特拉姆（帕罗斯瓷的发明人）

Beauchamp，博尚（旅行家）

Bear（constellation；see also Ursa Maior），小熊星座（另见大熊星座）

Beckford, William，威廉·贝克福德（作家）

Becque, H.，H. 贝克（歌剧作家）

Bedouin，贝都因人

Be'el-shamin, Bel-shamin（'Lord of the Heavens', W Semitic），贝尔·夏明（西闪米特的 "天空之神"）

Behistun（mountain pass in NW Iran），贝希斯敦（伊朗西北的山隘）

Behnam，贝南（基督教圣徒）

Bel，贝尔（神，庇护神的称号；马尔杜克；沙玛什；在埃利迈斯；阿帕米亚的；巴尔米拉的；巴比伦的；巴尔米拉和杜拉-欧罗普斯的；在基利斯；在哈特拉）

Bel and the Dragon，《贝尔与龙》

Bēl ilāni（'Lord of the gods'），《贝尔-伊拉尼》（ "众神之主"）

Bell, Gertrude，格特鲁德·贝尔

Bellerophon，柏勒洛丰

Belos，贝洛斯

Belshazzar（crown prince of Babylon），伯沙撒（巴比伦的加冕王子，生活年代在公元前 550 年）

Belshazzar（opera by Handel 188；poem by Milman），《伯沙撒》（亨德尔所作的歌剧；米尔曼的诗歌）

Belshazzar's Feast（poem by Hughes；painting by Martin；painting by Colman），《伯沙撒的盛宴》（休斯的诗歌；马丁的绘画；科尔曼的绘画）

Belti, Beltiya（Akkadian, 'my Lady', aka Balthi, Bilati），贝尔提，贝尔提亚 阿卡德语， "我的夫人"，又称巴尔提，比拉提）

Benjamin of Tudela（rabbi, traveller），图德拉的本雅明（拉比，旅行家，公元 12 世纪）

Berossos of Babylon，巴比伦的贝罗索斯（祭司，学者，公元前 3 世纪）

Bes（Egyptian dwarf），贝斯（埃及的小矮人）

Bethel，伯特利（以色列的城镇）

Beth-Garmai，贝思-伽麦（伊拉克东北部的城镇）

Beth Hur（town near Nisibis），贝思-胡尔（尼西比斯附近的城镇）

Beth Shemesh（gate in Edessa），贝思-施玛什（埃德萨的大门）

Bezeklik（cave site in Central Asia），柏孜克里克（中亚的石窟遗址）

Bibliothèque Orientale（by D'Herbelot），《东方学目录》（德埃贝洛著）

Bilati（goddess），比拉提（女神）

Bildad（friend of Job），比勒达（约伯的朋友）

Bilgamesh（aka Gilgamesh），比尔伽马什（又称吉尔伽美什）

Bit-Adini（Aramaean tribe/kingdom），比特-阿迪尼（阿拉姆部落 / 王国）

Bit-Agusi（Aramaean tribe/kingdom），比特-阿古西（阿拉姆部落 / 王国）

Bit-Bahiani，比特-巴希阿尼（阿拉姆部落 / 王国）

Bit-Halupe，比特-哈卢普（阿拉姆部落 / 王国）

Bith-Nanay，比思-纳奈

Bithynia（region in N Turkey），比提尼亚（土耳其北部地区）

Bit-Rehob，比特-利合（阿拉姆部落／王国）

bīt rēš（temple of Anu in Uruk），比特-瑞斯（位于乌鲁克的安努神庙）

bīt rimki（manual for ritual washing），比特-浴室（洗浴礼手册）

bits salā'mē（manual for ritual sprinkling），洒水室（洒水礼手册）

Bit-Zamani，比特-扎马尼（阿拉姆部落／王国）

Boghazköy（modern site of Hittite city Hattusa），博阿兹柯伊（赫梯城市哈图沙的现代遗址）

Boiotian，皮奥夏

Bol（'Lord' Palmyrene），波尔（巴尔米拉的"主"）

Bombay，孟买

Bonomi，J.，J. 博洛米（作家）

Book of Ahiqar（see also Ahiqar），《阿希家书》（另见阿希家）

Book of Elchesai（see also Elchesai），《厄勒克塞书》（另见厄勒克塞）

Book of Enoch，《以诺书》

Book of Fate，《命运书》

Book of Giants，《大力士经》

Book of Hekhalot，《赫哈洛特书》

Book of the Mysteries of the Heavens and the Earth，《天地之谜》

Book of Secrets，《秘密之书》

Book of the Secrets of Enoch，《以诺的秘密》

Book of Watchers，《守望者之书》

Book of the Zodiac，《黄道十二宫书》

Booth，A. J.，A. J. 布思（作家）

Borsippa，博尔西帕（伊拉克中部城市）

Borsippeni，博尔西帕尼

Botta（P.-E.），保罗-埃米尔·博塔

Bourgnignon D'Anville，J. B.，J. B. 布尔吉农·德·安维尔（作家）

Brahmajālasutta，《梵网经》

Breughel（Peter the Elder），（老彼得）勃鲁盖尔

Bridgman，F. A.，F. A. 布里奇曼（画家）

Bright and Sons of Scarboroug，斯卡伯勒的布莱特和儿子们（珠宝商）

Brogden，John（jeweller），约翰·布罗格登（珠宝商）

Brontologia，《雷的研究》

Bryant，Jacob，雅各布·布莱恩特（作家）

Buckingham，J.，J. 白金汉（旅行家和作家）

Budge，Sir E. A. W.，E. A. W. 巴奇爵士（学者）

Bulukhya（legendary Christian monk），布卢卡亚（传说中的基督教僧侣）

Buluqiya, Tale of（see also *Arabian Nights*），《布卢吉亚的故事》（另见《天方夜谭》）

Bundahishn（Zoroastrian book of Old Persian traditions），《班达希申》（古代波斯传统的琐罗亚斯德派著作）

Burckhardt，布克哈特（旅行家）

Burford，Robert（painter），罗伯特·伯福德（画家）

Burton，Sir Richard，理查德·伯顿爵士（旅行家和作家）

Buto（city in Egypt），布托（埃及城市）

Byblos（port in Lebanon），毕布鲁斯（黎巴嫩港口）

Cabbalah（see Kabbalah），卡巴拉（犹太神秘哲学）

Cabiria，《卡比利亚》（电影）

Cairo Geniza，开罗藏经库（贮藏古老文件的仓库）

Calah（see also Kalhu; Nimrud），迦拉（另见卡尔胡；尼姆鲁德）

Cambyses（Achaemenid king），冈比西斯（阿契美尼德国王，公元前529—前522年）

Campbell-Thompson, R.，R. 坎贝尔-汤普森（学者）

Cancer（constellation），巨蟹星座

Ćandragupta（Indian king），旃陀罗笈多（印度国王）

Canford Court, Canford School（in Dorset），坎福德大院，坎福德学校（位于多塞特）

Canning, Sir Stratford（diplomat），斯特拉福德·坎宁爵士（外交官）

Cappadocia（region in central Turkey），卡帕多西亚（土耳其中部地区）

Capricorn（constellation），摩羯星座

Caracalla，卡拉卡拉（罗马皇帝，公元211—217年）

Carchemish（city on upper Euphrates），卡赫美士（幼发拉底河上游的城市）

Caria(n)（region of SW Turkey），卡里亚（土耳其西南部地区）

Carmel（region/mountain of N Palestine），卡尔迈勒（巴勒斯坦北部地区或山脉）

Carneades of Kyrene，昔勒尼的卡涅阿德斯（希腊哲学家，约公元前213—前129年）

Carrhae（see also Harran），卡雷（另见哈兰）

Carter, Howard，霍华德·卡特（探险家）

Carus，卡鲁斯（罗马皇帝，公元282—283年）

Casaubon, Isaac，艾萨克·卡索邦（文艺复兴时期的学者）

Cassell，卡塞尔（出版社）

Cassianus Bassus，卡西亚努斯·巴苏斯（作家）

Cassius Dio of Bithynia，比提尼亚的卡西乌斯·狄奥（历史学家，约公元150—235年）

Castellani, F. P. & Son，F. P. 卡斯泰拉尼和儿子（珠宝商）

Caucasus, Caucasian，高加索，高加索人

Chaereas and Kallirhoe，《凯勒阿斯与卡利罗亚》

Chaeremon，卡埃莱蒙（埃及祭司，哲学家，尼禄的私人教师）

Chaldaean(s)，迦勒底人

Chaldaean Cosmogony，《迦勒底人的宇宙起源论》

Chaldaean History（by Abydenos），《迦勒底史》（阿比德诺斯著）

Chaldaean History（by A. Polyhistor），《迦勒底史》（A. 波里希斯托著）

Chaldaean（Assyrian）Oracles，迦勒底（亚述）神谕

Characene（region in S Iraq），查拉西尼（伊拉克南部地区）

Charax Spasinou（town in S Iraq, aka Karka），查拉克斯-西帕尔西努（伊拉克南部城镇，又名卡尔卡）

Charon of Lampsakos，兰萨库斯的卡戎（作家，约公元前5世纪）

Chebar（Kabaru canal in central Iraq），迦巴鲁河（伊拉克中部的卡巴鲁运河）

Chemosh（Moabite god），基抹（摩押神）

Chesed，基薛

Chios（Aegean island），Chian，希俄斯岛（爱琴海的岛屿），希俄斯人

Chwolson，奇沃尔松（学者）

Cilicia，西里西亚（土耳其南部地区）

Cimmerians，辛梅里安人

Clement of Alexandria，亚历山大城的克莱门特（作家）

Code of Covenant，Covenant Code，约典

Code of Eshnunna，《埃什嫩那法典》

Code of Hammurabi，《汉谟拉比法典》

Colman, Samuel，塞缪尔·科尔曼（画家）

Commagene，科马基尼（土耳其中部地区）

Connection of the Old and New Testaments（by Dean Prideaux），《〈旧约〉与〈新约〉之间的联系》（普里多院长著）

Cooper, F. C.，F. C. 库柏（画家）

Copeland，科普兰（瓷器商）

Coptic，科普特语

Corinth，Corinthian pottery，科林斯，科林斯式陶器

Corpus Hermeticum，《赫尔墨斯总集》

Corunna（city in NW Spain），科伦纳（西班牙西北部城市）

Cory, I. P.，I. P. 科里（学者）

Coste, P（colleague of Botta），P. 科斯特（博塔的同事）

Crassus，克拉苏（罗马将军，公元前115—前153年）

Creation, Epic of（see *Enuma eliš*），《创世史诗》，（见《埃努玛·埃利什》）

Crown Prince's Vision of the Underground，《加冕王子的阴间想象》

Cunaxa（battle），库纳克萨战役

Cush（name for Nubia），古实（努比亚的名称）

Cuthah（city in central Iraq; see also Kutha），库塔（伊拉克中部城市；另见库萨）

Cuthean legend of Naram-Sin，《纳拉姆-辛的库塔传奇》

Cyaxares（see also Kyaxares），基亚克萨雷斯（另见凯亚克萨瑞斯）

Cyclops，独眼巨人

Cyril of Alexandria，亚历山大城的西里尔（基督教神学家，卒于公元444年）

Cyropaedia（by Xenophon），《居鲁士的教育》（色诺芬著）

Cyrus I（Persian king, father of Arukku），居鲁士一世（波斯国王，阿鲁库的父亲，生活年代在公元前640年）

Cyrus II（Achaemenid king），居鲁士二世（阿契美尼德国王，公元前559—前530年）

Dache and Dachos（gods Lahmu and Lahamu），达彻与达科斯（拉赫穆与拉哈穆神）

Daiukku（Median ruler, aka Deioces），戴乌库（米底人的统治者，又名迪奥塞斯，生活年代在公元前720年）

Dakdadra（Elamite moon-god of Awan），达克达德拉（阿旺的埃兰语月亮神）

Dalbana-dalbana（'Space-Intervals'），《空间间隔》

Damara（town on middle Euphrates, aka Dura），达马拉（幼发拉底河中游的城镇，又名杜拉）

Damas（eunuch），大马士（太监）

Damascus，大马士革

Damascus Document，《大马士革文献》

Damaskios，Damasius，达马希乌斯（哲学家，生活年代在公元600年）

Damkina（goddess, aka Dauke），达姆基那（女神，又名道客）

Dan（see Tell Dan），但（见但山丘）

Danaoi（Greeks），达奈人（希腊人）

Daniel（sage），*Book of Daniel*，但以理（贤哲），《但以理书》

Danuna，Denyen，Danaoi（see also Adana），

达努纳，达奴人，达奈人（另见阿达纳）

Daphne，达佛涅

Dapper, Dr Olfert，奥弗特·达波医生（植物收集家）

Darius I（Achaemenid king），大流士一世（阿契美尼德国王，公元前 521—前 486 年）

Daskyleion，达斯基勒昂（土耳其西北部城镇）

Dauke（goddess, aka Damkina），道客（女神，又名达姆基那）

David（king of Jerusalem），大卫（耶路撒冷的国王）

Dead Sea scrolls（see also Qumran），《死海古卷》（另见库姆兰）

Decalogue，摩西十诫

Deipnosophistae（by Athenaios），《智者之宴》（阿特纳奥斯著）

Deir'Alla，代尔阿拉（巴勒斯坦北部城镇）

De Joncières，德·琼西尔斯（歌剧作家）

Delibat（Ishtar of Dilbat, Venus aka Dilibat），德丽巴特（迪尔巴特的伊什塔尔，维纳斯又名迪丽巴特）

Delitzsch, Friedrich，弗里德里希·德利奇（学者）

Della Valle, Pietro，彼得罗·德拉·瓦莱（17 世纪旅行家）

Delphi, Delphians，德尔斐城，德尔斐人

Demetrios II Nikator（Seleucid king），德米特里二世尼卡特（塞琉古国王，公元前 145—前 141 年和公元前 129—前 125 年在位）

Demokritos（philosopher of Abdera），德谟克利特（阿布德拉的哲学家，生活年代约公元前 430 年）

demotic，通俗体（也称世俗体，一种埃及文字书写体）

deportation, deportees，流放，被放逐者

deror（也作 aka andurāru），自由

Descent of Ishtar；Ishtar's Descent，《伊什塔尔下阴间》

Description de l'Égypte，《埃及记述》

Desfontaines，德方丹（剧作家）

destinies；tablet of destinies，命运；命运泥板

Destruction of Sennacherib（by Byron），《辛那赫里布的覆灭》（拜伦著）

Deuteronomists，《申命记》的编者

Deuteronomy，《申命记》

D'Herbelot, Bartholomé，巴泰勒米·德埃贝洛（作家）

Dhu al-Qarnayn（see also Alexander），左勒-盖尔奈英（另见亚历山大大帝）

Didyma，迪迪玛（土耳其西南部城市）

Dilbat，迪尔巴特（美索不达米亚中部城市）

Dilibat（see also Delibat），迪丽巴特（女神；另见德丽巴特）

Diocletian，戴克里先（罗马皇帝，公元 245—313 年）

Diodoros Sikelos，西西里的狄奥多罗斯（历史学家，生活年代在公元前 50 年）

Diogenes of Babylon，巴比伦的第欧根尼（哲学家，约卒于公元前 152 年）

Diogenes Laertios of Cilicia，西里西亚的第欧根尼·拉尔修（作家，公元 3 世纪）

Dionysios of Charax，查拉克斯的狄奥尼修斯（地理学家，生活年代在公元前 40 年）

Dionysios of Miletos，米利都的狄奥尼修斯（早期希腊历史学家）

Disciplina Clericalis（by Pedro Alfonso），《教士的训诫》（彼得罗·阿尔丰索著）

Discoveries in the Ruins of Nineveh and Babylon（by Layard），《尼尼微和巴比伦遗址中的发现》（莱亚德著）

Discovery and Decipherment of Trilingual Cuneiform Inscriptions（by Booth），《三语对照的楔形文字铭文的发现和破译》（布思著）

Dispute between the Palm tree and the Tamarisk，《棕榈树与柽柳之争》

Disraeli, Benjamin，本杰明·迪斯雷利

divination, diviners，占卜，占卜者

Djoser，乔瑟尔（埃及国王，约公元前 2630—前 2611 年）

Dor（port in Palestine），多尔（巴勒斯坦的港口）

Doré, Gustave（illustrator），古斯塔夫·多雷（插画家）

Dravidian，达罗毗荼语

Dumuzi（Sumerian god, aka Tammuz, month-name），杜穆兹（苏美尔神，又名塔穆兹，月份名称）

Dura-Europos（town on middle Euphrates, see also Damara），杜拉-欧罗普斯（幼发拉底河中游的城镇，另见达马拉）

Dur-Rimush，杜尔-里木什

Dyakonov, Igor，伊戈尔·季亚科诺夫（学者）

Dynastic Prophecy，《王朝预言》

Ea（Babylonian god, aka Aos），伊阿（巴比伦神，又名奥斯）

Ebla，埃博拉（叙利亚中部城市）

Ecclesiastes，《传道书》

Edessa（city in SE Turkey, aka 'DM', modern Urfa），埃德萨（土耳其东南部城市，又名"DM"，现在的乌尔法市）

Edom（region SE of Dead Sea），以东（死海东南部地区）

Ehulhul（temple of moon-god in Harran），以胡胡（位于哈兰的月亮神庙）

El（W Semitic god），埃尔（西闪米特神）

Elam（region in W Iran），埃兰（伊朗西部地区）

El-Amarna（see also Amarna letters），阿玛尔纳（埃及城市；另见阿玛尔纳书信）

Elamite（s），埃兰语，埃兰人

Elchesai，厄勒克塞（"秘能"，宗教领袖，作家，公元 1 世纪）

Elementary Assyrian Grammar（by Sayce），《亚述语基础语法》（塞斯著）

Elephantine，伊里芬丁岛（上埃及城镇）

Ellasar，以拉撒（未确认的地区）

Ellil（Sumerian god; see also Enlil），伊利勒（苏美尔神；另见恩里勒）

Elohim，埃洛希姆（神的称号，"神"）

Elymais，埃利迈斯（伊朗西南部地区）

Emar，埃马尔（幼发拉底河中游的城镇）

Embassy for the Christians（by Athenagoras），《基督徒使团》（雅典那哥拉著）

Endor，隐多珥（巴勒斯坦一地区）

Enki（Sumerian god, aka Ea），恩基（苏美尔神，又名伊阿）

Enkidu（see also Enoch），恩奇都（史诗中的英雄；另见以诺）

Enlil（Sumerian god, aka Ellil, Illil, Illinos），恩里勒（苏美尔神，又名伊利勒，艾利勒，伊利诺斯）

Enlil-bani（king of Isin），恩里勒-巴尼（伊辛的国王，公元前 1916—前 1893 年）

Enmeduranki，恩美杜兰基（西帕尔传说中的国王）

Enmerkar and the Lord of Aratta，《恩美卡与阿拉塔之王》

Enmesharra（Sumerian god），恩美沙拉（苏美尔神）

Enoch（aka Idris, see *Book of Enoch*），以诺

（又名伊德里斯，见《以诺书》）

Enosh，以挪士（《圣经》中的人物）

Enūma Anu Enlil（manual of celestial omens, 'When Anu and Enlil'），《泥板天象征兆集》（占星手册，"当安努和恩里勒"）

Enūma eliš（Babylonian Epic of Creation），《埃努玛·埃利什》（巴比伦的《创世史诗》）

Ephemerides，《天文历》

Ephesos（Hittite Apasas, capital of Arzawa），以弗所（赫梯的阿帕沙司，阿尔萨瓦的首府）

Ephrem the Syrian，叙利亚的艾弗冷（基督教圣徒，作家）

epics（see *Anzu*; *Atra-hasis*; *Enūma eliš*; *Erra*; *Gilgamesh*; *Iliad*; *Kypria*; *Odyssey*），史诗（见《安组》；《阿塔拉-哈西斯》；《埃努玛·埃利什》；《伊拉》；《吉尔伽美什》；《伊利亚特》；《库普利亚》；《奥德赛》）

Epicurean，伊壁鸠鲁学派

Epigenes of Byzanz，拜占庭的伊壁琴尼（占星家，公元前 2 世纪）

Erech（city in S Iraq, aka Uruk, Warka; see also Uruk），以力（伊拉克南部城市，又名乌鲁克，瓦尔卡；另见乌鲁克）

Ereshkigal（Sumerian Underworld goddess），埃列什基伽勒（苏美尔冥界女神）

Eridu（see also Irad），埃利都（伊拉克南部城市；另见以拿）

Erra and Ishum, Epic of，《埃拉与伊舜》史诗

Erra-imitti，伊拉-伊米提（伊辛的国王，公元前 1924—前 1917 年）

Esagila（temple of Marduk in Babylon, of Shamash-Bel in Hatra, aka Esangil, SGYL; see also Sangilaya），埃萨吉拉（位于巴比伦的马尔杜克神庙，位于哈特拉的沙玛什-贝尔神庙，又名以撒基尔，SGYL；另见桑吉拉亚）

Esarhaddon（aka Sardana），阿萨尔哈东（亚述国王，公元前 680—前 669 年，又名萨达纳）

Esau，以扫

Eshnunna，埃什嫩那（伊拉克东部城市）

Essay on Man（by Pope），《人论》（蒲柏著）

Esther, *Book of Esther*，以斯帖，《以斯帖记》

Etana, *Legend of Etana*，埃塔纳，《埃塔纳传说》

Eteokles，厄忒俄克勒斯（希腊史诗中的英雄）

Ethiopia（ns）, Ethiopic，埃塞俄比亚人，埃塞俄比亚语

Ethiopic *Book of Mysteries*，埃塞俄比亚语《天地之谜》

Etruscans，伊特鲁里亚人

Etymologies，《词源》（塞维利亚的伊西多尔著）

Euboia，优卑亚岛

Euclid，欧几里德（希腊数学家，生活年代在约公元前 325—前 250 年）

Eudemos of Rhodes，罗德岛的欧德莫斯（哲学家，生活年代在公元前 4 世纪）

Eudoxos of Knidos，尼多斯古城的欧多克索斯（哲学家，约公元前 400—前 350 年）

Euktemon of Athens，雅典的伊克特蒙（天文学家，生活年代在公元前 432 年）

Eunous of Apamea，阿帕米亚的尤努斯（奴隶，生活年代在公元前 135 年）

Eusebios of Caesarea，凯撒里亚城的优西比乌斯（作家，约公元 260—340 年）

Evil-Merodach（aka Amil-Marduk），以未-米罗达（巴比伦国王，公元前 561—前 560 年，又名阿米尔-马尔杜克）

Exodus, *Book of Exodus*，出埃及，《出埃及记》

Ezekiel, *Book of Ezekiel*，以西结，《以西结书》

Ezida，埃兹达（位于博尔西帕的纳布神庙）

Ezra, 以斯拉（《圣经》中的书吏，又名 'Uzayr' Aziz）

fables（see also Aesop; Ahiqar; Phaedrus），寓言，（另见伊索；阿希家；费德鲁斯）

fate（s）（see also *Book of Fate*），命运；（另见《命运之书》）

Faustus, 福斯图斯（摩尼教的主教）

Fayum, 法尤姆（下埃及地区）

Ferguson, James, 詹姆斯·弗格森（建筑师）

Fischer von Erlach, J. B., J. B.菲舍尔·冯·埃拉赫（建筑师）

Flandin, E., E. 弗兰丁（考古学家）

Frederick II, 腓特烈二世（西西里国王，公元 1197—1250 年）

Gadlat, 盖德拉特（阿拉伯女神）

Gaia, 该亚（大地女神）

Gandhara, 犍陀罗（巴基斯坦北部地区）

Ganges river, 恒河

Ganymede, 加尼米德

Gargasaṃhitā（Sanskrit collection of omens），《加尔加·萨米塔》（梵文预兆汇编）

Garmus, 嘉尔摩斯（虚构的巴比伦国王）

Gaza, 加沙（巴勒斯坦南部非利士人的城市）

Gello（aka gallu），格罗（恶魔，又名伽卢）

Gematria, 希伯来字母代码

Geminus of Rhodes（?），罗德岛的杰米努斯（?）（天文学家，年代不详）

Geography，《地理学》（斯特拉博著）

Geoponika，《农事书》（C. 巴苏斯著）

George（bishop of Arabs），乔治（阿拉伯的主教，公元 8 世纪）

George the Synkellos, 乔治·辛克洛斯（拜占庭历史学家，生活年代在公元 800 年）

Georgian, 格鲁吉亚语

German Oriental Society, 德国东方学会

Geshur, 基述（叙利亚的阿拉姆王国）

Gezer, 基色城（巴勒斯坦南部非利士人的城市）

Ghaya（see also Picatrix），加亚（另见皮卡特立克斯）

Gibbon, 吉本（历史学家）

Gilbert, Gabriel, 加百利·吉尔伯特（剧作家）

Gilgamesh, *Epic of Gilgamesh*, 吉尔伽美什，《吉尔伽美什》史诗

Gilgamos, 吉尔伽马斯

Ginza，《伟大之书》

Girsu（modern Tello），吉尔苏（伊拉克南部城市，现在的特洛）

Giuliano, Carlo, 卡洛·朱利亚诺（珠宝商）

gnomon（shadow-clock），日晷（影子钟）

Gnostics, Gnosticism, 诺斯替信徒，诺斯替主义

Goal Year Texts，《行星周期泥板文本》

God Description Texts，《神的描写》文本

Goiim, 戈印（表示人或国家）

Goldmark, Carl, 卡尔·戈德马克（作曲家）

Gomorrah, 蛾摩拉城

Gorgon, 戈耳工（蛇发女怪）

Gortyn, 格尔蒂（克里特岛上的城市）

Graeco-Babylonian tablets, 古希腊-巴比伦泥板

Greek Magical Papyri, 希腊书写着魔法的莎草纸

Gregory the Illuminator（saint, 'apostle of Armenia'），启蒙者格列高利（圣徒，"亚美尼亚的传道士"，约公元 240—332 年）

Gregory of Nazianzus, 纳齐安的格列高利（神学家，公元 329—389 年）

Griffith, David Wark, 大卫·沃克·格里菲思（电影导演）

Grotefend, G. F., G. F. 格罗特芬德（学者）

Gudea, 古地亚（拉格什的苏美尔总督，约公元前 2100 年）

Guest, Sir John, 约翰·格斯特爵士

Guillaume, E., E. 纪尧姆（建筑师）

Gujarat, 古吉拉特（印度一地区）

Gula, 古拉（医疗女神）

Gurdjieff, 古尔杰夫

Guzana（site Tell Halaf, biblical Gozan, city in N Syria），古扎纳（哈拉夫山丘遗址，《圣经》中的哥仓，叙利亚北部城市）

Gyges, 盖吉兹（吕底亚国王，生活年代在公元前 660 年）

Habur, 哈布尔（伊拉克境内的河流）

Hadad, 阿达德（闪米特西部的风暴神）

Hadad-yiš'i, 哈达德-伊势（费赫叶山丘的地方统治者，生活年代在公元前 780 年？）

Hadrian, 哈德良（罗马皇帝，公元 117—138 年）

Haggai, 哈该（伊里芬丁地区的人）

Halab（see Aleppo），哈乐柏（见阿勒颇）

Halah, 哈腊（尼尼微东北部城市）

Hale, Owen, 欧文·黑尔（艺术家）

Halikarnassos, 哈利卡那索斯（土耳其西南部城市）

Haman, 哈曼（《以斯帖记》里的恶棍）

Hamath, 哈马斯（叙利亚内陆城市）

Hamazi, 哈玛兹（伊朗西部城市）

Hamilton, William, 威廉·汉密尔顿（大英博物馆托管理事）

Hammurabi, 汉谟拉比（巴比伦国王，约公元前 1848—前 1806 年）

Hana, Haneans, 哈纳，哈尼安人（幼发拉底河中游的部落 / 地区）

Handy Tables（by Ptolemy），《实用天文表》（托勒密著）

Hanging Gardens, 空中花园

Hannibal, 汉尼拔（迦太基领袖）

Harappa（n），哈拉帕（印度河谷的城市）

Haridatta, 哈里达塔（印度天文学家，公元 1638 年）

Harkhebi, 哈克比（埃及天文学家，公元前 3 世纪初）

Harpalos, 哈帕拉斯（亚历山大统治下的财政人员）

Harran（aka Carrhae），哈兰（土耳其南部城市，又名卡雷）

Harut and Marut（sorcerors），哈鲁特和马鲁特（巫师）

Hasīsu, Hasīsatu（Akkadian 'wisdom' personified），哈西苏，哈西萨图（阿卡德语"智慧"的拟人化）

Hatra, 哈特拉（伊拉克北部城市）

Hattusa（modern Boghazköy, Hittite capital, central Turkey），哈图沙（现代博阿兹柯伊，赫梯首府，土耳其中部）

Hattusili I, 哈图西里一世（赫梯国王，生活年代在公元前 1650 年）

Haykar（aka Ahiqar），海卡（又名阿希家）

Hays, A., A. 海斯（雕塑家）

Hazael, 哈薛（大马士革国王，生活年代在公元前 840 年）

Hazor, 夏琐（巴勒斯坦北部城市）

Hebrew Melodies，《希伯来歌谣》（拜伦著）

Hebron, 希伯仑（巴勒斯坦南部城镇）

Hekataios of Miletos, 米利都的赫卡塔埃乌斯（作家，生活年代在公元前 500 年）

Hekhalot（see also *Book of Hekhalot*）， 赫

哈洛特（另见《赫哈洛特书》）

Heliodoros（brother of Ammonios），赫利奥多罗斯（学者，阿摩尼乌斯的兄弟）

Helios，赫利俄斯（太阳神）

Hellanikos of Lesbos，莱斯博斯岛的赫拉尼科斯（作家，公元前 5 世纪）

Henabery, Joseph（film director），约瑟夫·赫纳波里（电影导演）

Hepat，赫帕特（叙利亚女神）

Hephaistion of Thebes，底比斯的赫费斯提翁（作家，生活年代在公元 415 年）

Hephaistos，赫菲斯托斯（锻造冶炼之神）

Hera，赫拉（女神）

Herakles（hero-god），赫拉克勒斯（英雄神）

Heraklitos of Ephesos，以弗所的赫拉克利特（哲学家，约公元前 540—前 480 年）

Hermes，赫尔墨斯（信使神）

Hermes Trismegistos，赫尔墨斯·特利斯墨吉斯忒斯

Hermippos，赫米普斯（伊索的救星）

Hermon，赫蒙山（巴勒斯坦一座山）

Hermon, Edward，爱德华·赫蒙（艺术赞助人）

Hermopolis，赫尔莫波利斯（埃及城市）

Herodikos，赫罗狄科斯（巴比伦作家，公元 2 世纪）

Herodotos of Halikarnassos，哈利卡那索斯的希罗多德（历史学家，约公元前 490—前 425 年）

Heron, Robert，罗伯特·希伦（翻译家）

Herta，赫塔（巴尔米拉的女神）

Hesiod，赫西俄德（诗人，生活年代 700 年）

Hezekiah，希西家（犹大国王，约公元前 722—前 694 年）

Hierapolis（aka Membidj, Mabbug, Nineveh），希拉波利斯（叙利亚北部城市，又名曼比季，玛巴格，尼尼微）

Hill, Thomas，托马斯·希尔（百科全书编纂家）

Hincks, Edward，爱德华·希克斯（学者）

Hipparchos of Rhodes，罗德岛的喜帕恰斯（天文学家，约公元前 190—前 126 年）

Hippareni（aka Nippur），喜帕瑞尼（伊拉克南部城市，又名尼普尔）

Hippocratic Corpus，《希波克拉底文集》

Hippocratic Oath，希波克拉底誓言

Hippokrates of Kos，科斯岛的希波克拉底（生活年代在公元前 400 年）

Historiae Philippicae，《腓力史》（特罗古斯·庞培著，缩写本作者为查士丁）

History，《历史》（约瑟夫·本·葛里安著）

History of Astronomy，《天文学史》（罗德岛的欧德莫斯著）

History of the Caliph Vathek，《哈里发瓦泰克的故事》（贝克福德著）

History of Greece，《希腊史》（米特福德著）

History of Karka de Beth Selokh，《卡尔卡·德·贝丝·塞露克的历史》

Hittite（s），赫梯人

Holloway, Thomas，托马斯·霍洛威（发明家）

Horites，何利人

Hoshang，霍尚（伊朗神）

Hoshea，何细亚（以色列国王，公元前 732—前 724 年）

Household Words（by Stone），《家常话》（斯通著）

Hughes, T. S.，T. S. 休斯（诗人，公元 19 世纪）

Humbaba，洪巴巴（森林中的怪兽）

Huntand Roskell，亨特和罗斯克尔（珠宝商）

Hurrian（s），胡里安人

Huzirina（modern Sultantepe），胡姿瑞那（现代的苏丹特佩，土耳其南部亚述城镇）

Hyades，毕星团（星座）

Hyginus，希吉努斯（学者，约公元前64—公
元17年）

Hypsikles of Alexandria，亚历山大城的希
波西克勒斯（天文学家，生活年代约公元前
150年）

Iamblichos（*author of Babyloniaka Romance*），
扬布里科（《巴比伦尼亚志》作者，公元2世纪）

Iamblichos of Apamea，阿帕米亚的杨布里科
斯（哲学家，约公元250—319年）

Ibnahaza，伊布纳哈札（埃兰神）

Iberians（see also Spain），伊比利亚人（另
见西班牙）

Ibn Abi Usaibi'ah，伊本·阿比·乌赛比阿（作家）

Ibn Wahshiya，伊本·瓦希亚（作家）

Idris（aka Enoch; see also *Book of Enoch*），
伊德里斯（又名以诺；另见《以诺书》）

Illustrated Handbook of Architecture（by Fer-
guson），《建筑学插图手册》（弗格森著）

Illustrated London News，《伦敦新闻画报》

Imgur-Bel，伊姆古尔-贝尔（巴比伦墙）

Imhotep，伊姆霍特普（埃及先哲，赫里奥波
里斯的祭司，生活年代约公元前2630年）

Inanna，伊南娜（苏美尔女神）

Inanna and the halub tree，伊南娜与哈鲁布树

Indra，因陀罗（印度的神）

Indus river，印度河

Instructions of Shuruppak，《舒鲁帕克的
教诲》

Intolerance，《党同伐异》（电影）

Ionia（ns），爱奥尼亚，爱奥尼亚人

Ionic，爱奥尼亚（风格）

Ipiq-Adad，伊佩克-阿达德（埃什嫩那国王）

iqqur īpuš（almanac manual），《伊括·伊普斯》

（年鉴手册）

Irad（son of Enoch, city; see also Eridu），
以拿（以诺之子，以拿城；另见埃利都）

Isaac，以撒（亚伯拉罕之子）

Isaac of Antioch，安条克的艾萨克（基督徒作
家，生活年代在公元5世纪初）

Isaiah，《以赛亚书》

Isfandiyar（Persian hero, Alexander the Great），
埃斯凡迪亚尔（波斯英雄，亚历山大大帝）

Ishkur，伊什库尔（苏美尔风暴神）

Ishmael，以实玛利

Ishtar（aka Issar），伊什塔尔（女神，又名
伊萨尔）

Ishtar's Descent to the Underworld，《伊什塔
尔下阴间》

Isidore of Charax，查拉克斯的伊西多尔（作家，
公元前1世纪）

Isidore of Seville（encyclopaedist），塞维利
亚的伊西多尔（百科全书编纂家，主教，公元
602—636年）

Isin，伊辛（伊拉克中部城市）

Issar-Bel，伊萨尔-贝尔（埃尔比勒的女神）

Itapalhum，伊塔帕尔哈姆（伊拉克东北部城邦，
公元前19世纪）

Itinerary（by Benjamin of Tudela），《本雅
明行纪》（图德拉的本雅明著）

Itinerary（by Isidore of Charax），《旅行日程》
（查拉克斯的伊西多尔著）

Jacob（son of Isaac），雅各（以撒之子）

Jacob of Sarug，萨拉格的雅各布（基督徒作
家，约公元451—521年）

Jacobsen, Thorkild，托基尔·雅各布森（学者）

Jain，耆那教（印度宗教）

Jamshid（aka Yima），贾姆希德（波斯英雄，

又名伊摩）

Jannes and Jambres（magicians），雅尼与佯庇（魔法师）

Jared（father of Enoch），雅列（以诺之父）

Jarvis, Alfred，阿尔佛雷德·贾维斯（雕塑零售商）

Javan，雅完

Jehoiachin，约雅斤（犹大国王，公元前598年）

Jehoiakim，约雅敬（犹大国王，公元前609—前598年）

Jenkyns, Richard，理查德·詹金斯（历史学家）

Jensen, Peter，彼得·延森（学者）

Jerash（ancient Gerasa），杰拉什（古代迦拿撒，约旦的城市）

Jeremiah，《耶利米书》

Jeremias, A.，A. 耶雷米亚斯（学者）

Jericho，杰里科（约旦河上的城市）

John of Ephesos，以弗所的约翰（基督徒历史学家，生活年代在公元6世纪）

John of Lydia，吕底亚的约翰（作家，生活年代在公元550年）

Jonah，《约拿书》

Jordan river，约旦河

Joseph（son of Jacob），约瑟（雅各之子）

Joseph ben Gorion（aka Yosip-pon），约瑟夫·本·葛里安（历史学家，又名约瑟泊，公元9—10世纪）

Josephos，约瑟夫斯（历史学家，约公元37—93）

Joshua the Stylite，修行者约书亚（基督徒历史学家，生活年代在公元8世纪末）

Josiah，约西亚（犹大国王，公元前639—前609年）

Juba II，朱巴二世（努米底亚国王，公元前46—公元23年）

Jubilees，《禧年书》

Judaean（s），犹太人

Judah，犹大

Judaism，犹太教

Judges，《士师记》

Judith，《犹滴传》（另译作《友弟德传》）

Julian（the Apostate, Roman emperor），尤利安（叛教者，罗马皇帝，公元361—363年）

Jupiter，朱庇特（神；木星）

Justinian，查士丁尼（东罗马皇帝，公元527—565年）

Justinus，查士丁（历史学家，公元3世纪）

Ka'bal-ahbar，卡巴尔-阿赫巴

Kabaru canal（aka Chebar），卡巴鲁运河（又名迦巴鲁）

Kabbalah, kabbalistic mysticism，《卡巴拉》，卡巴拉神秘主义

Kabti-ilani-Marduk（writer），卡博替-伊拉尼-马尔杜克（作家）

Kabul（city in Afghanistan），喀布尔（阿富汗城市）

Kaiser Wilhelm II（king of Prussia, 1888-1918 AD），威廉二世皇帝（普鲁士国王，公元1888—1918年）

Kaiwan（name for Saturn, aka Kiyyun, kayyamān），迦温（土星的名字，又名基云，卡亚曼）

Kalhu（city in N Iraq, aka Calah, Nimrud; see also Calah），卡尔胡（伊拉克北部城市，又名迦拉，尼姆鲁德；另见迦拉）

Kallimachos（Hellenistic scholar），卡利马科斯（希腊化时期学者）

Kallinikos（tax collector），加利尼科斯（税务员）

Kallisthenes，卡利斯提尼（历史学家，出生于约公元前 370 年）

Kamnaskires（Graeco-Elamite title），卡姆纳斯基雷斯（古希腊-埃兰的称号）

Kanesh（city in central Turkey, site of Kül-tepe），卡尼什（土耳其中部城市，库尔特佩遗址）

Kanneh（town in NE Syria?），坎内（叙利亚东北部城镇？）

Kannu'（town in NE Syria?），卡努（叙利亚东北部城镇？）

kanūni（Assyrian festival and month name, aka kinūnum），卡努尼（亚述节日和月份名称，又名基努努姆）

kapniškir（Elamite title），财政大臣（埃兰头衔）

Karabel(mt. pass in W Turkey)，卡拉贝尔（土耳其西部山隘）

Karahüyük，卡拉胡尤克（土耳其中部遗址）

Karatepe（site in Cilicia），卡拉泰佩（西里西亚的遗址）

Kardagh，卡达格（基督徒殉道者，公元 4 世纪）

Karka de Beth Selokh（aka Kirkuk），卡尔卡·德-贝丝·塞露克（伊拉克东部城市，又名基尔库克）

Kaş，卡什（土耳其南部城镇）

Kassia，卡希雅

Kassite（s），加喜特，加喜特人

Kastor of Rhodes，罗德岛的卡斯托尔（编年史家，公元前 1 世纪）

kauśikāsutra（part of *Atharvaveda*），《憍尸迦经》（《梨俱吠陀》的一部分）

Kayseri，开塞利（土耳其中部的现在城市）

Kean，Charles，查尔斯·基恩（作家）

Kedor-laomer（king of Elam），基大老玛（埃兰国王）

Kelenderis，科伦德瑞斯（西里西亚的城镇）

Kermanshah，克尔曼沙阿（伊朗西部城镇）

Ker Porter，Sir Robert，罗伯特·克尔·波特爵士（旅行家和作家）

Key of Solomon，《所罗门之钥》

Khorsabad（site of city Dur-Sharrukin in N Iraq），豪尔萨巴德（伊拉克北部杜尔-沙鲁金城遗址）

Khosroes I，霍斯劳一世（萨珊王朝国王，公元 531—579 年）

Kidenas of Nippur（aka Kidinnu），尼普尔的基第纳斯（学者，又名基丁努，生活年代不详）

Kidinānu of Uruk，乌鲁克的基迪纳努（学者，生活年代在公元前 290 年）

Killiz，基利兹（叙利亚北部城镇）

Kinalua，基纳卢阿（位于叙利亚的亚述行省）

Kirkuk，基尔库克（伊拉克东部城市）

Kish，基什（伊拉克中部城市）

Kishar & Anshar，基沙尔和安沙尔（神）

kispum（funerary offerings），基斯布（阿卡德语，葬礼上纳贡的仪式）

Kissare（deified earth-sphere, aka Kishar），吉萨尔（神化的地球圈层，又名基沙尔）

Kissia，基西亚（伊拉克东部地区）

Kitītum（Ishtar of Agade?），吉蒂图（女神，阿加德的伊什塔尔？）

Kittum（Akkadian 'justice' personified），克图姆（阿卡德语 "正义" 的拟人化）

Kleitarchos，克莱塔丘斯（历史学家）

Kleostratos of Tenedos，忒涅多斯岛的克雷斯特拉特斯（学者）

Klima，克利马

klimata（Greek 'zones of earth'），气候带（希

腊语"大地地带")

Knossos, 克诺索斯（克利特岛上的城市）

Kolophon, 科洛丰（土耳其西部城市）

Konon, 科农（雅典将军，生活年代在公元前
400 年）

Konon（priest of Belat Dura），科农（在杜
拉的贝尔的祭司）

Konya, 科尼亚（土耳其中部城市）

Kos, 科斯（爱奥尼亚的岛屿）

Kourion, 库里翁（塞浦路斯的城市）

Koyundjik, 科永吉克（尼尼微遗址的一部分）

Kritodemos, 克里特德摩斯（学者，占星家，
公元前 3 世纪）

Kroisos, 克罗伊索斯（吕底亚国王，生活年
代在公元前 560 年）

Ktesias of Knidos, 尼多斯的克特西亚斯（医
生兼作家，公元前 4 世纪初）

Ktesiphon, 泰西封（伊拉克中部的萨珊王朝
都城）

Kültepe（see Kanesh），库尔特佩（见卡尼什）

Kummuh（aka Commagene），库姆（土耳其
中部地区，又名科马基尼）

Kurdish stories, 库尔德人的故事

Kushan（Kušān），贵霜（巴基斯坦北部地区）

Kutha, 库萨（伊拉克中部城市）

Kyaxares, 基亚克萨雷斯（米底的国王，生活
年代在公元前 625 年）

Kyme, 库迈（土耳其西部港口）

Kypria,《库普利亚》

Kyrene, 昔勒尼（北非城市）

Kythera, 基西拉（希腊岛屿）

Kyzikos（harbour on S Propontis），基齐库斯（普
罗庞提斯南部的海港）

Laban, 拉班（教长）

Laborde, 拉博德（历史学家）

Labynetos, 拉比内图（巴比伦特使，公元前
6 世纪）

Lachish, 拉吉（巴勒斯坦南部城镇）

Lagadha, 拉迦达（印度天文学家，年代不详）

Lagash, 拉格什（伊拉克南部城市）

Lahmu & Lahamu（aka Dache and Da-
chos），拉赫穆和拉哈穆（神，又名达彻和达
科斯）

La'ish（modern Tell Dan in N Palestine），
拉亿（现在巴勒斯坦北部的但山丘）

Lake Urmia, 乌鲁米耶湖

Lakhmid, 拉赫姆（位于希拉的阿拉伯王朝，
约公元 270—602 年）

Lamashtu（lamaštu, demon），拉玛什图（恶魔）

Lamb, Thomas（architect），托马斯·兰姆（建
筑师）

Lamentations,《耶利米哀歌》

Lamia, 拉米亚（希腊恶魔）

Lampsakos（city on Propontis/Hellespont），
兰萨库斯（普罗庞提斯或赫勒斯庞边上的城市）

Landseer, 兰西尔（作家）

Larak, 拉拉克（伊拉克南部城市）

Larisa, 拉里萨（色萨利的城市）

Larsa, 拉尔萨（伊拉克南部城市）

Laurion, 拉乌里翁（希腊的银矿）

Layard, A. H.（excavator, writer），A. H. 莱
亚德（发掘家，作家）

Lefkandi（site in Euboia），莱夫坎迪（优卑
亚岛上的遗址）

Legend of Etana,《埃塔纳传说》

Legend of Sargon's Birth,《萨尔贡出生的
传说》

Leighton, Lord, 莱顿勋爵

Lesbos, 莱斯博斯（爱奥尼亚的岛屿）

Lethaby，W. R.，W. R. 莱瑟比（学者）

Leto，勒托（女神）

Leucothoe（heroine of tale told by Ovid），琉科托厄（奥维德所讲故事中的女主人公）

Levant(ine)，黎凡特（地中海东部沿海地区）

Leviticus，《利未记》

Libanius of Antioch，安条克的利巴尼乌斯（作家，约公元 314—393 年）

Liber Mensurationum，《测量书》（阿布·贝克尔著）

Libra（constellation），天秤座

Lilith（demon），莉莉丝（恶魔）

Linear A script，线形文字 A 文本

Linear B script，线形文字 B 文本

Lingelbach，David，大卫·林格尔巴赫（作家）

lipšur litanies，《利普苏的连祷文》

Lithika，《利什卡》

Lithika kerygmata，《利什卡传道辞》

Long，Edwin，埃德温·朗（艺术家）

Longinos of Palmyra，巴尔米拉的朗吉努斯（作家，约公元 213—273 年）

Louis-Philippe，路易-菲利普（法国国王）

Lucian of Samsat，萨姆萨特的琉善（作家，约公元 115—180 年）

Lucius Verus，卢修斯·维鲁斯（罗马领袖，马可·奥勒留的哥哥）

Lucretius，卢克莱修（作家，约公元前 98—前 55 年）

Ludlul bēl nēmeqi，《我要赞美智慧之神》

Lugal-e，《卢加尔》

Luwian(aka hieroglyphic Hittite)，卢维语（又名赫梯语象形文字）

Lycia（ns），吕基亚（人）（土耳其南部地区、人和语言）

Lydia（ns），吕底亚（人）（土耳其西北部

地区、人和语言）

Lykurgos（aka Ly-keros），利库尔戈斯（"巴比伦国王"，又名莱凯罗斯）

Lysander of Sparta，斯巴达的吕山得（海军将领，生活年代在公元前 400 年）

Ma'akah，玛迦（阿拉姆人的国家）

Maccabean，马加比时期（公元前 167—前 143 年）

1 Maccabees，《马加比一书》

Macedonia（n），马其顿（希腊北部地区）

Maeander river，迈安德河（流经土耳其西南部）

Magasin Pittoresque，《绘画杂志》

magi，magus，魔法师

magic，magicians，sorcery，alchemy，魔法，魔法师，巫术，炼金术

magus legends，魔法师传奇

mahur，马胡尔（亚述节日或月份名）

Malakbel，马拉克贝尔（巴尔米拉神）

Malatya（ancient Melid），马拉蒂亚（古代梅利德，幼发拉底河上游城市）

Mallowan，Max，麦克斯·马洛温（考古学家）

Malta Times，《马耳他时报》

Mami，玛米（女神）

Manasseh，玛拿西（犹大国王，约公元前 694—前 640 年）

Mandaean（s），曼达安，曼达安人

Manetho，曼涅托（埃及祭司，历史学家，公元前 3 世纪）

Mani，摩尼（巴比伦尼亚宗教领袖、作家，公元 216—276 年）

Manichaean（s），摩尼教徒

maqlû（incantation manual），《烧毁》（咒语手册）

Marcus Manilius，马库斯·曼尼里乌斯（作家，生活年代在公元 1 世纪初）

Marduk（see also Asalluhi；Bel；Mordecai；Sangilaya），马尔杜克（神；另见阿萨鲁赫；贝尔；末底改；桑吉拉亚）

Marduk-apla-iddin II（aka Mardokempad and Merodach-Baladan），马尔杜克-阿普拉-伊丁（又名马尔杜克恩帕德和米罗达-巴拉丹，巴比伦国王，公元前 721—前 710 和前 703 年）

Marhashi，马哈什（伊朗南部或西南部地区）

Mari，玛里（幼发拉底河中游城市）

Marilaha，Marelahe，玛利拉哈，玛利拉亥（古叙利亚语"神之主"）

Marisa，马里萨（巴勒斯坦南部城市）

Martin，John，约翰·马丁（艺术家）

Marwan II，马尔万二世（倭马亚王朝哈里发，公元 750—774 年）

Māshā'allāh，玛莎阿拉（作家，占星家，约公元 730—815 年）

Mas'oudiye（aka Thapsakos?），马苏迪伊（幼发拉底河中游的古城，又名塔普萨克斯？）

Mattathias，玛他提亚

Maurice，Thomas，托马斯·莫里斯（图书馆馆员兼作家）

Mauryan，孔雀王朝

Medes，Media，米底，米底人（伊朗西部地区）

Medina，麦地那（阿拉伯的城市）

Medusa，美杜莎（希腊妖怪）

Megiddo，美吉多（巴勒斯坦北部城市）

Meisan（aka Mesene），梅桑（伊拉克南部地区，又名米西尼）

Melchizedek（pre-Hebrew priest-king of Jerusalem），麦基洗德（前希伯来时期耶路撒冷的祭司-国王）

Meluhha，梅卢哈（印度 / 埃塞俄比亚地区）

Membidj（see Hierapolis），曼比季（见希拉波利斯）

Memoir on the Ruins of Babylon（by Rich），《巴比伦遗址实录》（里奇著）

Memphis，孟斐斯（埃及城市）

Merkabah（'chariot'，manual of mysticism），《默卡巴》（"战车"，神秘主义手册）

Merneptah，梅内普塔（埃及国王，公元前 1224—前 1214 年）

Merodach-Baladan II（aka Marduk-apla-iddin），米罗达-巴拉丹二世（巴比伦国王，又名马尔杜克-阿普拉-伊丁，公元前 721—前 710 和前 703 年）

Mersin，梅尔辛（西里西亚的城市）

mēšarīm，mīšarum（'justice'），米沙鲁姆（巴比伦语中表示"正义"的词）

Message of Ludingira，《鲁丁吉拉致母亲的口信》

Metamorphoses，《变形记》（奥维德著）

Meton of Athens，雅典的梅顿（天文学家，公元前 5 世纪）

Michael Psellos，米迦勒·普塞洛斯（学者，公元 11 世纪）

Michael Scot，迈克尔·司各特（学者，公元 13 世纪）

Michael the Syrian，叙利亚的米迦勒（基督徒历史学家，安条克的教长，公元 1126—1199 年）

Midas（see also Mita），弥达斯（弗里吉亚的国王；另见米塔）

Middle Assyrian Laws，《中亚述时期法律》

Middle Persian，中古波斯语

Miletos，米利都（土耳其西南部城市）

Milkah（sister-in-law of Abraham），密迦（亚伯拉罕的弟媳妇）

Milman，H. H.，H. H. 米尔曼（诗人）

Minoan（s），米诺斯（青铜器时期克里特人和文化）

Mira，米拉（土耳其西部国家）

Mishar，mīšarum（Akkadian 'justice' personified），木沙尔，米沙鲁姆（阿卡德语"正义"的拟人化）

Mishnah（Jewish lawcode），《密什那》（犹太法典）

Mita（see also Midas），米塔（穆什基国王，生活年代在公元前 715 年；另见弥达斯）

Mitford，William，威廉·米特福德（学者）

Mithridates，米特里达梯（公元前 120—前 63 年？本都的国王）

Mitra，密特拉（印度-伊朗神）

Mittani（an），米坦尼（印度-伊朗帝国时期）

Moab，摩押（死海东南部地区）

Moabite Stone，摩押人的石刻

Mohenjo-daro，摩亨佐-达罗（巴基斯坦北部城市）

Mohl，Julius（president of Société Asiatique），朱利叶斯·莫尔（亚洲学会会长）

Monckt on Milnes，Richard，理查德·蒙克顿·米尔恩

Monument de Ninive，《尼尼微古迹》（博塔和弗兰丁著）

Monuments of Nineveh，《尼尼微古迹》（莱亚德著）

Mopsos，摩普索斯（传说中的希腊预言家）

Mordecai，末底改

Moses，摩西

Moses of Khorene，科林的穆夫希斯（历史学家，公元 7 世纪？）

Mount Tabor，Hermon，Carmel，Sinai（holy peaks in Palestine），泰伯山，赫尔蒙山，迦密山，西奈（巴勒斯坦的神圣顶峰）

Muhammad，Mahomet，穆罕默德（伊斯兰教创始人，约公元 570—632 年）

MUL.APIN（manual of astronomy），《楔形文字天文汇编》

Mullissu（aka Mylitta，Ninlil），穆里苏（亚述女神，又名米利塔，宁利勒）

Mummu（aka Mumis），穆木（女神，又名穆米斯）

Murray，John，约翰·默里（出版商）

MursiliI，穆尔西里一世（赫梯国王，生活年代在公元前 1595 年）

Mushki，穆什基（铁器时代土耳其东部和中部的民族）

mušhuššu-dragon，姆舒休龙

Mycenae（ans），迈锡尼（青铜器时代希腊的城市和民族）

Mylitta（see Mullissu），米利塔，见穆里苏

Myrrha，密耳拉（虚构的爱奥尼亚女奴）

Myth of Adapa，《阿达帕神话》

Myth of Lugalbanda，《卢伽尔班达神话》

Myth of Nergal and Ereshkigal，《内尔伽勒与埃列什基伽勒神话》

Nabataea（n），纳巴泰（巴勒斯坦南部地区、民族和语言）

Nabataean Agriculture（by Abu Bakr），《纳巴泰人的农业》（阿布·贝克尔著）

Nabonidus，那波尼德（巴比伦国王，公元前 555—前 539 年）

Nabopolassar，那波帕拉萨尔（巴比伦国王，公元前 625—前 605 年）

Nabu（aka Nebo），纳布（神，又名尼布）

Nabu-'aqeb，纳布-阿奇布

Nabu-naṣir（aka Nabon-assar），纳布-纳瑟尔（巴比伦国王，又名纳波纳萨尔，公元前

747—前 734 年）

Naburian（n）os，纳布利阿诺斯（天文学家，年代不详）

Nabu-shum-ishkun（minister of Sennacherib, see Nebosumiskun），纳布-舒姆-伊什昆（辛那赫里布的侍从，见尼波苏密斯昆）

Nadan（aka Nadab），纳丹（阿希家的侄子，又名纳达布）

Nagidos，纳吉多斯（西里西亚的城镇，现在的尼代）

Nahor（aka Nahur, Til-nahiri），拿鹤（哈兰附近城市，又名纳胡尔，提尔-那喜利）

Nahum，《那鸿书》

namburbi（manual of apotropaicrituals），《南布尔比》（避邪仪式手册）

Nanay，纳奈（巴比伦女神）

Naqia，Naqi'a，纳恰（辛那赫里布的王后）

Naram-Sin，纳拉姆-辛（阿加德国王，约公元前 2310—前 2274 年）

Naram-Sin（son of Ipiq-Adad, king of Eshnunna），纳拉姆-辛（埃什嫩那国王伊佩克-阿达德的儿子，生活年代在公元前 1900 年）

Narudda，纳鲁达（女神）

Nasatya，那沙提耶（印度伊朗的双胞胎神）

Natural History（see Pliny），《博物志》（普林尼著，见普林尼）

Naukeurige Beschryving van Asie（by Dapper），《亚洲风物记》（达波著）

Naukratis，瑙克拉提斯（埃及城市）

Navarre，纳瓦拉

Nazareth，拿撒勒（巴勒斯坦北部城镇）

Nebo（see Nabu），尼布（见纳布）

Nebosumiskun（aka Nabu-šum-iškun; see also Hermippos），纳布-舒姆-伊什昆（辛那赫里布的侍从，阿希家的救星，又名纳布-舒

姆-伊什昆；另见赫米普斯）

Neboutosoualeth，尼布托索瓦莱思（魔法中召唤的神名）

Nebuchadnezzar I，尼布甲尼撒一世（巴比伦国王，公元前 1125—前 1104 年）

Nebuchadnezzar II，尼布甲尼撒二世（巴比伦国王，公元前 604—前 562 年）

Nectanebo I, II，奈科坦尼布一世（埃及国王，公元前 380—前 362 年），二世（埃及国王，公元前 360—前 343 年）

Nehardea，内哈迪亚（伊拉克中部城镇）

Neirab，尼拉伯（叙利亚北部城镇）

neo-Assyrian（s），新亚述，新亚述人

neo-Babylonian（s），新巴比伦，新巴比伦人

neo-Hittite（s）（see also Luwian），新赫梯，新赫梯人（另见卢维）

Nergal（aka Nirig; see also Herakles），内尔伽勒（神，又名尼里格；另见赫拉克勒斯）

Nero，尼禄（罗马皇帝，公元 54—68 年）

Nestorian Church，聂斯托利教堂

Nestorians and their Rituals（by Badger），《聂斯托利教徒及其仪式》（巴杰著）

Nestorius，聂斯托利（神学家，被认为聂斯托利教会创始人，约公元 381—451 年）

New Year（akītu）festival，新年（亚基突）节日

Nibhaz，匿哈（埃兰神）

Niebuhr，Carsten，卡斯滕·尼布尔（旅行家，作家）

Nigidius Figulus，尼吉狄乌斯·费古卢斯（学者和神秘学家，生活年代在公元前 58 年）

Nikkal（aka Ningal），尼卡勒（月亮女神，又名宁伽勒）

Nikolaos of Damascus，大马士革的尼古劳斯（历史学家，生活年代在公元前 14 年）

Nimrod（corruption of Ninurta, abbreviation of Tukulti-Ninurta?），宁录（尼努尔塔的变体图库尔蒂-尼努尔塔的缩写？）

Nimrud（site of Kalhu / Calah in N Iraq），尼姆鲁德（伊拉克北部卡尔胡 / 迦拉遗址）

Nimush，尼姆什（伊拉克北部的山）

Nineveh，尼尼微（位于伊拉克北部的亚述都城）

Nineveh（aka Mabbug, Me-mbidj, Hierapolis），尼尼微（叙利亚北部城市，又名玛巴格，曼比季，希拉波利斯）

Nineveh（aka Aphrodisias），尼尼微（位于卡里亚的城市，又名阿佛洛狄西亚）

Nineveh and its Palaces（by Bonomi），《尼尼微及其宫殿》（博洛米著）

Nineveh and Babylon（by Layard），《尼尼微与巴比伦》（莱亚德著）

Nineveh and its Remains（by Layard），《尼尼微及其遗存》（莱亚德著）

Nineveh and Persepolis（by Vaux），《尼尼微与波斯波利斯》（沃克斯著）

Ningal（aka Nikkal），宁伽勒（月亮女神，又名尼卡勒）

Ninive et l'Assyrie（by Place），《尼尼微与亚述》（普拉斯著）

Ninlil（see Mullissu），宁利勒，见穆里苏

Ninmah，宁玛赫（女神）

Ninos，尼诺斯（传说中的亚述国王）

Ninos Romance，《尼诺斯罗曼史》

Ninurta，尼努尔塔（狩猎之神）

Ninyas，宁亚思（传说中尼诺斯的儿子）

Nippur（aka Hippareni），尼普尔（伊拉克南部城市，又名喜帕瑞尼）

Niqmepa，尼柯梅帕（乌加里特国王）

Nisa（Parthian city E of Caspian Sea），尼萨（里海东部帕提亚人的城市）

Nisaba，尼撒巴（女神）

Nisan，尼散月

Nisibis，尼西比斯（美索不达米亚北部城市）

Nitokris，尼托克里斯（传说中的亚述女王）

Noah，挪亚

Nöldeke, T., T. 内尔德克（学者）

Norse sagas，北欧的英雄传奇

Nubia，努比亚（尼罗河上游地区）

Numbers，《民数记》

Numenios，努美纽斯（阿帕米亚的哲学家，公元 2 世纪）

Numidia，努米底亚

Nusku，努斯库（火神）

Nuzi 努济（伊拉克东部城镇）

Oannes（aka Adapa），奥安尼斯（第一先贤，又名阿达帕）

Observations on the Ruins of Babylon（by Maurice），《关于巴比伦遗址的意见》（莫里斯著）

Oinopides of Chios，希俄斯岛的俄诺皮迪斯（天文学家，公元前 5 世纪）

Old Persian，古波斯语

Olympia，奥林匹亚（希腊城市）

Olympias，奥林匹亚斯（亚历山大大帝的母亲）

Oman，阿曼（阿拉伯半岛东南部地区）

omens（see divination），征兆（见占卜）

Oneirokritika（dream manual），《解梦书》（梦手册）

On the Characteristics of Animals（by Aelian），《论动物的习性》（埃利安著）

On the Mysteries of the Egyptians, Chald-aeans & Assyrians，《论埃及人、迦勒底人和亚述人的奥秘》（杨布里科斯著）

On the Sublime，《论崇高》（朗吉努斯著）

oracles（see also Ana；Apamea；Arbela；Balaam；Chaldaean oracles；Delphi；Eshnunna；Harran；Mari；Palmyra；Sibylline oracles；terāphīm；Uruk），神谕（另见阿那；阿帕米亚；埃尔比勒；巴兰；迦勒底神谕；德尔斐；埃什嫩那；哈兰；玛里；巴尔米拉；西比尔神谕；乌鲁克）

Orchamus，俄耳卡摩斯（奥维德所讲故事里传说中的人）

Orcheni（aka Uruk；see also Uruk），奥车尼（伊拉克南部城市，又名乌鲁克；另见乌鲁克）

Ordeal of Marduk，《马尔杜克的审判》

Orion（constellation），猎户星座

Orodes，奥罗德斯（帕提亚人的国王，三世或四世，三世为公元 4—6 年）

Orontes river，奥龙特斯河（叙利亚境内）

Orpheus，俄耳甫斯

Osiris，俄塞里斯（冥王）

Otter, J.，J. 沃特（作家）

Ottoman，奥斯曼（时期，帝国）

Oudjahorresne，奥德贾霍尔斯内（冈比西斯下属的埃及官员）

Ourania（aka Aphrodite），乌拉尼亚（又名阿佛洛狄忒）

Ouranos，乌拉诺斯（希腊天空之神）

Ovid，奥维德（诗人，公元前 43—公元 17 年）

Oxus（river），阿姆河

Pahlavi，巴拉维（古代波斯宗教著述，语言与文字）

Palermo，巴勒莫（西西里岛上的城市）

Pāli，巴利语（用于佛教文本的印欧语系语言）

Palmaroli Y Gonzalez, V.，V. 帕尔马罗利·Y.

冈萨雷斯（画家）

Palmyra（aka Tadmor, Tad-mar），巴尔米拉（叙利亚东部城市，又名泰德穆尔，泰德玛）

Palmyrene，巴尔米拉文（阿拉姆语方言的文字）

Panammu，帕纳姆（萨马尔国王，又名帕纳姆瓦，生活年代在公元前 780 年）

Pancatantra（Sanskrit 'Five Books'），《五卷书》（梵语）

Pānini，波你尼（印度语法学家）

Panopolis（see Akhmim），帕纳波利斯（见艾赫米姆）

Paphos, Paphians，帕福斯，帕福斯人（塞浦路斯的城市和民族）

Paris，帕里斯（特洛伊人的英雄）

Paros，帕罗斯（爱琴海上的岛屿）

Parthian(s)，帕提亚（伊朗人，帝国，时期，公元前 250—公元 227 年）

Parthian Stations（by Isidore of Charax），《帕提亚人的驻地》（查拉克斯的伊西多尔著）

Parvillée, L.，L. 帕维莱（设计师）

Pasargadae，帕萨尔加德（伊朗西部城市）

Patroklos，帕特洛克罗斯（荷马时代的英雄）

Pausanias，帕萨尼亚斯（旅行家兼作家，生活年代在公元 160 年）

Pazuzu（demon），帕祖祖（恶魔）

Pedro Alfonso，彼得罗·阿尔丰索（作家）

Peisistratos，庇西特拉图（雅典专制君主，约公元前 600—前 527 年）

Pekah，比加（以色列国王，公元前 735—前 732 年）

Pella，佩拉（约旦河东岸的皮希卢市遗址）

Pentateuch，摩西五经

Perati（site of silver mines in Greece），佩拉蒂（希腊的银矿遗址）

Perfect Word (by 'Hermes Trismegistos')，《完美之词》（赫尔墨斯·特利斯墨吉斯忒斯著）

Pergamon，帕加马（土耳其西部城市）

Periplus of the Erythraean Sea，《厄立特里亚海周航志》

Peri sēmeion ('On Signs', by John of Lydia)，《论征兆》（吕底亚的约翰著）

Perseus，珀耳修斯（希腊英雄，星座）

Persika (by Ktesias)，《波斯史》（克特西亚斯著）

Peshawar，白沙瓦（巴基斯坦的城市）

Pethor (aka Pitru)，毗夺（幼发拉底河中游城镇，又名皮特鲁）

Petosiris，皮特塞里斯（书吏，透特的大祭司，波斯或托勒密王朝时期，可能也是占星家）

Petra，佩特拉（约旦南部纳巴泰城）

Phaeacians，菲西亚人

Phaedrus，费德鲁斯（寓言作家，约公元前 15—公元 50 年）

Phaenomena (by Aratos)，《物象》（阿拉托斯著）

Phaistos，斐斯托斯（克利特岛上的米诺斯城）

Pherekydes of Syros，锡罗斯岛的斐瑞居德斯（哲学家，毕达哥拉斯的老师）

Philip of Opus，奥普斯的菲利普（学者，公元前 4 世纪）

Philistine (s)，非利士人（定居巴勒斯坦南部的人）

Philo of Alexandria，亚历山大城的斐洛（作家，约公元前 30—公元 45 年）

Philo of Byblos，毕布鲁斯的斐洛（作家，约公元 70—160 年）

Phoenician (s)，腓尼基人

Photius，佛提乌（拜占庭学者，约公元 810—893 年）

Photoplay，《电影剧》杂志

Phrygia，弗里吉亚（土耳其西北部地区）

Piacenza，皮亚琴察（意大利北部城市）

Picatrix (aka *Ghaya*)，《皮卡特立克斯》（又名《加亚》）

Pichot，Amedée，阿梅德·皮绍（翻译家）

Piraeus，比雷埃夫斯（雅典附近的港口）

Pisces，双鱼星座

Piscis Austrinus，南鱼座

Pitru (see Pethor)，皮特鲁（见毗夺）

Place，V.，V. 普拉斯（发掘家）

Pleiades (constellation)，普勒阿得斯七姐妹星团（也称为昴星团）

Pliny the Elder，老普林尼（公元 23—79 年）

Plough，北斗七星（星座）

Plutarch，普鲁塔克（约公元 46—120 年）

Poem of the Righteous Sufferer (aka *Ludlul bēl nēmeqi*)，《咏正直受难者的诗》（也得名于该诗首句"我要赞美智慧之神"）

Poimandres，《人类牧人》

Polybios，波利比乌斯（历史学家，约公元前 200—前 118 年）

Polykrates of Samos，萨摩斯的波里克拉特斯（专制君主，死于约公元前 522 年）

Polyphemos，波里斐摩斯（独眼巨人，《荷马史诗》中的怪物）

Pompey，庞培（罗马将军和执政官，公元前 106—前 48 年）

Poor Man of Nippur，《尼普尔的穷人》

Popular Account of Discoveries at Nineveh (by Layard)，《尼尼微发现的文物之通俗解释》（莱亚德著）

Porphyry of Tyre (aka Malkos)，泰尔的波菲利（哲学家，又名马尔科斯，约公元 233—

309 年）

Posidonios，波希多尼（阿帕米亚的哲学家，约公元前 135—前 51 年）

Prakrit，普拉克里特语（又称印度土语，与梵语相对的大众方言）

Prayer to the Gods of the Night，《夜神祷辞》

Prayer of Nabonidus，《那波尼德的祈祷》（源自库姆兰）

Prideaux，Dean，普里多院长

Princesse de Babylone，《巴比伦公主》（伏尔泰著）

Profatius of Toledo，托莱多的普罗法提乌斯（学者，生活年代在公元 1300 年）

Progress of Civilisation（sculpture on British Museum by Westmacott），《文明的进步》（位于大英博物馆的韦斯特马科特所做的雕塑）

Proklos of Athens，雅典的普洛克洛斯（哲学家，约公元 411—485 年）

Proteus，普罗透斯（传说中的魔法师）

Psammetichos I，普萨美提克一世（埃及国王，公元前 664—前 610 年）

Psellos（see Michael Psellos），普塞洛斯（参见米迦勒·普塞洛斯）

pseudo-Heliodoros，伪赫利奥多罗斯（增补赫利奥多罗斯作品的作家）

pseudo-prophecy，伪预言

Ptolemies，Ptolemaic Egypt，托勒密王朝，埃及的托勒密王朝时期（公元前 304—前 30 年）

Ptolemy of Alexandria，Claudius，亚历山大城的克劳狄乌斯·托勒密（学者，约公元 100—178 年）

Ptolemy II Philadelphos，托勒密二世费拉德尔甫斯（公元前 285—前 246 年）

Pumbeditha，蓬贝迪塔（伊拉克中部城镇）

Purim，普林节（节日名称）

Pylos，皮洛斯（希腊西部城市）

Pythagoras of Samos，萨摩斯的毕达哥拉斯（哲学家，生活年代在公元前 6 世纪末？）

Qatna，卡特纳（叙利亚中部城市）

Qirbitu，祁尔彼图（伊拉克东南部城镇）

Queen of Serpents，《毒蛇王后》

Queen of Sheba，示巴王后

Queen Tadmer（Zenobia），塔德莫尔女王（芝诺比阿）

Quintus Curtius Rufus，昆图斯·库尔提乌斯·鲁弗斯（作家，公元 1 世纪）

Qumran，库姆兰（死海边上的遗址）

Rabbi Judah，拉比犹大（学者，约公元 160—220 年）

Rabbula，拉布拉（埃德萨的主教，公元 5 世纪）

Rachel，拉结

Ra'indu（aka Tattašše），胡里安语女子名，"喜爱"的意思

Rājasthāna，拉贾斯坦（印度西北部地区）

Rameses II，拉美西斯二世（埃及国王，公元前 1290—前 1224 年）

Ras el-Basit，拉斯-巴西特（叙利亚北部海岸边上的遗址）

Rassam，Hormuzd，霍姆兹德·拉萨姆（发掘家）

Rauwolff，Dr Leonhardt，莱昂哈德·劳沃尔夫（医生，植物收集家，16 世纪）

Rav，拉夫（苏拉的老师，生活年代在公元 219 年）

Rawlinson，Henry C.，亨利·C. 罗林森（学者）

Ray，John，约翰·雷（翻译家）

Records of the Grand Historian（*Shih-Chi*），《史记》

Rehoboth-Ir，利河伯（未经确认的城市）

Reisebeschreibung nach Arabien（by Niebuhr），《阿拉伯旅行记》（尼布尔著）

Resen，利鲜（美索不达米亚北部城镇）

Revett，Nicholas，尼古拉斯·雷维特（古文物学家）

Rgveda（Sanskrit/Vedic composition），《梨俱吠陀》（梵语 / 吠陀作品）

Rhetorius of Egypt，埃及的瑞托瑞尔斯（学者，公元 7 世纪）

Rhodanes，罗达尼斯（虚构的人物）

Rhodes，罗德（爱奥尼亚的岛屿）

Rivers of the World（by Kallimachos），《世界的河流》（卡利马科斯著）

Rochegrosse，Georges，乔治·罗什格罗斯（画家）

Rosh Hashanah，《年之初》（犹太人的新年）

Rossetti，Dante Gabriel，但丁·加百利·罗塞蒂（诗人，公元 1828—1882 年），

Royal Asiatic Society，皇家亚洲学会

Ruskin，John，约翰·罗斯金（学者，1819—1900 年）

Rustam（son of Zal，legendary Persian hero），罗斯坦（扎尔的儿子，传说中的波斯英雄）

Saba，赛伯邑（阿拉伯半岛西南部地区）

Sabaean Researches（by Landseer），《示巴研究》（兰西尔著）

Sabbath，安息日

Sabbe，萨布（贝罗索斯的女儿）

Sabians，拜星教徒（宗教团体）

Sabitu（*ale-wifein Epic of Gilgamesh*），萨比图（《吉尔伽美什》史诗中的麦酒夫人）

Saca，萨卡（虚构的太监）

sacred marriage ceremony，神圣婚礼仪式

Sadviṃśabrāhamaṇa，《沙恭达罗梵书》

Saggil-kēnam-ubbib，萨吉尔-基纳姆-乌比布（作家，贤人，生活年代在公元前 1100 年）

Sakhalin Islands（N of Japan），萨哈林岛（日本北方）

Sakkut，Sakkuth（Suk-koth-benoth），疏割，撒固（尼努尔塔的名字；另见疏割-比讷）

Ṣalmu，萨尔姆（神）

Samaria，撒玛利亚（以色列首都）

Samaritans，撒玛利亚教（宗教派别）

Samarkand，撒马尔罕（中亚城市）

Samarra，萨迈拉（底格里斯河中部阿拔斯王朝的城市）

Sambathe，珊百得（巴比伦的女先知）

Sammu-ramat（see also Semiramis），萨穆-拉玛特（亚述王后，生活年代在公元前 800 年；另见塞弥拉弥斯）

Samos（Ionian island），萨摩斯（爱奥尼亚的岛屿）

Samsat，萨姆萨特（幼发拉底河上游的城市）

Samuel，撒母耳（希伯来人的审判者）

Sanchuniathon（corruption of Sakkun-yatan，priest of Beirut），桑楚尼亚松（贝鲁特祭司萨坤-亚坦的变形）

Sandon（aka Santa，god of Tarsos），桑顿（又名圣塔，塔尔苏斯的神）

Sangilaya（name of Mardukas god of Esangil；see also Esagila），桑吉拉亚（马尔杜克作为埃萨吉拉神的名字；另见埃萨吉拉）

Sarah，撒拉（亚伯拉罕的妻子）

Sardana（corruption of Esarhaddon or Sargon），萨达纳（阿萨尔哈东或萨尔贡的变形）

Sardanapal，《萨达那帕拉》（戏剧）

Sardanapale，《萨达那帕拉》（歌剧）

Sardanapalos（corruption of Esarhaddon and Ashurbanipal?），萨达那帕拉（阿萨尔哈东或阿淑尔巴尼帕的变形？）

Sardanapalus，《萨达那帕拉》（林格尔巴赫的戏剧）

Sardanapalus，《萨达那帕拉》（拜伦的诗）

Sardanapalus king of Assyria，《亚述国王萨达那帕拉》（戏剧）

Sardis，萨迪斯（吕底亚的首都，土耳其西部）

Sargon II，萨尔贡二世（亚述国王，公元前721—前705年）

Sargon king of Agade（see also *Legend of Sargon*），阿加德国王萨尔贡（公元前2390—前2335年；另见《萨尔贡传奇》）

Sarnath，萨尔纳特（鹿野苑）（恒河边上遗址）

Sarūgi（modern Suruc, aka Sarug, Serugh），萨鲁吉（哈兰附近的城市，当今的苏鲁奇，又名萨拉格，塞鲁格）

Sassanian（s），萨珊王朝

Saturn，土星

Saul，扫罗（希伯来领袖）

Sausga-muwa，索斯加-穆瓦（阿穆鲁国王，沙乌什喀-穆瓦，公元前13世纪）

Sayce, A. H.（scholar），A. H. 塞斯（学者）

Schonbrunn Imperial Palace（in Salzburg），美泉宫（位于萨尔茨堡）

Scorpius，天蝎座

Sealand，海地（伊拉克南部的沼泽地区）

Sefer ha-Razim（*Hebrew Book of Secrets*），希伯来《秘密之书》

Sekhmet，赛克美特（埃及神）

Selenodromia（Greek 'Course of the Moon'），《月相占卜》（希腊"月相"之书）

Seleucid（s），塞琉古（帝国，统治者，时期公元前305—前364年）

Seleukia，塞琉西亚

Seleukos the Babylonian，塞琉古（学者，公元前2世纪）

Seleukos I Nikator,（core-gency），塞琉古一世尼卡特（公元前305—前281年，共同摄政）

Seleukos II Kallinikos，塞琉古二世加利尼科斯（公元前246—前226年）

Seleukos III Soter，塞琉古三世索特尔（公元前225—前223年）

Selinunte，塞利农特（西西里岛上的遗址）

Selous, H. C.（artist），H. C. 塞卢斯（艺术家）

Semiramide（opera by Rossini），《塞米拉米德》（罗西尼作的歌剧）

Semiramis，塞弥拉弥斯（传说中的亚述女王）

Sémiramis（play by Gilbert），《塞弥拉弥斯》（吉尔伯特的戏剧）

Sémiramis（play by Voltaire），《塞弥拉弥斯》（伏尔泰的戏剧）

Semonides of Amorgos，阿莫尔戈斯的西蒙尼得斯（诗人，公元前7世纪）

Senaar（aka Shinar），塞纳尔（又名示拿）

Seneca，塞涅卡（哲学家，约公元前4年—公元65年）

Sennacherib（Sin-ahhe-eriba king of Assyria），辛那赫里布（亚述国王辛-阿赫-埃里巴，公元前705—前681年）

Sepharvaim，西法瓦音（叙利亚城市？），

Sepharvites，西法瓦音人

Sepphoris，西弗里斯（巴勒斯坦北部城市）

Septimius Severus，塞普提米乌斯·塞维鲁（罗马皇帝，公元193—211年）

Serbian，塞尔维亚语

Serug（see Sarūgi），西鹿（参见萨鲁吉）

Sezincote，塞津科特（英格兰的乡村房屋）

SGYL（Esagila, name of temple in Hatra），

SGYL（即埃萨吉拉，位于哈特拉的神庙名）

Shalmaneser III（Šulmanu-ašared），撒缦以色三世（苏尔曼努-阿萨雷德，亚述国王，公元前858—前824年）

Shalmaneser V（Šulmanu-ašared, king of Assyria, 726-722 BC），撒缦以色五世（苏尔曼努-阿萨雷德，亚述国王，公元前726—前722年）

Shamanism，萨满教

Shamash（Akkadian sun-god, aka Shamish; see also Bel），沙玛什（阿卡德的太阳神，又名沙米什；另见贝尔）

Shamash-geram，沙玛什-杰拉姆（埃德萨人）

Shamash-shum-ukin（brother of Ashurbanipal），沙玛什-舒姆-乌金（阿淑尔巴尼帕的弟弟）

Shamayn（see also Ba'al-shamin），沙玛因（天空神；另见贝尔-夏明）

Shamshi-Adad I，沙姆希-阿达德一世（亚述国王，公元前1869—前1837年）

Shamshi-Adad V，沙姆希-阿达德五世（亚述国王，公元前823—前811年）

Sharbel，夏贝尔（埃尔比勒的女神）

Sharbel，夏贝尔（埃德萨人）

Sharezer（Akkadian Šar-uṣur, son of Sennacherib），沙利色（阿卡德语萨尔-乌瑟尔，辛那赫里布之子）

Sharon coast，沙仑海岸（巴勒斯坦西部平原）

Shawushka（aka Sau-sga），沙乌什喀（胡里安人的女神，又名索斯加）

Shāyast ne shāyast（'Proper and Improper'），《合法与非法》

Shechem，示剑（巴勒斯坦中部城镇）

Sheger，舍格（月亮神）

shekhinah（Hebrew 'aura, divine presence',

Akkadian šikittu），舍金纳（希伯来语"光环，神的现身"，阿卡德语称"sikittu"）

Sherley, Sir Anthony，安东尼·雪利爵士（外交官）

Sherua, Shinar（see Senaar），希瑞阿（亚述女神），示拿（参见塞纳尔）

Šubši-mešrē-Šakkan，舒什-马什-沙坎（作家，公元前1292年国王的朝臣）

Šu-ila prayers（'Lifting of hands'），举手祈祷

Shulgi（king of Ur, 2150-2103 BC），舒尔吉（乌尔国王，公元前2150—前2103年）

Šurpu（manual of incantations, 'Burning'），《苏尔普》（咒语手册，"燃烧"）

Shuruppak，舒鲁帕克（伊拉克南部城市）

Sibyl，西比尔（罗马女预言家）

Sibylline Oracles，西比尔神谕

Sidon，西顿（腓尼基城市）

Siduri（legendary beer-seller），西杜里（传说中的麦酒夫人，智慧女神）

Siman，西曼（底格里斯河上游附近地区）

Simirra，洗米拉（叙利亚地区）

Simplikios，辛普利丘斯（哲学家，生活年代在公元530年）

Simurgh（aka Saena），西摩格鸟（波斯神话中的鸟，又名锡耶纳）

Sin，辛（阿卡德人的月亮神）

Sinaranu（son of Siginu），锡那拉努（西吉努之子，青铜器时代商人）

Sin-leqe-unninni，辛-莱格-乌尼尼（书吏，念咒祭司，加喜特时期）

Sinonis，斯诺尼斯（虚构的情人）

Sippar，西帕尔（伊拉克中部城市）

Sirius，天狼星（恒星）

Sirr al-asrar，《秘密的秘密》

Slavonic *Book of Enoch*，斯拉夫语《以诺书》

Smith, George，乔治·史密斯（学者，1840—1876 年）

Smyrna，士麦那（土耳其西部现代的伊兹密尔）

Snowman, Isaac，艾萨克·斯诺曼（画家）

Sodom，所多玛

Sogdian，粟特语

Soloi，索罗伊（西里西亚的城镇）

Space-Intervals（Akkadian Dalbana-dalbana），《空间间隔》（阿卡德语达尔巴纳-达尔巴纳）

Strabo，斯特拉博（约公元前 64—公元 24 年）

Stuart, James，詹姆斯·斯图尔特（古文物学家）

Sudines，苏狄涅斯（学者，公元前 3 世纪）

Suetonius，苏维托尼乌斯（传记作家，生于公元 70 年左右）

Sufi(s)，苏菲派信徒（穆斯林神秘主义运动）

Sukkoth-benoth（corruption of name for a Babylonian deity; see also Sakkut），疏割-比讷（巴比伦神名的变形；另见疏割）

Sulla，苏拉（罗马将军，约公元前 138—前 78 年）

Sultantepe（site of Assyrian town Huzirina），苏丹特佩（亚述城镇胡姿瑞那的遗址）

Sumatar Harabesi，苏玛塔·哈拉贝西（哈兰附近的神圣遗址）

Sumerian King-list，《苏美尔王表》

Šumma ālu，《泥板征兆集》

Šumma izbu，《关于出生异象的泥板征兆集》

Suppululiuma II，苏庇路里乌玛二世（赫梯国王，生活年代在公元前 1200 年）

Sura，苏拉（伊拉克中部城镇）

Susa，苏萨（伊朗西部城市）

Susiana，苏锡安那（伊朗西部的苏萨地区）

Syene（aka Aswan），塞伊尼（埃及北部城镇，又名阿斯旺）

Synkellos（see George the Synkellos），辛克洛斯（参见乔治·辛克洛斯）

Synkrisis Bion（by Gregory of Nazianzus），《彼翁比较》（纳齐安的圣格列高利著）

Syriac，古叙利亚语

Syrie，西里岛（基克拉迪群岛的锡罗斯岛？）

Syros，锡罗斯岛

Taannach，塔阿纳克（巴勒斯坦中部遗址）

tablet of destinies，《命运泥板》

Tabua，塔布阿（阿拉伯公主，公元前 7 世纪）

Tadmor（aka Tadmar, Tadmer; see also Palmyra），泰德穆尔（又名泰德玛，泰德莫尔；另见巴尔米拉）

taḥrīf（Arabic 'textual corruption'），经文篡改（阿拉伯语"文字变形"）

Taittirīyasaṃhitā，《泰蒂里亚本集》

Tale of Setne Khamuas（Egyptian demotic story），《塞特尼·卡穆阿斯的故事》（埃及通俗故事）

Tale of Susanna，《苏珊娜的故事》

Tāliā（Mandaean eclipse dragon），塔利阿（曼达教的日蚀龙）

Talmud，《塔木德》

Tamarisk and Date，《柽柳和枣椰》

Tamerlam（aka Tamburlane, Timur），帖木儿（蒙古皇帝；又名铁木尔，公元 1336—1404 年）

Tammuz（west Semitic pronunciation of Dumuzi; see also Dumuzi），塔穆兹（杜穆兹的西闪米特语发音，见杜穆兹）

Tang-i Sarvak，唐-伊·萨瓦克（伊朗西南部遗址）

Tapika，塔皮卡（土耳其中部位于马萨特-许于克的城市）

Taq-i-Bustan，塔奇-布斯坦（伊朗西北部遗址）

Tar'atha（aka Atargatis），塔拉特（女神，又名阿塔加蒂斯）

Targums（Jewish-Aramaic biblical versions），《塔古姆》（犹太人-阿拉姆语的圣经）

Tarhu，塔尔胡（赫梯风暴神）

Tarhunda-radu，塔洪达-拉杜（阿尔萨瓦国王，生活年代在公元前 1350 年）

Tarkaššanawa，塔尔卡萨纳瓦（土耳其西部的米拉国王）

Tarsos（aka Tarshish, Tarsisi），塔尔苏斯（西里西亚城市，塔史士，塔希施）

Tartak（aka Dirtak, Dakdadra），他珥他（埃兰人的阿旺月亮神，又名迪尔塔克，达克达德拉）

Tarutius Firmanus, L.，L.塔鲁提乌斯·费尔玛努斯（学者）

Tashmetum，塔什美图（纳布神的配偶）

Tashmetum-šarrat，塔什美图-沙拉特（辛那赫里布的王后）

Tat（Thoth, Egyptian god; see also Thoth Tatian），他特（透特，埃及神；另见透特·他提安，神学家，生活年代在公元 172 年）

Tattašše，巴比伦语女子名，"喜爱"的意思

Taurus mountains，托罗斯山脉

Tawagalawa，塔瓦加拉瓦（阿希亚瓦国王的兄弟，生活年代在公元前 1260 年）

Tayma，泰马（阿拉伯半岛西北部城市）

Taxila，塔克西拉（巴基斯坦北部城市）

Teaching of Addai，《阿戴的教义》

Techne peri phones（by Diogenes of Babylon），《说话的艺术》（巴比伦的第欧根尼著）

Tell al-Rimah，利马山丘（伊拉克西北部遗址）

Tell Aphek，亚弗山丘（巴勒斯坦中部遗址）

Tell Brak，布拉克山丘（叙利亚东北部遗址）

Tell Dan，但山丘（巴勒斯坦北部遗址）

Tell Faraoun（aka Tell Nabasha），法拉欧恩山丘（埃及南部，又名纳巴莎山丘）

Tell Fekherye（site of town Sikani in N Syria），费赫叶山丘（叙利亚北部西卡尼镇遗址）

Tell Halaf（see Guzana），哈拉夫山丘（参见古扎纳）

Tell Harmal，哈默尔山丘（伊拉克中部遗址）

Tell-i Malyan（ancient Anshan in SW Iran），马尔彦山丘（伊朗西南部的古代安善）

Tell Leilan（site in NE Syria），雷兰山丘（叙利亚东北部遗址）

Tello（site of ancient Girsu in S Iraq），特略（伊拉克南部古代吉尔苏遗址）

Tell Sukas（harbour site in Syria），叙卡斯山丘（叙利亚的海港遗址）

Teman，特曼（阿拉伯半岛西北部的泰玛地区）

Tenedos，忒涅多斯（土耳其西北部海岛）

Terah（aka Til-turahi），他拉（哈兰附近的城市，又名都拉伊山）

Teshrit，提斯利月（月份名）

Teshub，特舒卜（胡里安人的风暴神）

Testament of Levi，《利未遗训》

Tetrabiblos，《占星四书》（托勒密著）

Teukros of Babylon，巴比伦的图克罗斯（学者，公元 1 世纪）

Thabit bin Qurra of Harran，哈兰的萨比特·本·古拉（学者，约公元 836—901 年）

Tha'labī of Nishapur，内沙布尔城的塔拉比（作家，公元 961—1038 年）

Thales of Miletos，米利都的泰勒斯（哲学家，生活年代在公元前 600 年）

Thapsakos，塔普萨克斯（幼发拉底河中游城镇）

Thebes，底比斯（位于皮奥夏的城市）

Theodore bar Koni，西奥多·巴尔·库尼（聂斯脱利教派作家，公元6—7世纪）

Theodoret，狄奥多勒（叙利亚赛勒斯的主教，约公元393—466年）

Theodosios I，狄奥多西一世（罗马皇帝，公元379—395年）

Theogony（by Hesiod），《神谱》（赫西俄德著）

Theophilos of Edessa，埃德萨的泰奥菲洛斯（作家，约公元695—785年）

Theophrastos，泰奥弗拉斯托斯（学者，生活年代在公元前300年）

Thomas，Félix，费利克斯·托马斯（设计师）

Thomson，Alexander（architect），亚历山大·汤姆森（建筑师）

Thoth（aka Tat），透特（又名他特）

Thracians，色雷斯人（希腊北部）

Tiamat（Sea personified，aka Tauthe），迪亚马特（被拟人化的大海，又名陶特）

Tiberius，提比略（罗马皇帝，公元14—37年）

Tidal（king of Goiim，perhaps corruption of Tudhaliya IV），提达（戈印国王，可能是图特哈里四世的变形）

Tiglath-pileser I（Tukulti-apil-Ešarra），提格拉-帕拉萨一世（图库尔蒂-阿佩尔-埃萨拉，亚述国王，公元前1114—前1076年）

Tiglath-pileser III，提格拉-帕拉萨三世（亚述国王，公元前744—前727年）

Tigranes（aka Homer），提格兰尼斯（又名荷马）

Til Barsip，提尔-巴尔西普（幼发拉底河中游城市）

Til-nahiri（aka Nahor），那喜利山（又名拿鹤）

Til-turahi（aka Terah），都拉伊山（又名他拉）

Tiryns，梯林斯（希腊城市）

Tishpak，提什帕克（埃什嫩那的神）

Tishri，提市黎月

Tobias（son of Tobit），托比亚斯（多俾亚之子）

Tobit，*Book of Tobit*，托比特，《托比特书》

Toledo，托莱多（西班牙城市）

Torah（Hebrew 'insrruction'，*the Pentateuch*），《妥拉》，（希伯来人的"律法书"，《摩西五经》）

Trajan，图拉真（罗马皇帝，公元98—117年）

Transjordan（ian），外约旦（约旦河以东地区）

transmigration of souls，指人在肉体死后，其灵魂在身体的不同部位继续存在

Travels in Assyria, Media and Persia（by Buckingham），《亚述、米底和波斯游记》（白金汉著）

Travels in Georgie, Armenia, Ancient Babylonia...（by Ker Porter），《格鲁吉亚、亚美尼亚、古巴比伦等地游记》（克尔·波特著）

Travels in Mesopotamia（by Buckingham），《美索不达米亚游记》（白金汉著）

Travels into East India and Arabia Deserta（by Della Valle），《东印度和阿拉伯沙漠游记》（德拉·瓦莱著）

Treasures（by Rhetorius），《宝藏》（瑞托瑞尔斯著）

Trivikrama，特里维克拉玛（印度天文学家，生活年代在公元1704年）

Troad，特洛阿德（土耳其西北部地区）

Trogus Pompeius，特罗古斯·庞培（历史学家，生活年代在公元1世纪）

Troy，特洛伊（土耳其西北部城市），

Tudhaliya IV，图特哈里四世（赫梯国王，生活年代在公元前 1250 年）

Tukulti-NinurtaI，图库尔蒂-尼努尔塔一世（亚述国王，公元前 1243—前 1207 年）

Turba philosophorum，《哲人集会》

Tutankhamun，图坦卡蒙（法老，公元前 1333—前 1323 年）

Tuttul，图图尔（幼发拉底河中游的崇拜中心）

Twelve Tables，《十二铜表法》（罗马早期法律）

Tyana，提亚纳（西里西亚北部城市）

Typhon，堤丰（传说中的怪兽）

Tyre，Tyrians，提尔，提尔人（腓尼基的城市和民族）

Ugarit，乌加里特（叙利亚北部城市）

Ugaritic language，script，乌加里特语，乌加里特文字

Ulu Burun，乌卢布伦（土耳其南海岸上的海角）

Umayyad，倭马亚（清真寺）

ummânu（Akkadian 'sage'），温玛努（阿卡德语"贤人"）

Ur，乌尔（伊拉克南部城市）

Ur of the Chaldees（by Woolley），《迦勒底的乌尔》（伍利著）

Urartu，Urartian，乌拉尔图，乌拉尔图人（土耳其东部和高加索、亚美尼亚地区）

Urfa（modern town in S Turkey，ancient Edessa），乌尔法（现今土耳其南部城镇，古代埃德萨）

Uriah，乌利亚（赫梯士兵）

Ur-Nammu，乌尔-纳姆（乌尔国王，公元前 2168—前 2151 年）

Ursa Maior，大熊座

Uruk（aka Warka，Erech），乌鲁克（伊拉克南部城市，又名瓦尔卡，以力）

Urukagina（king of Lagash），乌鲁卡基那（拉格什国王，约公元前 2407—前 2398 年）

Usmu，乌苏姆（神）

Ut-napishtim（aka Atra-hasis，Ziusudra，Atambish，Noah），乌特-纳比西丁（大洪水中的英雄，又名阿塔拉-哈西斯，朱苏德拉，阿塔姆必什，挪亚）

'Uyūn al-Anbā'（by Ibn Abi Usaibi'ah），《有关各类医生信息的来源》（伊本·阿比·乌赛比阿著）

'Uzayr（aka Ezra），乌扎里（书吏，又名以斯拉）

Vaison，韦松（法国南部城镇）

vākya-system，瓦迦制

Varāhamihira，伐罗河密希罗（印度作家，公元 6 世纪）

Varangian guard，瓦兰吉护卫队

Varro，瓦罗（学者，公元前 82—前 37 年）

Varuna，伐楼拿（神）

Vasiṣṭha-siddhānta，《瓦西斯塔历数全书》

Vathek，瓦泰克（虚构的哈里发）

Vaux，W. S. W.，W. S. W. 沃克斯（学者）

Vedic（of early Sanskrit writings and their language），吠陀梵语（早期梵文作品和语言）

Vendidad，《万迪达德》（驱魔书）

La Véritable Sémiramis，《真实的塞弥拉弥斯》（戏剧）

Vettius Valens of Antioch，安条克的维提乌斯·瓦伦斯（作家，生活年代在公元 160 年）

Victories（winged），胜利女神（有翼）

Vision of Belshazzar（by Byron），《伯沙撒所见的异象》（拜伦著）

Viśrāma，维斯拉玛（印度作家，生活年代在公元 1615 年）

Vitruvius，维特鲁威（罗马工程师，建筑师，生活年代在公元前 50—前 26 年）

Voyage en Perse（by Flandin and Coste），《波斯之旅》（弗兰丁和科斯特著）

Voyage en Turquie et en Perse（by Otter），《土耳其和波斯之行》（沃特著）

Vulgate，拉丁文《圣经》

Wagon，北斗七星

Wallis Budge, Sir E. A.，E. A. 沃利斯·巴奇爵士

Westmacott, Sir Richard，理查德·韦斯特马科特爵士（雕塑家）

Wilusa（aka Ilion?），维鲁萨（又名伊利昂？）

Winckler, Hugo，雨果·温克勒（学者）

Woolley, Sir Leonard，伦纳德·伍利爵士（考古学家）

World History（by Diodoros Sikelos），《世界历史》（西西里的狄奥多罗斯著）

Xanthos，克桑托斯（吕基亚城市）

Xanthos，克桑索斯（历史学家，公元前 5 世纪）

Xenophon，色诺芬（将军，作家，约公元前 428—前 354 年）

Xerxes，薛西斯（阿契美尼德国王，公元前 485—前 465 年）

Xisuthros（corruption of Ziusudra?），西苏特罗斯（朱苏德拉的变形？）

Yajurvedic（group of Sanskrit texts），夜柔吠陀（一组梵文文本）

Yamani，亚玛尼（亚实突的统治者）

Yantraśiromaṇi（by Viśrāma），《延陀罗室罗摩尼》（维斯拉玛著）

Yarhibol（Palmyrene god of spring），亚希波尔（巴尔米拉的春天之神）

Yatan-Bel（priest of Nergal），亚坦-贝尔（内尔伽勒的祭司）

yeshivoth（see also Nehardea；Pumbedita；Sura），犹太高等学校（犹太人的学校；另见内哈迪亚；蓬贝迪塔；苏拉）

Yima（aka Jamshid），伊摩（又名贾姆希德）

Yom Kippur（'Day of Atonement'），犹太人的"赎罪日"

Zabala，扎巴拉（伊拉克南部城市）

Zachalias，撒迦利亚（学者，公元 2 世纪）

Zagros mountains，扎格罗斯山脉

Zal（legendary Persian hero, father of Rustam），扎尔（传说中的波斯英雄，罗斯坦的父亲）

Zaratos（'Assyrian' religious teacher；see also Zardan；Zoroaster），扎拉托斯（"亚述"的宗教导师；另见扎尔丹；琐罗亚斯德）

Zardan（Chaldaean tutor of Buddha），扎尔丹（佛陀的迦勒底导师）

Zedekiah，西底家（犹大国王，公元前 598—前 587 年）

Zenith-star lists，《天顶-恒星表》

Zeno，芝诺（哲学家，生活年代在公元前 300 年）

Zenobia（queen of Palmyra），芝诺比阿（巴尔米拉的女王，生活年代在公元 270 年）

Zephaniah，《西番雅书》

Zer-iddin，泽伊丁（人名缩略词）

ziggurat，亚述金字型神塔

Ziusudra（see also Ut-napishtim），朱苏德拉（大洪水中的英雄；另见乌特-纳比西丁）

Zobah（Aramaean state in Syria），琐巴（位于叙利亚的阿拉姆国家）

zodiac（see also *Book of the Zodiac*），黄道十二宫（另见《黄道十二宫书》）

Zohar，《光明篇》

Zoroaster, Zoroastrians（see also Zaratos），琐罗亚斯德，琐罗亚斯德教徒（宗教领袖及其信徒；另见扎拉托斯）

Zosimos of Akhmim，艾赫米姆的佐西默斯（学者，炼金术士，公元3—4世纪）

我思，我读，我在
Cogito, Lego, Sum